선교와 디아코니아 총서 2

평신도 중심 교회

Lay Centered Church

명재영 지음

그리스도의 섬김(διακονια)의 현존과 – 디아코니아

하나님 나라(βασιλεία)의 '지금 여기'(Here & Now)를 꿈꾸는 – 바실레이아

교회(Εκκλησία)의 공적구조를 기대하며 – 에클레시아

D&V
Dream & Vision

평신도 중심 교회

Lay Centered Church

추천사

명재영 박사의 책 『평신도 중심 교회』는 야심만만한 책이다. 이 책은 우리 시대에 필요한 교회의 모델을 제시한다. 18세기 이후 근대화가 되면서 기독교의 위기는 여러 형태로 나타났다. 그중에서 가장 심각한 도전은 교회의 쇠락이다. 교회의 위기는 기독교의 위기라고 할 수 있다. 교회 없는 기독교를 상상할 수 없다.

21세기는 교회에 대단히 어려운 시대이다. 이미 교회를 살리기 위한 많은 시도가 있었다. 하지만 여러 시도에도 불구하고 교회의 위기는 가속되고 있다. 그만큼 교회 갱신을 위한 대책 마련이 어렵기 때문이다. 교회는 단지 하나의 단체나 집단이 아니다. 교회에 대한 새로운 모델은 최소한 몇 가지 요소를 충족해야 한다. 첫째, 성서에 토대를 둔 통전적인 교회론이 있어야 한다. 둘째, 교회가 속한 동시대에 대한 책임성과 사회-역사적 과제를 수행할 수 있어야 한다. 셋째, 교회의 구조, 구성, 제도가 그 시대 안에서 유기적 조화를 이루어, 교회 공동체가 생명력과 역동성을 가져야 한다. 명 박사의 『평신도 중심 교회』는 이러한 요소를 두루 갖추고 있다. 명 박사는 먼저 평신도 중심의 교회 구조를 제안하고, 이를 통해 교회의 공적 역할을 추구하며, 나아가 우리 시대가 필요로 하는 교회론을 대안으로 제시한다.

『평신도 중심 교회』는 몇 가지 특징이 있다. 먼저 이 책은 평신도와 목회자, 모이는 교회와 흩어지는 교회의 조화를 꾀한다. 이 책의 제목이 '평신도 중심 교회'이지만, 이 책은 평신도와 목회자를 대립적으로 보지도 않고, 이원론적으로 보지도 않는다. 오히려 평신도를 하나님의 백성으로 규정하면서 평신도의 위치와 역할을 재정립한다. 이를 통해, 평신도 중심의 신학적 구조를 마련하고 기존의 왜곡된 평신도와 목회자의 관계를 새롭게 한다. 그 결과는 모이는 교회와 흩어지는 교회의 조화로 나타난다.

명 박사의 평신도 중심 구조의 교회는 결코 제도적 개혁에 만족하지 않는다. 현재 교회의 위기는 교회의 제도와 직제의 개선만으로 해결되지 않는다. 이 책이 교회의 새로운 모델을 제시하는 신학적 근거는 그리스도의 섬김과 종말론적인 현존이다. 명 박사는 성직자 중심의 교회 대신 그리스도의 섬김을 교회 개혁의 중심에 두고 있다. 교회는 결코 권위, 직제, 지배에 의해 유지되어서는 안 된다. 교회의 중심은 그리스도이며, 그리스도의 섬김에 의해 교회는 생명을 얻는다. 또한 교회는 하나님 나라의 선취로서 삼위일체 하나님의 현존에 근거한다. 명 박사의 교회 모델은 바로 하나님의 종말론적인 현존에 터를 둔다. 그 위에, 명 박사는 '부름-세움-보냄'이라는 교회의 삼차원적 구조를 구축한다.

또한 이 책은 대단히 실제적이다. 교회는 역사 속에 존재하는 실체이기 때문에, 교회론은 반드시 실천적이고, 현실에 적용할 수 있어야 한다. 이론에 그치는 교회론은 한계가 있을 수밖에 없다. 명 박사의 교회 모델은, 모든 사람에게 열려있고, 누구나 왕 같은 제사장으로 세움을 받을 수 있으며, 모두가 하나님의 백성으로 세상 안에서 선교적 주체로 살 수 있는 방안을 보여준다. 교회의 이런 구조는, 교회의 모든 구성원이 역동적으로 조화를 이룰 수 있을 뿐 아니라, 동시에 기독시민으로서 교회의 공적 역할을 수행할 수 있는 길을 보여준다.

이 책의 기여와 활용은 상당할 것이다. 이 책은 진보와 보수를 아우른다. 교회의 새로운 모델을 찾고, 교회의 위기를 타파하기 위해 고심하는 목회자와 평신도는 이 책에서 많은 영감을 얻을 것이다. 명재영 박사의 『평신도 중심 교회』가 위기의 한국교회에 중요한 길잡이가 되기를 기대한다.

김동건
2021년 9월 7일
영남신학대학교 교수

머리글

이 책은 하나님의 백성으로 하여금 이 땅에 하나님의 나라와 그리스도의 섬김의 현존을 가지게 할 목적을 가지고 썼다. 그런 연유로 글을 쓰는 초기부터 성도들과 설교로써 지속적으로 나누어 왔다. 반응이 놀라웠는데 어떤 분은 "우리만 듣기에 아깝다"라는 반응이었고 몇 차례 같은 놀라움을 표하였다.

어려운 신학 주제들을 설교로 옮긴다는 것은 서로에게 부담이 될 수 있었지만 이 같은 반응은 무엇 때문일까? 그동안 신학적 지식과 사유는 일명 성직자들만의 전유물이었다. 평소 필자도 신학은 온 백성의 자산이 되어야 한다는 것을 인식해왔음에도 말씀의 강단에서 신학은 괴리감을 가질 수밖에 없었다. 성도들이 어려워할 수도 있고, 더 큰 이유는 목회자로서 가지는 신학적 역량 때문이다. 지속적인 신학 훈련이 따라야 하나 목회 현실은 종종 이런 요구를 외면한다.

다만 필자는 개척교회인 까닭에 이 한계에 도전하기가 보다 쉬웠고 신학적 작업의 결과물을 실험적으로 설교를 통해 나눌 수 있었다. 서로에게 모험이었지만 그렇게 신학에 목말라 있었던 하나님의 백성들이었기에 그 세계는 놀라운 것일 수밖에 없었던 것이다. 하나님의 백성들은 단지 수동적으로 아멘만 해야 하는 무기력한 은혜의 수혜자들이 아니다. 저들은 '거룩한 부름'에 함께 초대된 자들이고, '은사로 구비함에도 소외됨이 없는 세움의 주역들이며, 이로써 보냄에 있어서도 자신의 직무가 존중받는 '왕 같은 제사장'들이기에, 이 책은 이 같은 삼차원적 교회의 구조를 평신도 중심에서 확보하는 데 초점을 두었다. 따라서 겸손의 표시로 '나의 졸작을 세상에 내어놓게 되어 부끄럽다'는 말을 여기서는 할 수 없다. 이는 여기서 다룬 교회의 핵심적 구조를 개인적 차원으로 축소하는 것이 되기 때문이다.

이 책은 이 땅 한가운데 있는 '보냄으로서의 하나님의 백성'을 지향하지만, 목회적 리더십의 자리인 '세움의 교회'를 외면하지 않는다. 동시에 이 두 구조에 앞서는 한 부름의 '친교 공동체'를 확보하고 있다. 그 사귐과 연합 안에서만 바르게 '모이고' 건강하게 '흩어지는 교회'가 가능하기 때문이다.

따라서 이 책은 당장 교회 성장을 위한 어떤 프로그램보다는 하나님 자신의 파송의 이어짐과 시대적 요청에 응답할 수 있는 교회의 신학적 구조에 방향성을 가진다. 이는 당장의 교회 성장이라는 결과를 도출할 수 있는 것은 아니지만, 오히려 훨씬 더 지속적이고 역동적일 수 있는 교회의 근본 구조에 대한 것이다.

실용적인 영감은 넘쳐나지만 그것을 가능하게 하는 핵심 구조를 보다 분명히 하고 싶은 교역자들에게 이 책은 좋은 도움이 될 수 있다. 물론 하나님의 나라를 자기 자리에서 경험하길 원하는 평신도들에게도 마찬가지다. 이를 위하여 선교적 회중을 구성하고 도울 수 있는 실제적인 몇 방안들-성경적 코칭, 소그룹 모델 등-을 제시하고 있다. 열린 목회에 비전 있는 목회자라면 자기만의 적용을 통해서 얼마든지 구체화함으로써 풍성하게 활용할 수 있을 것이다.

이처럼 이 책은 오늘날 교회의 사사화된 위기 앞에 공적 기능을 회복할 교회의 구조에 대한 것이지, 어떤 응급조치로서의 임시방편적인 교회 구조를 제시하려는 것이 아니다. 오히려 종교개혁이 지향했던 '오직 성경'과 '만인제사장'이라는 핵심 가치를 이어가고 있다. 어쩌면 루터가 완성하지 못한 만인제사장에 대한 보다 구체적인 응답이라 할 수 있다. 선언적 의미로서의 만인제사장을 넘어 그것을 가능하게 하는 교회의 구조를 시도하고 있기 때문이다.

여기에 이르기까지 많은 격려와 도움이 있었다. 이 책이 결코 개인의 작업이 아닌 이유다. 세 신학교에서 여러 교수님들의 조언을 받았고, 기도와 기다림으로 힘이 되어준 온 가족, 말씀이이끄는교회 성도님들, 물질과 재능기부로 함께 해주신 여러 동역자님들, 그리고 D&V 출판사의 섬세한 작업들이 있었다. 일일이 거명하여 감사를 올리지 못하여 송구할 뿐이다. 중단하지 않도록 힘주시고 함께하신 하나님께 감사와 영광을!

북한산이 바라보이는 골방에서
2021. 09. 09.
명재영

차례 | Contents

추천사 …………………………………………… 004
머리글 …………………………………………… 006

PART 1 위기와 응답 ………………………………… 013

PART 2 부름: 세상과 평신도 ……………………… 021

UNIT 1 현대사회와 평신도 …………………… 022
01 '근대화'와 평신도 ………………………… 022
02 '후기 기독교세계'와 평신도 …………… 030
03 세상에 상응하는 '교회 유형론'(요 17장을 중심으로) …… 034
　　① '디아코니아' 공동체(1~13. 'in the world') ……… 039
　　② '소자' 공동체(14. 'the world **hates** them') ……… 046
　　③ '의식화' 공동체(15. not ~ out of the world) ……… 054
　　④ '영성' 공동체(16. 'strangers in the world') ……… 060
　　⑤ '진리' 공동체(17,19. 'consecrated by the truth') …… 066
　　⑥ '보냄' 공동체(18. 'into the world') ……………… 074
　　⑦ '증거' 공동체(20. 'who through their words') …… 082
　　⑧ '일치' 공동체(21~26. 'all be one') ………………… 090

UNIT 2 현대선교와 평신도 …………………… 099
04 선교 이해의 확장: 선교의 범주 ……………… 099
05 회심 이해의 확장: 신앙의 범주 ……………… 109
　　① 회심의 역사 ………………………………… 109
　　② 회심의 성경적 전거 ………………………… 116
　　③ 회심의 신학적 담론 ………………………… 126

차례 | Contents

06 구원 이해의 확장: 실천의 범주 ·· 137
    1 구원과 세상(The World) ·· 137
    2 구원과 해방(Liberation) ·· 143
    3 구원과 정의(Justice) ·· 152

UNIT 3   공적신학과 평신도 ·· 161
  07 공적신학의 등장 ··· 161
  08 공적신학의 특성과 평신도 ··· 170

PART 3   세움: 교회와 평신도 ·· 179

UNIT 4   평신도는 누구인가? ·· 179
  09 평신도에 대한 어원적 고찰: 성경의 전망 ··························· 179
  10 '총체적 교회론'과 '한 백성': 평신도신학의 전망 ··············· 186
  11 '소자'와 '주변인 공동체': 선교신학의 전망 ······················· 196
  12 '가난한 자': 해방신학의 전망 ·· 204

UNIT 5   목회자와 평신도 ·· 213
  13 충돌인가 조화인가? ·· 213
    1 '은사 공동체'에서 '덕 공동체'로 ······································ 213
    2 '사도적 계승'과 '평신도 중심 구조'의 조화 ····················· 222
  14 성경적 전망 ··· 227
    1 두 부름의 목적: 구약의 전망 ·· 227
    2 성만찬을 중심으로: 신약의 전망 ······································ 234
  15 세움으로서의 '의식화' ·· 243
    1 평신도 '의식화'(Conscientization) ······································ 243
    2 '영성화'(Spiritualization)에서 '현실 참여'(Praxis) ············· 252
    3 평신도 중심의 성경번역 ·· 256

PART 4 보냄: 공적광장과 평신도 ·· 271

UNIT 6 보냄의 구조 ·· 272
⑯ 바르트의 3차원적 교회구조 제고 ································· 272
　❶ 평신도 중심 구조의 교회(Lay Centered Church) ········ 273
　❷ 평신도 중심 구조 이해의 확장 ································· 281
　❸ 평신도 중심 구조의 성경적 전망: 에베소서 4장을 바탕으로 286

UNIT 7 보냄의 내용 ·· 290
⑰ '한 백성'과 '디아코니아': 보냄의 주체와 내용 ···················· 290
⑱ '해방'에서 '화해'로: 디아코니아의 전망 ························· 300
⑲ '투쟁'에서 '포용'으로: 장애인신학의 전망 ······················· 306

UNIT 8 보냄의 양식 ·· 310
⑳ 지역교회(Local Church)의 주체로서 평신도: 모이는 교회 ··· 310
　❶ '선교적 교회'(Missional Church)의 전망 ····················· 310
　❷ '선교적 회중'(The Congregation in Mission) 위한
　　성경적 코칭 ··· 320
㉑ 시민사회(Civil Society)의 주체로서 평신도: 흩어지는 교회 ··· 324
　❶ 기독시민의(Christian Citizen) 전망 ························· 325
　❷ 정의·평화·창조질서 보전(JPIC)의 전망 ······················· 334

차례 | Contents

PART 5 닫는 글 ·· 347

㉒ 요약: 돌아보며 ··· 351

㉓ 제언: 부름-세움-보냄의 전망에서 ······················· 356

❶ 부름: '한 백성의 쉼과 교제로의 양식'을 위한 제언 ········ 356

❷ 세움: '이상적인 소그룹 양식'과 '신학적 의식화'를 위한 제언 359

❸ 보냄: '평화통일'과 '창조질서 보전'을 위한 제언 ············ 364

참고문헌 ··· 369
국문초록 ··· 380
영문초록 ··· 382

표 목차

표1) 회심과 십자가의 관계 ·· 117
표2) 성경이 가지는 회심의 두 구조 ··· 126
표3) 평신도 중심 교회의 구조 ·· 275
표4) 평신도 중심 구조 이해의 확장 ··· 281
표5) 평신도 중심 구조의 성경적 전망 ··· 286
표6) 선교적 회중을 위한 성경적 비전 코칭 ··································· 323

PART 1

위기와 응답

21세기는 세속사회(世俗社會, secular society)에 절대적 영향을 끼치던 크리스텐돔(Christendom · 기독교세계) 시대가 가고 포스트 크리스텐돔(Post-Christendom)의 시대가 되면서, 교회는 종교적 영역에 갇힌 사사화(私事化, privatization)의 위기에 마주하게 되었다. 근대화의 시작과 더불어 교회가 가져왔던 종교전체주의(religious totalitarianism)는 자연스럽게 정교분리로 이어졌고, 이로써 신앙의 영역이 세상으로부터 고립되고 시공간에 따라 이원화(二元化, duality)되기 시작한 것이다.

따라서 오늘의 교회에는 이 사사화의 극복을 위한 전통적 개념의 선교나 교회론을 넘어서는 새로운 선교 이해나 구조가 필요하게 되었다. 이에 본 주제는 이 위기 극복으로 등장한 공적신학(public theology) 등의 담론과 과제를 살피고 이에 대한 응답으로써 '평신도 중심 구조의 교회'를 새롭게 제시하는 데 있다. 그 구조란 전통적 의미에서 '모이는 교회'(Gathering church)에 대한 약간의 보완 같은 것이 아니라, 세상 가운데 '흩어지는 교회'(Scattered church)를 가능하게 하는 패러다임을 찾으려는 것이다. 다만 특징은 모이는 교회를 약화시키지 않고 오히려 두 구조가 가지는 바른 관계를 설정함으로써 진정한 평신도 중심 교회의 신학적 구조를 확보하려는 것이다.

여기서 일명 '평신도'(平信徒, Laity)라 불리는 '하나님의 백성들'(God's people)을 교회의 중심 구조로 보려는 것은 교회가 공공성(公共性, publicness) 회복을 지향할 때 다시 세상에 대한 영향력 증대와 같은 '교회주의'(Churchism)로의 복귀에 대한 우려 때문이다.[1] 거기

---

1) Johannes C, Hoekendik, "*The Church in Missionary Thinking*": International Review of Mission 41:163 (july 1952): 324-36. 한강희, "세계교회협의회의 '책임

에는 과거 교회가 세상에 가졌던 강요로서의 '종교 전체주의'로 회귀 가능성이 늘 상존한다. 미로슬라브 볼프(Miroslav Volf)에 의하면 기독교 신앙은 신과의 합일에 머무는 '신비주의 유형'의 종교가 아니라, 창조적 회귀로서 실천에 이르는 '예언자 유형'의 종교인데, 다만 문제는 그 신앙의 회귀가 때때로 사회에 대한 '강요'나 '나태'라는 기능장애로 나타날 수 있다는 것이다.[2] 따라서 오늘의 교회에는 사사화로서의 '나태'의 위험을 벗어나 공적 기능을 확보하면서도 '강요'와 같은 전체주의의 위험성을 피할 과제가 요구된다. 따라서 필자는 그 해답을 전통 교회가 지향해 왔던 성직자 중심의 교회가 아닌 그리스도의 섬김(διακονια)의 현존을 따라 세상에 보내어지는 교회, 곧 평신도 중심 구조에서 찾으려는 것이다. 이때 '평신도'라는 명칭은 '한 백성'(One people)[3] 혹은 '성도'(聖都)[4]라는 용어와 함께 사용할 것이다.

결론적으로 평신도 중심의 교회 구조를 보려는 것은, 그리스도의 몸이며 삼위 하나님의 친교 안에 있는 '한 백성'(부름)을 확보함으로

사회' 개념화에 있어서 평신도의 재발견: 제2차 세계교회협의회 에반스턴 총회 (1954년)에서 논의된 평신도 담론의 에큐메니칼 선교신학적 이해", 『신학사상』 177집 (2017 여름), 253쪽에서 재인용.

2) Miroslav Volf, A Public Faith, 김명윤 역, 『광장에 선 기독교』 (서울: IVF, 2017), 30-31.
3) '한 백성'(One people)은 존 스토트가 1966년 출판한 "One people"을 그대로 사용한 것인데 그는 성직자나 평신도가 차별 없이 한 백성이라는 표현으로 사용하였다. John, R. W. Stott. *One People*, 정지영, 『목회자와 평신도』, (서울: 아바서원, 2017), 43.
4) 이범성은 평신도라는 용어를 대신할 '한 백성'이 있지만 한국교회에 이미 널리 사용되고 있는 '성도'라는 용어도 평신도를 대신할 충분한 학술적 가치가 있다고 본다.

써 그 일치 안에서 발생하는 '세움'과 '보냄'의 유기적이고 역동적인 교회를 찾으려는 것이다. 이는 **교회가 공적사회에서 그리스도의 현존이요, 하나님의 나라의 선취를 보여줄 증인과 디아코니아를 가능하게 하는 구조**를 확보하는 것을 뜻한다.

'부름으로서의 한 백성 공동체'는 삼위 하나님과의 사귐 공동체일 뿐만 아니라 공적광장에 '보냄 받은 사도적 교회'도 되며, 다만 이를 위하여서 한 백성이 공적광장에서 '신학적 실천'(praxis)을 가질 수 있는 '의식화'(conscientization)를 고양시킬 구조를 요청한다. 따라서 본서(書)는 이 같은 교회의 삼차원적 구조를 통하여 오늘날 교회가 처한 사사화된 위기에 도전하려는 것에 있다. 이 삼차원적 구조는 바르트의 교회의 삼차원적 구조(부름-세움-보냄)에 기초하였으며, 나아가 그에게 영향을 받은 핸드릭 크래머가 미래의 교회적 과제로 제시한 교회 구조의 세 차원에 대한 응답이기도 하다.

개신교 '평신도신학'의 고전이라 할 핸드릭 크래머(Hendrik Kreamer)의 탁월한 걸작 『평신도신학』(A Theology of the Laity) 결론부에는 다음의 두 과제를 제시하고 있는데 그것은 '*교회의 구조 개편*'의 요청이며, '*교회의 세상과의 만남 내지는 대화*'의 요청이다.[5] 그는 '교회의 구조 개편'이 무엇을 의미하는지를 자세히 논하는 것이 거의 불가능한 과제라고 하면서도 그 지침을 세 가지로 제시하는데, 첫째는 '*그리스도가 지배하는 형제들의 단체*'로서의 교회이며, 둘째는 '*평신도가 자기 은사로서 응답*'할 수 있도록 돕는 구조이며, 셋째는 현대인의 삶 한복판에서 '*증언과 섬김을 실천하는 공동체*'를 건

---

5) Hendrik Kreamer, *A Theology of the Laity* 홍병룡 역, 『평신도신학』 (서울: 아바서원, 2005), 188-90.

설하는 것이다.[6] 이 같은 그의 전망 제시에서 그의 탁월함과 겸손함을 볼 있다. 그가 탁월하다는 것은 이 세 지침들은 실상 그가 제안한 교회 구조에 대한 구체적인 내용이기 때문이며, 겸손하다는 것은 그 과제들을 마치 자신은 할 수 없는 것처럼 후대에 양보하고 있기 때문이다.

이 책은 그가 남겨둔 과제에 대한 실제적이고 충실한 응답이기를 희망한다. 이 주제는 성직자 중심이었던 '*교회의 구조 개편*'으로써 '**평신도 중심 교회의 구조**'를 전망하기 때문이며, 또한 '*교회의 세상과의 만남 내지는 대화*'의 요청에 응대하여 '**세상에 상응하는 교회의 유형들**'을 여러 형태로 확보할 것이기 때문이다. 보다 결정적인 응답은 그가 요청한 교회구조의 세 지침을 구체화하는 삼차원적 구조의 전망에 있다. 곧 부름에 차별 없는 '한 백성의 공동체'와-부름-, 목회적 리더십이 필요한 모이는 교회이며-세움-, 세상에서의 왕 같은 제사장이 될 '흩어지는 교회'가-보냄- 그것이다.

지금까지는 '교회의 구조개편'에 직접적으로 응답한 서적을 찾기 힘들며 따라서 이 책은 그가 남긴 과제에 응답하는 첫 서적이길 희망한다. 현재 이 주제는 교회성장을 위한 목회학적으로 접근된 평신도 연구를 제외한다면 거의 전무하며[7] 게다가 '교회의 구조' 자체

---

6) 위의 책, 196-99
7) 윤중훈은 "평신도사역을 위한 목회구조 활성화 방안연구"-목양교회를 중심으로- (백석대학교 기독교전문대학원 2014.12)에서 국내에서 거의 유일하게 '평신도 중심의 구조'를 연구하였다. 다만 이 연구는 평신도를 '교회 구조'의 중심으로서는 접근하지는 않고 '목회 구조'의 공유라는 관점에서 교회성장에 기초한 접근을 하고 있다. 또한 이광희는 "하나님의 선교를 지향하는 교회 평신도 교육모델" (장로회신학대학원 2019. 8.)에서 평신도가 하나님의 백성이라는 정체성을 확보하는 교육 모델을 제시함으로써 평신도가 세상의 사역자로 살아가는 통

를 두고서 공적신학이나 해방신학 또는 디아코니아 관점에서 접근하거나, 특히 평신도 중심에서 본격적으로 다룬 서적은 아직 등장하지 못했다.

해외에서는 가톨릭 사립대학인 곤자가대학 신학교수로서 레오나드 두한(Leonard Doohan)의 『평신도 중심의 교회』(Lay Centered Church)가 있다.[8] 다만 제목과 달리 실제적인 평신도 중심 구조를 제시하기보다는, 제2차 바티칸공의회 전후의 평신도신학에 대한 개괄, 혹은 약간의 대안적인 제시-가정으로서의 교회-, 그리고 세례로 인해 부여되는 평신도들이 가지는 '일상의 영성'에 대해 조망하는 것으로 그치는 한계가 있다.

따라서 본서는 이에 대한 응답으로써 교회의 공적구조를 평신도 중심에서 다룰 것이다. 여기서 공적 구조란 두 가지를 내포한다. '공적'이기에 세상에 상응하는 것, 곧 보냄의 자기이해로서의 교회를 지향한다. 그러나 동시에 '구조'가 뜻하듯이 보냄만이 아니라 보냄을 가능하게 구조를 함께 지향한다. 따라서 보냄에 앞서는 '부름의 교회'를 확보하고 그 부름 안에서 발생하는 '세움의 교회' 역시 핵심 가치로 볼 것이다. 이로써 '부름'과 '세움'과 '보냄'의 삼차원적 구조를 구성할 것인데 이는 '평신도 자신의 이해'이기도 하다.

먼저 **'부름의 전망'**에서는 어떤 부름도 아브라함이 그랬던 것처럼 '천하만민'이 배제된 부름은 없다는 것을 확인하는 것이 될 것이며,

---

합적 방법을 모색하고 있다. 다만 관점이 '교육 구조'로서 '교회 구조'에 대한 것은 아니다.

8) Leonard Doohan, *Lay Centered Church*, 심광섭 역, 『평신도 중심의 교회』, (서울: 평신도신학연구소, 1984)

오직 그 상응 속에서만 발견되는 '한 백성의 부름'-삼위 안에서의 한 백성의 교제-을 확보할 것이다. 이를 위하여 신앙의 자리인 '회심'이나 '구원'이 세상을 결코 소외시키지 않으며, 또한 이 '부름'이 일명 성직자의 전유물이 아니라 온 백성의 것임을 확인할 것이다.

'**세움의 전망**'에서는 하나님의 백성은 왕 같은 제사장으로 부름 받았을 뿐만 아니라, 또한 그렇게 빚어질 과제를 동시에 가지고 있으며, 따라서 여기서는 이 세움을 위한 목회적 리더십의 과제를 살필 것이다. '부름'과 '보냄' 그 사이에 왜 '세움'이라는 자리가 있는지를 여러 신학적 담론들과 함께 도전하되, 신구약의 두 전거를 통해서 그 자리를 확증하고, 함께 세움을 위한 '평신도 의식화' 문제를 주요 담론으로 살필 것이다. 이를 위해 '실천이 있는 영성'을 회복하고 본래적인 '말씀의 공적 의미'를 회복할 과제로써 평신도 중심의 성경 번역을 한국교회에 요구할 것이다.

끝으로 '**보냄의 전망**'에서는 중심 주제인 '평신도 중심 구조의 교회'를 표로 구조화할 것이며, 이 같은 구조가 가지는 선교신학적인 차원을 살필 것이다. 이로써 '하나님의 선교'(Missio Dei)가 오늘의 교회에 왜 '하나님 백성의 선교'(The Mission of One People)가 되어야 하는지를 제시할 것이다. 함께 한 백성의 선교가 가지는 구체적 두 자리인 '선교적 교회'와 '기독시민'의 과제를 확인할 것이다.

이 같은 평신도 중심 구조의 최종적인 자리는 세상 가운데 교회가 가질 그리스도의 디아코니아적 현존 공동체가 될 것인데, 다만 이때 성도를 디아코니아로 본다는 것은 그들을 계층 구조 가운데 섬기는 지위에 한정하려는 의도가 아니라 오히려 해방신학(解放神學, liberation theology)이나 미셔널처치(Missional Church)가 추구하는 '아래로부터'(bottom up)의 운동과 자신의 섬김이 주역이 되는 관점을 뜻하는 것이다. 이로써 사사화의 위기에 놓인 한국교회 앞에, 교회 공공성을 회복하되 지배하지는 않는 구조를 제시하려는 것이다.

부름: 세상과 평신도

여기서는 루터의 종교개혁과 그 핵심 모토인 '만인제사장'(萬人祭司長)을 통해서 성직(clergy)의 부름을 잠깐 회복된 듯하다가 다시 비성직의 지위로 추락해 버린 하나님의 백성들이 사회의 변화가 함께 다시금 공적사회의 보냄의 주체로서 요구되기에 이른 배경들을 다룰 것이다. 이 전망은 바르트의 교회의 삼차원적 구조에서 첫 단계인 '부름'에 해당된다. 다만 여기서 부름은 특별계시에 대한 차원이 아니라, 세상의 근대화가 가져다준 평신도들의 지위가 어떻게 점차 해방되고 자리매김하기에 이르렀는지를 보는 것이 될 것이다. 이와 함께 요한복음 17장에 나타나 있는 주님의 대제사장의 기도를 통하여 하나님의 백성들이 세상에 대해 어떻게 관계되는지를 성경적 전거를 확보함으로써 평신도 자기이해에 있어 사회적 차원과 더불어 균형을 가지고자 한다.

• UNIT 1 •

현대사회와 평신도

01 '근대화'와 평신도

교회는 위기가 주는 자기 갱신(Self-renewal)을 통해서 존재한다고 말할 수 있다. 다만 이때 문제가 되는 것은 초대교회처럼 그 위기가 주로 바깥으로부터이냐 아니면 중세교회처럼 내부로부터이냐의 문제일 것이다. 힘겨운 것은 오늘날의 위기는 그 둘 다에 해당이 된다는 점이다. 바깥으로부터란 것은 오늘의 교회가 당면한 세속화

(secularization)[9]의 급속한 변화와 그 시대정신(Zeitgeist)의 도전 때문이며, 또 내부로부터란 것은 이런 시대정신을 읽지 못하고 과거 기독교세계(Christendom)[10] 유산의 향수에 빠져 교회 스스로 자기 정체성을 분명히 가지지 못하고 있기 때문이다. 그러나 다른 차원에서 보면 이런 시대성의 변화는 교회를 새롭게 이해하기를 요청하였고, 또 교회의 핵심 자원인 성도들에게 하나의 자율성을 가져다주었다는 면에서 위기이면서도 기회라고 할 수 있다. 이 관점에서 근대화의 배경을 살피는 일은 '세상의 이해'와 그 응답으로 교회가 가질 '평신도 중심적 구조'를 확립하는 준비가 될 것이다.

오늘날 교회가 처한 **사사화**(私事化, privatization)의 문제에는 그 배경이 되는 사회의 **근대화**(modernization)의 문제를 언급하지 않을 수 없다. 그 근대적 가치를 잘 보여주는 상징적인 사건은 프랑스 혁명

---

[9] '세속화'의 정의는 간단하지 않은데, 이는 세속주의와 동일하지 않기 때문이다. 동시에 근대화에 따른 급진적인 세속화를 인정하지 않는 기류도 있다. 왜냐면 종교성은 현대에서도 사라지지 않고 때때로 더 심화되기 때문이다. 그러나 공적 사회에서 종교적 영향력은 축소되고 있음을 부정할 수 없다. 해방신학자 엘라꾸리아는 '세속화'(세속적, secular)를 긍정적으로 보는데, 이 용어는 '세속화된'(secularized)과 구별되는 것으로, 세속화는 하나의 '역사적 과정'이며 오늘날 신학적 경향에서 그것은 '정치화'(politicization)이기도 하다는 것이다. 따라서 오늘날 오히려 필요한 것은 '세속적 신앙'(신학) 즉 전적으로 신앙적이면서 동시에 전적으로 세속적인 신앙(신학)만이 유효하다고 말하고 있다. Ignacio Ellacuira, *Freedom Made Flesh, The Mission of Christ and Church*, 고재식 역, 『해방과 선교신학』(서울: 한국신학연구소, 1985), 18-24.

[10] '크리스텐돔'이라는 용어는 '기독교 문명'을 가리키는 말로 9세기 이후 앵글로색슨의 세계에서 등장했으며 우리말로는 기독교왕국, 기독교세계 등으로 표현될 수 있다. 참고, Alan Kreider, *THE CHANE OF CONVERSION AND THE ORIGIN OF CHRISTENDOM*, 박삼종, 신광은, 이성하, 전남식 역, 『회심의 변질』(충남: 대장간, 2012), 167.

(1787~99)으로서 여기에는 자유, 평등, 박애와 같은 인류의 보편적 정신이 잘 드러난다. 이로 인해 권위와 지배가 전통의 이름으로 행해지던 봉건체제는 붕괴되기 시작하였고, 자연스럽게 봉건제도와 결탁되어 있던 교회의 지배적인 구조도 함께 그 권위를 상실하기 시작한 것이다. 이처럼 교회의 사사화는 근대화의 시작과 맞물려 있다.

다만 다른 차원에서 근대적 가치는 교회로 하여금 사회과학 등에 대한 긍정적 평가와 수용을 이끌게 하는 등 세상 이해를 확장시킴으로써, 세상을 다만 주변적으로 여겼던 교회 중심적 이해에서 벗어나도록 자극을 주었다고 할 수 있다. 물론 이는 결코 순탄하게 받아들여진 것은 아니었는데, 주로 전통 교회는 근대화의 자산인 사회과학 등을 신학자들이 활용하는 것을 근대주의 이단으로 거부해 왔기 때문이다. 그러나 제2차 세계대전 이후 조금씩 달라지기 시작하였고, 특히 제2차 바티칸공의회는 세속 학문, 특히 심리학과 사회학이 이룬 성과를 권장하는 데까지 이르렀다.[11] 그럼에도 일반 제도 교회의 전통은 그런 변화들을 거부하는 입장이었고, 앞서 '종교개혁'(Reformation, 1521)을 반대한 것처럼 프랑스 혁명(1789)을 반대했으며, 근대적 가치인 개인의 자유나 자율적 사고를 경계하고 심지어 민주주의와 정교분리까지도 반대하였다. 나아가 이 반대에는 오늘날 일반적으로 수용되는 양심과 표현의 자유(freedom of conscience and expression)와 같은 가치들도 마찬가지였다.[12]

---

11) *Michael Lowy, The War of God*, 김향섭 역, 『신들의 전쟁』 (서울: 그린비, 2012), 93-96.
12) 위의 책, 93. 1856년 그레고리 16세는 양심의 자유를 미혹(deliramentum)한 것으로 단죄하였고, 마찬가지로 표현의 자유도 파문으로. '유해한 오류'(pestilal error)로 단죄하였다.

이와 다르게 라틴아메리카의 '해방그리스도교'[13] 진영은 마르크스주의(Marxism)를 비롯한 사회분석 같은 사회학적 학문적 성과를 적극 수용하였고, 근대주의적 선택을 통해 교회 안에 존재하는 권위주의, 표현의 자유에 대한 규제 등을 비판하였다. 이런 과정들에서 자연스럽게 전통 교회론에 대한 도전이 나타나 **민주적 교회론**[14]이 대두되었으며, 그 결과 성직중심주의의 권력을 벗겨내고 민중적 토대를 건설하는 '하나님의 백성으로서 교회'를 상정하기 시작한 것이다.[15]

다만 교회를 제도나 권위가 아닌 '하나님의 백성 공동체'로 보기 시작한 것은 종교개혁의 유산이었음을 놓칠 수 없다. 루터(Martin Luther)는 교회를 "신앙을 지닌 성도들의 회중"으로 보았고, 칼뱅(John Calvin)도 "교회는 성도가 서로 교통하는 것"으로 니케아 콘스탄티노플 신조를 해석하였으며,[16] 칼뱅과 종교개혁의 여정에 긴밀한 관계를 맺었던 마르틴 부처(Martin Bucer) 역시 교회의 본질을 "그

---

13) 미카엘 뢰비는 '해방신학'보다 '해방그리스도교'라는 말을 더 선호한다. 해방신학을 따르는 중남미 교회를 지칭한다.
14) 민주적 교회론은 미카엘 뢰비에 의하면 일부 해방신학자들에 의해 주창되었으며 특히 레오나르도 보프는 로마 당국의 권력에 직접 도전한 자로 평가된다. Michael Lowy, 『신들의 전쟁』, 94. 반면 개신교 진영에서는 바르트가 『교회 교의학』 IV/1에서 교회를 성령의 행업에 기초한 '인간들의 활동'으로 봄으로써 카톨릭적 교도권의 전통에 기초한 교회 이해와 대립함을 볼 수 있다. 그는 루터가 교회를 '공동체'(Gemeinde), '모임'(Sammlung), '무리'(Haufen), '소집단'(Hauflein) 등으로 사용한 것을 기초로 교회를 '불러냄을 받은 자들'(Ecclesia)과 같이 하나의 '사건'(Geschehen)으로 평가하였는데, 이는 교회를 교도권에 예속되지 않는 성령의 자유로운 활동으로 봄으로써 그 역시 민주적 교회론을 발전시켰다고 할 수 있다. Karl, Barth. 『교회 교의학』 IV/1. 1052-54.
15) Michael Lowy, 『신들의 전쟁』, 94.
16) 이범성, 『에큐메니컬 선교신학 II』 (서울: Dream & Vision), 27.

리스도인의 친교"에 있다고 보았다.[17] 이는 평신도의 자기이해에 핵심적인 진술이기에 뒤에서 여러 형태로 살필 것이다.

이로써 교회 내의 위계적 권위, 로마제국교회나 봉건주의와 유사한 권력 형태, 불관용과 독단적 전통들, 그리고 밑에서부터 오는 모든 비판에 대한 억압이나 사상의 자유에 대한 거부 등이 도전받게 되었다.[18] 해방교회들은 학문적 연구가 종교적 전제나 도그마(Dogma, 신조)로부터 전적으로 독립되어 있음을 인정하였고, 고유한 신학적 자양분을 제공하기 위하여 사회과학적 성과들을 활용하는 것을 받아들였다.[19]

그러나 해방교회가 근대성(modernity)을 무조건 수용하기만 한 것은 아닌데, 다른 차원에서는 훨씬 더 두드러진 비판적인 입장을 가진다. 미카엘 뢰비(Michael Lowy)는 『신들의 전쟁』(The War of God)에서 해방교회가 근대화에 대해 반대하는 다양한 측면을 제시하고 있다. 첫째는 근대성의 한 측면인 자본주의에 대한 비판이다. 자본이나 시장을 우상숭배로 비판하며 대신 사회화된 경제를 대안으로 제시한다. 둘째는 근대화가 가져다준 신앙 사사화에 대한 비판이다. 곧 종교와 정치의 분리를 거부하는 것인데, 이는 경제와 정치를 그 자율적인 발전에 맡겨두고 자신은 교회의 영역에 머무는 것에 대한 경계이다. 동시에 기득권에 유착한 기독교 정당을 거부하고 대신 사회운동이나 정치운동의 자율성을 대안으로 제시하고 있다. 셋

---

17) 권명수, 종교개혁가 마르틴 부처의 목회 신학과 한국교회", 『신학과 실천』 58/2018 (경기도: 한국실천신학회, 2018), 284.
18) Michael Lowy, 『신들의 전쟁』, 94.
19) 위의 책, 97.

째는 근대적 사고인 개인이 절대적 시작이고 자율적인 결정의 중심이 되는 것에 대한 비판이다. 반면 라틴아메리카 신학은 '개인주의'보다는 '공동체', '기계적인 공생형태'보다는 '유기적인 공생형태'를 우선하는 조직 형태를 강조한다. 넷째는 경제근대화 같은 기술진보 숭배와 발전 이데올로기에 대한 도전이다. 기술진보에는 인간화라는 가치가 유보되고, 발전이념 뒤에는 양극화라는 인간 소외 현상이 대두되는 문제점을 지적한 것이다.[20]

이상을 보면 해방교회가 거부한 근대화의 네 가지는 실상 근대화의 정신을 둘로 요약하고 있음을 볼 수 있다. 먼저는 자본주의에 따른 '발전 이데올로기'이며, 또 하나는 신앙의 사사화와 같은 '개인주의'이다. 놀라운 것은 이 같은 근대화의 두 축은 교회에 대하여 큰 도전이 되었을 뿐만 아니라, 오늘날 대부분의 전통 교회에서 받아들여진 것이기도 하다는 데 있다. 왜냐면 전통 교회는 종종 근대사회의 조직과 작금의 체제 및 제도를 정당화하는 역할을 감당해 왔으며, 그런 차원에서 기독교는 서구세계와 그 이념 측면에서 사회와 문화에 최적화된 종교로 평가되어 왔기 때문이다.[21]

이런 비판에 대해 교회는 자유로울 수 없다. 제도교회가 외적으로는 자본주의를 경계하고 멀리하는 전통이 있지만, 실상 교회사의 증언들을 볼 때 교회는 종종 재산을 축적했을 뿐만 아니라 사유화하고 세습하기까지 하였으며, 동시에 자본주의와 결탁되어 자본으로

---

20) 위의 책, 98~108.
21) Jose Maria Mardones, *Matar a nuestros dioses: Un Dios Para un creyente adulto*, 홍인식 역, 『우리 안에 가짜 하나님 죽이기』(서울: 신앙과지성사, 2018), 202-03.

써 하나님의 나라를 대신하여 왔기 때문이다. 나아가 신앙을 주관적인 은혜와 내면적 영성으로 한정하여 개인주의를 더욱 고착시킴으로써 평신도의 은사와 섬김을 종교적 영역에 귀속시키는 데 일조하여 왔다.

이 같은 전통 교회들의 추구와 달리 해방그리스도교는 산업 발전 같은 새로운 생산의 근대화가 사회 문제(가난, 사회적 불평등, 문맹, 실업, 농촌 공동화, 도시 폭력, 전염병, 유아사망률)를 해결하기는커녕 곧잘 악화시킨다고 보았다.[22] 이는 해방신학자 우구 아스만이 1970년에 쓴 선구적인 저작에 따르면 "발전을 위해 지나친 대가를 치렀고 그 대가는 다름 아닌 대부분의 공동체에서 점증하는 소외와 모든 형태의 억압이다"라고 한 것과 같다.[23]

또한 근대화의 다른 측면인 개인주의에 대하여 호세 마리아 마르도네스(Jose Maria Mardones)는 이 개인주의적인 기독교를 일명 부르주아적 기독교라 불린다고 소개하였는데, 이 같은 비판적 입장에 서있는 요한 뱁티스티 메츠(J. B. Metz)는 "개인주의적인 기독교는 부르주아적 기독교의 삶을 신성화하고 있다"고 비판하였다. 왜냐면 그런 종교는 개인에게 좋은 삶과 생의 의미, 양심적인 행동, 심지어 이상적인 삶을 제공해 주긴 하지만, 부르주아적 삶의 원칙에 따라 이루어지고 형성된 사회를 향한 의문을 제기하거나 그 사회를 비판적으로 바라보지 않게 하기 때문이다.[24]

이와 같은 교회와 근대화의 충돌을 레슬리 뉴비긴(Lesslis Newb-

---

22) Michael Lowy, 『신들의 전쟁』, 98-113.
23) 위의 책, 108.
24) Jose Maria Mardones, 『우리 안에 가짜 하나님 죽이기』, 202.

igin)은 '객관성'과 '주관성'의 분리 또는 '아는 것'과 '믿는 것'의 분리로 표현하면서 오늘의 사회가 가지는 이원화된 현실을 지적한다. 곧 미국 헌법 수정 제2조 정교분리에 대한 조항을 통해 소위 과학과 종교 사이에 법적으로 강제된 분리가 생겨났다는 것이다. 전자는 공적인 진리로 가르칠 수 있지만, 후자는 그럴 수 없게 된 현실을 지적한 것이다.[25]

근대화가 가져다준 세속화의 또 다른 특징은 다원주의(多元主義, Pluralism) 사회의 등장이다. 이 다원주의 사회에서 특정 종교의 진리를 언급하는 것은 독단적인 것이 되어서 과거 기독교사회에서나 용인될 뿐이며, 더 이상 특정 종교가 지배적인 영향을 나타낼 수 없게 된 것이다. 종교다원주의는 종교상대주의를 표방하기에 종교를 선택하는 것은 개인적인 문제이지만, 타인에게 전하거나 개종의 요청은 근대사회의 특성에 반하는 것으로 여기게 된다.[26] 이처럼 오늘의 사회는 절대 진리로써의 기독교 신앙의 변호나 전파는 기독교 왕국 시절의 '전체주의'의 회귀로 여겨지기도 한다. 그런 차원에서 오늘날 '모이는 교회'에서 '흩어지는 교회'로서의 중요성은 더 높아졌으며, 이로써 자연스럽게 평신도의 은사와 공적 기능이 보다 두드러지게 되었다.

함께 이 같은 근대화의 결과는 또 다른 차원에서 교회에 기여하였다고 말할 수 있는데, 권력 지향적인 기독교 제국을 하나님의 나

---

[25] Lesslis. Newbigin, *The Gospel in a Pluralist Society*. 허성식 역. 『다원주의 사회에서의 복음』 (서울: IVP, 2005), 49.

[26] 한국일, "복음전도와 교회의 공적 책임", 『공적신학과 공적교회』 (서울: 킹덤북스, 2010), 176.

라와 일치시키려 하던 교회에게 그 허구성을 고발하고, 교회의 따를 가치가 권력이나 제도에 대한 강한 유착에 있지 않음을 각성하게 한 것이다. 또한 일명 '성숙한 세계'는 더 이상 사회가 종교 교도권 아래에 있지 않게 함으로써, 성도들이 세속세계에서 가지는 노동에 대한 본래적인 가치와 자율성을 자각하게 했으며, 이렇게 루터가 제시하였고 실천하진 못했던 평신도의 사회적 성직 소명을 일깨우는 준비가 된 것이다. 이를 '후기 기독교세계'의 상황과 더불어 보다 구체적으로 확인해 보고자 한다.

02 '후기 기독교세계'와 평신도

전통적으로 서구는 '그리스도교 세계'(Christendom)를 거쳐 왔다. 그 세계 안에서 현세 사물(temporal reality)은 자율성을 가지지 못했는데, 페루 출신의 해방신학자 구스타보 구티에레즈(Gustavo Gutierrez)에 의하면, 이것은 소위 아우구스티누스 정치사상(political Augustinism)의 귀결 때문이다. 이 구조에서 세속사회에 그리스도인이 종사한다는 것은 교회의 이익을 위한 활동 외에 독립적인 것이 못 되었고, 다만 교회의 유익을 위한 보조적 역할 정도를 뜻했다.[27] 이 구조에서는 일명 평신도의 직업 소명이라든지 세속에서의 활동은 하나님의 나라와 상관없는 것으로 결국 자신들의 부름이나 은사를 부정하는 것이 되었다. 그러나 선교역사학자 이범성은 이 같은 아우

---

[27] Gustavo Gutierrez. *A THEOLOGY OF LIBERATION*, 성염 역, 『해방신학』 (서울: 분도, 2000), 68-69.

구스티누스의 정치사상의 접근은 오해에서 비롯된 것이라고 진단하고 있다. 곧 '신의 도성'(De civitate Dei)의 후반 12권에 나타나는 사회 속에 존재하는 두 나라는 하나님의 종들의 도성과 세상의 자녀들의 도성이 유지하고 있는 긴장 관계에 대한 서술이며, 이때 '교회와 국가'는 유기적으로 통일된 '공동의 선'(the commen good)을 위해 함께 일하는 기독교 공동체라는 것이다. 다만 여기서 누가 더 높은 지배자인가라는 진술을 통해 천상의 하나님의 나라를 인식하고 세상 자녀들의 도성인 국가는 하나님의 종들의 도성에 봉사해야 한다는 것인데, 이를 훗날 중세교회가 황제권에 대항하여 교황권을 높이는 의도로 '세상은 악하고 교회는 선하다'는 이원론으로 발전시켰다는 것이다.[28]

일반적으로 루터의 '두 왕국론'(two kingdoms doctrine)도 아우구스티누스의 '신의 도성'에 나타나는 성(聖)과 속(俗)의 이원론적 구조에 영향을 입은 것으로 간주되나, 이 역시 이범성은 루터가 당시 중세교회에 심각한 정교 유착이 있어서 각자의 고유한 영역이 경계선을 잃어버렸고, 그로 인해 자기의 고유한 직무를 감당하지 못하는 상황 속에 두 영역이 대립과 협력으로써 하나님 나라의 지상 실현을 기대하고자 한 것이지 이를 이원론적 구조를 말하고자 한 것은 아님을 지적하고 있다.[29] 실제로 '루터의 두 왕국론'이 그의 후기 개념에서 볼 때 이는 오해된 것으로써 토마스 아퀴나스의 역사나 자연개념이 하나님의 나라에 반하는 이원론적 개념으로 오해되었다가 새롭

---

28) 이범성 외, 『시민사회 속의 기독교회』 (서울: 예영, 2008), 76-77.
29) 위의 책, 79-80.

게 해석된 것과 같은 차원이라 할 수 있다.[30]

16세기 이후 역사적 상황이 달라지고 프랑스혁명, 러시아혁명 등을 거치면서 '신앙을 위한 사회생활'이라는 밀접한 관계는 더 이상 유지되지 못했으며, 그 결과 '아우구스티누스의 신학'에서 '토마스 아퀴나스의 신학'으로 곧 "은총은 자연을 말살하거나 대치하지 않고 자연을 완성한다"는 입장으로 점차 선회하였다. 이처럼 현세가 가지는 자율성이 인정되면서 자연스럽게 평신도들에게 고유한 역할과 직능이 부여되기 시작했으며, 그들에게 있어 신자로서 처신하는 것과 그리스도인으로서 처신하는 것이 구분되어 평신도들의 직능은 한결 원활해지게 되었다.[31]

이처럼 현세는 교회에 종속된 위치에서 스스로의 위치를 가질 수 있게 되었으며, 자연스럽게 성직자와 평신도의 기능도 달라졌는데, 사제는 세속과 분리되어 교회에 머물게 되었고, 다만 어느 정도 현세질서에 영감을 부여하는 수준에 그치게 된 것이다. 그렇게 사회와 정치는 평신도의 일로 구별되기 시작하였다.[32] 이로 인해 평신도의 일은 스스로 독립된 지위를 가지게 되었지만, 이런 정교분리가 항상 옳은 영향만을 가져다준 것은 아니었다. 왜냐면 해방신학은 교회와 세상을 양분하는 사고방식을 라틴아메리카에서는 편리하게 악용하고 있음을 경고함과 같다. 교회가 세속정부에 대해 중립적으로 순수하게 종교적 역할을 수행하는 것은 독재정권에 대해 지지하

---

30) Gustavo Gutierrez. 『해방신학』, 86-87.
31) 위의 책, 68-72.
32) 위의 책, 74-76.

는 것과 같기 때문이다.[33]

그러나 시간이 지남에 따라 교회는 점차 개인적이고 주관적인 가치의 사적 영역으로, 반면 세속사회는 자연과학적 사실에 근거한 객관적이고 보편타당한 공적 영역으로 점차 이분화되어 갔으며,[34] 이런 변화를 가리켜 구티에레즈는 이제 교회라는 테두리에서 세상을 논함에서 반대로 세계라는 테두리에서 교회를 논해야 할 것을 경고한 바 있다. 곧 장래에는 그리스도교 공동체가 비종교적 세상에서 살며 신앙을 실천해야 할 것이라는 것이다.[35] 그의 이런 지적은 21세기 지금에 현실이 되었고, 아이러니하게도 세상 한가운데서 복음의 증인이 되어야 할 평신도의 선교적 차원은 실로 중요하게 되었다고 할 수 있다. 그 같은 한 백성으로서의 특별한 지위와 확장성을 오늘의 교회가 모이는 교회 내에 잡아두려 한다면 이는 매우 어리석은 일이 될 것이다.

그럼에도 구티에레즈는 세상과 교회의 이원화된 최근 경향이 최종적인 결말이 될 것이라고는 보지 않았다. 그 같은 이원론(Dualism)은 점차 극복되어 일원성(一元性, unity)을 강조하는 방향으로 발전하였다는 것이다. 따라서 교회와 세계를 양분하는 사상을 가능하게 했던 16세기의 순수자연이론[36]은 오늘날 신학사상으로는 낡은 것

---

33) 위의 책, 79.
34) 한국일, "복음전도와 교회의 공적 책임", 『공적신학과 공적교회』, 174.
35) Gustavo Gutierrez. 『해방신학』, 81-83.
36) 순수자연 이론이란 하나님과 친교를 나누고 싶은 내적 열망이 있는 것이 아니라 그것을 받아들일 수용성이 있을 뿐이라는 것으로, 초자연은 근본적으로 인간에게 이질적인 것으로 보았다. 이원화된 사고 유형이라 할 수 있다.

이 되었다.[37] 이는 본회퍼에게 세상은 더 이상 하나님의 현실과 대적하는 투쟁의 영역이 아니라, 하나님과 이웃을 위하는 '그리스도인의 구체적인 책임의 장소'[38]인 것과도 같다. 구분은 있으되 이원화는 극복되고 있는 것이다.

그럼에도 불구하고 오늘날 평신도의 삶의 자리에는 성(聖)과 속(俗)의 이원화가 뿌리 깊게 자리 잡고 있어서 세상을 악의 영역으로, 교회를 하나님의 나라로 보는 경향이 강하다. 세상은 여전히 구원의 영역에서 혹은 사역의 범주에서 소외되고 있는 것이다. 따라서 '세상과 교회'라는 두 상관성을 성경의 전거에서 더욱 깊게 이해할 필요가 있다.

03 세상에 상응하는 '교회 유형론': 요한복음 17장을 중심으로

'세상에서의 교회' 이해에 관한 많은 신학적 유형의 갈래들이 있어 왔다. 교회는 본질적으로 세상과의 연관성 속에서만 자신의 본질과 소명이 발견되기 때문이다.[39] 많은 유형론 중 일부를 보면 자유주의 신학자이자 종교사학파의 대표적인 신학자인 에른스트 트뢸치(Ernst Troltsch)는 역사 가운데 나타난 기독교를 세상과의 관계 속에서 다음 셋으로 나뉘었는데 종파형(sect type), 교회형(church type),

---

37) 위의 책, 89-92.
38) 고재길, 신학의 공공성과 교회의 사회성에 대한 연구: 본회퍼를 중심으로, 『공적신학과 공적교회』, 303.
39) 한강희, 『신학사상』 177집 2017년 여름, 267.

그리고 신비주의(mysticism) 유형이다.[40] 여기서 '종파형'은 세상을 악으로 규정하는 분리주의적인 입장이며, '교회형'은 세상과 대화하면서 복음의 전파를 위해 그들의 언어와 방법론을 활용하는 입장이며, '신비유형'은 세상에 무관심한 개인적이고 내세적인 신앙을 가리킨다.

이 입장을 다시 확장한 것이 리차드 니버(Richard Niebuhr)의 다섯 유형이다. 먼저 문화—세상—에 마주 서 있는 교회로서 '문화에 대립하는 그리스도' 유형이며, 이와는 다르게 성육신적인 유형이라 할 수 있는 '문화의 그리스도' 유형이 있고, 문화를 초월해 있는 '문화 위에 있는 그리스도'의 유형, 변증법적인 접근인 '역설적인 관계를 가진 그리스도와 문화' 유형, 끝으로 예언자적 교회의 입장을 가지는 '문화의 변혁자 그리스도'의 유형이 있다.[41]

가톨릭 신학자 애버리 델레스(Avery Dulles)는 이 두 신학자들의 사상을 기초로 유형들을 여섯 모델로 구분했는데, 그는 다만 이런 유형들이 특정한 주제의 복잡한 상황들을 다 밝혀내지 못하는 한계를 극복하기 위하여 개별적인 것으로부터 보편적인 것으로, 구체적인 것에서 추상적인 것으로, 그리고 실재적인 것으로부터 사색적인 것으로 전환시켜 에큐메니칼 모델들의 방법론을 구축하였다. 그 여섯 모델들은 '제도의 모델'과 '교제—친교의 모델' 그리고 '성례전—성사—의 모델', '말씀의 사신(使臣)의 모델', '세상의 봉사자 모델' 그리

---

[40] 은준관, 『신학적 교회론』 (서울: 한들출판사, 2013), 275.
[41] Richard Niebuhr, *Christ & Culture*, 김재준 역, 『그리스도와 문화』 (서울: 대한기독교서회, 2007), 64-286.

고 '제자들의 공동체 모델'이다.[42] 이 모델들 중 '교제-친교의 모델'은 후반부에 다룰 평신도 중심 구조로 교회의 삼차원적 구조 가운데 첫 차원-한 백성의 교회-에 해당되며 '말씀의 사신'이나 '세상의 봉사자'의 모델은 필자가 여기서 다룰 교회의 여덟 모델 가운데 '증인 공동체'와 '디아코니아 공동체'에 해당된다고 할 수 있다.

나아가 개신교 신학자인 래너드 스윗(Leonard Sweet) 역시 요한복음 17장에서 교회의 네 유형[43]을 찾았는데, 그 유형은 반문화적 대응, 문화 지향적 대응, 대안문화적 대응, 성육신적 대응이다. 그는 독특하게 바다를 항해하는 배 이미지를 통해서 세상과 교회의 관계를 탁월하게 제시하였다.[44] 반면 독일 선교신학자 순더마이어(Theo Sundermeier)는 선교신학의 관점에서 세 유형으로[45] 이해했는데, 첫째는 구약의 '예언자적 유형'으로 새것을 심고 가꾸기 위해 옛것을 찢고 부수고 파괴하는 유형이며(레 1:10), 둘째는 '선택적 수용 유형'으로 바울의 입장이기도 하며(살전 5:21), 셋째는 '성육신적 유형'으로 기존 것이 세례를 받는 유형이다. 반면 개신교 조직신학자 김동

---

[42] 서한석, "애버리 델레스(Avery Dulles)의 에큐메니컬 교회론의 방법론에 대한 비판적 고찰", 『신학사상』 180 (2018/봄), 141-45. 에버리 델레스는 초기 일곱 내지 여덟 모델을 제시했다가 간결함을 위해 다섯 모델로 축소했다가 그의 책 『교회의 모델』 개정판에서 다시 여섯 모델로 확장했다. Avery Dulles, *Models of the Church*, 김기철 역, 『교회의 모델』 (서울: 한국기독교연구소, 2003), 11-12.

[43] Leonard Sweet. Aqua Church. 김영래 역, 『모던시대의 교회는 가라』 (서울: 좋은 씨앗, 2004), 103-15.

[44] 미국의 미래신학자로 교회들에게 많은 전망을 주는 래너드 스윗이지만, 그가 분석한 요한복음 17장에는 아직도 충분히 다루어지지 않은 교회와 세상에 대한 구조가 있다고 본다. 따라서 본서는 17장 전체가 주는 교회의 전거를 찾고자 했다.

[45] Theo Sundermeier, 채수일 역. 『선교신학의 유형과 과제』 (서울: 대한기독교서회, 2001), 46-47.

건은 교회와 국가의 관계를 토대로 세 가지 형태로 구분하였는데, 먼저는 교회와 세속사회를 분리하거나 대항문화적으로 보는 '분리유형'이고, 다음은 교회와 국가를 일원적 관점으로 보는 '일치유형'이며, 끝으로 교회와 국가를 구별하면서 조화를 추구하는 '조화유형'이다.[46] 이는 애버리 댈러스(Avery Dulles)가 개별적이고 실재적이며 구체적인 접근 방식 대신에 보편적이며 포괄적인 유형의 접근을 한 것과 같다고 할 수 있다.

 여기서 이같이 다양한 교회 유형을 살피는 것은 이런 다양한 이해가 교회의 자기 갱신에 도움을 주기 때문이다. 교회의 유형을 다양화함을 통해서 급변하는 시대정신의 변화에 보다 유기적으로 대응하려는 것이다. 기존의 전통적인 틀의 이해 안에 자기이해를 한정할 때 그런 교회는 결국 게토(ghetto)화 됨을 피할 수 없을 것이기 때문이다. 따라서 여기서 시도하려는 것은 기존 유형들에 교회가 고착됨으로 어떤 특정 유형이 교회에 강요되는 것을 피하고 그 협소한 이해에서 벗어나 더 풍부한 교회의 자기이해를 가지게 하려는 것이다. 이는 아직 접근되지 못한 더 풍성한 성경적이고 신학적 전망들이 기대될 수 있기 때문이며 이런 새 전망들이 교회로 하여금 복잡하고 급변하는 공적사회에 더 합당한 모습으로서 응답하게 하리

---

[46] 김동건, 『그리스도론의 미래』 (서울: 대한기독교서회, 2020), 344-45. 그는 니버의 기독교와 문화의 다섯 유형론이 유형론의 고전으로 평가되지만 동시에 그의 문화를 바라보는 시각이 서양 기독교의 시각에 머물러 있는 한계와 또한 문화 자체를 단일하게 이해하는 한계를 지적하면서, 반면 베반스(S. B. Bevans)가 문화의 다양성을 전제로 한 접근을 높게 평가하고 있다. 베반스는 서구인의 시각을 탈피하고 제3세계의 상황과 다문화 현상을 고려하는 모델을 제시했다는 것이다.

라 보기 때문이다. 이는 단지 몇 유형을 더 하려는 것이 아니라 보다 근본적이고 실제적인 관계로서 교회가 세상을 섬기기 위한 요청이다.

결론적으로 우리는 여기서 일명 '대제사장의 기도'로 알려진 요한복음 17장을 통해서 그 유형을 새롭게 전망해 볼 것인데, 크게 세 가지 관점을 유지할 것이다. 먼저는 지금까지의 교회론은 변화하는 사회의 구조와 의식의 전환에 따른 교회의 구조, 사역과 그 타당성의 조건들, 성례의 집행에 대한 다양한 이해를 발전시켜 왔음에도 불구하고 이 전통들에는 성직자 중심주의를 벗어나지 못하고 교회의 주류가 되어야 할 평신도가 배제되어 왔다.[47] 따라서 여기서는 이에 대한 응답으로써 '평신도 중심의 구조'가 될 것이다. 곧 교회의 모든 이해는 평신도 자기의 이해를 뜻하며 어떤 간격도 그 사이에 있을 수 없다. 다음은 교회가 가지는 '세상과의 관계'인데 이때 세상은 하나님의 구원 활동이 역사적으로 현현되는 장소로 곧 한 백성의 구체적 실천을 통하여 하나님의 나라가 경험되는 현장으로서 접근할 것이다.[48] 물론 조화만이 아니라 긴장 관계도 균형 있게 유지될 것이다. 세 번째는 기존 교회론에 대한 신학적이고 비판적인 숙고를 이어가기보다는 그 '성경적 전거'에 더욱 집중할 것이다. 왜냐면 하워드 스나이더(Hoeard A. Snyder)가 지적한 대로 교회론의 뼈대는 근본적으로 성경의 토대에서 세워져야 하기 때문이다.[49] 특히

---

47) 한강희, 『신학사상』 177집 (2017 여름), 265.
48) 위의 책, 266. 예를 들면 'in the world'(11,13), 'the world hates them'(14), 'out of the world'(15), 'strangers in the world'(16) 'into the world'(18) 등이다.
49) 권오훈, "하워드 스나이더(Howard A. Snyder)의 선교적 교회론", 한국선교신학회 엮음, 『선교적 교회론과 한국교회』 (서울: 대한기독교서회, 2015), 119.

기존의 성경적 전거가 특정 구절에 대한 '선택적 접근'이었음과 달리 요한복음 '17장 전체'의 전거에 중심할 것인데, 이는 아서 글라서(Arthur F Glasser)가 성경은 전체가 선교적인 책이라 함과 같다.[50] 이로써 지금까지 '대제사장의 기도'에서 간과된 교회의 유형을 찾고자 한다.[51] 이상은 한 백성의 자기이해이기도 한데 총 여덟 유형이 될 것이다.

1 '디아코니아' 공동체: (요한복음 17:1~13. 세상에서, 'in the world')

2. ~ '**만민을 다스리는 권세**'를 아들에게 주셨음이로소이다
4. ~ '**이 세상에서**' 영화롭게 하였사오니
6. '**세상 중에서**' 내게 주신 사람들에게 내가 아버지의 이름을 나타내었나이다 ~
13. 지금 내가 아버지께로 가오니 내가 '**세상에서**' 이 말을 하옵는 것은 ~
13. Now I am coming to you: But while I am still '**in the world**' ~[52]

'만민을 다스리는 권세'(2)란 '만민을 섬기는 돌봄'으로 번역될 수 있다. 주님에 의하면 '다스리는 자'는 '섬기는($διακονέω$) 자'와 같기

---

50) Arthur F Glasser, *Announcing the Kingdom*, 임윤택 역, 『성경에 나타난 하나님의 선교』(서울: 생명의말씀사, 2006), 22-39.
51) 리차드 니버나 래너드 스윗 등 많은 이들이 요한복음 17장의 대제사장적 기도로 교회 유형을 시도하였지만 17장 본문 전체를 담아 내지는 못하였다.
52) *THE OXFORD STUDY BIBLE: Revised English Bible with the Apocrypha*, New York: OXFORD UNIVERSITY PRESS, 1992.

때문이다.(눅 22:26) 그런 이유로 만민을 다스리는 권세자로 오신 주님은 당신을 '섬기는 자'(διακονέω, 막 10:45)요 '종(δοῦλος)의 형체'(빌 2:7)로서 당신을 나타내셨다.

따라서 그리스도가 교회의 머리(엡 1:22, 5:23; 골 1:18) 되시고 교회는 그의 몸(고전 12:27; 엡 4:12; 골 1:24)이라면 이 섬김은 교회-한 백성-가 피할 수 없는 자기 정체성이며, 이때 교회가 세상에 나타낼 그리스도의 현존이란 이 디아코니아적 현존을 뜻하는 것이 된다. 이처럼 주께서 가지셨던 섬김의 현존은 단회적이 아니라 그의 몸인 교회가 '세상에서' 이어갈 현존이다. 히브리 기자는 그리스도가 가지는 대제사장적 섬김을 유일회적이라 증거하지만(히 7:27; 9:12,26,28; 10:10) 구속의 의미에서만 그렇고, 그 섬김의 차원은 전 교회가 이어갈 '본'이 되는 것이다. 그러나 종종 교회의 역사는 그리스도의 '디아코니아'와 '종' 됨을 기념하고 고양시키는 것에만 몰두하고 그리스도의 '남은 고난'(골 1:24)에 참여하는 과제를 잊어 왔다.

그러나 알 것은 이 '섬김'은 마침과 완료가 아니라 교회가 이어갈 하나의 '본'으로서 주어져 있다는 사실이다. 이는 사도들의 증언(벧전 2:21)은 물론이요 주님의 직접적인 증언에서도 나타난다. "내가 너희에게 행한 것 같이 너희도 행하게 하려 하여 **본**을 보였노라 ~ **종**이 주인보다 크지 못하고"(요 13:15,16) 이처럼 섬김이 '본'이란 것은 그 일이 결코 과거의 기념이 될 수 없음을 뜻하는 것이다. 나아가 이 디아코니아의 요구는 '본'을 넘어 직접적인 '명령'으로도 나타난다. "너희 중에는 그렇지 않을지니 너희 중에 누구든지 크고자 하는 자는 너희를 '*섬기는 자가 되고*'(동 명령) 너희 중에 누구든지 으뜸이 되고자 하는 자는 모든 사람의 '*종이 되어야*'(동 명령) 하리라"

(막 10:43,44) 이처럼 섬김은 '본'에 따른 **순종**과 '말씀'에 따른 **명령**이라는 두 방식을 통해서 교회에 주어졌다. 이로써 '교회의 디아코니아'는 교회가 주로부터 받은 보이지 않은 가장 큰 유산인 것이다. 다만 주의할 것은 '섬김의 세속화'에 있다. 많은 이들이 섬김의 이름 하에 직분(지위)과 권위를 호소하지만 종종 교회에서 그 직책은 자기를 높이고 타인에게 군림하는 수단이 되고 있기 때문이다.

그렇다면 성경적인 섬김은 무엇과 같은가? 주목할 것은 위 두 구절에서 '섬김'과 '종'이 각각 나란히 사용된다는 점이다. 디아코니아를 고상하게 권세 부리듯이 행할 수는 없다는 것이다. 교회가 세상 앞에 가지는 봉사가 그런 모습일 때가 많았다. 우월적 지위와 물량적 봉사로 약자에게 시혜를 베푸는 입장이 되기 쉬웠던 것이다. 그러나 디아코니아는 다만 종의 자세일 뿐이다. 그것도 무익한 종(눅 17:10)으로서 그러하다. 그렇다면 '디아코니아 공동체'는 '**종의 공동체**'이기도 하다. 하인즈-디트리히 벤틀란트(Heinz-Dietrich Wendland)는 그리스도의 모든 보내심이 디아코니아를 행한다는 표제어 아래 모아져야 할 것을 주장하면서 '그리스도 *디아코노스*(섬기는 자)'와 '*그리스도 둘로스*(종)'를 분리하지 않고 하나로 보았다.[53] 디아코니아의 개념을 추상화시키지 않고 분명하게 나타낸 것이다. 기독교 미래학자 하워드 스나이더(Howard Snyder) 역시 교회가 가지는 해방의 모형을 네 가지로 제시하는데, 세 번째가 바로 '종으로서의 교회'이다.[54] 나아가 추기경 애버리 덜래스도 가톨릭교회와 개신교교

---

53) Volker Herrmann, Martin Horstmann, *Studienbuch Diakonik*, 이범성 역, 『디아코니아학』 (서울: 기독교서회, 2016), 306.
54) Howard A. Snyder, *Liberating the Church*, 권영석 역, 『참으로 해방된 교회』 (서

회의 에큐메니칼 교회론을 토대로 여섯 모델을 구축하였는데, 그중 하나가 봉사자-종으로서의 교회[55]인 것은 우연이 아니며, 이처럼 '종으로서의 교회'는 성경적, 신학적 전거가 넘쳐난다고 할 수 있다.

다만 바르트는 '디아코니아'의 일반적인 초대교회의 수용과 달리 '종'에 대한 이해는 비판적임을 지적하고 있다. 왜냐면 종은 종종 두 주인을 섬길 가능성이 있다는 것이다. 곧 현실적인 주로서 하나님 대신 죄(갈 2:17, 롬 6:6, 17,20), 율법(롬 7:25), 맘몬(마 6:24), 배(롬 16:18), 그리고 썩을 것(롬 8:21, 벧후 2:9)을 섬길 위험이 있다는 것이다.[56] 그렇다면 '종'이면서도 '자유자'로 섬김이 되는 차원을 우리는 함께 생각해야 할 것인데, 이는 세 번째 교회 유형인 '의식화 공동체'에서 볼 것이다.

이제 생각될 것은 그 섬김이 교회 자신을 향하는 것이 아닌 세상의 일이 될 때 그 관계성에 대한 것이다. 곧 교회의 디아코니아의 현존은 '세상에서' 어떻게 이해될 수 있는가? 일찍이 벤트란트는 디아코니아를 '사회 속에 교회'와 '그리스도교 활동-실천-이론'의 범주로 설정한 바 있는데,[57] 그에 의하면 디아코니아는 '세상과 교회'의 관계를 보여주는 표지이다.[58] 곧 그리스도는 이중으로 현존하는

울: 한국기독학생출판부, 2005), 187.

55) 서한석, "애버리 델레스(Avery Dulles)의 에큐메니컬 교회론의 방법론에 대한 비판적 고찰", 『신학사상』 143.

56) Karl Barth, *Die Kirchliche Dogmatik*, 황정욱 역, 『교회 교의학 IV/3-2』 (서울: 대한기독교서회, 2005), 139.

57) Annegret Reitz-Dinse, *Theologie in der Diakonie* (Neukirchener: Neukirchener Verlag, 1998), 132-34. 백용길, "평신도신학으로서 디아코니아", 『신학사상 164집 201 봄호』, 160쪽에서 재인용.

58) Heinz-Dietrich Wendland, "Diakonie zwischen Kirche und Welt", Christine

데 '교회 공동체'를 넘어 '가장 작은 자들' 안에 자신을 두신다는 것이다. 디아코니아는 개개인의 그리스도인을 넘어 '전 교회 공동체'(gesamte Gemeinde)로, 나아가 '전 세상'(ganze Welt)과 관계하는 것이라 할 수 있다.[59] 그렇다면 교회는 세상 안에 있되 군림하거나 지배하거나 거룩한 구별로만 있으려 하지 않고 종과 섬김의 자기이해로 세상을 만나는 것을 의미하며, 이런 교회일 때 진정한 그리스도의 현존을 가진다고 할 수 있을 것이다.

'종의 공동체'를 통해서 '세상에 기대할 수 있는 것'은 무엇일까? 밴틀란트에 의하면 이는 세계 질서의 전복과 거기에 뒤따르는 계급적 가부장적 사회질서의 파괴를 의미한다. 왜냐면 세상에는 지배와 권력 투쟁의 추구가 있지만 이와 달리 그리스도인의 봉사는 '그리스도의 찬가'(빌 2:5 이하)가 보여주는 것처럼 그의 낮아짐에 근거하는데 이 같은 섬김에는 인류의 우주적 종 됨과 권력의 종으로서의 압박받는 존재들이 고양되기 때문이다.[60]

이처럼 디아코니아가 교회 내적인 섬김을 넘어 세상을 향하는 것이기에, 우리는 여기서 좀 더 '세상에서'(13, in the world)의 담론을 주목할 필요가 있다. '신'과 '인간 혹은 세상' 사이의 잠재적인 동일성을 강조했던 헤겔과는 대조적으로 신을 '전적 타자'(totaliter aliter)로 본 키에르케고르[61](S. Kierkegaard)에 영향을 받은 칼 바르트(Karl

---

Bourbeck/H.-D. Wendland(Hg.), *Diakonie zwischen Kirche und Welt* (Hamburg: Furche-Verlag, 1958), 33-35. 위의 책, 160쪽에서 재인용.

59) 위의 책, 161.
60) Volker Herrmann, Martin Horstmann, 『디아코니아학』, 309.
61) Diogenes Allen, *Philosophy for Understanding Theology*, 정재현 역, 『신학을 이해하기 위한 철학』(서울: 대한기독교서회, 2001), 382.

Barth)는 『교회교의학』(Kirchliche Dogmatik)의 1권과 2권에서 키에르케고르가 신학을 인간학 또는 인간정신의 최고차원으로 축소 또는 환원시키려는 시도에 대항한 인물이었다고 평가하였다.[62] 곧 바르트에게 있어서 '신학을 위한 유일하고도 충분한 근거'는 '하나님의 말씀'뿐이다. 다만 이때 간과될 수 없는 사실은 '말씀'이란 화육 곧 그리스도를 통한 '성육신'(成肉身, Incarnation, 요 1:14)[63]을 뜻한다는 데 있다.

그렇다면 세상은 그리스도의 '케노시스'(kenosis, 비움, 빌 2:7)를 통해서 하나님의 현존을 품게 된 것이라 할 수 있다. 이처럼 그리스도의 디아코니아는 세상이 하나님 앞에 가졌던 전적 타자라는 자기이해를 극복하게 한다. 오늘날에는 그 과제가 교회에 주어져 있다고 할 수 있다. 곧 교회가 세상에서 디아코니적 제사장 공동체가 될 때 세상은 더 이상 은혜에 있어 배타적인 지위가 아니라 '하나님의 발판'(사 66:1; 대상 28:2; 마 5:35)이 될 것이다. 이처럼 세상은 교회-한 백성-의 섬김을 통해서 고양될 수 있다. 신약학자 톰 라이트(Nicholas Thomas Wright)도 세상 창조기사에서 보는 것처럼 기독교적 세계관에서 강한 공적 성격이 있다고 보았다. 따라서 기독교 신학에서 세상 밖으로 구출하는 신관은 본래 기독교 세계관을 근본적으로 포기하는 것이 되며 그런 이유로 초기 교부들의 다수가 영지주의적 이원론을 거부하였다는 것이다.[64]

---

[62] 위의 책, 378.
[63] 위의 책, 382.
[64] Nicholas Thomas Wright, *The New Testament and The People of God*, 박문재 역, 『신약성서와 하나님의 백성』 (파주: CH북스, 2003), 230.

이로써 우리는 '세상'을 새롭게 이해할 수 있다. 하나님께서 이 땅에 내려오신 이상 이 세상은 은혜와 구원의 최고 지점인 것이다.(사 35:4) 은혜와 구원이 '지금 여기'(Here and Now)를 담보하는 이상, 세상은 하나님의 구원의 총아며 하나님 나라의 앞선 표식이 될 수 있다. 영원이 시간 안에 들어옴으로써 모든 시간은 의미 있는 시간이 되고 모든 사람의 행적은 역사가 된다. 창조주가 피조세계에 당신의 몸을 의탁하심으로써, 이 세상은 그의 영광과 안위가 충만한 세상인 것이다. 다만 발등상(행 7:49)이기만 해도 족했던 이 세계가 하나님의 디아코니아를 통해서 그를 아는 지식이 충만하게 되고(사 11:9) 그의 영광까지도 가득하게 될 것이다.(합 2:14) 따라서 더 이상 구원의 은혜에서 소외될 영역은 없고 그의 사랑에서 제외되거나 주변화될 자도 없을 것이다.(겔 18:32) 그리스도와 그 피 뿌림이 미치지 못할 대상은 없는 것이다. 교회가 디아코니아 공동체로 있을 때에 이 땅의 모든 피조세계는 그곳이 어디든 구원 총아의 가능성으로 열려있게 될 것이다.

다만 최고로 아름다워야 할 세상이 병들고 눌리며 신음한다면 이는 하나님의 부재요, 그렇게 그리스도의 현존이 사라진 결과라 할 수 있다. 곧 교회가 가질 디아코니아의 부재요, 왕 같은 제사장들의 섬김이 교회 안에 머물고 세상 한가운데서는 나타나지 않은 결과인 것이다.(렘 5:1) 그러나 그리스도의 몸인 교회의 자리는 "세상에서"(in the world)이다. 성도의 구원 참여 자리가 저 '피안'(彼岸)뿐이고 '여기'는 아니라면 이는 그리스도의 몸과 디아코니아를 이 땅의 가장 낮은 곳에 두신 주를 외면함이요 교회를 디아코니아 공동체로 세우심을 부인하는 것이다. "나라가 *임하시오며* 뜻이 하늘에서 이루어진 것 같이 *땅에서도 이루어지이다*"(마 6:10) 이 주님의 기도는 오늘에도 유효한 교회의 기도이고 동시에 오늘의 교회가 그의 나라이며, 그의 뜻이요 그의 성취여야 할 것이다. 이 디아코니아 공동체는 복음서의 증언에 의하면 '소자의 공동체'이기도 하다.(눅 12:32)

2 '소자' 공동체(14, 세상이 그들을 미워하였사오니, 'the world hates them')

14. 내가 아버지의 말씀을 그들에게 주었사오매 **'세상이 그들을 미워하였사오니'** 이는 내가 세상에 속하지 아니함 같이 그들도 '세상에 속하지 아니함'으로 인함이니이다.

14. I have delivered your word to them, and **the world hates them** because they are strangers in the world, as I am.

2세기 중반 "스미르나교회가 필로멜리온교회에 보낸 서신"에는 스미르나 감독 폴리카르포스의 순교 증언이 담겨 있다. 그 서신은 하나님의 뜻에 따라 난 모든 순교를 축복되고 고귀한 것으로 본다. 만물의 지배자가 하나님이신 까닭에 순교조차도 그의 선물이라는 것이다.[65] 실제로 이 서신에는 자발적 순교를 용감히 주장했던 이들은 순교에 이르지 못하고 회유되었음을 증언하고 있다.[66] 순교는 아래에서 나지 않고 오직 위로부터 난 선물이었던 것이다. 그렇다면 초대교회 이후 제국교회 전까지의 교회들은 박해의 순교를 하나님

---

65) Cyril C. Richardson. *Early Christian Fathers*, 김선영 역, 『초기 기독교 교부들』 (서울: 두란노 아카데미, 2011), 202.
66) 위의 책 203.

이 주시는 은혜의 징표로서 받아들였으며 이 박해를 교회가 가질 자기이해로 본 것이다. 그렇다면 교회는 소자 곧 '박해받는 공동체'(마 5:10~12)이기도 하다.

이 소자 유형은 교회가 가질 자기이해에 있어 매우 중요한 차원이며, 특히 오늘날 교회의 자기이해여야 한다. 왜냐면 콘스탄틴 이후 오늘의 교회는 제국교회를 경험하면서 본래의 자기이해를 상실하고 도리어 세상을 박해하는 위치가 되었으며, 그 여파가 지금은 승리주의나 성공지향적인 또 다른 형태의 기독교왕국을 지향하기 때문이다. 그러나 주님은 교회를 '적은 무리'(눅 12:32)라 불렀으며, 또한 친히 십자가에 달리심을 통하여 하나님의 나라가 세속적 승리주의와 상관없음을 나타내었다. 야곱이 얍복강에서 천사와 씨름하여 받은 복의 결과도 육체의 자랑과 아무 상관없는 것이었는데 그것은 엉덩이뼈 힘줄의 상함으로 인한 몸의 장애였을 뿐이다. 곧 그의 강함이 아니라 도리어 몸의 상함이 은총의 표식이 된 것이다. 훗날 이스라엘은 엉덩이뼈의 힘줄을 먹지 않음으로 자기 선조의 약함을 기념하였고, 야곱 역시 그 약함의 시작점이 된 곳을 '브니엘'로 기념하였다.(창 32:30~32) 이처럼 그에게 평생 장애라는 '트라우마'가 지워질 아픔의 사건이 도리어 후대의 기념이 되었다는 사실은 이스라엘의 진정한 자기이해는 '약함 공동체'라는 자기 정체성 때문이라 할 수 있을 것이다.

한편 현대 교회 갱신론에 큰 공헌을 한 하워드 스나이더(Howard A. Snyder)는 교회가 가질 핵심 DNA를 다섯 가지 핵심 원리로 소개하는데, 그중 하나가 '대항문화적인 선교적 공동체'이다. 그는 교회를 '선교적 소수'(missionary minority)로 이해하고 있다.[67] 기독교 왕국을 경험한 서구 입장에서 이런 이해는 결코 쉽지 않겠지만 그가 교회 갱신론의 선두 주자이기에 가능했던 진단일 것이다. 교회가 이처럼 소수라는 정체성을 가진다는 것은 하나님의 나라가 어떤 외형적인 확장이나 높음 같은 구조에서 오는 것이 아니라, 오히려 그 반대인 소수자요 주변인이 되어 섬기는 섬김에서 오는 것을 의미할 것이다.

이는 자연스럽게 구약성서 전체에서도 나타나는데, 역사서의 다윗은 항상 환란 받는 약자였고, 그의 물맷돌의 약함이 창과 방패와 갑옷을 의지한 골리앗을 무너뜨림을 보여준다. 또한 시가서의 많은 탄원시가 이런 이해를 이어가며(시 3:1 등) 율법서 역시도 소자를 위한 규례가 가득하다. 또한 강한 자로서 소자를 위할 규범이 주어진 것이 아니라 나그네로서 나그네를 위할 것이 규례의 본질이 된다.(출 22:21,22) 선지서 역시 약자를 위한 정의와 공의가 핵심 선포가 된다.(사 1:21,27; 5:7, 렘 4:2, 9:24, 겔 18:5,19,21,27) 주께서 한마디로 표현하신 이스라엘의 구약 역사는 '아벨의 피로부터 사가랴의 피'(눅 11:51, 마 23:35, 히 12:24)였다. 이처럼 하나님의 백성들은 자신을 박해받는 공동체로 인식하고 받아들였다.

신약의 전망도 크게 다르지 않다. 복음서의 제자 공동체는 소외된 주변인 공동체였으며, 산상수훈의 팔복 공동체도 소자 공동체였다. 곧 하나님의 나라는 마음이 가난하고, 애통하며, 의를 위하여 박해 받는 자들이 차지하는 나라였다. 다만 여기서 주의할 것은 그

---

67) Howard A. Snyder, *The Decoding the Church*, 최형근 역, 『교회 DNA』(서울: 한국기독학생출판부, 2006), 136.

들은 '개인'의 경건한 순례자들이 아니라 '공동체'로서의 순례자들이란 사실이다. 개역개정성경에서는 마음이 가난한 자, 애통하는 자 등 이들을 단수로 번역하였지만 원문에서는 주격과 속격 모두가 다 복수를 사용하고 있다. 곧 "심령이 **가난한 자들**"(πτωχός, 프토코스)은 복이 있나니 천국이 '그들'의 것임이요"(마 5:3)가 된다. 그렇다면 하나님의 나라는 개인이 아니라, 공동체 그것도 소자 공동체에 속한 것이다. 이는 '선교적 교회'(Missional Church) 담론의 선구자격인 대럴 구더(Darrell L. Guder)가 현대 영어 성경에서 2인칭 단수와 복수가 모두 'you'이기 때문에 이를 항상 단수 곧 고립된 개인의 관점에서 보게 된다고 지적함에도 나타난다. 그는 베드로전서 1, 2장에 나오는 위대한 선교 본문이 하나님의 백성이 가지는 공동체성(벧전 2:9, '너희'는 택하신 족속이요~)을 잘 보여줌을 지적하면서 신약성경은 처음부터 끝까지 교회를 기본적으로 '공동체', '코이노니아', '모인 사람들', '에클레시아'로 이해하고 있음을 지적하고 있다.[68] 이처럼 교회-한 백성-의 기본적인 자기이해는 공동체일 뿐만 아니라 소자 공동체로서이다.

그렇다면 이는 반대로 교회가 개교인들의 영적 욕구를 채우기 위하여 다양한 종교적 서비스를 제공하려는 것은 다시 기독교세계(christendom)의 유산으로 돌아가려는 것이며[69] 이같이 스스로 부요하고 제도적 틀 안에 안주하는 교회는 하나님 나라의 통치와 상관없게 될 것이다.(계 3:14~22) 이 소자 공동체로서의 전통은 오순절 성

---

[68] Darrell L Guder, *Called to Witness*, 허성식 역, 『증인으로의 부르심』 (서울: 새물결플러스, 2016), 229-31.
[69] 위의 책, 237.

령 이후 사도 야고보나 스데반 집사의 순교에서 보듯이 초대교회에 이어졌고, 히브리서 기자도 믿음의 선진들(히 11:2)이 '그리스도를 위하여 수모 받는 공동체'(11:26)였으며, 그들이 기꺼이 광야와 산과 동굴과 토굴에 유리한 박해 공동체이었음을 증언함으로(11:38) 초대교회가 가진 소자 공동체성이 신앙의 선조들로부터 이어받은 것임을 나타내었다.

이처럼 소자 혹은 박해받는 유형으로부터 교회는 분리될 수 없다. 이는 초대교회 이후의 근대역사에서도 불변하는 교회의 자기이해에도 드러난다. 실제로 모든 교회들은 이 유형을 유지하고 이어왔다. 심지어 중세 역시 개혁교회들은 로마가톨릭이나 영국국교회에 저항함으로 스스로 가난한 교회가 되고자 했으며, 그 박해의 여정은 존 폭스(John Foxe)의 『순교자 열전』에도 잘 나타난다.[70] 1583년에 그가 마지막이자 네 번째로 개정한 판권은 총 12권으로 구성될 정도로 방대한 분량이었는데, 이는 초대교회로부터 중세 개혁교회에 이르기까지의 박해 여정이 얼마나 크고 험난했으며 지속적이었는지를 보여준다.[71] 나아가 당시 프로테스탄트들이 겪어야 했던 박해와 순교는 역설적이게도 그들로부터 아나뱁티스트들에게도 행해졌으며,[72] 평신도신학자였던 젠센도르프의 헤론후트 형제단공동체도 당시 국가교회가 가톨릭, 루터파, 개혁파들에게 보장하였던 종

---

70) John Foxe. *Foxe's Book of Martyre*, 홍병룡 역, 『순교자 열전』 (서울: 포이에바, 2010)
71) 이동희, 『역사를 바꾼 종교개혁가들』, (서울: 지식의 숲, 2013), 221.
72) Rodney Stark, *Reformation Myths*, 손현선 역, 『우리는 종교개혁을 오해했다』 (파주: 헤르몬: 2017), 51.

교의 자유를 허락받지 못했다.[73] 이는 소자−박해−유형이 거의 모든 교회의 역사에서 나타났음을 말하는 것이다.

현대에서도 마찬가지다. 1960년대에 라틴아메리카에 등장한 해방신학은 그 현장성과 역동성에도 불구하고 제도교회로부터 거절되었고 많은 비판과 정죄의 대상이 되었다.[74] 일명 교도권으로부터 그리스도 중심성을 두고 자주 검증과 도전을 받으면서까지 사회적 약자와 함께함으로 스스로 소자의 지위에 있었기 때문이다. 곧 형태만 달랐을 뿐 교회는 항상 피박해자의 위치에 있어 왔고, 또 그럴 때에 건강한 교회의 정체성을 확보할 수 있었다. 이와 같이 교회는 가난한 자와 연대하기에 앞서 자신이 가난한 자가 되어야 했고, 그럴 때라야 비로소 세상 앞에서 그리스도의 현존이 가능했다. 이처럼 '세상에 속하지 아니함'이 뜻하는 것은 그저 소극적 지양(止揚)이 아니라 그것 때문에 세상으로부터 미워함을 입는 자리까지 이르는 보다 적극적인 것을 의미한다. 여기서 놓치지 말 것은 이런 자기이해가 오늘날 모든 교회에도 해당되는지에 대한 문제이다. 이는 라틴아메리카같이 정부나 군부와 투쟁하는 소외되고 가난한 자들과 연대할 수 있는 상황이 아닌 자유 민주주의 사회에서도 이 유형은 과연 적합한지에 대한 문제이다.

바르트는 이에 대해 어느 정도 답을 하고 있는데, 그에 의하면 그

---

73) Marten Brecht, *Mission: Zinzendorf und die Herrnhuter Brudergemeine*, 선교: 진젠도르프와 헤른후트 형제단공동체,『선교와 신학』제12집 2003. (서울: 미션아카데미. 2003), 262.

74) 이범성, "디아코니아학의 도움으로 해방신학 유효하게 만들기"(*Making Liberation Theology Effective" with the help of Diakonik*),『신학사상』190 (2020 가을), (경기도: 한신대학교 신학사상연구소, 2020), 244.

리스도인은 세상으로부터 닥치는 압력 아래 있는 자이다. 그리스도인에게 환란이 일어나는 결정적인 요인은 그가 그리스도인이 '증인으로서의 부름' 받았다는 것과 이를 위하여 세상 속에서, 세상에 대하여 '그리스도를 위한 봉사'에 세워졌다는 그 자명한 사실 때문이며, 이로 인해 환란의 경험은 불가피해진다는 것이다. 환란은 그리스도인의 정체성에 결여될 수 없는 것이다.[75] 이 환란은 증인과 봉사에 대해 대립해 있는 세계의 상황과 방식에서 필연적이라는 것이다.[76] 그렇다면 그는 결국 환란의 요인을 크게 둘로 보는 것인데, 하나는 자기 안 곧 증인과 봉사라는 자기 정체성 때문이며, 또 하나는 자기 바깥인 성도의 섬김에 대립해 있는 세속화된 세상의 방식 때문이다. 전자를 해석한다면 먼저는 증인이 가지는 진리가 세상에 대해 낯선 것이기 때문이며, 다음은 봉사 곧 섬김이 세상의 가치에 대해 충돌하는 것이기 때문이다. 후자는 같은 이유인데 해 아래 새것을 경험하지 못하는 세상은 그런 가치 앞에 변혁되려 하기보다 저항하려 하기 때문이다. 곧 교회가 가지는 증인과 봉사의 진실성은 역설적이게도 박해로 증명된다고 할 수 있다.

그는 더 나아가 환란을 다시 세 가지 요인으로 분석하고 있다. 그것은 '박해로서의 세상'과 '박해받는 그리스도인의 태도'와 '그리스도의 환란'이다. 그는 특히 세 번째 요인이 환란의 결정적인 이유로 본다. 주가 환란을 당하셨기에 교회는 이것에 참여함 없이 그에게 참여할 수 없다는 것이다.[77] 다만 필자는 두 번째 요인을 오늘 교회가

---

75) Karl Barth, 『교회 교의학 Ⅳ/3-2』, 152-53.
76) 위의 책, 157.
77) 위의 책, 157-72.

주목할 필요가 있다고 본다. 곧 환란은 바깥의 어떤 상태만이 아니라 성도가 스스로 가지는 인내나 가난, 그가 받는 고난이나 세상에 대한 섬김, 그리고 온유나 절제 모두가 성도의 환란의 표지가 될 수 있다고 보기 때문이다. 그렇다면 바깥의 위기와 상관없이 교회는 항상 인내로 소자 즉 박해받는 공동체성을 가질 수 있을 것이다.

이처럼 교회가 세상에 대하여 예언자적 보냄에 참여함으로써 소자—박해—의 위치에 서게 되는 것은 소위 1세계나 오늘의 자유민주주의 사회라 해서 예외일 수 없는 것이다. 어떤 정의로운 정치 체제나 국민에 의한 정권이라 할지라도 말씀의 빛 앞에 있어야 하고, 교회는 그렇게 예언자적 섬김으로 세상을 고치려 해야 하기 때문이다. 교회는 그렇게 함으로 현실 체제에 안주하기보다 가난한 자로서의 교회가 될 수 있다. 이처럼 소자로서의 교회 유형은 기독교왕국 이후 시대에 어쩌면 더 적합한 유형이 될 것이다. 왜냐면 이 시대성은 과거 크리스텐덤 시절의 전체주의의 교회를 용납하지 않을 것이기 때문이다. 다만 유의할 것은 '소자 공동체'라는 것이 그저 박해와 마음이 가난한 자로서 순례자가 되는 것만을 뜻하지 않는다. 오히려 무고한 아픔을 이해하고 그들과 함께하며 악에 빠져들지 않도록 현실의 악의 힘 앞에 저항하고 깨어 있는 '의식화 공동체'를 포함해야 한다.

③ '의식화' 공동체(15. 데려가시기를 위함이 아니요, not ~ out of the world)

15. 내가 비옵는 것은 그들을 세상에서 '**데려가시기를 위함이 아니요**', '다만 악에 빠지지 않게 보전하시기를 위함이니이다'

15. I do not pray you to take them **out of the world**, but to keep them from the evil one.

파울로 프레이리(Paulo Freire)가 브라질 빈민가 교육에 평생을 헌신하면서 '의식화'(conscientization)라는 개념을 도입했는데, 이 의식화란 한 마디로 '자신을 되찾는 과정'[78]이다. 여기서 요구되는 것은 교회의 핵심 자산인 '한 백성'이 그 자신이 대상화(對象化, objectification)된 '객체'(object, 客體)가 되는 것을 거부하고 판단과 행위의 '주체'로 서는 것에 있다. 이때 의식화의 목적은 일방적인 주입식 교육이 아니라 상호대화를 통해서 스스로 비판적 각성(Critical awakening)에 이르는 것으로써 자기 현실과 세상의 억압된 상황을 깨닫고 나아가 자신의 행동하는 실천(praxis)[79]을 통하여 강제된 상황을 변혁하는 데 있다.[80] 이는 자신의 운명이 타인에 의해 혹은 왜곡된 구조에 의해 결정되는 것을 허락하지 않는 것이다.

---

78) Paulo Freire, *Pedagogy of the oppressed: 50TH Anniversary edition*, 남경태, 허진 역, 『페다고지』(서울: 그린비, 2019), 68.
79) 여기서 실천 곧 '프락시스'(praxis)는 단순히 행동하는 것을 넘어 자신이 그 행동의 주체가 되는 행위 곧 신학적 실천, 이성적 실천을 의미하는 것으로 사용하였다.
80) John Elias. 한국교육연구네트워크 역, 『프레이리와 교육』(서울: 살림터, 2014), 27.

타이센은 '누가 내 이웃입니까?'란 서기관의 질의에 '누가 강도 만난 자의 이웃이냐?'라는 주님의 반문에 주목하고 있는데, 곧 주님은 이웃을 '사랑의 수취인'–받는 자–으로 본 서기관의 관점이 아니라, 돕는 '사랑의 주체자'–주는 자–로 제시했다는 것이다.[81] 그렇다면 주님은 이 선한 사마리아 비유를 통하여 청중들의 의식화를 요청하신 것이라 할 수 있다. 곧 사랑하고 섬기며 돌보는 일은 제사장이나 레위인들같은 종교적 지도자들만의 영역이 아니라, 음지에 있든지 신분의 한계에 있든지 상관없이 누구나 자신이 디아코니아의 주역이요 그렇게 사역의 중심이 될 수 있음을 보이신 것이기 때문이다.

이 같은 의식화 공동체란 '부름의 소명'(엡 4:1~4)에 있어서나 '은사로서의 구비 되는 일'(엡 4:11,12; 약 1:4)에 어느 누구도 소외시키지 않는 공동체를 뜻하며,[82] 어느 누구도 사역에 있어서 자신의 직무(diakonia)가 훼손 받지 않는 데 있다. 곧 교회의 교역(ministry)을 목회자의 사역에 한정하지 않고, 교회 전체의 직무에 헌신된 '모든 하나님 백성의 교역'을 인정하는 것이다. 바르트는 투르나이젠(Eduard Thurneysen)의 『목회론』(Die Lebre von der Seelsorge, 1946)에 기초하여 목회를 "형제들의 상호 위로"라고 정의하고 있다. 목회에 대한 책임에 있어서 어떤 그리스도인도 면제될 수 없다는 것이다.[83] 이는 박근원이 "교역자는 교회를 위해 부름 받고 섬기는 모든 이들이다"라고 정의하고 있음에도 잘 나타난다. 물론 이때 '교회를 위한 부름'

---

81) Gerd, Teissen. "성서, 디아코니적으로 읽기: 돕는 행위에 대한 정당성의 위기와 선한 사마리아인", Volker Herrmann, Martin Horstmann, *Studienbuch Diakonik*, 이범성 역, 『디아코니아학』, 112-14.
82) Karl Barth, 『교회 교의학 Ⅳ/3-2』, 324.
83) 위의 책, 433.

은 교회 내에 혹은 주일에 한정된 개념이 아니라 '세상을 섬기는 교회'를 전제하고 있다.[84] 따라서 의식화 공동체란 한 백성이 가질 응답과 섬김을 교회와 주일에 제한하지 않는 온 일주일과 자신의 직업 소명 안에서도 하나님 나라의 미리 맛봄을 기대하는 구조를 가진다.

그런 차원에서 의식화 공동체가 참여할 "악에 빠지지 않게"란 '신앙 안에서의 개인적인 죄성' 그 이상이다. 우리는 그동안 악을 너무 영적인 범주로만 이해하여 왔다. 그러나 악은 보다 사회적이며 실체적인 힘이다. 따라서 악에 빠지지 않음이란 개인적인 '의'나 '성결'에 이름을 넘어 자신의 직무로서 몸담고 있는 세상의 악의 현실을 분별(discernment)하고 그 구조의 힘에 빠지지 않는 것을 포함한다. 곧 소극적 의미에서 죄로부터 자신을 성결하게 하는 것을 넘어, 이 사회에 곳곳에 뻗어 있는 하나님의 나라를 대적하는 왜곡된 힘으로부터 세상을 지키고 보전하는 보다 적극적 의미이다. 이 범주에는 좁게는 가정으로부터 시작해서 넓게는 이웃과 사회 그리고 문화와 정치 모두를 포함하는 것이라 할 수 있다. 이처럼 '의식화 공동체'로서의 교회란 세상에 대해 '벗어나지도 빠져들지도 않은' 것일 뿐만 아니라 동시에 하나님의 나라의 가치를 대적하는 모든 잘못된 힘에 대해서는 마주 봄으로써 저항하는 그런 공동체이다.(엡 6:10~17) 이는 오늘날 세상에 있는 왜곡된 질서와 하나님의 형상(*imago Dei*)으로서의 인간을 파괴하려는 세력에 대해 안주하려 하거나 도피하려는 것이 아니라 그 구조의 힘에 대하여 변혁하는 새로운

---

84) 박근원, 『오늘의 교역론』 (서울: 대한기독교서회, 2004), 38-39.

공동체를 뜻한다.

안타깝게도 그동안의 교회 공동체의 역사를 보면 이런 의식화 공동체는 많이 일어나지 못했다. 많은 시대에 '신앙의 양극화'인 부름과 소명의 양극화 곧 성직과 세속직으로 나뉜 상태가 지속되었으며, 나아가 '삶의 양극화' 곧 빈부, 경제, 주거, 교육 양극화와 같은 하나님 나라 부재의 힘들에 대해서도 마찬가지로 많은 교회가 눈을 감아 왔으며, 때론 적극적으로 그런 힘의 실체가 되어 왔다. 그러나 이 같은 대제사장적 기도는 그런 악의 힘을 부정하지도 방관도 하지 말라는 것이며, 동시에 교회 자신이 그런 악을 행하는 구조의 협력자나 주체가 되는 것으로부터 자유하기를 구하는 기도다. 그렇다면 한마디로 주님은 교회에게 의식화 공동체를 요청하신 것이다. 그 공동체란 결코 현실 도피적인 신앙 공동체도 아니요 반대로 현실 지향적도 아닌 비판적 참여-의식화- 공동체라 할 수 있다.

이처럼 벗어나지 않으면서 악에 빠지지 않고 자기를 보존하는 공동체가 되려면 악의 현실을 바라볼 수 있는 '비판적-자율적- 의식화'가 반드시 필요하다. 그러나 대다수 평신도들은 그동안 설교자가 들려주는 일방적인 성경해석 하에서 그것이 말씀인지 이데올로기인지 분별할 수도 없는 수동적인 교인이 될 수밖에 없었다. 그러려면 목회자의 바른 역할이 중요한데, 목회자는 자신이 위에서 내려주시는 계시의 담보자가 되려 하거나, 혹은 은행 적금식 방식으로 어떤 고정된 지식을 차곡차곡 주입하려 해서는 안 된다. 다만 자극과 지원을 주는 것이며, 언제나 성도와 함께 일한다는 확신과, 성도들이 가진 은사와 꿈을 존중하고 기초로 삼고 있다는 확신이 필요할 따름이다.[85] 물론 이때 초대교회로부터 내려온 교회의 본래적 표징(sign)인 '디다케'(*Didache*)[86]로서의 역할을 상실해서도 안 된다. 바르트는 교회의 봉사의 특수한 기능 중 하나를 교육으로 본다. 이는 교회가 공동체이기만 한 것이 아니라 '학교'이어야 함을 말하는 것이다. 다만 디다케 역시 목회자만의 고유한 은사는 아니며, 평신도 가운데 여러 은사자들과 함께할 사역인데, 이는 브리스길라와 아굴라가 바울의 동역자요 성경의 탁월한 지도력을 가졌던 아볼로의 복음 교사가 된 일에도 잘 나타난다.(행 18:24~26)[87]

그리고 디다케가 행해지는 방식에 있어서도 주입식이 아니라 상호 대화와 그들의 현장성이 반영되고 삶에서부터 질문된 것과 더불어 이루어지는 상호성이 필요할 것이다. 바르트에 의하면 그리스도교적 사고의 기술은 이 같은 상호성에 있는데 그는 "중심에서 주변으로, 그리고 주변에서 항상 다시 중심으로, 혹은 위로부터 열정적인 아래로. 그리고 같은 정렬로 아래에서 위로 결정적인 운동을 실천함으로써 훈련 받아야 한다"함과 같다. 이처럼 훈련에 의한 분별은 세상에 복음의 증언이 되는 데 있어서 간과될 수 없으며, 그는

---

85) 이상 목회자의 기능에 대한 진술은 프레이리가 교육자의 역할에 대한 표현을 목회자와 성도에 대한 관점에서 재구성한 것이다. Paulo Freire, Frei Betto, *Schule, die Leben Heisst*, 『인생이 학교다-해방신학의 구체적인 실천을 위한 대담』, 김종민 역, (경북: 분도출판사, 1988), 116.
86) 여기서 말하는 디다케는 열두 사도들의 가르침이라 불리는 초대교회 입문서로서의 교훈과 가르침에 한정된 의미가 아니라 교회의 가르침의 전반적인 활동을 뜻한다.
87) 아볼로가 브리스길라의 가르침을 받았다는 것은 소위 바울의 금지령이 실제와 다른 형태였음을 암시한다. 문혜정, 『섬김, 마음을 여는 선교』, (서울: 앵커출판&미디어, 2021), 124.

이를 위해 '교리문답 교육'의 차원과 공동체 내의 가르침을 동반하는 '선포'-설교-와 '질문하고 대답할 수 있는 구조'가 필요하다고 본다.[88]

이 같은 '열린 훈련'은 신구약의 많은 성경적 전거를 가지는 일이며, 특히 그리스도께서 제자들에게 기대하신 것은 맹종이 아니라 자유하는 친구로서의 인식이었기 때문이며(요 15:7), 바울 역시 한 백성들에게 권면한 '율법 이후'의 자리는 초등교사-몽학선생- 아래(갈 3:25)나 종-하갈-의 자녀가 아니라 자유자-사라-의 자녀였기 때문이다.(갈 4:21-31) 이 의식화된 공동체가 아니면 주께서 경고하신 것처럼 맹인이 맹인을 인도하다가 함께 구덩이에 빠지는 것을 피할 수 없을 것이다.(마 15:14, 눅 6:39)

그런 연유로 구약에서 하나님의 백성에게 율법이란 세상 앞에서 분별 있는 '지식 있는 백성'(신 4:6)이 되게 하려는 목적이었지만 저들은 그 율법의 중심은 보지 못하고 외식만 좇다가 무지한 백성이 된 것이다.(마 23:23) 본래 율법과 절기가 그 사회 구성원들의 자유를 위하여 있음에도(요 8:32) 도리어 율법과 절기의 무게 앞에 짓눌린 종이 되었던 것이다.(막 2:27) 안식일은 고단한 인생들과 가축에 쉼을 주는 절기이고(출 20:10,11), 안식년과 희년 역시 온 생태의 해방과 기회의 재충전으로서의 절기이며(레 25:8~55), 그렇게 하나님을 위하는 절기는 실상 땅 아래 세상 만물 특히 약자를 자유하게 하는 규례(출 23:10~12)였음에도 말이다. 그런 의미에서 의식화 공동체가 될 때에 그 진리의 참여는 그들 공동체를 자유케 하며 그 자유

---

88) Karl Barth, 『교회 교의학 Ⅳ/3-2』, 417-19.

로서 세상의 매임을 푸는 섬김이 될 것이다. 이처럼 의식화 공동체로서의 교회는 오늘의 평신도 중심적인 교회가 가져야 할 핵심 유형 중의 하나가 될 수 있다.

그렇다면 의식화 공동체가 가지는 신앙고백은 '하나님을 믿노라', '그 나라를 기다리노라'하면서 오늘 이 땅의 현실과 자기 삶의 현실을 외면하는 것이 될 수 없다. 이는 신앙을 알지 못한 것일 뿐만 아니라 배도한 것이다. 세상을 떠나기만 하는 이들은 아버지를 외면한 이들이다.(마 25:31~46) 그렇게 교회는 세상 가운데 있어서 악의 힘에 저항하기 위하여 보전된 왕 같은 제사장들이다. 이처럼 주님은 의식화 공동체를 통하여 당신과 당신의 나라를 세상 가운데 충만하게 하려 하신다.(엡 1:23) 그때 세상은 그리스도가 충만히 나타나는 무대이지 그 반대일 수 없다. 이를 위하여 주님은 세상 가운데서 악에게 빠지지 않는 의식화 공동체를 찾으시고 세우시며 보내기를 원하신다. 다만 여기서 이 의식화 공동체를 가능하게 하는 구체적인 구조에 대해서는 뒤에서 보다 자세히 접근할 것이다. 이처럼 '세상 한가운데'로 뻗어가는 의식화 공동체를 가능하게 하는 것은 동시에 자기이해를 '세상에 속하지 않은' 영성 공동체로 알 때이다. 이 긴장이 필요하다.

4 '영성' 공동체(16. 세상에 속하지 아니~, 'strangers in the world')

16. 내가 세상에 속하지 아니함 같이 그들도 **'세상에 속하지 아니하였사옵나이다'**

16. They are **strangers in the world**, as I am.

평신도신학에 획기적인 기여를 한 가톨릭 신학자 이브 콩가르 (Yves M.J. Congar)는 교회를 순례자로 보았다.[89] 한스 큉(Hans Kung) 역시 『교회란 무엇인가』에서 교회는 결정적인 하나님 통치의 전 단계(Vor-Stufe)는 아니나 가히 그 전조(Vor-Zeichen)라고 할 수 있다고 하였는데, 교회는 하나님의 통치에서 출발하여 미래적이고 최종적인 하나님의 통치를 지향하는 교회일 뿐이며, 따라서 교회는 자기 자신이 목적일 수 없고, 다만 그 최종적인 통치를 향하는 '지나가는 교회'로 규정하였다. 그에 의하면 교회가 자신을 일시적이요 잠정적이며 과도기적인 존재임을 망각하는 것은 지나친 요구를 하는 교회이며, 반대로 그 일시적인 것을 인식할 때 희망이 있다는 것이다.[90] 다만 이때 '교회'란 공동체로서의 교회를 넘어 그 공동체를 이루는 개개인의 모든 성도의 자리까지를 포함하는 것이 되어야 하며, 따라서 하나님의 한 백성인 성도들은 자기 자신을 이 세상을 지나가는 자로서 인식함을 피할 수 없다.

실제로 신앙의 선조들은 기꺼이 자신을 나그네로 여겼다. 아브라함도 이삭도 야곱도(창 47:9) 모세도(출 18:3) 다윗도(시 39:12) 그러했으며 예외가 없었다. 실상 나그네는 모든 이스라엘의 정체성이었다. 왜냐면 그들은 애굽에서 객이었기 때문이다. 심지어 이 지나가는 자로서의 정체성은 훗날에도 자신과 타인을 이해하는 기준이 되어야 했다.(출 23:9) 그래서 하나님의 백성들은 나그네인 까닭에 이

---

89) David J Bosch, *Witness to the World: The Christian Mission in Theological Perspective*, (Eugene: Wipf and Stock Publishers, 2006), 178.
90) Hans Kung. *Was ist Kirche?*. 이홍근 역, 『교회란 무엇인가』 (경북: 분도출판사, 1994), 73~75.

세상(외인)에 대해 세월을 허비하지 말아야 할 의무가 주어진다.(골 4:5) 이처럼 포스트 크리스텐돔(Post-Christendom) 시대의 교회는 이런 자기 정체성을 알아야 하며, 이로써 자기에게 주어진 시간을 의미 없게 내주지 않아야 하는 것이다.

교회는 그리스도의 현존이라는 표지를 '세상에서' 가지지만, 그 현존이란 '종말론적 현존'[91]이기에, 동시에 세상에 '속하지 않은' 것이기도 하다. 두 긴장이 같이 있다. 세상에 속하지 않는 행위가 '포기'라면, 세상에서 가질 현존의 행위는 '사랑'이다. 그런 차원에서 사랑-속함의 행위-과 포기-지나감의 행위-는 교회가 자기를 규정하는 덕목이라 할 수 있다. 칼 라너는 이 두 행위를 잘 설명하고 있는데, 포기는 자연윤리도 아니며 자연법의 요구도 명령도 그 어떤 수련이나 정욕에 대항하는 인간 본성의 시도가 아니라 오직 성도의 고유의 것이며, 오직 그리스도인들에게 주어진 사랑에서만 근거되어 있는 것이다.[92] 곧 이 두 덕목을 분리하지 않고 하나로 본 것이며, 영성적인 포기의 행위는 실천이라는 사랑으로 나타나야 하는 것으로써[93] 교회의 이러한 단일성은 영성이 가지는 실천성을 잘 보여주는 것이라 할 수 있다. 곧 세상에 '속하지 않는 것'은 세상과의 거리를 두는 문제가 아니라 세상에서 '사랑이 이끄는 포기의 삶'을 살 수

---

91) 지상의 교회는 '다가올' 하나님의 나라를 기다린다는 점에서, 동시에 '이미 와 있는' 하나님의 나라에 현재적으로 참여하고 있다는 점에서 '종말론적 공동체'이다. 칼 라너에 의하면 '발생하리라'는 면에서, 또 '발생할 것'이기에 '이 세상에서 존재한다'는 뜻에서 종말론 적이다. Karl Rahner, 정대식 역, 『영성신학논총』(서울: 가톨릭출판사, 1983), 155.
92) 위의 책, 157-58.
93) 위의 책 167-68.

있느냐의 문제가 된다.

그러나 교회 곧 성도들은 이 같은 '세상에 속하지 않은' 부름을 어려워한다. 독일의 디아코니아 신학자 울리히 바흐(Ulrich Bach)는 에른스트 케제만(Ernst Kasemann)이 1967년 하노버에서 열린 독일 개신교의 날에서 말한 "누가 하나님이신가? 야훼인가 혹은 바알인가?"라는 질문을 상기시키면서 오늘날 교회가 기독교화된 바알을 말하고 있는 것은 아닌가 하는 물음을 던지고 있다.[94] 이때 야훼와 바알의 차이는 교회가 자기를 '지나가는 교회'로 인식하는가? 그래서 사랑이 주는 덕목인 포기를 아는 자인가? 아니면 다만 자신을 '기독교왕국'(Christendom)으로서 인식하는가의 문제이다. 이처럼 영-야훼-의 추구냐 땅-바알-의 추구냐는 신학적 이원론의 주제가 아니라 교회가 자신을 영성 공동체로 인식하는가 그렇지 않은가의 문제가 된다.

이때 영성은 교회와 성도만의 고유한 자산이요 하나님의 나라의 가치라 할 수 있으며, 세상 현실을 관조-포기-하기만 하지 않고 선한 영향력-사랑-을 끼치는 것이 된다. 따라서 해방신학의 진영에서는 땅의 현실을 자각하지 못하게 하는 '영성화'의 문제를 악의 현실과 악에 대한 협조로 보았는데, 이처럼 영성은 포기와 사랑이라는 이중적 차원을 가지는 것이어야 한다. 그런 차원에서 '데려감도 아니요 빠짐도 아닌'(15절) 과제가 '영성 공동체'에 있다.

실제로 스탠리 하우어워스(Stanley Hauerwas)와 공동 저자인 윌리엄 윌리몬(William Willimon)은 제목에서 보여주는 것처럼 다소 영

---

[94] Volker Herrmann, Martin Horstmann, *Studienbuch Diakonik*, 『디아코니아학』, 342.

성적인 측면의 『하나님의 나그네 된 백성』(Resident Aliens)을 저술했는데 그들은 이 책이 기독교를 '대항 문화적 유형'으로 본다고 밝히고 있지만[95] 그렇다 해서 그들 자신을 '세상을 혐오하는 분파주의자'라거나 '공공신학과 정치적인 책임'에 등을 돌리는 일을 옹호한다는 여러 평가를 거부하였다. 도리어 바르트의 경고였던 "교회의 가시성을 무시하여 교회의 세상적이고 역사적인 형태를 하찮은 것으로 여기거나, 성령의 영들의 불가시적 교제를 과장하고"를 인용하면서 교회가 빠지기 쉬운 피안적인 지향을 거부하였고, 나아가 디트리히 본회퍼(Dietrich Bonhoeffer)의 말과 같이 우리는 전혀 존재한 적 없는 집단 정체성으로 채색된 교회를 꿈꾸어서는 안 된다고 하면서, 도리어 자신들의 책이 "교회의 항구한 역사성과 확고한 가시성을 입증하고자 하였다"고 주장하였다.[96] 이처럼 영성 공동체에는 '초월성'과 '역사성'이라는 이중적인 과제가 항상 긴장 속에서 주어져 있다.

이런 하나님의 한 백성들이 가져야 할 영성적 차원은 오늘 이 사회에 핵심적 가치가 될 것이다. 그렇다면 한 백성이 가질 영성은 어떻게 채워지는가? 헨리 나우웬(Henri Nouwen)은 그의 책 『영성 수업』(SPIRITUAL DIRECTION)에서 욥이 가지는 실존적인 질문들에 주목한다. 그렇게 괴로운 질문들을 던지고 직면하고 삶으로 겪어내라는 것이다. 여기서 쉬운 답이나 보장을 경계하는 것이 중요하다.[97] 그는 의문을 품는 삶은 주류 기독교에 역행한다고 여겨지는 실정을 폭

---

95) Stanley Hauerwas, William Willimon, *Resident Aliens*, 김기철 역, 『하나님의 나그네 된 백성』(서울: 복 있는 사람, 2018), 15.
96) 위의 책, 15-20.
97) Henri Nouwen, *Spiritual Direction; Wisdom for Long Walk of Faith*, 윤종석 역, 『영성 수업』(서울: 두란노, 2007), 22-23.

로한다. 이 같은 고발은 정당성을 가지는데, 정재영의 『교회 안 나가는 그리스도인』에는 가나안 성도들의 심층 인터뷰를 담고 있는데 다음과 같은 내용이 있다. "저는 *질문하지 못하게 하는 기독교는 도대체 어떤 기독교인가?*라는 생각뿐이었어요." 이처럼 많은 교회는 '아멘 하며 순종하는 태도를 성도의 미덕으로 강요하는 실정이다.[98] 그러나 영성은 의문의 정당성을 인정함에서 온다. 나우엔은 의문의 역량을 제공하는 공간인 기쁨, 외로움, 두려움, 염려, 사랑 받으려는 간절한 절규 등 일상생활의 모든 경험을 영적 추구의 본질적인 한 부분으로 인정할 것을 말하는데,[99] 그렇다면 영성은 위로서 일방적으로 주어지는 것이 아니라 아래에서의 삶의 공간에서 나타나는 여러 질문들과 함께 주어진다고 해야 할 것이다. 곧 말씀이 삶의 현장에서 새롭게 각인되고 해석될 때 비로소 삶의 영성이라 할 수 있을 것이다. 다만 이 모든 논의에도 불구하고 영성의 근원은 진리의 말씀에서 올 것이다. 그렇다면 영성 공동체란 '진리 공동체'이기도 하다.

---

98) 정재영, 『교회 안 나가는 그리스도인: 가나안 성도를 어떻게 이해할 것인가?』 (서울: 한국기독학생회출판부, 2015), 79.
99) 위의 책, 24-25.

5 '진리' 공동체(17,19. 'consecrated by the truth')

17. 그들을 '**진리로 거룩하게**' 하옵소서 '아버지의 말씀은 진리니이다'

19. ~ 이는 그들도 **진리로 거룩함**을 얻게 하려 함이니이다.

17. **Consecrated by the truth**: your word is truth.

19. ~ that they too may be **consecrated by the truth**.

    교회가 세상에 있으되 세상에 속하지 않음(16)을 가능하게 하는 것은 교회가 진리로 구별되었기 때문이다.(17,19) 그런 이유로 17절과 19절에 보는 바 이 '진리'는 '거룩'과 함께 나란히 사용된다. 그렇다면 세상은 진리 공동체를 그대로 받을 수 없고 대적하려 하거나 그 앞에 심판을 받거나 할 뿐이다. 왜냐면 진리의 말씀은 세상 친화적이지 않고 진리 아닌 것에 대해 갈등을 일으키고 충돌하는 구별된-낯선- 것이기 때문이다. 교회는 그렇게 **진리의 낯섦에 의해 통치**되고 그 **낯섦을 가지고 세상과 마주하는 예언자적 공동체**이다.

    미로슬라브 볼프(Miroslav Volf) 역시 이 같은 교회의 예언자적 기능을 말하며 세상을 고치려 하지 않는 것을 나태로 보았다.[100] 그는 만일 모세가 시내산에서 십계명을 받아 들지 못하였다면 그 양손에는 우상이 들렸을 것이라고 하였는데 이러한 지적은 옳다. 교회가 말씀으로 구별된 진리 공동체성을 상실할 때 필연 그것은 우상을 동반하지 않을 수 없기 때문이다. 교회 공동체가 이 나태에 들어가게 될 때 거기에는 기복적인 것과 맘몬지상주의가 강단에서 선포되는

---

100) Miroslav Volf, 『광장에 선 기독교』, 19.

것을 피할 수 없다. 반대로 진리의 거룩성은 우상적인 것을 충돌하고 부순다. 세상을 고치려 하는 것이다. 다만 알 것은 '교회도 세상의 일부'라는 것이다.[101] 심지어 뉴비긴에 의하면 교회는 '문화의 일부'이기도 하다.[102] 교회는 거룩한 진리 공동체이지만 세상과 그 문화를 떠나서 있는 것은 아니기 때문이다. 다만 그런 이유로 혼합주의를 피할 수도 없다.

그렇다 하여도 교회가 진리의 낯섦을 쉽게 포기하고 세상 가치에 타협하려 할 때에 그 진리의 말씀은 세상에 그러한 것처럼 교회에게도 '함정'이며 '올무'요 '걸림돌'[103]이 될 것이다.(사 8:14,15) 그 말씀은 가시적 교회[104]인 지상의 교회로부터도 구별되어 있기 때문이다. 따라서 진리가 바르게 선포될 때 '쉬운 아멘'은 일어날 수 없다. 본

---

101) Karl Barth, 『교회 교의학 IV/3-2』, 303. 참조, Miroslav Volf, *Work in the Spirit*, 백지윤 역, 『일과 성령』 (서울: IVF, 2019), 227. 보쉬는 "교회는 세계가 아니다"는 표현과 "교회는 이 세계의 한 부분이며 세계 역사의 일부분이다"는 말을 동시에 사용하고 있다. David J Bosch, *Witness to the World*, 222.
102) Lesslis. Newbigin, 『다원주의 사회에서의 복음』, 50.
103) 이사야 선지자는 오실 메시야가 자기 백성에게 걸림돌이요 함정이 되실 것을 예고하였다.(사 8:14,15) 걸림돌과 함정이라는 것은 그의 현존이 세상은 물론이요 교회 앞에서도 낯섦의 현존일 것을 뜻한다. 그 낯섦-걸림돌- 앞에는 부딪치거나 믿음에 이르거나 두 길뿐이다.(롬 9:32,33) 이 걸림돌은 '스칸달론'(헬)인데 여기서 '스캔들'이라는 말이 파생되었다. 그렇다면 이 낯섦에 참여하는 교회는 자신 역시 세상에 스캔들을 가져다주는 공동체가 되어야 함을 뜻한다. 곧 부딪침을 주거나 믿음에 이르게 하거나 외에 다른 타협을 제시할 수 없다.
104) 불가시적 교회가 그리스도를 머리로 하여 그에게 붙어 있는 참된 교회를 뜻한다면 가시적 교회는 불가시적 교회를 추구하나 현실은 허물과 한계를 가진 지상의 교회일 뿐이다. 따라서 가시적 교회는 세상의 일부분이면서 동시에 거룩한 구별이라는 이중성을 가진다고 할 수 있다. 가시적 교회를 교회 되게 하는 당위성은 제도적 근거가 아니라 오직 진리 공동체일 때이다.

회퍼가 지적한 것처럼 '값싼 은혜'가 아니기 때문이다. 이처럼 진리는 세상만이 아니라 교회에 대해서도 '낯섦'으로 오며, 마치 사도 요한이 삼켜야 했던 두루마리가 입에서는 꿀 같이 다나 배에서는 썼던 것과 같다. 이처럼 진리가 쓴 이유는 은혜의 말씀이기만 한 것이 아니라 많은 백성과 나라와 방언과 임금에게 다시 예언해야 하는 '직무의 말씀'도 되기 때문이며(계 10:10,11), 그 진리가 담지하는 내용도 세상 친화적이 아니라 전혀 새로운 것이기 때문이다. 그런 이유로 진리의 말씀은 낯섦이 본질이다. 바르트는 하나님의 은총을 다음과 같이 표현하였는데 그 특징이 낯섦인데 바로 진리도 그와 같다.

> **신의 은총은**, 인간이 그런 것으로 **통찰하고 시인하고 획득할 수 있는 원리**, 그러므로 철저하게 전개하고 응용할 필요가 있는 원리, 이로써 모든 가능한 대립과 그러므로 여기서 우리의 관심을 끄는 대립을 조망하고 극복할 수 있는 원리가 **아니다**. 오히려 **신의 은총은 자유로이 지배하는 능력이며 자유로이 열리는 진리이다**.[105]

신의 은총을 인생이 가늠할 수 없는 이유는 그 은총을 계시하는 진리가 인생에게 낯섦으로-기대와 다르게- 다가오기 때문이다. 바르트는 공동체에는 '새로운 것'을 증언하는 것이 위탁되었다고 말하고 있는데,[106] 이 새로운 것은 낯섦으로 이해될 수 있다. 왜냐면 공동체가 증언할 '새로운 현실'은 그리스도의 말과 일의 낯섦에서 시작된 것이기 때문이다. 따라서 공동체가 세상에서 새로움을 증언

---

105) Karl Barth, 『교회 교의학 Ⅳ/3-2』, 245.
106) 위의 책, 248-53.

하려면 자신부터 진리의 낯섦 앞에 놓여야 한다. 이로써 귀가 가려운 인생들을 만족시키려 맘몬적이고 기복적인 세상 친화적 메시지로 타협할 것이 아니라, 철저하게 '낯선 그대로' 선포하고 드러내어야 하는 과제가 진리 공동체에게 부여되어 있는 것이다. 그러려면 공동체는 자신이 먼저 그 진리의 낯섦 앞에 부딪치고 밝히 드러나야 한다.

그리스도는 낯섦이 아니고는 당신을 그 어떤 모양으로도 계시하시지 않으셨다. 사도 요한의 증언처럼 말씀이 육신(요 1:14)이 된 것도 그 낯섦의 절정이고, 바울의 증언처럼 자기를 비워 종의 형체(빌 2:7)를 입은 것 역시 그러하며, 누우실 곳이 없이 구유에 나심(눅 2:7)도 그러하고, 예루살렘이 아니라 이방의 갈릴리(사 9:1, 마 4:15)와 선한 것이 날 수 없다던 나사렛에 당신의 몸을 두심(마 2:23)도, 종교 집권자들이 아닌 세리와 죄인들의 친구가 되심(마 9:10; 11:19; 막 2:15, 눅 5:30, 7:34)이나 모두가 멀리하는 사마리아 여인과의 대화(요 4:9)하심도 그러하며, 안식일에 병자를 치유하심(마 12:10)도 그러하다. 이처럼 낯섦의 행적이 아니면 아무것도 행하지 않으셨다.(마 12:33 막 2:27)

그의 모든 교훈에도 그러한데 낯섦의 진리가 아니고는 말씀하지 않으셨다.(마 13:54, 막 1:21-28) 산상보훈에는 그 같은 낯섦의 진리로 가득하다. 복 있는 자는 마음이 가난하고, 애통하며, 의를 위하여 박해받는 자이다.(마 5:1~12) '하나님 앞에서' 예물을 드림보다 앞서야 할 것은 '사람 앞에서'의 화해이다. 아마도 이 교훈은 '고르반'-하나님께 드림이 되었다-을 우선이라 가르치던 당대에 큰 도전이요 충격이 되었을 것이다. 비유들 역시 낯섦 그 자체였는데 탕자는 그 어떤 조건도 없이 아들의 지위가 회복되었고(눅 15:11~32), '의롭다 함'을 받고 돌아간 자는 바리새인이 아니라 세리였으며(눅 18:9~14), 하루의 품삯에서 소외되었던 노동자에게도 기본 소득이 보장되었다.(마 20:1~16) 가난한 자들에게는 복이 선포되는가 하면, 반면 부자들에게는 화가 선포된다.(눅 6:20~26)[107] 아흔아홉 마리의 양들보다 한 마리의 잃어버린 양이 목자의 최우선적 돌봄의 대상이 된다. 그렇게 낯섦의 교훈이 아니고는 그 어떤 것도 구원의 진리로 제시되지 않았다. 그런 이유로 '기쁜 소식으로서의 복음'은 동시에 '분쟁과 충돌로서의 복음'이기도 하였다.(마 10:34~39) 진리의 낯섦은 갈등의 시작이었던 것이다.

몰트만은 "신앙은 바로 이러한 갈등으로 들어가며 그래서 그 스스로 죽음의 세상에 맞서는 저항이 된다"라고 말하고 있다.[108] 이처럼 진리가 갈등을 피하지 않는 이유는 다만 좌우에 날을 세우는 검으로서의 진리(히 4:12)일 때, 그래서 세상을 찔러 쪼개는 진리일 때 고침도 위로도 줄 수 있기 때문이다. 그렇게 교회와 세상을 수술대에 올려놓는 진리만이 만물을 새롭게 하고, 또 옛 인간을 새 인간(고후 5:17)이 되게 할 수 있다. 이는 바르트가 하나님의 말씀은 그 자체의 고유한 자유와 능력 안에서가 아니면 어떤 사람에게도 도달하지 않는다고 말함과 같다.[109] 이처럼 교회는 '낯섦 그대로의 진리'를 소

---

107) 부유를 악으로 보는 성경의 입장에 대해서는 다음을 참고하라. Boff Leonardo, *Testigos de Dios en el Corazon del Mundo*, 성염 역, 『세상 한가운데서 하느님을 증언하는 사람들』(경북: 분도출판사, 1990), 140-42.

108) Jurgen. Moltmann, *Theologie der Hoffnung*, 이신건 역, 『희망의 신학』 (서울: 대한기독교서회, 2013), 28.

109) Karl Barth, *Einfuhrung in die evangelische Theologie*, 신준호 역, 『개신교신학

유할 때 세상에 있으나 세상에 속하지 않는 진리의 공동체이며, 반대로 단지 제도라는 틀의 기반에만 의지하려 할 때에는 더 이상 교회가 아니며, 또 그럴 때 교회는 세상의 먹고 마심의 추구와 성공에 대한 바알의 욕망과(왕상 18:21) 재물에 대한 맘몬의 추구(눅 16:13)로부터 자유할 수 없다.

독일의 디아코니아의 아버지라 불리는 요한 힌리히 비혀른(Johann Hinrich Wichern:1808-1881)은 '부정적 자유'와 '긍정적 자유'를 구분하면서 국가나 제도에 귀속된 국가교회가 주는 자유를 부정적 자유로 보았다. 곧 제도에 속한 자유는 생명과 역동성을 빼앗고 참 교회가 가질 불가시성도 발견할 수 없게 된다는 것이다.[110] 그런 차원에서 진리의 공동체는 자신을 비본질적인 부정적 자유에 자신을 위탁할 수 없다. 물론 교회는 세상과 제도에 참여해야 한다. 다만 교회가 세상에 반응할 차원은 미국의 미래학자 래너드 스윗(Leonard Sweet)의 표현처럼 세상의 '필요'(needs)이지 '욕구'(desires)가 아니다.[111]

이때 진리의 공동체에 주어진 진리는 상대적일 수도 부분적일 수도 없다. 다만 전적일 뿐이다. 왜냐면 그 진리는 바르트가 지적하는 것처럼 여러 진리 가운데 하나가 아니라 '오직 하나의 진리'이기 때문이다.[112] 같은 차원에서 본회퍼는 신앙고백의 절대성을 이야기한다. 복음 선포는 물론이고 교회들의 세금 징세에 이르기까지 모든

입문』(서울: 복 있는 사람, 2014), 195.
110) Johann Hinrich Wichern, *Saemtliche Werke*, Bd. 1, LVH, 1962, 57. 이범성 역.
111) Leonard Sweet, Aqua Church,『모던시대의 교회는 가라』, 108.
112) Karl Barth, *Die Kirchliche Dogmatik*, 신준호 역,『교회 교의학 Ⅰ/2』(서울: 대한기독교서회, 2010), 578.

차원이 신앙고백에 의해서만 지배될 수 있다는 것이다. 그 신앙고백에서는 오직 '예'와 '아니오'만 있을 뿐, 중립을 지킨다는 것은 불가능하며, 신앙고백의 문제를 벗어나 이 입장과 저 입장에 동의하는 것은 배제되어야 한다는 것이다.[113]

바르트 역시 공동체는 '단호함' 속에 존재한다고 말하고 있다.[114] 이보다 앞서 바울도 그리스도 예수에게는 오직 예만 되었음을 밝히며, 따라서 교회는 그리스도 안에서 예와 아멘만이 선택될 뿐임을 말하고 있다.(고후 1:19,10) 따라서 만일 교회가 그 진리에 부분적으로만 참여하려 한다면 실상 교회 되려 하지 않은 것이다. 이는 주를 따르려던 자들에게 조건적인 참여(마 23:24)가 허락되지 않음과도 같다. 그런 참여는 다만 쟁기를 잡고 뒤를 돌아보는 것과 다르지 않은 것으로 여겨졌다.(눅 9:26) 그 따름 앞에서 어떤 간격도 변명도 유효하지 못한 것처럼, 만일 교회가 자기의 선호 안에서 따르고자 할 때 결국 교회는 진리로부터 소외될 것이다.(요 6:60~66) 그런 교회가 될 때(딤후 4:3) 교회가 세상에 줄 것은 성공에 대한 비전이나 심리적 유토피아로의 환상뿐이게 될 것이다. 세상은 교회에 그것을 기대해서는 안 되며, 교회가 그것을 세상에 제공하려 해서도 안 된다. 주님은 세례요한에게서 찾아와서 다른 것을 기대하려는 자들에게 차라리 왕궁에 너희 기대가 있다 하심과 같다.(마 11:7~9)

---

[113] 디트리히 본회퍼, "고백교회와 에큐메니컬 운동", 1935, 에큐메니컬 운동(개정증보판), 한들출판사, 41. 이범성, 『에큐메니컬 선교신학 I -순수이론편』(서울: D&V, 2016), 37-38쪽에서 재인용.

[114] Karl Barth, 『교회 교의학 Ⅳ/3-2』, 255-60. 이 확신, 결정, 희망의 단호함은 이미 화해된 사건이라는 과거에 대한 확신의 단호함과 그에 기초한 현재적 결단의 단호함 그리고 미래의 희망에 대한 단호함으로 이해될 수 있을 것이다.

끝으로 '진리의 공동체'는 동시에 '거룩한 공동체'이기도 하다. 앞서 본 것처럼 '진리'와 '거룩'이 나란히 사용됨(17,19)에서도 알 수 있다. 이때 '거룩'은 한 개인의 내재적이고 내향적인 상태를 뜻하는 것이 아니라, 도리어 세상에서의 한 섬김을 위한 구별임을 알 수 있다. 크리스토퍼 라이트(Christopher J. H. Wright)의 역작『하나님의 선교』에서 그는 출애굽기 19장 4~6절 등의 근거로 '거룩함'을 '제사장직'의 본질로 본다. 곧 '거룩한 백성'(6)과 '제사장 나라'(6)의 구별은 그들에게 구속의 은혜에 대한 주도권을 뜻하는 것일 뿐만 아니라, 그들의 정체성이 부과하는 사명(mission)을 성취하는 조건이다. 곧 '거룩'은 은혜의 자기주도권에 머물지 않고 "세계가 다 내게 속하였나니~"(5,상)와 같이 하나님의 보편적 소유권으로서의 관심으로 뻗어가는 수단인 것이다.[115] 그렇다면 '거룩'[116]은 정적인 상태를 뜻하지 않고 거룩한 기름부음의 세 직분처럼 동적인 섬김과 사역과 활동을 뜻하는 것이며, 따라서 '거룩한 공동체'와 동격인 진리 공동체 역시 세상의 거룩함을 위하여 '보냄 받은 공동체'를 가리킨다.

---

115) Christopher Wright, *The Mission of God*. 정옥배, 한화룡 역.『하나님의 선교』(서울: IVF, 2010), 465-66.
116) 구약에서 '거룩'은 줄곧 소명을 의미했다. 모세(출 3:5)와 여호수아(수 5:15)에게 거룩한 땅이란 소명의 장소를 뜻했으며, 그 부름에 대한 순종의 표시로서 그들은 신을 벗어야 했음에도 나타난다.

6 '보냄' 공동체(18. 세상에 보내었고, 'into the world')

18. 아버지께서 나를 세상에 보내신 것 같이 나도 그들을 **'세상에 보내었고'**

18. As you sent me in to the world, I have sent them **into the world**

18절의 '보냄'의 주제는 17절과 19절의 '진리로 거룩하게'라는 말씀 사이에 둘러싸여 있다. 이는 그 보냄을 온전하게 하고, 보냄의 내용을 규정하고, 나아가 보냄의 목적을 지향하게 하는 것이 '진리의 말씀'에서 비롯됨을 보여준다. 곧 보냄은 평신도 중심교회의 핵심이지만, 그저 보냄은 양을 이리 가운데 보냄과 같을 뿐이기에 '어떤 보냄인가!' '어떤 세움 가운데서의 보냄인가!'가 본질적인 과제가 되어야 하는 것이다. 이처럼 보냄은 세상에 디아코니아를 발생시키지만, 진리와 거룩으로 구별되지 않은 보냄에서는 그 섬김이 폭력이 되기도 하며, 그 섬김이 자기를 높이고 주장하는 통로가 되기도 하기에, 그 보냄을 온전하게 하는 진리로서의 세움은 항상 본질적이다. 교회가 진정 보냄의 공동체가 되려면 보냄이 기능장애를 일으키지 않는 구조를 확보해야 하는 것이다. 마르다의 식탁 봉사가 높게 고양 받으려면[117] 먼저 마리아의 말씀 앞에 있는 구조를 교

---

117) Volf, Miroslav. 『일과 성령』, 204. 종교개혁가들은 직업(俗)에 소명(聖)을 부여함으로서 '일'-노동-의 가치를 고양시켰다. 성(聖) 속(俗)의 이원론(Dualism)적 세계관은 헬라철학의 배경에서 난 것이며, 본래 기독교적 세계관과 상관없다. 히브리적 사상에 기초한 기독교 세계관은 삶-생활-의 전 영역이 본래적인 가치를 가지며 은혜의 대상이 된다. 종교개혁은 교회로 침투한 이런 이원화된 구조를 깨뜨리는 데 일조하였다.

회는 가져야 함과 같다. 이 사실을 분명히 하지 않고는 보냄에 대한 어떤 진단도 무의미하다. 이제 보냄에 대한 본격적인 담론을 나누길 원한다.

교회의 중심 구조를 성도로 본다는 것은 결국 교회를 세상 속으로 보냄이라는 구조로써 이해하는 것을 뜻한다. 바르트에 의하면 '불러냄'과 '보냄'은 한 사건이다. 그는 "세상'으로부터' 부름 받음으로써만 공동체는 비로소 세상 '속으로' 부름 받는다"라고 말하였는데,[118] 이는 부름이 보냄에 선행한다는 것일 뿐만 아니라 부름이 보냄을 위하여 있다는 것을 뜻한다. 곧 그에 의하면 '**으로부터**'와 '**속으로**'는 단일한 운동(movement)이며, 보냄이 생략된 공동체의 평화는 '**부패한 평화**'이다.

> 저 '**의로부터**'의 진정성은, 그것과 그것에 틀림없이 뒤따르는 '**속으로**' 사이에 중단이 없음, 세상으로부터의 **구별**과 세상을 **향함**이 **단일한 운동** 속에서 일어남에 달렸다. ~ 등잔 대신에 말 아래 놓인 빛은 스스로 밝을 수 없고, 세상인 밭에 뿌려지지 않은 씨앗은 스스로 살아남을 수 없다. 공동체 안에서 그 일원들에 의해 경험되고 체험된 신의 평화는 그 테두리 안에서 국한되고 다만 그들 안에서만 향유될 때 **부패한 평화**가 될 따름이다.[119]

---

118) Karl Barth, 『교회 교의학 Ⅳ/3-2』, 304. 더하여 '신앙과 질서'라는 주제로 열린 룬드대회는 다음과 같이 말하고 있다. 교회는 항상 그리고 동시에 세상으로부터 부름을 받으며 또한 세상 속으로 보냄을 받는다. 이 이중적 운동의 두 요소는 서로 배제되지 않으며 항상 서로를 포함한다. David J Bosch, Witness to the World, 225.
119) 위의 책, 305.

이 같은 '부름'과 '보냄'의 상호성은 몰트만(Jurgen Moltmann)에게서도 잘 나타난다. 그는 〈밖을 향한 사명 missio ad extra〉은 〈안을 향한 사명 missio ad intra〉을 나타내며, 〈안을 향한 사명〉은 〈밖을 향한 사명〉의 기초를 이룬다고 본다.[120] 이때 교회의 밖을 향한 사명은 단지 부름에 대한 상호성일 뿐만 아니라 삼위 하나님의 내재적 사귐이나 바깥을 향한 운동성에까지 소급된다. 곧 교회의 보냄은 먼저 삼위 하나님 자신의 파송과 연속성이 있는 것이다. 보내시는 아버지는 보냄을 받는 아들과 성령을 통해 자신의 역사를 세상에 나타내시는데, 이로써 교회의 보냄은 삼위일체성 안에 있는 운동들 또는 〈나옴 Procession〉에 근거해 있다.[121]

이처럼 몰트만은 공동체의 보냄을 〈세상에 관계하는 하나님의 역사〉 안에서 이해하려고 하였다. 왜냐면 하나님의 우주적 역사의 지평에서 분리된 개별적 교회의 이해는 다만 추상적이며 맹목적이 될 수밖에 없기 때문이다. 오직 교회는 자신의 자리를 세계와 관계하는 하나님의 역사의 운동 속에 둘 때만 자기를 알 수 있다. 그렇다면 '보냄으로서의 공동체의 투신'은 부름에 따른 응답성만이 아니라 세상에 자신을 개방하시는 삼위 하나님과의 교제에 들어감이며, 또한 세계에 관계하는 하나님의 삼위일체적 역사의 운동에 참여하는 것이 된다. 반대로 교회가 그 보냄을 상실한다는 것은 삼위 하나님과의 사귐은 물론이요 그 운동성을 상실한다는 것이기도 하다.

나아가 바르트(Karl Barth) 역시 보냄이 가지는 삼위 하나님과의

---

120) Jurgen Moltmann. *Kirche in der kraft des Geistes*. 박봉랑 외 4인 역. 『성령의 능력 안에 있는 교회』(서울: 한국신학연구소, 1994), 87.
121) 위의 책 88.

연대성을 놓치지 않고 있는데 특히 성령 하나님의 활동에서 보냄을 조망하고 있다. 그는 공동체의 존재가 개별적 일원들을 내포한다 하더라도 자기 목적에 머물러서 안 되는 이유는 성령의 조명하는 능력이 공동체의 존재를 넘어 그들의 경험과 체험과 개인적으로 약속된 모든 것을 '이끌고 추진하고 촉구하기 때문이다'라고 말하고 있다. 이는 하이델베르크 신조에 나타나는바, 교회의 모이고 보호받고 보존되는 선택 받은 공동체성을 인정하면서도, 결국 교회는 자기 바깥을 지향하도록 부름 받은 공동체임을 말하려는 것이다.[122] 그는 전통적이고 고전적 교회론이 교회를 구원의 공동체로서 거기에 모인 인간들의 '구원기관'에 그침으로써 자기 목적이 되는 현실을 고발한다. 곧 칼뱅이 예수 그리스도의 예언직을 새로 발견하였음에도 불구하고 그의 교회론이 후대에 영향을 미치지 못하였고 교회는 다만 교회 일원만을 위한 기관으로 전락하였다는 것이다. 그러나 교회는 세워짐과 더불어 세상 속으로 파송된 공동체이며, 그리스도에 의해 파송됨으로써 그리스도 자신의 파송 역시 중단되지 않게 하는 데 있다는 것이다.[123] 나아가 바르트는 이 보냄을 수동적이고 정적인 것으로 이해되기를 거부한다. 곧 보냄만이 아니라 그 보냄의 성격이 어떠해야 할지를 분명히 하고 있다.

> 공동체는 세상의 길과 행로, 그의 상승과 하강, 그의 전진과 퇴보, 정체에 대해 **중립적, 수동적으로 대처할 수 없으며 자기 안으로 물러날 수 없다.** 즉 세상을 보다 깊이 아는 것으로, 세계 상황에 솔직하지만 수동적

---

122) Karl Barth, 『교회 교의학 Ⅳ/3-2』, 306-07.
123) 위의 책, 307-10.

으로 참여하는 것으로 물러날 수 없다. ~ 세상의 선함과 악함, 세상의 거대함과 참상을 인식할 뿐 아니라, **세상과 더불어 그의 미래를 기다리며 또한 더불어 그 미래를 향해 질주하기 위하여 보내어 졌다.**[124]

이처럼 한 백성 공동체는 보냄과 자신을 분리할 수 없으며, 오히려 그 보냄에 참여할 때 비로소 자신을 알게 된다. 왜냐면 이 보냄은 우연히 발생된 것이 아니라 창세 전(엡 1:4)의 '아버지의 뜻과 예정'(5)-부름- 가운데에서 시작되었으며, 또한 '지혜와 총명과 비밀'(8,9)-세움-에서 기인하였으며, 다시 '하늘과 땅을 통일하기 위하여(10) 기업을 삼아(11) 보증(14)하심'-보냄-에서 난 것이기 때문이다. 따라서 이 보냄은 부름과 세움과 함께 한 백성의 불변하는 자기 정체성이다.

그런 차원에서 '한 백성'들은 세 번의 회심[125]이 요청된다고 할 수 있다. 그것은 '부름'에 대한 회심과 '세움' 그리고 '보냄에 대한 회심'이다. 물론 한 번의 회심에 나머지가 포함되는 것이라 해야겠지만 종종 첫 단계-부름-에 안주하려 하기에 교회의 바른 기능을 위해서 차라리 세 번의 회심이라 말하려는 것이다. 만일 하나님의 백성이 첫 회심에 그침은 자신의 '부름'(called out)의 목적이 '세움'(called up)을 통한 '파송'(called into)에 있음을 망각하는 것이 될 것이다. 곧 첫 차원인 '그리스도의 한몸으로서의 교제'로 부름 받은 공동체는 거기에만 머무를 수 없고, 동시에 그의 몸의 완성을 위하여 두 번째 차원인 교육과 예배를 통한 세움을 바라보아야 한다. 다만 이 세움

---

124) 위의 책, 319.
125) '회심'에 대한 본격적인 담론은 '회심에 대한 이해의 확장'에서 가질 것이다.

이 내부적인 세움에 그치지 않고 세상과 함께 하는 것이 되기 위하여, 세 번째 차원인 증거와 봉사로서의 보냄 공동체를 지향하는 것까지 되어야 하는 것이다.[126] 그때 '보냄'은 하나님의 백성을 세상 가운데 왕이며, 제사장이며, 선지자로서 서게 할 것이다. 이때 한 백성이 세상에서 가질 그리스도의 삼중직에 대한 보다 자세한 담론은 뒤에서 다룰 것이다.

이어 보냄에 대한 성경적 전거를 보면, 본 절(18)을 비롯하여 많은 곳에서 아버지는 아들을(요 17:3, 20:21), 아버지와 아들은 성령을 보내심을 증언한다.(요 14:26, 15:26) 또한 아들과 성령은 보냄 받기만 하는 것이 아니라 기꺼이 순종하심을 통해서 친히 보내시며, 보내시는 아버지 역시 아들과 성령을 통해 당신을 세상의 화해자로 친히 보내신다. 그렇다면 이 보냄을 떠나서 삼위 하나님을 이해하거나 그 안에서의 사귐을 말할 수 없다. 삼위 하나님은 그렇게 보내시고 보냄 받으시는 분이시기 때문이다.

이런 이해를 통해서 우리는 아담과 하와에게 부여된 '하나님의 형상'(imago Dei, 창 1:27)이 어떤 존재론적 동질감이 아니라 보내고 보내어지는 삼위 하나님에 대한 연속성이라 이해할 수 있다. 그럴 때 아담과 하와에게 부여된 "땅을 정복하라, 생물을 다스리라"(창 1:28)는 명령은 땅이나 생물에 대한 파괴나 위력의 지배가 아니라 보냄을 담보하는 것이 되며, 이 정복과 다스림의 본래적 의미는 보냄이 가지는 섬김의 차원에서 새롭게 이해될 수 있을 것이다. 이는 이어지

---

126) 은준관, 『실천적 교회론』 (서울: 한들출판사, 2013) 148. 부름 - 세움 - 보냄이라는 바르트의 삼차원적 교회 구조는 Ⅳ부, '공적광장과 평신도'에서 보다 자세히 다룰 것이다.

는 천지창조의 대략이 '땅을 갈 사람'에 대한 부재(창 2:5)로 표현되는 것처럼, 땅의 지배 명령은 실상 땅에 대한 섬김을 담보하는 것이다. 게다가 그들의 이름 역시 그들이 가진 보냄의 성격을 보여줌을 알 수 있다. 먼저 아담-흙-이란 이름은 자신들이 정복하고 다스릴 땅이 자기 자신들과 분리된 객체나 대상이 아님을 인식하게 하고(창 3:19, 23), 하와 역시 그 의미가 '생명'임과 같이(창 3:20) 자신들이 추구할 과제가 '생명'이지 어떤 파괴적 통치가 아님을 그들 스스로 담지하게 되는 것이라 할 수 있다. 그렇다면 그들이 에덴에서 쫓겨나 그들의 근원이 된 땅을 돌보게 된 것(창 3:23)은 불순종에 대한 심판이기만 한 것이 아니라, 그들의 불순종을 회복할 수 있도록 그들 본래의 사명과 기회가 다시 주어진 것이라 할 수 있다.

나아가 이 보냄은 섬김을 지향할 뿐만 아니라 부름의 정점이기도 하다는 사실이다. 창세기 12장 1~3절에 나타나는 아브람의 부름 기사는 놀랍게도 '부름'과 '보냄'이 어떤 간격도 없이 동시적인 한 사건임을 보여준다. 그에게 집중된 '큰 민족'과 '복이 돼라'는 약속과 그로 말미암아 천하 만민이 복을 받게 될 약속에는 조금의 간격도 없는 한날한시의 사건으로 등장한다. 이처럼 그들을 향하는 '특별한 구별'은 '천하 만민을 향한 보냄'을 떠나서 이해될 수 없다. 보냄은 부름의 사건에서도 그 중심성을 가지는 것이다. 그렇게 보냄이 부름의 최고 지점에서 발생되고 은총의 절정이 거기에서 확인된다.

이는 그리스도의 보냄 받으심에서 더욱 분명하게 드러난다. 세상과 교회에 있어 은총의 절정은 그리스도의 성육신(incarnation)에서 찾아볼 수 있는데 곧 보냄의 절정에서 은총의 최고 지점이 발견되는 것이다. 그렇다면 은총의 중심을 자처하는 교회는 보냄을 떠나서 자신을 규정할 수 없고 또 그 안에서만이 그리스도의 몸으로 발견될 수 있다. 이처럼 교회가 그리스도의 몸(Body of Christ)이라는 자기이해는 오직 보냄의 견지에서 확보되며, 만일 이 보냄으로부터 분리하게 될 때 그것은 그리스도와 분리하는 것이다. 주님은 한 시각 장애인의 치유 사건을 보냄과 연관시키심을 볼 수 있는데 주님은 치유에 앞서 그를 실로암[127](요 9:7)으로 보내심으로써 당신이 보내시는 자이심을 분명히 나타내시기 때문이다. 따라서 교회는 이 보내어짐에 참여함으로만 주께도 참여할 수 있다. 또 이는 하나님의 백성들이 자신들을 보냄 받은 자라는 자기이해 속에서만 자신들의 삶의 동기가 찾아지고, 또 그럴 때 자신들의 현재와 내일에 대한 것-염려-도 자신에게 속한 것이 아님(엡 1:14)을 알게 될 것이다.

보냄 받은 자로서의 한 백성이 놓치지 말 것은, 교회에 앞서가시는 삼위 하나님의 선교, 특히 성령님에 대한 이해이다. 뉴비긴은 성령과 더불어 그 나라의 선행(先行)을 인식함으로써 교회는 겸손해야 할 것을 지적하고 있다.[128] 이는 사도행전에 의하면 베드로가 이방 고넬료에게 참여하게 한 것도 성령의 역사이며(행 10: 1~20), 이방인들에게 나아간 최초의 선교를 주도한 것도 성령이며(행 13:1~2), 그 선교사들의 여정을 인도한 것도 성령이기 때문이다.(행 16:7)[129] 보냄의 주도권은 교회에 있지 않은 것이다. 이로써 우리는 자신의 보냄에 있어 늘 겸손해야 할 것이다. 이 같은 '보냄의 공동체'로서

---

127) '실로암'의 의미는 보냄을 받았다란 뜻을 가진다. 히, 샬라흐(보내다)에서 파생되었다.
128) Lesslis Newbigin, *The Open Secret*. 홍병룡 역. 『오픈 시크릿』 (서울: 복 있는 사람, 2012), 111, 118.
129) 위의 책, 114.

교회의 자기이해는 한 백성의 삶을 더 이상 먹고 마심으로서의 삶이 아닌 보냄에 부어주시는 '은사'(charisma, 선물)와 '능력'(dunamis)으로 살아가게 할 것이다. 이때 이 보냄은 자기 자신을 '증거 공동체'로 인식하게 한다.

７ '증거' 공동체(20. 그들의 말로 말미암아, 'who through their words')

20. 내가 비옵는 것은 이 사람들만 위함이 아니요 또 '**그들의 말로 말미암아**' 나를 믿는 사람들도 위함이니

20. It is not for these alone that I pray, but for those also **who through their words** put their faith in me.

20절의 증언에 의하면 공동체는 그들만을 '**위한**' 공동체가 아니요 그들에 '의한' 직무로서의 공동체이다. 이는 바르트가 공동체는 '임무 전에 존재하는 것이 아니라 임무와 더불어 존재'하며, 공동체가 임무를 가짐이 아니라 임무가 공동체를 구상하고 형성하며 공동체의 중심을 이룬다고 말한 것에도 나타난다.[130] 그렇다면 교회란 자기 스스로 존재할 수 없고 오직 임무에 의해서만 규정되고 존재될 뿐이다.

그 임무는 무엇일까? 바르트는 교회 공동체를 '주님의 행위와 말에 관한' 증언을 위임받은 하나님의 백성들이다고 말하고 있다.[131]

---

130) Karl Barth, 『교회 교의학 Ⅳ/3-2』, 338-39.
131) 위의 책, 247.

교회는 증언을 떠나서는 존재하지 않는 것이다. 증언을 뜻하는 헬라어는 '마르튀스'(μάρτυς)이다. 여기서 '순교자'(martyr)란 말이 나왔다.[132] 그렇다면 교회가 증언 공동체란 것은 자신을 소자요 그렇게 박해 받는 지위로서 인식하는 것을 뜻한다. 교회는 이처럼 세상의 증인이기에 앞서 자신이 먼저 팔복의 증거(마 5:10~12)를 받아야 하며, 그렇게 교회는 자신을 '증거 공동체' 곧 '순교 공동체'로 인식해야 한다.

다만 이때 증언의 성격을 규정하는 것이 필요한데 그것은 '말과 행위'라는 이중성을 가지는 것이 되어야 한다. 왜냐면 전자뿐일 때 복음은 '케리그마'-선포-로 축소되고 후자뿐일 때는 '사회 활동'을 하나님의 나라와 동일시할 우려가 있기 때문이다. 이는 바르트가 증언을 '말'과 '행동' 또는 '선포'와 '치유'라는 두 가지 차원이 함께 있어야 하는 것으로써, 한 가지 노선이 아닌 양자의 노선에 따라 움직이는 행위라 함과 같다.[133] 그렇다면 그리스도의 말과 행위를 증언하는 공동체는 또한 자신의 말과 행위로서 증언에 참여하는 것이라 할 수 있다.

교회는 또한 이 증언을 하나로 이해할 수 있는데, 이는 '디아코니아'가 그 자체로 '증언'이며 때로는 더 강한 증거이기도 하기 때문이며, '말씀의 증언' 역시 삶의 현실을 고치고 치유하는 실천적인 기능과 사회 변혁적인 성격을 함께 가지기 때문이다. 보쉬에 의하면 참된 케리그마(Kerygma)는 본래적으로 사회적 차원을 가지고, 진정한

---

132) David J Bosch, *Witness to the World: The Christian Mission in Theological Perspective*, 73.
133) Karl Barth, 『교회 교의학 Ⅳ/3-2』, 410.

디아코니아(Diakonia)는 본래적 선포 차원을 가진다.[134] 바르트 역시 말씀 곧 로고스(Logos)는 사역(Ergon)이며, 말함(Werbum)은 또한 행함(Opus)이다. 또한 여기서 등장하는 것은 '현실적인 것의 진리' 혹은 '진리의 현실성'이다.[135]

이처럼 말씀은 그 자체로 행위이며 행위도 그 자체로서 말씀이 된다. 말씀과 행위는 분열이 아니라 구분될 뿐이며, 그 일체성 속에서만 이중적이 된다.[136] 말과 행위를 하나로 보는 성경적 전거는 많다.(마 23:3, 눅 6:46~49, 8:21, 요 7:51) 그렇다면 공동체는 언제나 증언에 봉사해야 하며, 또 그러기 위하여 항상 디아코니아를 소유해야 한다. 교회 공동체는 증언의 두 차원인 말과 행위를 일치와 구별이라는 긴장으로서 가질 때 보다 건강한 공동체성을 확보할 수 있다. 다만 이때 그 긴장이란 단순한 대조나 병행이 아니라 서로의 자기이해 안에 상대적 개념을 담아내는 상호 침투적인 의미[137]의 긴장이어야 할 것이다.

보쉬 역시 '케리그마'(Kerygma)와 '디아코니아'(Diakonia)를 가위의 양날에 비유하는데, 다만 그는 여기에 양날을 결합(cement)하는 축으로써 '코이노니아'(Koinonia)를 추가하고 있다.[138] 뒤에서 보겠지만 이 '코이노니아'는 '평신도 중심의 교회 구조'의 핵심축으로서 '한

---

134) David J Bosch, *Witness to the World*, 228.
135) Karl Barth, *Dogmatik im Grundriβ*, 신준호 역, 『교의학 개요』 (서울: 복 있는 사람, 2015), 104.
136) Karl Barth, 『교회 교의학 IV/3-2』, 409.
137) 동방의 교부들이 이해한 삼위의 개념으로서 '페리코레시스'적 이해와 접근이 '말'과 '행동'의 개념에서도 요구된다고 할 수 있다.
138) David J Bosch, *Witness to the World*, 227.

백성의 공동체-부름-'에 해당한다면, '케리그마'는 '모이는 교회'-세움-에, '디아코니아'는 '흩어지는 교회'-보냄-에 해당한다고 할 수 있다.[139] 곧 그는 '말'과 '행위'에 '교제'를 포함함으로써 이를 '증거(Martyria)의 세 양태'로 본 것이라면, 필자는 이 셋을 '교회(Ecclesia)의 세 양태' 곧 평신도 중심 교회의 삼차원적 구조'로 해명하고자 하였다.[140] 이상 본 것처럼 증거는 포괄적인데, 에큐메니칼 선교대회 특히 탐바람대회에서도 증언을 말로만 이해하지 않음에서도 나타난다. 복음의 이해를 사회 변혁과 정의, 자유 그리고 평화와 같은 궁극적인 것에 대한 실현과 희망을 가지는 것으로 본 것이다.[141]

이제 생각될 것은 증언의 내용이 무엇인가의 문제이다. 바르트에 의하면 공동체에는 '새로운 것'을 증언하는 것이 위탁되어 있다. 이 새로운 것은 예수 그리스도이며, 그 안에서 발생한 '세상의 하나님과의 화해'이며, 다시 말해 하나님과 인간 사이의 '계약의 성취와 완성'이다. 이 새로운 것은 '하나님의 사랑'과 '자유로운 은혜'와 '알 수 없는 긍휼'이 시공간 안에서 온 인류에 나타났다는 것이며, 따라서 그 새로운 것은 그분 안에서 이미 도래하고 있는 하나님의 나라와 하나님의 뜻이기도 하다.[142] 곧 (예수 그리스도는 장차 오실 이만이

---

139) 표 3. 275 쪽을 참고하라.
140) 도르테 죌레(D. Solle)도 케리그마, 디아코니아, 코이노니아를 생명력 있는 교회의 기본요소로 보고 있다. 다만 이를 교회의 삼차원적 구조로는 접근하지 않고 있다. D. Solle, Gottes Denken, Einfuhrung in die Theologie, 2. Auflage (Stuttgart: W. Kohlhammer, 1990), 『현대신학의 패러다임』, 서광선 역, 한국신학연구소 198, 203. 김옥순, 『디아코니아 입문』, (서울: 한들출판사, 2010), 417.
141) 위의 책, 168.
142) Karl Barth, 『개신교신학 입문』, 77.

아니라 이미 오시고 성취하신 이신 까닭에) 공동체는 그를 바라봄으로써 단순히 장려한 약속과 상관할 뿐만 아니라, 그것의 성취와 상관해야 한다는 것이다. 이 성취란 '세상과 하나님의 화해'와 그 앞에서의 '칭의와 성화', 그리고 '혼란의 근절', 이로써 세계사건 속에서 '새롭게 된 그의 질서의 창조'가 그것이다. 여기서 새롭게 된 질서란 그분 안에서 두 왕국-인간의 혼란과 신의 섭리-이 갈라지는 것이 아니라 하나님의 한 왕국의 현실을 뜻한다.[143]

이 화해된 새 현실 역시 충분한 성경적 전거를 가진다.(엡 2:14, 골 1:20, 고후 5:19) 이처럼 공동체는 세계 역사의 새로운 현실을 증거하는 공동체이다. 이 같은 세계 역사의 새로운 현실은 공동체에서는 인식될 수 있지만 세상에는 전혀 인식될 수 없는 것이다. 따라서 공동체의 직무는 예수 그리스도 안에서 세계 역사에 새로운 일이 이미 일어났으며, 이로써 하나님과 완전히 화해한 세상의 새로운 역사가 시작되었다는 사실을 믿고 증언하는 일이 중요하다.[144]

바르트에 의하면 이 새로운 것을 증언하는 공동체에게 요구되는 조건은 단호함이다. 곧 공동체는 믿음을 통해서 현실을 달리 보며 '확신의 단호함'을 지나 '결정의 단호함'에 이르며, 나아가 '희망의 단호함' 속에 존재하는 공동체이다.[145] 증언 공동체는 이 단호함이 요구되지만 별도의 자격이 요구되는 것은 아니다. 왜냐면 증언은 '말씀에 대한 봉사'인데 세상으로 하여금 들을 수 있게 만드는 능력

---

143) Karl Barth, 『교회 교의학 Ⅳ/3-2』, 248-50.
144) 위의 책, 252-53.
145) 위의 책, 255-60. 이 '확신'과 '결정'과 '희망'의 단호함은 '믿음'과 '사랑'과 '소망'에 대한 단호함을 가리키는 것으로 보인다.

은 인간적 능력이 아니라, 그 증언 스스로의 능력이기 때문이다. 따라서 말씀의 봉사에는 인간적 증언 외에 그 이상의 다른 것, 곧 능력이나 자격이나 자발적인 여부나 어떤 성공의 기대는 요구되지 않는다. 공동체의 봉사는 그 자체로서 강함이나 약함이나, 좋거나 싫거나, 성공이나 실패나 기적이 일어나든지 아니든지 간에 상관없이 증인일 뿐이다.[146]

중요한 것은 공동체는 이 말씀을 마음대로 할 수 없다는 데 있다. 오히려 이 말씀이 공동체를 구사하며, 이 말씀이 공동체의 말을 자유로운 말로 만든다. 공동체는 주변 세계의 표현 형식을 넘어서 다른 것을 가질 수 없다. 그럼에도 이 말씀은 어떤 경우든 그의 모든 인간적 말의 조건과 한계에 의해 저해되지 않으며 그 한계 속에 갇혀 있지 않다. 하나님의 증언한 말씀은 인간적으로 제약 받고 한정된 말의 증언 속에서도 자기를 들을 수 있게 만든다.[147] 이처럼 교회는 살아있는 말씀의 봉사에 참여할 뿐이기에 어떤 주도권을 행사할 지위가 요청되거나 이를 위한 자격 조건도 요구되지 않는다. 오히려 준비되었다 여겼을 때에는 거절되었고, 무력하다 인정했을 때에는 부름을 받았을 뿐이다. 다만 증인에게는 확신과 결단과 희망의 단호함만이 요구되며 세계 역사 속에서 그 단호성을 입증해야 할 뿐이다.[148] 이처럼 입증의 과제가 공동체에 있다는 것은 구별-불러냄-이 보편으로써의 확장-보냄-을 위한 구별임을 뜻하는 것이다. 실제로 이 요한복음 17장 20절의 증인의 개념에는 특수성에서 보편

---

146) 위의 책, 145-46.
147) 위의 책, 276-77.
148) 위의 책, 255-60.

성으로 확장되고 있음을 발견할 수 있다.

앞서 요한복음 17장의 대제사장적 기도는 일부만을 위한 기도처럼 보였다.(~내가 비옵는 것은 세상을 위함이 아니요 *내게 주신 자들을 위함이니이다.* 요 17:9) 나아가 마태복음 10장의 파송 기사에서도 열두 제자들을 오직 이스라엘 자기 백성에 한하여만 파송하고 있다.(~이방인의 길로도 가지 말고 사마리아인의 고을에도 들어가지 말고 오히려 이스라엘 집의 잃어버린 양에게로 가라. 마 10:5) 그 보냄에서 이방 민족은 제외되고 있는 것이다. 그렇다면 우리는 거기서 구속의 범주가 제한되거나 그 사랑의 편파성을 의심해 볼 수 있는 것이다. 그러나 여기 20절의 간구는 그런 우려를 불식시킨다.(~이 사람들만 위함이 아니요 또 '그들의 말로 말미암아' 나를 믿는 사람들도 위함이니)

뉴비긴에 의하면 이 같은 특수성과 보편성의 관계는 성경 전체에 걸쳐 반복되는 패턴이다.[149] 따라서 공동체가 증인이 되려면 세상이 가지지 못하는 확신이나 결정의 단호함 같은 특수성만이 아니라 세상의 보편성과 연대할 수 있는 세상과의 동등성이라는 자기이해 역시 요구된다. 이는 바르트에 의하면 공동체는 주의 모범을 따라 자신의 수준에서 세상과 만나는 것이며, 또한 주가 전적으로 세상적이었으므로 공동체 역시도 세상에 대해 가시적이고 세상적으로서 세상과 만나는 것이다. 이처럼 공동체가 증인이 되려면 단호함의 '구별성'만이 아니라 그 '연대'로서 증인이 될 수 있다.[150]

그럼 증인 공동체에 있는 '구별된 부름'(사 43:10~12)이나 '집중된 은혜'는 왜 있는가를 다시 물을 수 있다. 바로 20절이 보여주는 것처

---

149) Lesslis Newbigin, 『오픈 시크릿』, 129.
150) Karl Barth, 『교회 교의학 Ⅳ/3-2』, 263-64.

럼 '증언으로 말미암아' 믿게 될 자들을 기대하기 때문이다. 그래서 먼저 불러 구별하시고 은혜를 몰아주심이 있다. 따라서 바르트는 연대만이 아니라 동시에 동종이 아님으로, 공동체는 전적으로 오직 신적인, 예수 그리스도 안에서 일어나고 유효한 결정, 행위, 계시의 능력 안에서만 존재하며, 공동체는 가시적이지만 가시적이지 않게 존재한다고 말하고 있다.[151] 이처럼 특정한 은혜는 증인 공동체에게 주어진다. 다만 이 유효한 은혜의 집중은 그들의 계급이나 제한된 은사를 뜻하지 않고 보편적 사랑과 구원의 전제일 뿐이다.

같은 입장에서 요한 힌리히 비혀른(Aus Johann Hinrich Wichern)도 교회의 유형을 요한복음 13장으로부터 17장에 이르기까지 찾고 있는데, 그가 먼저 주목한 특징은 교회 공동체를 "*너희 서로 사랑하는 자들*"(요 13:35)이란 주님의 고백이다. 곧 우선 가까운 친밀한 모임이 가지는 가능성과 확실성에서 결국 보편적 지향도 가능하기 때문이라는 것이다. 따라서 사랑의 고유성에는 먼저 우선적 사랑이 중요하다는 것이다.[152] 다만 이는 '너로 말미암아'라는 보편성의 전제로서 이다.

이같이 '너로 말미암아' 세상−천하만민−을 만나고자 하시는 하나님의 보편성은 '아브라함과 이삭과 야곱의 부름' 가운데 분명히 계시되었다.(창 12:3, 26:4, 28:14) 다만 놀라운 것은 하나님의 이름 곧 "아브라함과 이삭과 야곱의 하나님"이 당대의 이름으로 그치지 않고 후대에도 여전히 갱신되고 있다는 사실이다.(출 3:6,16; 마 22:32) 이는 하나님은 언제 어느 시기에나 '너로 말미암아'−우선적 선택−

---

151) 위의 책, 266-67.
152) 이범성 역, Aus Johann Hinrich Wichern, *Saemtliche Werke*, 62.

'천하 만민'-보편의 확장-을 찾으시는 하나님이심을 보여주는 일이다. 하나님은 지금도 '축복의 통로'가 될 이를 찾아 '왕 같은 제사장'으로 빚으신다. 먼저는 부르시고(call-out) 다음은 세우시되(call-up) 단지 저들만의 믿음의 단호함을 위함이 아니라 세상 속으로 연대함을 위하여(18, call-into) 하심이다. 이처럼 세상과 연대하는 '증거 공동체'이려면 먼저 친밀한 교제를 힘쓰는 '일치 공동체'가 되어야 할 과제가 있다.

8 '일치' 공동체(21~26. 다 하나가 되어, 'all be one')

21. 아버지여, 아버지께서 내 안에, 내가 아버지 안에 있는 것 '같이' 그들도 **다 하나가 되어** '우리 안에 있게 하사' **'세상으로 아버지께서 나를 보내신 것을 믿게 하옵소서'**

21. May they all **be one**; as you, Father, are in me, and in you, so also may they be in us, that **they world may believe** that you sent me.

이 21절의 간구에서 '하나가 되어'와 '세상으로 ~ 믿게 하옵소서'는 서로 연결되어 있다. 곧 교회의 본질로서 '일치'와 교회의 사명으로서 '증언'은 서로 분리되는 각각의 주제가 아니라 전자는 후자를 위한 전제 조건이다. 교회의 일치가 있는 곳에 세상의 증언이 비로소 가능하다는 것이다. 다만 여기서 생각할 것은 그 일치는 어디서 오는가의 문제이다. 우리가 이를 고려함 없이 마치 일치가 그저 값없이 주어지는 것으로 생각할 수 없기 때문이다.

에큐메니칼 선교역사학자 이범성은 그간의 에큐메니칼 운동이 가지는 일치로서의 교회론이 '일치와 선교' 혹은 '비교교회론과 사회 참여'라는 이분법적 구도에서 점차 '일치와 선교와 봉사'라는 삼위일체론적 일원론으로 이동됨을 감지하면서 이를 바람직한 동향이라 평가한다. 그는 일치와 선교와 봉사가 비록 세 영역으로 나눠지지만 분리되지는 않는 삼위일체론적 일원론을 구성하는 것이어야 함을 지적한 것이다. '선교'로서 존재하는 교회는 '일치'를 통해서 가능한데, 그 일치는 '봉사'를 통해서 완성된다는 것으로써 이분화나 삼분화 그 자체가 아니라 이 같은 에큐메니칼 교회론에 디아코니아 개념이 뒷받침되어야 한다는 것이다.[153] 그렇다면 봉사 없이 일치를 말하는 것은 실체 없는 일치일 뿐이며 또 그 같은 일치 하에서 교회의 증언은 '증거 없는 증언' 외에 아무것도 아닐 것이다. 반대로 '세상의 믿음'을 위하지 않는 '교회의 일치'란 값싼 일치일 수밖에 없으며, 또한 교회의 일치를 위하지 않는 어떤 봉사도 진정한 은사나 직분일 수 없다. 이러한 성찰을 토대로 우리는 그저 값싼 일치[154]가 되지 않도록 보다 성경적이고 신학적인 일치의 전거와 담론들을 살펴봄으로 일치 공동체로서의 교회를 보다 분명하게 확보해야 한다.

이를 위해 먼저 본 21절을 살펴보고자 하는데, 일치의 첫 자리는 '삼위 하나님의 일치'이다.("아버지께서 내 안에, 내가 아버지 안에[155] 있

---

153) 이범성, 『에큐메니컬 선교신학 II』, 16-19.
154) 값싼 일치에 대한 담론은 위의 책, 37쪽을 참고할 수 있다.
155) '안에'라는 개념은 하나님에 대한 '전능'이나 '유일'에 대한 개념과 상응한다. 이는 세상의 자기중심적인 세계관(딤후 3:2)에서는 찾아질 수 없기 때문이다. 반면 성경 전체 곧 창조와 구속 그리고 교회의 파송에 이르기까지 하나님은 '우리'로서 계시되는데 여기에는 '서로 안에'가 전제되어 있다. 창조에 있어서

는 것 같이") 다음은 그 안에서 '교회의 일치'이다.("그들도 다 하나가 되어") 다만 이때 교회의 일치는 '교회 자신의 일치에 앞서는 '삼위 안에서의 교회의 일치'를 뜻한다.("우리 안에 있게 하사") 물론 이 일치에는 '교회 간의 일치'인 에큐메니칼적 일치는 물론이요, 부름에 차별이 없는 성직자와 평신도의 일치라는 '한 백성으로서의 일치'며, 나아가 '성도 간의 일치'까지도 포함되어야 한다. 그리고 최종적으로는 '세상의 일치'이다.("세상으로 ~ 믿게 하옵소서") 교회는 이 일치를 위하여 부름을 받았다. 그렇다면 우리가 일치를 말할 때에는 적어도 이 세 자리를 서로 포괄하는 것이 되어야 할 것이다. 곧 삼위 하나님과의 일치와 교회의 일치[156] 그리고 세상과의 일치[157]가 그것이다. 이제 보려는 것은 각각 일치들의 자리가 아니라 서로 관계성에서 비판적으로 조망해 보고자 한다.

우리는 종종 "다 하나가 되어"(21, all be one)에서 쉽게 '교회의 일

인간이 중심이 되는 이유는 인간에게 있기보다 그 창조가 하나님의 형상(첼렘)과 모습(데무트)을 따른 것이기 때문이다.(창 1:26) 이는 '복수'로 나타나는데 여기에는 '우리'로서의 하나님이 계시된다. 나아가 구속의 약속도 '임마누엘'(우리와 함께~, 사 7:14)로 계시되며 구속의 성취 역시 '성육신'이 됨으로서 '우리'(함께)가 절정이 된다. 심지어 이 '우리'는 수평적인 차원을 지나 낮아지심(케노시스)를 가지는데 이 같은 '우리'는 세상에서 찾아볼 수 없는 오직 신적인 섬김의 표식이다. 따라서 교회의 간구 역시 "'우리'에 참여하는 것이라야 했다. 하늘에 계신 '우리' 아버지, ~'우리'에게 일용할 양식을, '우리'가 우리에게 죄지은 자를~"(마 6:9~13) 이처럼 '우리' 혹은 '안에'는 '전능'과 더불어 신적인 표식이라 할 만하다.

156) '교회의 일치'에는 차별 없는 한 백성으로서의 '부름의 일치'와 에큐메니칼로서의 '교회 간의 일치'와 거룩한 백성들 간의 '교제로서의 일치'로 세분화될 수 있다.

157) '세상의 일치'에는 세상에 가지는 증언을 통한 믿음의 일치는 물론이요, 세상의 눈물과 축제, 고난과 기쁨, 현실과 희망에 대한 연대를 포함한다.

치'를 말하지만 실상 그 둘러싼 의미는 쉽게 간과되고 있다. 곧 '어떤 하나'인지를 삼위와의 관계성에 주목하지 않고 단순한 일치에 집중하려는 것이다.[158] 몰트만(Jurgen Moltmann)은 전통 교회들이 단일 군주론적 일신론에 출발하는 사제직의 권위에서 교회의 통일성을 확보하였으며, 그 결과 카리스마적 예언자들을 배제시키고 성령을 교회의 직권에 묶음으로써 하나님의 은혜는 직권의 은혜가 되었다고 말하고 있다. 그는 교회의 일치성을 교권적 일신론 대신에 이 21절에 있는 신적인 삼위일체의 사귐 안에서 찾아야 한다고 보고 있다.[159] 그는 "우리 안에 있게 하사"(21, 중)를 주목한다. 곧 교권적 통일성이 아닌 '삼위일체론적인 일치성'이다. 공동체는 아버지와 아들이 서로 안에 거하는 것과 상응한다는 점에서 '하나님과의 사귐'-수직적-일 뿐만 아니라 '하나님 안에서의 사귐'-수평적-인 신적인 삼위일체에 참여해야 한다는 것이다.[160] 이 일치에는 강제된 통일성 대신에 서로의 용납과 대화가 우선된다. 형제애가 공동체의 주된 성격이 되는 것이다. 뉴비긴도 인간을 고립된 영적 단일체로 보려는 것은 하나님을 고립된 영적 단일체로 보려는 것과 같다고 말하고 있다. 그러나 인격 상호 간의 관계성이 하나님의 본질이며 이 관계에 참여하기 위하여 우리와 세상을 만드신 것이라고 말하고 있다.[161]

미로슬라브 볼프(Miroslav Volf) 역시도 21절의 핵심을 '하나'가 아

---

158) 이범성, 『에큐메니컬 선교신학 II』, 13.
159) Jurgen Moltman. *Trinität und Reich Gottes*, 김균진 역, 『삼위일체와 하나님의 나라』(서울: 대한기독교서회, 2017), 312-14.
160) 위의 책, 315-16.
161) Lesslis Newbigin, 『오픈 시크릿』, 133.

닌 '같이'(καθως)라는 접속사에서 찾는데 이는 주도적 하나 아래 종속되는 통일성을 경계하려는 것이다. 그에게 일치란 '신적 상호 교제' 같은 '교회 통일성'이다. 결론적으로 그의 일치는 특정 권위에 의한 일치가 아닌 '집단적'이며, 또는 '전체 지역교회' 자체를 삼위일체에 상응하는 것에 초점이 맞춰져 있다. 곧 모든 믿는 자들-한 백성-의 연합이 일치의 중심에 있다고 본 것이다.[162] 이는 교회 내의 관계를 삼위일체적으로 파악하려 하면서도 일원론적 구조를 벗어나지 못한 가톨릭 입장의 라칭거(Joseph Aloisius Ratzinger)와도 다르며[163] 동방정교회의 입장인 '하나와 다수 사이'의 상호적 관계라는 비대칭적 삼위 이해[164]와도 차별되는 것으로 몰트만과 견해를 같이하는 것이라 할 수 있다.

다만 여기서 생각할 것은 그들이 '내재적 사귐'(21절 상)만을 언급하고 그 사귐 안에서 주어지는 '경륜적 삼위일체'(21절 하, '*세상으로 ~ 믿게 하옵소서*')에 대해서는 침묵하고 있다는 점이다. 그 구조에서는 '하나됨'이 이미 믿음 안에 있는 자들의 삼위적 사귐에 그칠 가능성이 있다. 이때에는 신앙의 추구가 신적 합일에 머물고 세상을 관심 밖으로 배제시킬 위험이 있는 것이다. 이는 몰트만이 바르트(Karl Barth)의 명제인 "경륜적 삼위일체는 내재적 삼위일체이며 또 거꾸로이다"[165]라는 말에 동의한다는 점에서 아쉽다고 할 수 있다. 심지

---

162) Miroslav Volf, *After Our Likeness: The church as the Image of the Trinity*, 황은영 역, 『삼위일체와 교회』: 하나님의 형상으로서 교회에 대한 가톨릭·동방정교회·개신교적 이해를 찾아서, (서울: 새물결플러스, 2012), 362-63.
163) 위의 책, 365.
164) 위의 책, 358.
165) Der gekr euzigte Gott, op,cit, 제Ⅵ장: 5, 222: Trinitarische Kreuzesthologie. 이

어 볼프 역시 이를 부정하지 않는 것으로 보임에도 말이다.[166] '내재적'('우리 안에', '같이')이면서 '경륜적'('세상으로')이지 않을 수 없다면 삼위 하나님의 사귐 안에 초대된 믿음의 공동체는 세상과의 일치를 말하지 않을 수 없다. 그렇다면 '일치'란 교회의 내적 연합과 같은 정적인 상태가 아니라 세상까지 뻗어 가는 보다 행동적이고 바깥 지향적인 '개방 행위'가 된다. 이때 그 일치는 믿음 안으로의 초청만이 아니라 세상 속에 있는 분열과 형제애를 저해하는 여러 갈등에 대한 치유를 포함해야 한다.[167] 이는 대럴 구더(Darrell L. Guder)의 일치 이해에도 잘 나타난다. 그는 제도적이고 조직적인 교회의 일치와 순교적인 교회 일치를 구분한다.[168] 전자는 울타리를 짓고 구분하는 교권적 일치라면, 후자는 구분의 벽돌을 허물고 세상과의 연대를 향해 나아가는 공적 기능으로서의 일치이다.

다만 그때 문제가 되는 것은 교회의 일치라는 것은 하나의 보냄을 위한 수단뿐일까 하는 것이다. 다행히 그렇지는 않을 것이다. 왜냐하면 하나님 앞에서는 어떤 부름도 '도구화'되지 않기 때문이다. 모든 부름과 세움 그리고 보냄에는 이미 은혜의 절정의 순간들이 들어 있다. 곧 지금은 사역의 도구일 뿐이고 다만 열매만이 영광이 되는 것이 아니라 그것이 '부름'(called out)이든지 세움(called up)이든지 또

에 대하여 Diskussion uber "Der gekreuzigte Gott," ed. M. Welker, Munchen 1979. Jurgen Moltman. 『삼위일체와 하나님의 나라』, 254쪽에서 재인용. 다만 거꾸로 일 곧 내재적 삼위일체가 경제적 일 때 다른 견해는 다음을 참조하라. Leonardo, Boff. Trinity and Society, 이세형 역, 『삼위일체와 사회』 (서울: 대한기독교서회, 2018), 304-06.

166) Volf, Miroslav. 『삼위일체와 교회』, 360.
167) Gustavo Gutierrez. 『해방신학』, 310.
168) Darrell L Guder, *Called to Witness*, 213.

는 '보냄'(called into)이든지 다 은혜의 최고의 순간들이라는 것이다. 이는 미로슬라브 볼프가 교회는 '수단'이 아니라 그 자체로 '목적'이라고 말하고 있음에서도 알 수 있다. 곧 세상의 일치를 힘쓰는 공동체는 구원의 수단을 넘어 그 자체로서 구원의 경험의 차원이라 할 수 있다.[169]

그럼 '보냄'이나 보냄의 내용인 '디아코니아'를 수행하는 데 있어 동반되어야 할 가장 중요한 차원은 무엇일까? '다양한 은사들'일까? 아니다. 만일 그랬다면 여기 17장에는 은사들에 대한 여러 언급이 따랐겠지만 전혀 나타나지 않고 있다. 대신 발견되는 것은 '하나됨'에 대한 큰 관심과 집중이다. 그렇다면 은사는 보냄 받은 자를 규정하는 본질이 아니요 다만 수단일 뿐이다. 중요한 것은 보내신 이와 '하나'되지 아니하고는 어떤 보냄도 의미 없다는 데 있다. 그럼에도 불구하고 '성장 지상주의' 교회 안에서는 크고 작음의 기준이 은사들에 의해서 평가된다. 그러나 은사들은 사역자를 넘어지게도 할 수 있지만(마 7:22) '하나됨'(be one)이 있는 곳에는 언제나 '세움'(called up)이 있다.

여기서 세상에 믿음으로 되는 일치를 가져다주는 핵심 통로를 정리해 보면 먼저는 '*그들의 말로 말미암아*'(20) 이며 그리고 '*다 하나가 되어*'(21)이다. 이는 세상에 믿음을 가져다주는 두 차원이다. 곧 '증언'이며, '일치'인데 전자는 들려줌이며 후자는 보여줌이다. 그런데 지금까지는 전자만 강조된 듯하다. 그 결과 이 땅에 선포들은 넘쳐나되 주와 하나 된 삶의 증거는 상실되었다고 할 수 있다. 이같이

---

169) Miroslav Volf, 『삼위일체와 교회』, 294.

말과 삶이 분리된 교회는 세상의 빛과 소금이 되기보다는 도리어 걸림돌이 되고 있다. 더하여 진정 두려운 것은 말씀은 있되 삶이 없는 것이 아니라 그 둘이 본래 분리될 수 없는 것이라면 실상 이는 말씀까지도 교회에서 상실된 것은 아닌가 하는 점이다.

결론적으로 우리는 세상에 믿음의 증거를 주는 하나됨은 힘쓰지 않고 그저 말로서 증인이 되려다가 도리어 복음의 장애가 된 적이 얼마나 많았던가? 혹은 '우리만의 하나'가 되어 세상을 배제한 날 역시 얼마나 많았던가? 그러나 하나됨의 본질은 탈 역사적인 자기축소에 있지 않고 세상으로 뻗어감에 있다. 다만 그럼에도 우선순위는 '나아감'이 아니라 '돌이킴'에 있다. '세상에서'(in the world)가 우선이 아닌 '주 안에서'(in the Lord)가 먼저다. 그래서 주와, 그 말씀과, 몸 된 교회(엡 1:23)와 하나여야 한다. 곧 말씀의 증인되기에 앞서 그 말씀을 먼저 믿어야 하며, 말씀으로 세상을 깨뜨리기 전에 자신이 먼저 말씀 앞에서 갈등하고 깨어지는 자기를 발견(눅 5:8)해야 한다. 이처럼 진정 '흩어지는 교회'이려면 먼저 '모이는 교회'(행 2:46)여야 함을 뜻한다.

이상 교회와 세상의 관계를 정리하면 다음과 같다. 교회는 첫째, '세상에서'(1~13, in the world) 한 백성의 '디아코니아 공동체'이며, 둘째, 그 낯선 섬김 때문에 '미워함을 받는'(14, the world hates them) '소자 공동체'이며 셋째로, 그럼에도 불구하고 '벗어남이나 빠져듦이 아닌'(15, not ~out of the world) '의식화 공동체'이며, 넷째로, 그렇게 깨어 있어서 세상에 '속함이 아닌'(16, not of the world) '영성 공동체'이다. 이때 그저 지나가는 자가 아닌 다섯째, '진리의 말씀으로 구별된'(17,19, consecrated by the truth) '진리 공동체'이며, 여섯째, 그 진리로써 '세상에 보내어진'(18, into the world) '보냄 공동체'이다. 일곱째, 그 보냄의 자리에서 '그들의 말로 말미암은'(20, 'who through their words') '증거 공동체'이며, 마지막 여덟 번째로, 세상과 증거를 통해 '모두가 하나됨'(21~26. 'all be one')을 구하는 '일치 공동체'이다.

이처럼 교회는 그리스도의 현존을 이어가도록 세상 속에 섬김으로 보내어진 하나님의 백성들의 '디아코니아 공동체'이다. 따라서 세상에서 이 섬김-디아코니아-을 위하여 박해를 두려워 않는 '소자 공동체'이다. 그러나 동시에 세상에 있으나 속하지는 않은 이중적인 경계를 살도록 깨어 있는 지식 있는 백성 공동체인 '의식화 공동체'이며 그들이 가지는 세상과의 구별은 세상에서 가장 큰 신비가 된다. 따라서 그들은 또한 '영성 공동체'이다. 다만 교회가 세상 속에 있다는 사실만으로 세상이 바뀌거나 거룩해지는 것은 아니다. 그것은 교회가 '진리로서 구별되어 있느냐?'이며 따라서 저들은 '진리 공동체'이다. 또 그 진리를 가지고 보냄에 참여하고 있느냐?'이다. 따라서 저들은 '보냄 공동체'이며 또한 그런 이유로 '증거 공동체'이다. 만일 어느 것 중 하나라도 상실하거나 망각된다면 그저 세상과 동화되거나 분리된 채 사는 것 외에 아무것도 아닐 것이다. 그 때 교회라는 외적 형태는 더 이상 세상에서 의미가 없다. 곧 교회는 '경계를 넘음'-세상을 향함-과 '경계에 머묾'-진리를 향함-이라는 두 긴장 안에서 세상과의 일치까지도 품는 '일치 공동체'이다.

이상의 여덟 유형의 핵심에는 '한 백성의 자기이해'라는 공통점이 있다. 그렇다면 하나님의 백성들은 세상에 상응하는 자기이해를 다양하게 가진다는 것인데 다만 그것은 선교적 지위를 다양하게 가짐을 뜻하는 것이기도 하다. 따라서 이제 한 백성의 선교적 지위를 이해할 필요가 있다.

• UNIT 2 •

현대선교와 평신도

04 선교 이해의 확장: 선교의 범주

여기서는 하나님의 백성이 가지는 자기이해가 현대선교의 지평에서 어떻게 새롭게 이해되고 자리매김했는지를 볼 것이다. 과거 교회는 선교에 대한 두 입장이 있었다고 할 수 있는데 먼저는 선교가 이미 완결되어서 더 이상 필요 없다고 여겼던 중세시기가 있었고, 반대로 선교가 활발했지만 선교가 무엇인지 진지하게 묻지 않았던 시기이다. 이 두 태도는 오히려 한 원인에 근거하는데 모두 선교에 대한 교회의 자기중심주의가 그것이다. 그러나 오늘날에는 교회가 다시 그 위치로 돌아갈 수 없다. 본회퍼가 말한 것처럼 이 사회는 '성숙한 세계'[170]가 되었고 또 내부적으로도 교회 중심적

---

170) Dietrich Bonhoeffer. *Widerstand und Ergebung*, 김순현 역, 『옥중서신-저항과 복종』(서울: 복 있는 사람, 2016), 347. 그는 편지에서 "성년이 된 세상은 무신

(church-centric) 선교에 대한 많은 신학적 반성이 일어났기 때문이다. 이를 위해서 주로 현대선교의 가장 큰 상징이 되는 에큐메니칼 운동과 그 대회들을 살펴볼 것이다. 왜냐면 이 에큐메니칼 운동을 떠나서 현대 선교의 흐름을 말할 수 없고 또 그 흐름 속에 나타난 한 백성의 선교적 자기이해를 가질 수 없기 때문이다.

현대 에큐메니칼 운동의 기점으로 여겨지는 '세계선교대회'(The World Missionary Conference)는 1910년에 스코틀랜드의 에딘버러에서 개최되었다. 이 대회는 존 모트(John R. Mott)의 노력으로 세계 159개 선교 단체에서 1,355명의 대표가 참석하였다.[171] 그 성격은 "어떻게 선교할 것인가?(How Mission)에 집중되었는데 이는 19세기를 기독교 선교의 지리적 확장의 '위대한 세기'(The Great Century)[172]로 보낸 기독교 선교의 자신감을 이어간 대회라 할 수 있다.

여기서 주목할 차원은 이 같은 에큐메니칼 운동의 시작점에 평신도들의 역할이 절대적이었다는 사실이다. 이 대회에 앞서 19세기 말 세계 선교 발흥의 주축이었던 학생자원운동(Student Volunteer Movement)의 구성원들이 평신도들이었으며, 그 지도자로서 이 대회를 이끈 존 모트 역시 평신도였다. 게다가 이 대회의 주제였던 "이 세대 안에 세계복음화"(The Evangelization of the World in this Generation) 역시 학생자원운동의 구호에서 유래한 것이다.[173] 더욱이 에딘버러대회가 교회의 대표자들 아닌 선교회의 대표들로 구성된 데서도 잘 알

성이 훨씬 강하다네"라고 하였다.
171) 김은수, 『현대선교의 흐름과 주제』 (서울: 대한기독교서회, 2004), 19-22.
172) 교회사학자 라투렛(1884-1968)은 19세기를 '위대한 세기'라 불렀다.
173) 김은수, 『현대선교의 흐름과 주제』, 20.

수 있다. 곧 현대 선교의 출발이나 에큐메니칼 운동의 시발점에 평신도들은 주축이었고 그 보냄에 있어서 자신들이 주역이었지 결코 수동적이지 않았다.

다만 에딘버러대회가 현대 에큐메니칼 운동의 태동으로 높게 평가되는 것과 별도로 1928년 예루살렘대회(IMC, 국제선교협의회 1차 대회)와 견주어 볼 때 그 한계성 역시 확연히 드러난다. 두 대회 사이에는 제1차 세계대전(1914-18)과 러시아혁명(1917) 등이 있었고, 그 결과 예루살렘대회(1928)에서는 에딘버러대회(1910)가 보여준 승리를 확신하는 '선교 낙관주의'나 기독교와 비기독교 세계라는 '기독교 중심의 구분'이나 타 종교에 대한 '승리주의 태도'가 나타날 수 없었기 때문이다. 에딘버러 대회는 '왜 선교하는가'를 아직 묻지 않은 선교일방주의의 한계를 가졌던 것이다.

이런 선교 이해의 반성은 특히 예루살렘대회에서 인도교회의 올리브스가 서구교회로부터의 '선교의 안락사' 혹은 '선교 일시 중지'(moratorium)를 요청했는데, 이는 선교의 종결은 아니었지만 선교적 제국주의(imperialism), 간섭주의(paternalism) 및 우월감과의 단절을 뜻하는 것이었다. 이로써 윌리엄 호킹(William Hocking) 등 종교적 상대주의(ein religionsgeschichtlicher Relativismus)도 이때 시작되었으며, 이에 대한 응답의 요구를 받은 핸드릭 크래머는 칼 바르트의 변증법 신학을 선교 신학적으로 수용하였고 그 논쟁점은 1938년 탐바람대회까지였다.

이 예루살렘대회에 있어 특징적인 것은 참여 구성에 있어서 '선교회'만이 아니라 '교회협의회' 대표들이 함께 구성되었는데, 이는 선교의 중심이 선교 단체에서 교회로 넘어가는 과도기적 상황을 보여준다. 또 선교 관심이 교회 개척에서 점차 세속 사회로 고조되기 시작함으로써 '세속주의'(Secularism)가 선교적 과제로 인식되기 시작했다. 따라서 선교의 목표는 더 이상 개인 영혼 구원을 넘어 이 땅에서 하나님 나라의 예비적 실현으로 이해되었고, 그렇게 사회적 차원은 선교의 한 영역이 아니라 복음과 선교 그 자체로 인식되었다.[174]

이로써 두 대회에는 선교 이해의 큰 변화가 감지된다. 에딘버러 대회까지의 '선교회 중심의 선교'는 예루살렘대회 이후 '교회 중심의 선교'로 점차 변화되었고, 그 경향이 탐바람대회에서 더욱 두드러졌으며, 2차 세계대전 이후에는 '교회의 선교'에서 '하나님의 선교'(Missio Dei)라는 더 큰 변화들로 이어졌다.[175] 나아가 1919년 에딘버러대회가 '선교를 어떻게'(How Mission)라는 교회 중심적 태도로서 그리스도의 '왕적인 직무'가 지배적이었다면 1928년 예루살렘대회는 '왜(Why) 선교하는가?'를 물음으로서 그리스도의 섬김인 '제사장 직무'가 강조되었고[176] 이 같은 서로 상반된 영향은 1938년 탐바람 선교대회에서 '복음'과 '비기독교' 간의 연속성과 불연속성의 문제로 이어졌으며[177] 또 당시는 전체주의적 역사 상황의 배경[178]으로 인해 그리스도의 '예언자적 직무'가 강조되었다.

---

174) 위의 책, 36-39.
175) 이범성, 『에큐메니칼 선교신학1』, 234.
176) 김은수, 『현대선교의 흐름과 주제』, 48.
177) 위의 책, 39.
178) 독일의 히틀러에 의한 국가 사회주의, 이탈리아 독재자의 파시즘, 러시아 공산 혁명에 의한 마르크스주의, 일본의 천황 신으로 숭배하는 신도주의 등이 그것이다. 위의 책, 60.

이런 선교 이해의 확장은 평신도의 선교적 지위와 역할을 새롭게 이해하는데 준비가 되었다고 할 수 있다. 교회는 비로소 자신을 보냄의 기관으로 인식하기 시작했기 때문이다. 물론 예루살렘대회(IMC 1차)와 탐바람대회(IMC 2차)를 통해서 점차 선교의 주체가 선교회에서 교회로 바뀜에 따라 기존 평신도 중심의 선교적 지위도 급격히 소외된 것은 사실이지만, 이는 어디까지나 당시 교회가 자기 이해에 있어 평신도를 철저히 배제한 것에서 연유할 뿐이다. 그러나 교회를 하나님의 백성 공동체로 이해하게 될 때 이 문제는 자연스럽게 해소될 수 있다. 이 같은 교회의 자기이해 하에서는 평신도 자신의 소명을 교회 안에 한정하지 않고 자신의 삶의 자리인 세상까지 뻗어가게 할 것이며 자연스럽게 선교 이해의 범주는 확장될 것이다. 그런 차원에서 에딘버러대회가 '평신도에 의한' 선교대회였다면, 예루살렘과 탐바람대회는 '평신도를 위한' 선교 구조의 잠재적 준비가 되는 과정이라 할 수 있다.

이어 평신도 이슈가 본격적으로 부각되기 시작한 에큐메니칼 선교대회를 보면 세계교회협의회(World Council of Churches, WCC) 1차 총회인 1948년 암스테르담 총회는 하부위원회의 관할 하에 평신도를 특별한 주제로 삼았는데 그 여파는 1951년 바드볼에서 유럽평신도남성대회와 1952년에는 버팔로에서 미국-캐나다대회로 확장되었다. 이런 WCC의 평신도 문제에 대한 왕성한 움직임은 제2차 총회인 1954년 에반스턴총회의 제6부 '평신도, 소명을 받은 그리스도인'에 대한 주제와 WCC 구조의 일부로서 '평신도분과'의 창설로 이어졌다.[179] 아울러 평신도분과는 1961년 제3차 뉴델리총회에 이르기까지 수많은 평신도대회, 평신도 주제 연구와 출판을 이끌었다.[180]

한강희는 이런 평신도 이슈의 중심에는 제1차부터 제3차 총회에 나타난 "책임사회"(responsible society) 개념이 맞물려 있음을 지적하는데, 당시 교회가 두 차례의 세계대전과 나치즘과 파시즘의 전체주의적 이데올로기 문제를 지켜보면서, 이러한 사회적 현실 앞에서 하나님 나라의 구현이라는 책임사회의 개념을 발전시켜왔다는 것이다. 뿐만 아니라 세계에 대한 기독교적인 책임과 세속 사회에서의 평신도 사역에 대한 논의가 그 앞서 1937년 옥스퍼드에서 개최된 제2차 삶과봉사세계대회에서도 논의되었고 그 절정이 WCC 제2차 총회인 1954년 에반스턴총회의 제6분과 토의 주제인 「평신도: 소명 속에 있는 기독교인」이라는 것이다.[181]

여기서 본질은 교회의 공적 기능이며 그 중심에 평신도가 있다는 것이다. 이때 성직자의 역할은 평신도들에게 어떤 답을 제시하는 것이 아니라, 그들 스스로가 사회적 사안들에 대해 기독교적 적용으로서 직면할 수 있도록 격려하는 데 있다.[182] 이로써 평신도들은 정치, 경제, 사회의 제 분야에 있어서 기독교적 증언과 행동을 구현하는 존재들이며, 성직자들과의 유기적인 상호협력과 대화를 통해

---

179) Hendrik Kreamer, 『평신도신학』, 48-49.
180) 한강희, 세계교회협의회의 '책임사회' 개념화에 있어서 평신도의 재발견: 제2차 세계교회협의회 에반스턴총회(1954)에서 논의된 평신도 담론의 에큐메니칼 선교신학적 이해, 『신학사상』 177집 여름, 241.
181) 위의 책, 237-42.
182) 위의 책, 245.

서 새로운 유형의 교회사역을 만들어 가고, 하나님의 나라를 향한 기독교적 원리에 입각하여 사회의 당면 문제들을 책임 있게 조명하고 대응하게 될 것이다.[183] 곧 평신도의 사회적 차원이 교회의 공적 기능의 핵심이 되면서도 교역자의 역할이 배제되지 않는 것이다.

또한 우리는 선교 이해의 보다 근원적인 변화를 보게 되는데 그것은 '하나님의 선교'(Missio Dei) 개념이다. 이 역시 평신도의 보냄 이해에 있어서 핵심적이다. 왜냐면 성직자 중심의 교회 중심적 선교가 될 때에 평신도의 자기이해는 그 위계 구조 아래서 늘 수동적이었기 때문이다. 칼 하르텐슈타인(Karl Hartenstein)은 1954년 빌링엔대회에서 일어난 신학적 각성을 독일교회에 '하나님의 선교'(Missio Dei)로 보고함으로써, 빌링엔대회 이후 선교에 있어 '하나님의 선교'가 선교 이해의 핵심적 개념이 되었고, 교회는 이제 선교의 주체가 아니라 선교의 수행자로 자리매김하게 되었다.[184] 빌링엔대회 이후 거의 모든 개신교들은 '하나님의 선교' 신학을 받아들였고 그리스정교회도 이 신학에 본래적인 동의를 표명했으며, 로마가톨릭도 제2차 바티칸공의회(1962-65)에서 이 신학을 대폭 수용하였다.[185] 이로써 제2차 바티칸공의회는 권세를 가진 교회가 아니라 '봉사하는 교회'의 이념을 천명하기에 이르렀고, 교회의 현존과 활동이 자기중심적이 아닌 '세계'여야 함을 발견하기에 이르렀다.[186] 이렇게 선교의 이해는 빠르게 변화되어 갔으며 자연스럽게 평신도의 세상에서

---

183) *World Conference on Church, Community and State*, 91, 125. 위의 책, 246쪽에서 재인용
184) 김은수, 『현대선교의 흐름과 주제』, 103.
185) 이범성, 『에큐메니칼 선교신학1』, 296.
186) Gustavo Gutierrez. 『해방신학』, 24.

의 소명 인식도 확장되어 갔다.

특히 1968년 WCC 제4차 웁살라총회는 제2분과 위원회에서 "선교의 갱신"을 주제로서 선교의 목표를 '인간화'로 삼으면서 복음주의자들을 크게 자극하였는데 특히 서유럽 보고서 '타자를 위한 교회'는 선교의 전통적인 구조인 **하나님-교회-세상**을 **하나님-세상-교회**로 바꾸어 놓았다.[187] 이는 요한복음 3장 16절에 근거하여 하나님께서 세상을 사랑한 결과로서의 교회를 보여주는 것으로 선교의 지위에 있어서 교회의 겸손을 보여주는 것이다. 그러나 다른 차원에서 이는 평신도 지위와 역할의 고양을 가져다 왔다고 할 수 있다. 왜냐면 그들의 일상인 세상이 하나님 나라의 중심으로 초청되고 있기 때문이다. 이처럼 웁살라대회가 복음의 지평을 '인간화'로 본 것은 결국 평신도의 실제 하는 자리를 구원의 범주로 포함한 것이다. 이로써 이후의 에큐메니칼의 모든 대회에서 별도의 한 영역으로서 평신도를 이해하는 것은 크게 의미가 없게 되었다. 오히려 구원의 범주에 창조세계의 보전과 돌봄까지 확장되었으며 이 또한 평신도의 구체적인 자리가 된다. 그 구체적인 전망은 '정의 · 평화 · 창조질서 보전(JPIC)의 전망'에서 자세히 볼 것이다.

이처럼 에큐메니칼 운동의 흐름과 변화는 교회 이해에서 크게 소외되었던 평신도들을 교회와 세계의 중심으로 서게 하였다고 할 수 있다. 다만 이 같은 새로운 신학적인 방향은 복음주의 진영의 강력한 반발을 불러왔고 1970년 프랑크푸르트선언으로 나타났는데 주요 결의는 '인간화'가 선교의 주된 목적이 되는 것의 부정이며, '타

---

187) 이범성, 『에큐메니칼 선교신학1』, 238-39. 이 '타자를 위한 교회'는 본회퍼의 교회론적 형식에서 비롯되었다.

종교와의 대화'의 전면적인 거부에 있었다. 이 두 진영의 신학적 간격을 대략 살피는 것 역시 평신도가 가질 자기이해의 두 자리가 될 수 있기에 이 즈음하여 선교의 흐름을 더 추적하기보다 두 진영의 이해를 정리함으로써 마무리하고자 한다.

현대 선교의 이해에 있어 복음주의(Evangelical)와[188] 에큐메니칼(Ecumenical) 진영은 대척점으로 있다. 복음주의는 '영혼 구원'과 이를 위한 '교회의 확장'을 교회의 본질적인 과제로 보는 입장의 진영이라면, 후자는 교회의 '선교적 현존'을 함께 강조하는 진영으로서 이 땅에 하나님의 나라의 도래-선취-와 그 징표로써 사회적 정의까지도 담는 것이 진정한 복음이라는 보다 진취적인(progressive) 구원 이해를 가진다. 곧 전통적인 선교 이해인 '선포로서의 증거'만이 아니라 '삶으로서의 증거'를 중요한 선교 이해로 가지는 것이다.

반면 복음주의자들에게 있어서 선교의 중요한 동기는 그리스도의 대위임령(Great Commission, 마 28:19,20)에 있다. 이는 인간에게 있어서 가장 심한 고통은 하나님을 떠난 죄에 있다고 보기 때문이다. 여기서 죄란 주로 개인적인 성격이다. 그리고 이 세계를 본질적

---

[188] 바이에르하우스는 여섯 그룹으로 나누고 있다. 신복음주의자들(New Evangelicals), 근본주의자들(Separatist Fundamentalists), 고백적 복음(Confessional Evangelicals), 오순절파, 과격한 복음(Radical Evangelicals), 에큐메니칼 복음(Ecumenical Evangelicals). David Bosch, 『선교신학』, 43-44. 반면 아서 글라서는 미국 복음주의 교단을 중심으로 다섯으로 분류하고 있다. 분리주의 근본주의(separatist fundamentalists), 세대주의 복음주의(dispensational evangelicals), 카리스마적 복음주의(charismatic evangelicals), 에큐메니칼 복음주의(Ecumenical Evangelicals), 전통적인 정통 교단들(traditionally orthodox communions) Arthur F. Glasser, Evangelical Missions, James M. Phillips and Robert T. Coote. *Toward the Twenty-first Century in Christian Mission*, USA: Eerdmans, 1993. 11-12.

으로 악하게 보는 경향이라 할 수 있다.(요 16:11) 기독교인은 이 세상을 즐겨서 아니 된다. 오히려 부정해야 하는 것이다. 시간적으로는 현재는 텅 빈 것이다. 모든 것은 미래의 영광뿐이다.[189] 또 그런 이유로 사회구조를 변혁시키는 데에 비교적 소극적이다. 이미 사회는 심판 아래 있고 파멸 직전에 놓여 있기 때문이다. 이런 관점은 자연스럽게 사회관과 연결되는데 급진적인 혁명보다는 점진적인 인간 성숙에 의해 사고 구조의 변화를 이루어야 한다고 보는 것이다. 그리고 사회봉사 활동을 복음의 내용이라기보다는 복음화의 도구라고 생각한다. 이는 다른 면에서 복음주의자들은 현 사회 질서를 두둔하는 것처럼 보이게 된다.[190]

그러나 시간이 지나면서 이 두 진영은 서로 통전적인 선교의 접근을 모색하게 되었다고 할 수 있다. 우리는 여기서 이 같은 선교에 대한 이해의 변화와 맞물려 그동안의 전통적인 구조에서의 개인 영혼 구원을 뜻하던 '회심'을 어떻게 사회적 차원까지 확장하게 하는지를 볼 필요가 있다.

---

189) 오늘날 세계는 다른 세계관으로써 교회로 하여금 교회의 역사적 사상 형태를 재검토하도록 요구하고 있으나 교회는 이 요구를 등한시하고 있다. 교회의 유일한 관심은 과거와의 연속성에만 있고 현재에 대한 적응이나 장래에 대한 전망은 무시되고 있는 것이다. Hendrik Kreamer, 『평신도신학』, 90-91.

190) David J Bosch, *Witness to the World: The Christian Mission in Theological Perspective*, 32-35.

05 회심 이해의 확장: 신앙의 범주

존 스토트(Jojn Stott)는 죄로부터 돌이키는 것을 '회개'로, 그리스도께로 돌이키는 것을 '믿음'으로 그리고 그 두 차원이 합쳐지는 것을 '회심'으로 이해하고 있다.[191] 여기서는 회개나 회심을 따로 구분하지는 않을 것이다. 다만 '개종'[192]과는 구별되는 것으로 볼 것인데 종종 '개종주의'가 종교적 강요에 의해서 발생되는 차원을 담고 있기 때문이다. 이러한 개종주의에 대해 WCC는 증언의 타락으로 본다. 그리스도의 영광보다는 교회의 성공을 더 중시하는 결과물이라는 것이다.[193] 이런 입장은 증언이 성령의 능력과 복음의 참된 특징에 의지해야 함에도 불구하고 압박이나 위협으로 이루어져 왔던 서구 선교역사에 대한 반성이라 할 수 있다.

1 회심의 역사

신앙의 출발이라 할 수 있는 회심이 일어날 때 이 회심은 과연 삶의 자리인 사회적 차원과는 별도의 영역일까? 그래서 회심으로 주어지는 신앙이란 내재적이거나 피안적이며 교리나 경험-체험- 같은 높은 종교심의 범주를 뜻하는 것일까? 아니면 회심은 그 자체로서 공적 성격을 가지고 있는 것일까? 이런 문제를 가지고 먼저 교회

---

191) Jojn Stott, Christopher J. H. Wright, as Christian Mission in the Modern World, 김명희 역, 『선교란 무엇인가』 (서울: 한국기독학생회출판부, 2018), 222.
192) '개종'은 자신이 살던 사회적이고 문화적이며 종교적인 모든 차원을 떠나 신앙공동체로 전향하는 것이라면 회심은 그 사회를 떠나지 않고 그 안에서 믿음의 정체성을 이어가는 것을 여기서 뜻한다.
193) 위의 책, 218.

안에 일어난 회심의 변화를 살펴보고자 한다.

먼저 초기 기독교 신앙 공동체 형성 가운데 나타난 회심을 살펴볼 것이다. 앤드류 월스(Andrew F. Walls)는 한 인간의 회심이 가지는 시공간적 특징 곧 '문화적 인간'에 주목하고 있다.[194] 회심이 '사회'나 '문화적 공간'과 분리될 수 없는 것으로 이해한 것이다. 이 같은 이해는 한 인간이 신앙의 회심으로 살아가는 동안에도 끊임없이 자신이 지나온 문화적 특성을 함께 가지고 살아감을 전제한 것으로서, 기독교적 회심에는 자신이 속한 사회를 벗어나지 않아도 되는 이전과 이후 곧 '사회-문화-적 인간'과 '신앙의 인간'으로서 삶이 공존하는 두 긴장을 받아들이는 것에 있다고 할 수 있다. 다만 '문화'가 '자연'에 대한 인간의 물질적이고 정신적인 활동의 결과물이라면 회심이 문화[195]의 범주에 영향을 미침과 같이 자연에 대해서도 자기 범주를 가진다고 할 수 있으며, 그렇다면 회심은 '문화적 인간'을 넘어 '자연적 인간'에도 상관한다고 말해야 하며, 이로써 회심은 자연 생태계에 대한 자신의 응답을 회피할 수 없다.

나아가 앤드류 월스는 개종과 회심을 구분하면서 종종 개종의 경우 지난 사회를 온전히 떠나야 했던 것과 달리 그리스도인이 되는 데에는 그리스도를 향한 회심만이 요구될 뿐이었다 말한다. 곧 사도행전 15장의 사도회의에서 헬라 이방인들이 할례나 율법 준수

---

194) Andrew F. Walls, "개종이냐 회심이냐"-신약에 나타난 복음과 문화-, 『선교와 신학』, 2002/제9집, (서울: 미션아카데미, 2002), 103.
195) 윤철호는 문화만 타락하는 것이 아니라 교회도 타락하며 따라서 거듭 종교개혁이 요구된다고 말하며, 그러므로 정말 문제성이 있는 주제는 니버의 그리스도와 문화가 아니라 기독교와 문화의 관계라고 말하고 있다. 윤철호, 『한국교회와 하나님 나라를 위한 공적신학』, (서울: 새물결플러스, 2019), 373.

와 같은 요구 없이도 기독교 공동체 안으로 받아들여졌다는 것이다. 만일 그들에게 유대교의 율법 준수와 같은 개종이 요구되었다면, 바울 서신의 많은 주제들-성도들이 이방사회 속에서 가지는 삶에 대한 문제들-이 필요하지 않았다는 것이다.[196] 그런 차원에서 그는 개종에 비해 회심은 훨씬 위험 부담이 크다고 주장한다. 왜냐면 개종의 경우 기존 사회와 분리되지만 회심자들은 그럴 수 없기에 그들은 지속적으로 그들의 사상이나 교육 혹은 그들의 문헌이나 관계들을 통해서 그리스도께 향하도록 돌려야 하는 과제가 남기 때문이다.[197]

이처럼 초대교회 당시의 회심은 사회를 떠나는 것이 아니라 사회 속에서의 그리스도인으로 살아가는 것에 대한 문제로써, 주를 향한 돌이킴일 뿐만 아니라 삶 전체의 문제였고 그 사회 가운데서의 응답의 문제였다. 그런 차원에서 회심은 '재사회화'(resocialization)의 과정이 요구되었는데 이를 위하여 초기 교회들은 예비신자들의 신념, 소속감, 행동 양태의 변화를 위해 관리 감독해야 하였고, 때문에 예비신자교육 과정이 상당히 엄격하고 길었다. 4세기 자료에는 회심에 요구되는 네 단계를 보여주는데 1단계는 '삶의 본을 통한 접촉의 과정'이었으며, 2단계는 '신앙문답과정'(catechumenate)으로 삶의 행동 변화에 초점을 두었다면, 3단계에서는 '교화'(enlightenment)로써 신앙신념에, 4단계는 성인입교예식(Rite for the Christian Initiation of Adults)의 최종 단계로써 세례와 성찬의 신비에 대한 지도인 '신비입문식'(mystagogy)이다. 특히 삶의 변화의 과정인 신앙문답과정은 3

---

196) 위의 책, 108.
197) 위의 책, 110-11.

년간 지속되었으며 4세기 초 스페인에서는 5년이 요구되었다.[198]

이처럼 회심이 가지는 삶의 차원은 초기 교부들의 저작에도 잘 나타나는데 주후 97년경에 기록된 것으로 알려진 [클레멘스의 제1서신]이라 불리는 "로마교회가 고린도교회에 보내는 서신" 8장에서도 알 수 있다. 서신의 8장 1절은 '회개'에 대한 권면으로 시작되는데 2, 3절은 하나님께로 돌아오는 수직적인 차원을 보여주지만, 4, 5절에는 수평적인 차원으로서 선행과 정의 그리고 학대받는 자들을 도와주는 것과 고아와 과부를 신원하고 변호하는 것을 회개의 기회이며 이를 하나님이 확증하셨다고 증언하고 있다.[199] 이는 회심이 가지는 이중적 차원을 잘 보여주는 것이다. 나아가 해석의 여지는 있겠지만 4장 4절 역시 의미심장한 기록을 보여준다.

4. 4. 여호와께서 가인에게 이르시되 '네가' 분하여 함은 어찌 됨이며 안색이 변함은 어찌 됨이냐? 네가 제물은 올바르게 드렸어도, 그것을 올바르게 나누지 않았다면, 네가 죄를 지은 것이 아니냐?[200]

우리는 가인의 제사가 하나님께 상달되지 못하고 거절당한 이유에 대해 많은 의문과 해석을 가진다. 종종 아벨은 희생 제사를 드렸음에도 가인은 피 없는 제사를 드림에서 그 원인을 찾는다. 그러나 이 서신에서 지적하는 것은 그가 하나님께는 나아왔지만 사람에게는 나아가지 않았다는 것이며, 그것이 죄라는 것이다. 곧 가인이

---

198) Alan Kreider, *The Change of Conversion and the Origin of Christendom*, 박삼종, 신광은, 이성하, 전남식 역, 『회심의 변질』, 63-67.
199) Cyril C. Richardson. 『초기 기독교 교부들』, 67~68.
200) 위의 책, 65.

하나님께 번제를 드렸지만, 동생과의 나눔에는 실패했다는 것이다. 이는 신앙과 회심의 차원이 대 사회적인 것과 분리될 수 없음을 보여주는 것이다. 이런 이해가 지나치지 않은 것은 클레멘트의 서신이 어떤 신앙의 도그마보다는 그 정신인 '환대'(1장 1절)나 '형제애'(2장 4절)를 지속적으로 강조하고 있음에서도 잘 나타난다.[201] 주목할 일은 클레멘트의 이 구절을 창세기 4장 6절 이하와 비교하면 그 의미가 더욱 명확해진다.

> 창 4:6. 여호와께서 가인에게 이르시되 네가 분하여 함은 어찌 됨이며 안색이 변함은 어찌 됨이냐 7. 네가 **선을 행하면** 어찌 낯을 들지 못하겠느냐 **선을 행하지 아니하면** '**죄**'가 문에 엎드려 있느니라 '**죄**'가 너를 원하나 너는 '**죄**'를 다스릴지니라

개역개정판 역시 가인의 죄 문제가 그가 드린 제물의 차이보다는 그가 행하지 않은 선과 상관있음을 보여주고 있다. 곧 우리는 이 구절에서 그가 행하지 않은 선이 무엇을 가리키는지 알 수 없었지만 클레멘트의 서신을 통하여 그가 제물을 하나님께 드리되 동생과는 나누지 않은 탐심이었음을 짐작할 수 있게 된 것이다. 곧 다음과 같은 결론이 가능하다. 하나님 앞에 드리는 예배는 이웃과의 나눔이 배제된 채로는 가능하지 않으며, 따라서 선을 행하는 삶 없이 하나님께 예배자가 될 수 없다. 나아가 7절은 '죄'의 상황을 반복해서 보여주는데 놀랍게도 그것은 '선을 행하거나 아니거나'에 달린 것

---

[201] 위의 책, 63-64.

다. 죄의 현실을 하나님과의 관계-칭의-만으로 축소하지 않았다.

이는 초기 교부였던 클레멘트(Clement of Rome)의 서신만이 아니라 1, 2세기경의 나머지 대표적인 교부들의 저작들[202] 역시도 주요 주제들이 '교의'가 아니라 '삶의 문제'들을 다루고 있다는 사실에서도 역시 주목할 수 있다. 열두 사도들의 가르침이라 불리는『디다케』(The Didache)도 총 16항목 가운데 세례(7장)와 성찬(9장)을 제외하고 1장에서 5장에 이르기까지, 그리고 나머지 모든 장에서 이웃과의 문제를 핵심 주제로 다루고 있다.[203] 이는 회심과 신앙이해를 주로 수직적인 문제로 여기는 오늘의 교회에는 낯선 일이다. 그렇다면 교회의 역사 가운데 회심의 변절이 어느 순간 발생했음을 뜻한다.

알렌 크라이더(Alan Kreider)는 회심 변절의 결정적인 두 가지로 콘스탄티누스 황제의 기독교 공인(AD 313)과 어거스틴의『고백록』의 영향을 들고 있다. 이 두 영향으로 회심이 점차 심리적 영역으로 축소되었고 '변화'가 아닌 '경험'-체험-이 회심의 중요한 차원이 되었다는 것이다.[204] 그 결과 4세기 말에는 회심이 '유인(inducement)과 "강제(compulsion)'로 발전하였고 나아가 529년 로마제국의 3대 대제인 유스티아누스 황제 때에는 모든 유아세례를 포함하여 회심을 강제화하는 칙령이 따랐으며, 이는 비록 교회의 급속한 성장은 가져

---

202) 『디다케』(The Didache), 안디옥감독 이그나티우스의 서신(Ignatius of Antioch), 서머나의 폴리카르포스(Polycarp of Smyrna),『바나바 서신』(The Epistle of Barnabas),『헤르마스의 목자』(The Shepherd of Hermas),『디오그네투스에게 보내는 서신』(The Epistle to Diognetus)
203) Cyril C. Richardson.『초기 기독교 교부들』, 228-39.
204) Alan Kreider,『회심의 변질』, 193.

다주었지만 대신 초대교회와 같은 기적적인 사건들은 거의 일어나지 않게 되었고, 그리스도인들이 완전히 통제권을 장악했기 때문에 하나님의 권능도 더 이상 불필요하게 되었다는 것이다.[205]

이로써 초기 교회에서 세례를 위한 교리문답에 3년이 소요되던 것이 지배종교가 되면서 열흘이나 일주일로 축소되었고,[206] 고작 주기도문, 사도신경, 십계명 등에 관한 지식을 나누는 것으로 대체되기 시작한 것이다.[207] 그러나 본래 초기 그리스도 공동체의 회심은 단순히 '신념'(belief)의 변화만이 아니라 '소속'(belonging)과 '행동'(behavior)의 변화와도 관련되어 있었다는 사실이다.[208]

점차 중세교회는 회심을 제자도나 공동체 차원의 검증이 아닌 하나님과의 개인적인 문제로 축소하기 시작했으며 신념과 행위(삶)는 사라지고 국가교회의 소속감을 확인하는 절차만 남게 되어 '명목상의 그리스도인들'이 양산되는 결과를 낳았다.[209] 이로써 평신도들은 교회로부터 더욱 주변화될 수밖에 없었고, 반면 일부 계층에 의한 좁은 의미에서의 성직주의는 심화되기 시작한 것이다.

그러나 회심의 변질이 그대로 굳어지기만 한 것은 아니었는데, 17세기 전후에 형성되었던 개신교 정통주의(正統主義, Orthodoxy)를 극복하고자 신학 개념보다는 성도의 삶과 실천을 강조했던 경건주의(敬虔主義, Pietism) 운동이 한 예이다. 그 영향은 19세기 미국의 부

---

205) 위의 책, 91-92.
206) 위의 책, 147.
207) 위의 책, 165.
208) 위의 책, 22.
209) 최형근, 한국교회 갱신을 위한 모색으로서 아나뱁티스트 운동에 대한 고찰, 2013. 4.

흥운동을 주도적으로 이끌었던 찰스피니(Charles G. Finney, 1792-1875)에게도 이어졌는데, 그의 부흥운동은 회심이 핵심이었음에도 불구하고 그것은 개인적 차원을 넘어서 사회의 다양한 영역에서 변화를 수반하는 형태로 나타났고 노예폐지, 인종차별 극복, 여성의 권리신장, 경제 정의, 평화, 정의의 사회에 대한 관심으로 확장되었다.[210]

끝으로, 근대 역사 속에 나타난 회심 유형들을 보면 정치적 차원이나 경제적, 사회적, 문화적 회심의 실제들이 아무런 문제의식 없이 자연스럽게 받아들여지기도 했는데, 곧 서구 문명의 팽창과 맞물려 정치적 강압에 의한 회심도 있었고 자발적이기는 하나 경제적, 문화적 차원이 동기가 된 회심도 있었다.[211] 그러나 이런 회심의 차원은 결코 성경적 전거를 가진다고 할 수 없겠다.

2 회심의 성경적 전거

회심을 이끄는 동기는 이상에서 본 것처럼 종교적 요인만이 아니라 다양한 요소들이 동반되지만, 성경적 의미에서의 회심은 십자가로부터 '나와서'(from) 십자가로 '향하는'(to) '이중적인 운동'으로 정의될 수 있다. 곧 '십자가로부터 오는' 믿음의 차원과 '십자가를 향하는' 따름의 차원이 함께 있는 것이다. 이는 '달리신 십자가'—홀로—만이 아니라 '지는 십자가'—제자도—가 함께 요청되는 데서도 나타난다. 따라서 회심이 십자가로 말미암은 것이라면, 진정한 회심은

---

210) 한국일, "선교와 회심", 『선교와 신학』, 2002/제9집 (서울: 미션아카데미, 2002), 58.
211) 한국일. 『세계를 품는 교회』 (서울: 장로회신학대학교 출판부, 2010), 91-95.

이 두 가지인 '믿음'과 '삶의 따름'이 균형을 이룰 때 진정한 회심이라 할 수 있을 것이다. 이 회심과 십자가의 관계를 표로 나타내면 다음과 같다.

회심과 십자가의 관계 (표 1)

십자가(로)		회심이란?			
	나와서 (from)	이중적인 운동	믿음의 차원 (고백)	달리신 십자가 (유일회성)	위를 바라보는 신앙
	향하는 (to)		삶의 차원 (제자도)	지는 십자가 (지속성)	아래(주변)를 향하는 삶
회심을 십자가 사건과 분리할 수 없다면 회심은 두 운동성을 가질 수밖에 없다.					

그러나 교회의 역사 가운데 회심은 변절되어 종종 내면적 상태만을 의미하는 것이 되어 왔다. 이처럼 회심이란 '그리스도를 향하는 운동'-위를 향하는-과 동시에 '세상을 향하는 운동'-아래를 향하는-이라 할 수 있다. 본회퍼도 『성도의 교제』에서 하나님과의 교제는 본질적으로 사회적 교제를 동반한다고 말하고 있다. 곧 하나님과의 교제가 없이 사회적 교제가 없으며, 사회적 교제가 없이 하나님과의 교제도 없다는 것이다.[212]

이는 회심의 의미로 사용되는 구약성서의 히브리 단어인 'Shubh'는 '돌이킨다'는 뜻으로 인간의 내적인 변화보다는 삶 실제에 참여하는 사건으로써, 하나님과의 수직적 관계뿐만 아니라 이웃에 대한

---

212) Dietrich. Bonhoeffer, *Sanctorum Communio*, 유성석, 이신건 역, 『성도의 교제』 (서울: 대한기독교서회, 2010), 69.

수평적 차원을 포괄하고 있기 때문이다.[213] 그런 차원에서 회개는 심리적이거나 내면적인 성격과 연관이 있지만 그 범주에 국한되지 않는 보다 실천적이고 전 인격적인 행위로서 아주 적극적인 개념이다. 따라서 복음서가 보여주는 회개는 종종 이스라엘 공동체의 회복과 사회적 책임과 연관되었고 삶을 전적으로 드리는 제자도의 형태로 나타났다.[214]

회심이 사회와의 전반적인 관계 지향성이라 할 때 그 성격 역시 둘로 볼 필요가 있다. 먼저는 포용과 용서와 같은 '심성적인 차원'이다. 다음은 '경제적 차원'에 대한 공여이다. 왜냐면 사회관계의 가장 근본적인 부분이 생존권과 관련되기에 이 문제를 배제하고 수평적 차원을 말할 수 없기 때문이다. 그렇다면 회심의 수평적 강조가 성경에 있느냐? 는 타인을 향한 용서라는 심정적 차원에 물질의 공여 역시 얼마나 비중 있게 동반되고 있는가? 로 알 수 있을 것이다. 놀랍게도 그런 성경적 전거를 찾는 것은 너무 쉽다. 이는 바울과 바나바가 파송될 때 사도들이 그들에게 '복음의 전파'와 나란히[215] '가난한 자들을 기억'하도록 권면하였다는 사실에 잘 나타나며 더욱이 그 일을 본래부터 바울과 바나바가 힘써왔다는 사실에서도 잘 드러난다.(갈 2:10)

특히 그리스도 곧 메시야의 오심에 대한 준비는 영적인 회개가

---

213) 위의 책, 100-01.
214) 김동건, 『예수: 선포와 독특성』, 146-47.
215) 복음 전파와 돌봄은 분리된 두 요청이 아니며 복음에 부과된 것도 아니다. 오히려 처음부터 복음은 가난한 자들에게 약속된 것이었으며(사 61:1, 눅 4:18; 7:22) 심지어 복과 하나님의 나라 역시 이들에게 약속되고 있기 때문이다.(눅 6:20) 이처럼 복음에는 처음부터 사회적 차원이 분리됨 없이 담겨 있다.

아니라 옷 두 벌 있는 자가 옷이 없는 자에게 그 하나를 나누는 것이었으며, 먹을 것을 가진 자가 그것을 가난한 자들과 나눔이었다. 또 세리에게 있어서는 정한 세금 외에는 청구하지 않는 것이었으며, 군인들에게는 강탈하지 않는 것이었다.(눅 3:7~14) 또한 삭개오에게 그리스도를 영접함이란 가난한 자들에게 재산의 절반을 나누는 이웃을 향한 행위였으며, 또 더 취한 것을 갚는 이웃에 대한 돌이킴을 뜻했다.(눅 19:8) 초대교회의 증언도 다르지 않은데 오순절 성령강림 이후의 교회는 신비 공동체가 아니라 재산을 나누는 섬김 공동체였고 심지어 이 일 때문에 사도들의 말씀과 기도가 부차적인 문제가 될 정도까지였다. 특히 제자도를 나타내는 표식은 선행과 구제였다.(행 9:36, 10:31)

이는 주님의 교훈과 비유들에서도 잘 나타난다. 난해하고 다른 교훈을 담고 있다고 여겨지는 '불의한 청지기 비유'조차도 알고 보면 '친구를 사귀는' 수평적 차원이 '영주할 처소'를 예비하는 수직적 차원이 됨을 보여준다.(눅 16:9) 곧 '**불의한**'[216] 재물($\mu\alpha\mu\mu\omega\nu\hat{\alpha}s$, 맘모나스)을 맡은 청지기들은 그들의 사명이 주인의 재물을 늘리고 축적하는 데에 있는 것이 아니라, 다만 그 직분이 유효한 동안에(2) 사

---

216) 이 비유에는 '불의한 청지기'와 '불의한 재물'이 등장한다. 여기 '불의한'(ajdikiva)은 부정을 뜻하는 접두사 a와 '디케'(공평,정의)에서 유래한 것으로 청지기와 그가 관리하는 재물(맘모나스)에 각각 사용되었다. 이는 하나의 언어 유희적인 계시로 보인다. 곧 '불의한 재물'이라 한 것은 그 재물이 영구히 지킬 수 없기에 불의한 것임을 암시하며 또한 '불의한 청지기'라 한 것도 그의 옳고 그름을 떠나 그가 영구히 그 직분을 누릴 수 없는 장점적인 직분임을 암시하는 것이라 할 수 있다. 또한 인생은 자신이 재물의 주인이 아니며 잠깐 동안 주의 것을 관리자인 청지기일 뿐이며, 그 역할이란 주인의 재산을 모으고 늘리는 데 있는 것이 아니라 다만 나눔으로서 사람을 얻는 데 있다는 것이다.

람들을 불러다가 그 재산을 나누고 탕감하는 데 있을 뿐이다.(5~7) 오직 그것이 지혜롭고 칭찬받을 일이며(8), 그 나눔만이 더 큰 일과 참 일에도 참여할 기회가 된다.(10~12) 반면 재물'**로**' 봉사하지 않고 도리어 재물'**을**' 모으는 자는 두 주인을 섬기는 자가 된다.(13) 곧 이 비유의 핵심은 수직적 구조의 유효성은 수평적 구조인 재물의 나눔에서 담보된다는 것에 있다.

이는 결말인 바리새인들의 반응에도 잘 나타난다.(바리새인들은 돈을 좋아하는 *자들이라* 이 모든 것을 듣고 비웃거늘 눅 16:14) 저들은 돈을 사랑했기에 영주할 처소-수직적 구조-를 예비하는 일이 그 돈으로써 친구를 사귀는 행위-수평적 구조-에서 온다는 교훈에 강한 거부감을 가진 것이다. 주목할 점은 이 비유에 앞선 누가복음 15장의 세 비유-잃어버린 양, 드라크마, 탕자의 비유-도 동일한 구조라는데 있다. 이는 그 사이에 '또한'(δε, 대등접속사, 눅 16:1)으로 연결되어 있음에도 잘 나타난다.

곧 누가복음 15장의 세 비유는 전통 교회의 이해인 '잃은 것을 찾음'-회개-이 핵심 주제가 아니다. 미국의 저명한 설교가이면서 설교학 교수인 토마스 롱(Thomas G Long)은 이 세 비유에 대한 전통적 해석에 도전한 테일러의 견해를 소개하는데 그 주제를 '기쁨'으로 보았다는 것이다. 곧 잃어버린 양이나 드라크마는 '회개'한 것이 아니라 단지 주인에 의해 찾은 바 되었을 뿐이며, 이로써 그 찾음이 얼마나 큰 기쁨인지를 말하는 데 있다는 것이다.[217] 이런 이해가 진일보한 것이긴 하지만 충분하지는 않다. 왜냐면 잃어버린 영혼을

---

217) Thomas G Long, *The Witness of Preaching*, 이우제, 황의무 역, 『증언하는 설교』, (서울: 기독교문서선교회, 2006), 204-07.

찾음이나 그로 인한 기쁨은 엄밀히 말해 큰 확장의 이해가 아니다. 이는 여전히 수직적인 구조에 머물러 있어서 회심이 가지는 수평적 차원-공동체적 함께 하기-을 담지 못하고 있기 때문이다.

이 세 비유가 보여주는 핵심 내레이션은 '찾음'이나 그 '기쁨'에 머물지 않고 그 이후가 등장한다. 그것은 '벗과 이웃을 불러다가 잔치를 했다'는 것이며(6절) 이는 드라크마 비유에도 마찬가지다.(9. 또 찾아낸즉 **벗과 이웃을 불러 모으고** 말하되 *나와 함께 즐기자~*) 게다가 드라크마는 남자 노동자의 하루 품삯에 불과한 한 데나리온의 가치일 뿐이라는 사실이다. 그가 찾은 한 드라크마의 값을 넘어서는 이웃과의 나눔이 이 비유의 본질인 이유다. 특히 세 번째 탕자의 비유에는 이런 입장에 대항하는 시각이 등장한다. 그 시각을 탕자의 형을 통해서 내보이는데 다음과 같다. 곧 유산을 탕진한 것을 용서한 것까지는 설령 이해한다고 하더라도, 이것이 과연 이웃과 잔치할 일인가라는 항변이다. 이런 형의 생각은 당대 사람들의 시각일 뿐만 아니라 오늘날 전통 교회들의 입장일 수 있다. 굳이 수직적인 은혜-영혼 구원과 그 기쁨-로 끝내지 않고 수평적인 차원-이웃과의 잔치-까지여야 하는가? 하는 물음인 것이다. 이에 대한 추가적인 대답이 '불의한 청지기 비유'라 할 수 있다. 이 비유에는 결국에는 사라질 '불의한 재물'로, 이웃과 탕감 잔치를 벌임으로써, 자기 '영주할 처소'를 예비한 청지기가 주인에 의해서 그 지혜를 칭찬받은 놀라운 귀결을 가지고 있기 때문이다.

이는 일만 달란트 탕감받은 자가 그 은혜를 타인과 공유하지 않을 때, 그 탕감이 다시 회수된 비유에서도 잘 나타난다.(마 18:21~35) 주목할 일은 이 비유는 베드로가 주께 '용서에 관한 질문'

에서 주어진 교훈이라는 사실이다. 곧 용서라는 수직적인 은혜는 다시 수평적인 관계까지 이어져야 함을 보여줄 뿐만 아니라 이웃에 대한 용서로 이어져야 하고, 게다가 그 용서도 감성적인 차원에 한정되지 않고, 비유처럼 구체적인 물질에 대한 탕감을 포함해야 한다는 것이다. 이처럼 수직적인 은혜가 수평적인 차원을 포괄하는 교훈은 많은 성경적 전거를 가지고 있다. 이는 복음의 정수인 황금률에도 분명하게 나타난다.

7. 구하라 그리하면 너희에게 주실 것이요 찾으라 그리하면 찾아낼 것이요 문을 두드리라 그리하면 너희에게 열릴 것이니 8. 구하는 이마다 받을 것이요 찾는 이는 찾아낼 것이요 두드리는 이에게는 열릴 것이니라 9. 너희 중에 누가 아들이 떡을 달라 하는데 돌을 주며 10. 생선을 달라 하는데 뱀을 줄 사람이 있겠느냐 11. 너희가 악한 자라도 좋은 것으로 자식에게 줄 줄 알거든 하물며 **하늘에 계신 너희 아버지께서 구하는 자에게 좋은 것으로 주시지 않겠느냐** -수직적 구조-

12 '그러므로' 무엇이든지 **남에게 대접을 받고자 하는 대로 너희도 남을 대접하라** 이것이 율법이요 선지자니라. (마 7:12) -수평적 구조-

타이센(Gerd Theissen)은 누가복음의 황금률(눅 6:31)에서 수평적 차원만을 말하고 있는데 곧 원수를 용서-대접-할 때 원수 역시 원수이기를 그치는 상호성의 기대가 거기 있다는 것이다.[218] 물론 이

---

218) Gerd Theissen, "마태오 복음의 사회사적 배경 연구", 안병무 편, 『사회학적 성서 해석』(서울: 한국신학연구소, 1983), 162-64.

수평적인 차원만으로도 복음이 가지는 사회적 차원을 잘 보여준다고 할 수 있으며, 이러한 타이센의 이해는 그가 의도하지 않았더라도 종종 해방신학이 '수평 지향적'이라고 규정되는 것과 닮았다고 할 수 있다.[219] 그러나 마태복음의 황금률(마 7:12)은 상위 문맥(7~11절)과 별개가 아니며[220] 따라서 수직적이고 수평적인 차원이 동시에 나타난다고 할 수 있다. 왜냐면 하반절인 "너희도 남을 대접하라"는 수평적이지만 상반절인 "그러므로 무엇이든지 남에게 대접을 받고자 하는 대로"[221]는 수직적이다. 왜냐면 '그러므로'(οὖν 운)라는 대등접속어가 보여주는 것처럼, 여기서 '남'이란 이웃이 아니라 11절의 '좋은 것으로 주시는 아버지' 곧 하나님이기 때문이다. 결국 황금률은 은혜의 수직적 차원이 이웃과 사회에 대한 수평적 차원으로 나타나야 할 것을 잘 보여주며 그 의미는 다음과 같다고 할 수 있다.

> 그렇다면 너희는 구하고 찾고 두드리는 자에게 그 구한대로 주시는 **아버지와 같이**, 그리고 떡과 생선을 구하는 아들에게 돌이나 뱀이 아니라 구한 그것을 주시는 **아버지를 기대함과 같이** '*너희도 그렇게*' **네 이웃의 호소와 간구를 거절하지 말라**! 이것이 너희가 그토록 찾아 묵상하는 율법서와 선지서의 요점이 아니겠는가!

---

219) Peter Eicher, *Theologie der Befreiung im Gesprach*, 손규태 역, 『해방 신학을 말한다』 (서울: 한국신학연구소, 1988), 13.
220) 마태복음 7장 12절은 단독 구절이 아니라 앞 구절(7~11)에 대한 결론으로서 위치해 있다. "그러므로"(οὖν 운)라는 대등접속사가 이를 잘 보여준다. 따라서 황금률은 상위 문맥 하에서 그 의미가 바르게 드러난다.
221) 원문에는 이 표현이 없고 대신 "너희에게 하여 주기를 원하는 모든 일을 너희도 그렇게 하라"가 있다. 바이블 렉스 10 참조.

이상과 같이 복음서가 말하는 회심은 이웃의 구체적인 상황을 포함하며 특히 물질적 필요를 돌아봄을 담보한다. 심지어 그 무엇보다도 교리서신이라 여겨지는 바울의 로마서도 마찬가지다. 바울에게 있어서 회심을 뜻하는 '죄와 사망의 법에서 해방 됨'(롬 8:1,2)이란 '양선'($ἀγαθός$, 선)에 이를 수 없던 그(롬 7:18,19,24)가 이제는 삼위 하나님(롬 8:17,26)과 피조물(22)과 자신(23)이 합력함을 통해서 '비로소 양선-선한 행실-에 이르게 된 것'을 뜻했다.(롬 8:28) 한마디로 **회심이란 "사망의 몸"(롬 7:24)이라 불릴 수밖에 없던 사적 개인이 이제는 그리스도를 통하여 모든 연합에 이름으로써 진정한 사회적 실천-양선-에 이르게 된 상태**였던 것이다. 그렇다면 로마서란 어떤 교리적 차원만을 지향하는 것이 아니라 온 피조세계의 탄식에 참여하는 사회적이며 공적인 은혜를 보여주는 서신이라 이해할 수 있다. 이처럼 성경적 회심은 삶의 전 영역을 담는 통전성을 담보하고 있다.

그렇다면 구약이 보여주는 회심의 전거는 어떠할까? 구약에 있어서 하나님의 백성들은 나면서부터 아브라함의 자손이요 할례의 백성이었기에 애당초 구원을 위한 회심은 필요하지 않았다. 그럼에도 불구하고 수많은 회개의 요청과 증언은 이 회심이 종교적인 돌이킴에 한정되지 않은 더 포괄적인 행위였음을 나타낸다.[222] 특히 시편

---

222) 회심이 가지는 성격을 단회적으로 보느냐 지속적인 과정으로 보느냐의 문제가 있는데 이미 하나님의 백성인 자들에게도 회심이 요구되고, 심지어 율법 교사였던 니고데모에게도 거듭남이 요청되었다는 사실은 회심이 가지는 항속적인 성격을 보여준다. 곧 이방 사회에서 거듭남은 우상에서 하나님께로 돌이키는 수직적인 회개일 수 있다 해도 이미 하나님의 백성들에게도 요구되는 거듭남이란 전혀 다른 문제이기 때문이다.

51편은 다윗의 회개를 보여주는데 그 의미를 바르게 조망하기 위하여 '밀양'이라는 한 영화의 시각을 잠시 볼 필요가 있다. 그 영화는 피해자에게 용서를 구함도 없이 종교적 차원에서 자신의 죄를 해소해 버리는 피의자의 행위를 그리고 있는데, 이는 오늘의 한국교회의 신앙이 가지는 축소주의 문제를 고발한 것이라 할 수 있다. 심각한 것은 이런 회심을 정당화시키는 성경적 근거가 종종 다윗의 고백에서 찾고 있다는 것이다. "'내가 주께만 범죄하여' 주의 목전에 악을 행하였사오니 주께서 '말씀하실 때에 의로우시다' 하고 주께서 '심판하실 때에 순전하시다' 하리이다"(시 51:4)

여기 4절의 상반절의 "주께만(בד 바드, 분리, 부분, 홀로)[223] 범죄하여"는 마치 다윗의 죄의 인식이 피해자를 배재하고 있는 것처럼 보인다. 그러나 이 '바드'는 종종 다른 곳에서 '홀로'(신 32:12; 욥 9:8; 시 148:13; 사 2:11,17; 44:24)란 의미를 가짐을 볼 수 있는데, 그렇다면 이 범죄는 '내 스스로'(by itself)가 한 것이라는 참회의 의미가 될 수 있다. 그리고 특히 하반절(말씀하실 때에 의로우시다)은 한 번의 회개로 자신이 용서받는 '값싼 용서'로 이해되기 쉽지만 본래 의미는 그 반대이다. 곧 다윗이 자신의 의롭다 함을 주장하는 것이 아니라 "주의 말씀은 의로우시며, 주의 심판은 순전하십니다"라는 것으로서 오히려 자신에게 심판을 선고하시는 주의 판결이 공의롭고 순결하다는 것을 뜻한다. 이는 바울이 인용한 로마서 3장 4절에서도 잘 나타난다.[224] 다만 성경 본문 이해와 번역의 문제로 인해 종종 회심이

---

223) dB'(바드) '분리의 상태로, 홀로 alone, 그것만으로, 단독으로, 홀로 by itself'라는 의미로 사용되었다. 바이블 렉스 10.

224) *The NIV Study Bible: 10th Anniversary Edition*, (Michigan: Zondervan Publish-

사회적 차원을 배재하는 것처럼 오해를 가져온 것이다.

이처럼 회심이 가지는 사회적 차원은 온 선지서에도 잘 나타난다. 이사야에 의하면 진정한 금식은 압제 당하는 자를 자유하게 하고 모든 멍에를 꺾고 주린 자와 빈민을 돌아봄이다.(사 58:6,7) 이처럼 회심과 같은 종교적 행위는 공적 차원을 동반한다. 이는 에스겔의 증언도 다르지 않다. 죄란 사회적 행위의 결과를 포함하고 있으며, 따라서 자연스럽게 죄의 돌이킴은 하나님의 율례를 지킴만이 아니라 사회적 *정의와 공의*를 행하는 차원을 포함하는 것이다. "그러나 악인이 만일 그가 행한 모든 죄에서 돌이켜 떠나 내 모든 율례를 지키고 *정의와 공의를 행하면* 반드시 살고 죽지 아니할 것이라." (겔 18:21) 이상의 회심에 대한 성경적 전거가 가지는 두 구조를 표로 나타내면 다음과 같다.

성경이 가지는 회심의 두 구조 (표2)

주제(인물)	수직적 구조	수평적 구조	성경 본문
이사야	기뻐하는 금식이란	흉악의 결박을 풀어줌	사 58:6~7
에스겔	율례를 지킴	정의와 공의를 행함	겔 18:21
세례요한	회개의 선포	두 벌 옷과 음식을 나눔	눅 3:7~14
삭개오	주를 영접	재산을 가난한 자들과 나눔	눅 19:8
황금률	받고자 하는 대로	남을 대접함	마 7:7~12
잃어버린 양의 비유	양을 찾음	벗과 이웃을 불러 잔치함	눅 15:6

ing House, 1995), 831.

잃어버린 드라크마	드라크마를 찾음	벗과 이웃을 불러 잔치함	눅 15:9
탕자의 비유	탕자의 귀환과 용서	살진 송아지를 잡아 잔치함	눅 15:23,29.
불의한 청지기 비유	영주할 처소 예비란	불의한 재물로 친구를 사귐	눅 16:9
일만 달란트 비유	위로부터의 탕감	주변을 향한 탕감	마 18:21~35
초대교회	오순절 성령의 임재	가난한 자가 없음	행 4:34
바울과 바나바 파송	복음 전파	가난한자 기억할 것	갈 2:7~10
바울	정죄함이 없음	(양)선을 이룸	롬 8:1~28
십계명이 보여주는 두 구조			
십계명	1~4계명	5~10계명	출 20:3~17
모세가 하나의 돌판–위를 향한 신앙–만이 아닌 두 번째 돌판–사람을 향한 공의–을 가지고 내려와야 했다는 것은 계명이 가진 공적 성격을 잘 보여주는 일이다.			

다만 이제 남겨진 과제는 다음과 같다. 회심이 이처럼 사적 범주로 그치지 않고 이웃을 향한 공적 차원을 가진다면 그 이유는 무엇일까? 이는 김동건이 지적하는 것처럼 복음서에 나타나는 회심의 독특한 특징에 주목할 수 있다. 곧 죄인이라 여겨지던 한 여인(눅 7:48)과 침상 채 주께 나아온 중풍병자(마 9:6) 그리고 간음한 현장에서 붙잡혀온 여인(요 8:11) 등 이들 모두의 공통적인 특징은 어느 누구도 자기 자신의 '사적 결단'으로서 회심에 이른 것이 아니라 주님의 일방적인 사죄의 선포에 의해 그들이 회심에 이르렀다는 사실이다.[225] 만일 회심의 주체가 그들 자신이었다면 하나님의 구원을 '자

---

225) 김동건, 『예수: 선포와 독특성』, 134-39.

기 의'로 여기게 될 것이다. 이처럼 그들이 다다른 회심은 세상이라는 공적 영역에 섬김을 시작하시고 이루신 주님의 선물일 뿐이며, 따라서 이 선물을 받은 자 역시 공적인 의무가 생기는 것이라 할 수 있을 것이다.

이상과 같이 회심은 결코 종교적 범주에 한정되지 않고 이웃과의 사회적이고 정치적이며 모든 공생 관계에서의 총체적인 행위를 요구하고 있다. 이를 다음에서 신학적 담론에서 보다 자세히 확인하기를 원한다.

3 회심의 신학적 담론

'하나님의 선교'(Missio Dei) 개념에 보편적 확장을 가져다준 피체돔(Georg F. Vicedom)에 의하면 '회개'(metavnoia)는 삶 전체를 포용한다. 왜냐하면 회개의 결과는 생활 속에서 이미 선물로 주어져 있는 하나님의 나라에 참여하는 삶이기 때문이다. 따라서 회개는 피안에 그치지 않고 그의 환경과의 새로운 관계 및 인생의 새로운 목표를 전달받는 것을 뜻한다. 그에 의하면 이로써 이 땅에 하나님의 사람들에 의한 봉사가 성장하며 그 봉사(service)는 그리스도를 통하여 생활의 모든 영역에 침투하고 변화를 일으킨다는 것이다.[226] 그의 이런 이해가 가지는 특징은 회개가 하나님의 나라를 선물로 받아들이는 것일 뿐만 아니라, 동시에 봉사로서 하나님의 나라에 참여한다는 데 있다. 곧 회개는 하나님 나라를 '선물'과 '삶의 봉사'로서 참여

---

226) Georg F. Vicedom. *The Mission of God: An Introduction to a Theology of Mission*, 33

하는 이중적인 차원을 가지는 것이다. 그런 차원에서 본회퍼(Dietrich Bonhoeffer)도 신앙과 회심의 자리는 현세임을 강조하면서 "현세에서 충만히 살 때만 비로소 믿는 법을 배울 수 있음을 알았다"고 하였다.[227]

가톨릭 신부이며 브라질 해방신학자 보프는 1979년 멕시코 푸에블라에서 모인 제3차 라틴아메리카주교회의(CELAM III)의 문헌 일명 '푸에블라 문헌'을 통하여 회심을 다음과 같은 차원으로 확장 이해하고 있다. "회개란 순전히 개인적인 것으로 개념 되어도 좋은 것이 아니다. 그것은 '사회적인 변형'에까지도 미쳐야 한다."

보프는 이 문헌의 내용을 평가하기를 그 내용은 단순히 체제 내의 개혁[228]에 대한 희망을 가지는 것이 아니라고 주장하면서, 해방의 언어는 좀 더 깊은 내포를 가지는데 곧 '구조적 변화'와 '구조들의 변형'이 필요하다는 것이다. 이것은 바로 사회의 기초들에 미치는 것이며 새로운 사회를 요청하는 일이라는 것이다. 곧 그에게 회심이란 개인이 가지는 자기 변화와 구원의 참여 정도나 혹은 사회에 이바지하는 그런 것이 아니라 새로운 사회에 자신을 투신하는 부름을 뜻한다.[229]

구티에레즈는 개혁(reform)과 개발(development)이 아닌 사회적 혁명(social revolution)과 해방(liberation)을 말할 수밖에 없는 이유는 라틴아메리카의 현실이 어떤 완화 정도로는 해결할 수 없는 비참함과

---

227) Dietrich Bonhoeffer. '한 친구에게 보낸 편지들' 『옥중서신-저항과 복종』, 349.
228) 여기서 말하는 개혁이란 어느 정도의 '수정'이나 '보완'과 같은 약간의 덧대는 차원을 말한다.
229) Leonardo Boff, *Salvation and Liberation: In Search of a Balance between Faith and Politice*, 정한교 역, 『구원과 해방』 (경북: 분도출판사, 1986), 77.

불의(misery and injustice)가 너무 깊기 때문이라는 것이다.[230] 따라서 온전히 구원하는 복음과 회심의 능력이라면 그런 사회적 현실 앞에 부분적인 처방만을 줄 수는 없을 것이다.

회심이 사회적 변형과 구조적 변화를 요청하는 이유는 김동건에 의하면 회심이 죄와 결부되어 있기 때문이다. 제도와 구조가 악하면 그 제도와 구조가 죄인을 다시 양산할 수밖에 없기에, 그런 차원에서 회심은 죄로부터 돌아서는 것일 뿐만 아니라 동시에 잘못된 사회 조직이나 구조로부터 돌아서는 것을 포함해야 한다는 것이다. 그런 연유로 주님의 바리새인들과 율법사에 대한 책망은 그들 개인에 대한 요청이 아니라 그들 조직과 질서를 포함하는 이스라엘 전체 구조에 대한 것이었다는 것이다. 왜냐면 그들은 지도층으로서 사회 구조적 성격을 담보하는 자리에 있었기 때문이다.[231]

한국일 역시도 만일 죄 개념을 개인적 차원이나 종교적 영적 차원에서만 받아들이게 되면 죄의 역사적, 실제적 특성을 간과하게 된다고 지적하고 있다.[232] 또한 이때 회심이 사회적 차원을 가진다는 것은 포괄적인 문화 갱신의 차원까지도 포함하는 일을 의미한다. 이는 회개를 경험하는 인간의 삶을 문화가 형성하고 있기 때문이다. 따라서 회개의 열매란 말씀에 비추어 옛 환경을 떠나는 길이며 새로운 삶의 결단과 실천적 행위를 통하여 기존 문화의 갱신과 새 창조 사역에 참여하는 것까지도 포함해야 하는 것이다.[233]

---

230) Gustavo Gutierrez. T*he Power of the Poor in History*, (New York: Orbis Books, 1983), 45.
231) 김동건, 『예수: 선포와 독특성』, 170-71.
232) 한국일, "선교와 회심", 『선교와 신학』, 59.
233) Gustavo Gutierrez. *We drink from our own Wells-The spiritual Journey of a peo-*

그런 차원에서 회심은 개별적이고 순간적인 행위라기보다 계속적인 방향 전환(continuing reorientation)이다. 구티에레즈는 '회심'이 가져오는 모험적이고 도전적-갈등- 측면으로써의 '항속적인 성격'과 '해방'이 주는 '영성적 측면'을 함께 주목하고 있다.

회개는 하나의 항속적인 과정이다. 거기서는 우리가 만나는 장애로 말미암아 우리가 지금까지 손에 넣었던 것을 송두리째 잃고 아예 새로 출발해야 하는 경우가 적지 않다. 우리의 회개가 어떤 결실을 내느냐는 우리가 이 같은 모험에 얼마나 자기를 개방하고 있느냐에 달려 있다. ~ **모든 회심에는 어떤 파멸이 있다.** 아무런 갈등과 균열이 없이 회심을 성취하겠다는 것은 자기와 남들을 기만하는 소치이다. ~그러므로 구조와 상황을 변경시켜 놓지 않고는 우리의 진정한 회심은 불가능하다. **회심하겠다면 우리네 사고방식과 결별해야 한다.** ~ 우리가 속한 사회계급과 결별해야 한다.[234]

크리스천은 아직도 할 일이 하나 더 있다. 사회적 투쟁과 노력 한가운데서 **주님의 평화**를 찾아내는 방도를 간구하는 일이 그것이다.[235]

그에 의하면 회심은 결코 내면적 돌이킴이 아니라 자기중심에서 자기 바깥인 이웃의 아픔과 소외당한 사람의 현실에 투신하는 역동적인 행위이다. 그런 이유로 한국의 해방신학자인 홍인식은 해방신

---

ple, (Orbis Books, Maryknoll: NY, 1984), 79-88,
234) Gustavo Gutierrez. 『해방신학』, 233-34.
235) 위의 책, 234.

학적 회심을 가난한 자들과 형제가 되고 전 인류적 연대를 실천하는 것이라고 이해하고 있다.[236] 이는 인간을 통해 하나님께로 가는 움직임과 그분에 힘입어 인간들을 향하는 움직임은 상호 변증법적 작용을 하면서 하나의 종합을 향해 나아가는 것으로 해방신학은 보기 때문이다.[237] 따라서 이 회심에는 자기중심적인 것과의 결별을 동반해야 하는 것인데 바깥의 힘들과만 투쟁하는 것이 아니라 그 투쟁에 자기 자신에 대한 것이 포함되어야 하는 것이다.

그런 연유로 고재식은 구티에레즈의 해방의 영성을 '거친 영성'이라 평가한다.[238] 회심을 내면적이고 사색적인 차원에 두지 않고 삶의 모든 영역으로부터 투쟁을 이끌기 때문이다. 다만 구티에레즈도 이 투쟁에 '주님의 평화'-화해-라는 차원을 과제로서 삼아야 할 것을 제시하고 있다. 이 과제에 대한 응답은 후반부 목차인 '해방'에서 '화해'로, 그리고 '투쟁'에서 '포용'으로에서 보다 자세히 다룰 것이다.

해방신학만이 아니라 에큐메니칼 문서(1982년)도 회심이 국가들, 단체들, 가족들을 지향하고 있음을 강조한다. "전쟁으로부터 평화로, 불의로부터 정의로, 인종차별로부터 연대성으로, 증오로부터 사랑으로의 회심의 불가피성을 선포하는 것"이 예수 그리스도와 그의 나라를 위해 주어진 증거라고 말한다.[239]

이런 회심의 사회적 차원을 에큐메니칼 진영이나 해방교회만이 담고 있는 것은 아니다. 최근 복음주의 진영도 상당히 통전적인 시

---

236) 홍인식, 『해방신학 이야기』 (서울: 신앙과 지성사, 2017), 42.
237) Gustavo Gutierrez. 『해방신학』, 236.
238) 고재식, 『해방신학의 재조명』 (서울: 사계절출판사, 1986), 241.
239) 한국일. 『세계를 품는 선교』 (서울: 장로회신학대학교 출판부, 2004), 109.

각을 가지고 있다. 그 결과 2010년 제3차 로잔대회의 공식문서이며 '케이프타운 서약'이라 불리는 "하나님의 선교를 위한 복음주의 헌장"에서도 회심에 대한 포괄적 이해를 잘 보여준다.

> "**총체적 선교** 안에서 우리가 **삶의 모든 영역에서 사랑과 회개를 행하도록 요청**하기 때문에, 우리의 선포가 사회적인 모습을 지니게 된다. 그리고 우리가 예수 그리스도의 변화시키는 은혜를 증거하기 위하여 우리의 사회 참여가 복음 전도의 모습을 지니게 된다."[240]
> 우리는 복음의 충만한 **화해의 능력**을 받아들이며 그것을 올바르게 가르친다. 이는 **속죄**(atonement)에 관한 온전한 성경적 이해를 포함한다. 즉, 예수님은 하나님과 우리를 화해시키기 위해 십자가 위에서 죄를 짊어지셨을 뿐만 아니라, **우리가 서로 화해**하도록 우리의 적대감을 파괴하셨다.[241]

이처럼 '케이프타운 서약'은 십자가의 속죄는 하나님과의 화해일 뿐만 아니라 땅 아래 인간들 사이의 화해를 담는 능력임을 분명하게 나타내고 있다. 이는 십자가 아래의 회심이 하나님과의 화해로 끝나서는 안 된다는 것을 복음주의 진영도 공식문서로서 확증한 것이다. 이런 이해는 복음주의 신학자이면서 획기적인 로잔언약(1974)의 입안자였던 존 스토트에게도 잘 나타난다. 그는 회심 이해에 있어서 혁명적인 제안을 하였던 인도의 기독교 신학자 토머스(M. M.

---

240) *The Cape Town Commitment: Study Edition*, 최형근 역, 『케이프타운 서약』 (서울: IVP, 2018), 61-62.
241) 위의 책, 82.

Thomas) 박사의 다음 주장을 공감하는 데서 알 수 있다.

> '그리스도에게로의 회심'이 반드시 『기독교 공동체로서의 회심』을 의미해서는 안 된다. ~ 대신 회심자들은 '그들이 사는 사회, 문화, 종교 안에서', 그 안에서부터 구조와 가치관을 변화시키는 그리스도를 중심으로 한 믿음의 단체를 구축하고자 해야 한다. ~ 힌두교에서 회심한 사람을 강제로 '사회적, 법적, 종교적 의미에서의 힌두교 공동체에서' 분리시켜서는 안 된다.[242]

존 스토트의 제자로서 케이프타운 서약의 입안 책임자였던 크리스토퍼 라이트(Christopher J. H. Wright)는 이런 토마스의 견해가 힌두 문화권을 넘어 이슬람 국가에서도 엄청난 규모로 일어나고 있으며, 이러한 현상이 '내부자 운동'으로 지칭되기에 이르렀다고 평가하고 있다.[243]

끝으로 전통적인 교회에서 선교나 회심을 다룰 때 주의해야 할 사항은 지금까지 주로 선교지 문화의 갱신만을 언급해 왔다는 점이다. 그러나 윌로우뱅크 보고서(The Willowbank-Report, 1978)는 선교에서 발생하는 문화변혁 과정이 과거처럼 선교지 문화만이 아니라 선교하는 교회가 소속된 서구사회의 잘못된 문화에 대한 갱신을 함께 언급하고 있다.

가난한 자들을 먹어치우는 사회 불의이며, ~ 많은 인명의 살상을 초래한

---

242) Jojn Stott, Christopher J. H. Wright, 『선교란 무엇인가』, 227.
243) 위의 책, 242.

제1, 2차 세계대전, 그리고 제의적 매춘만이 아니라 상대를 가리지 않는 혼음적 성행위들을 모두 복음의 능력으로 새롭게 되어야 할 하나님의 재창조의 대상으로 인식해야 한다.[244]

이처럼 오늘날의 회심은 지난날의 회심이 피안(彼岸)[245]에 다다르는 것을 목표로 삼았음과 다르다. 오늘날에는 과거 전통적인 틀 안에서 문제가 되지 않았던 것들이 회의 되고 보다 성경적인 근원에서 바르게 드러나기가 요구되고 있다.

그런가 하면 회심의 제3의 이해라고 할 만한 다양한 접근도 많다. 회심이 약화된 형태인 폴 틸리히의 '잠재적 교회'(latente Kirche)나 카톨릭 신학자인 칼 라너(K. Rahner)의 '익명의 그리스도인'(anonymer Christen)은 하나님의 일반적인 구원의 의지를 제시함으로 소위 포괄주의적 입장을 유지한다.[246] 여기서 더 나아가 회심을 전적으로 불필요한 것으로 간주하는 주장도 대두하였는데 이는 포스트모더니즘과 함께 등장한 종교다원주의 의하여 제기되고 있다. 가톨릭 신학자 폴 니터(P. Knitter)의 '구원중심주의'(soteriocentrism), 개신교 신학자 존 힉(J. Hick)의 '신중심의 신학', 가톨릭과 인도 종교의 배경을 가진 레이몬드 파니커(R. Panikkar)의 '보편적 그리스도론' 등이다. 이들에게 종교란 진리에 대한 다른 인식의

---

244) The Willowbank-Reopot, 조종남 편역, 『복음과 문화』(서울: IVP, 1991), 74. 한국일. 『세계를 품는 선교』, 112쪽에서 재인용.
245) 본회퍼는 하나님의 피안은 우리의 삶 한복판에 있다고 하였다. Dietrich Bonhoeffer. 『옥중서신-저항과 복종』, 254.
246) 위의 책, 96-97.

문제일 뿐이다.[247]

특히 니터는 『오직 예수이름으로만?』에서 종교 체험의 공통 토대에 기초하여 대화의 무규범적 신중심적 접근을 제안했다. 이는 각각의 종교들이 하나의 동일한 실재를 인식하고 경험하는 서로 다른 길이기 때문에 종교간의 만남에서 더 이상 개종이 불필요하다는 존 힉의 입장에 서 있다.[248]

다만 존 캅(John B. Cobb)은 이 또한 교회 중심주의 대체모델-배타주의-과 그리스도중심의 완성모델[249]-포괄주의-과 다르지 않은 겉옷만 바꿔 입은 또 하나의 제국주의적 이론에 불과하다고 보았고, 니터 자신도 공통 기반을 필요로 하는 신중심중의-일원론적 다원주의-가 다른 종교들에 실재라는 공통기반을 무작위로 상정함으로써 각 종교가 지닌 역사적 특수성을 침해한다는 비판에 동의하였다. 이로써 그는 '구원중심주의'(soteriocentrism)로의 사상적 전환을 시도하였는데 종교신학과 해방신학을 결합한 '종교해방신학'(Liberation Theology of Religion)[250]이 그것이다. 이는 기독교 상징 가운데서

---

247) Lesslis Newbigin, 『다원주의 사회에서의 복음』, 36.
248) Paul Knitter. 『종교신학입문』, 200-01. 김종만, 『틱낫한과 하나님』: 불교와 그리스도교의 만남, (서울: 열린서원: 2020), 102-03쪽에서 재인용.
249) 이는 라너의 '익명의 그리스도인'에 의거하여 비그리스도인들도 그들 종교에서 익명으로 활동하는 그리스도의 은총과 현존으로 구원 받을 수 있다는 새로운 종교적 입장으로써, 타종교에 대한 그리스도교적 태도의 중요한 분수령이 된 제2차 바티칸공의회의 개척자인 라너의 신학사상에 기초한다. 신은 보편적 구원의지로 전 인류를 구원하려는 의지를 가지고 있기 때문에 구원에 절대적으로 필요한 은혜는 모든 사람들에게 제공되어야 하는 '구원의 낙관론'에 근거해 있다. 위의 책, 96,97.
250) 니터에 의하면 종교신학의 약점은 실천이 거세당한 채 이론적 사색에만 매달려 있고 정교 중심의 부르주아적 신학으로 귀결될 위험성이 있다면, 해방신학

하느님 나라 중심주의로 평가된다.[251] 다만 경전종교인 정통 기독교는 회심의 확장성을 요청하되 그와 별개로 회심 자체는 중요한 가치로 사수한다. 이상 회심에 대한 여러 담론과 이해는 결국 회심의 결과인 구원의 이해와 범주까지 생각하지 않을 수 없게 한다.

06 구원 이해의 확장: 실천의 범주

1 구원과 세상(The World)

사회적 참여와 돌봄이 하나의 예배요 신앙 행위가 될 수 있을까? 다소 과격해 보이는 이 표현이 회심과 구원의 관계를 통해서 구체화될 수 있다. 곧 회심이 세상 가운데서의 사회적이고 문화적이며 정치적인 갱신과 변혁까지도 포괄하는 것이라면 회심의 결과인 구원의 지평 역시도 탈사회적이고 비역사적인 것이 되어 우리 삶의 현실이나 실제적인 과제들과 괴리되는 것일 수 없기 때문이다.

그렇다면 구원은 '장차'(in future) 완성될 하나님의 나라(행 14:22, 고전 6:9, 15:50, 갈 5:21, 엡 5:5)에 대한 기다림일 뿐만 아니라 '이미 여기'(Here and Now)에 나타나 있는 하나님의 나라(마 12:28, 막 9:1, 12:34, 눅 9:27, 11:20, 16:16, 17:21)에 대한 참여를 뜻하는 것도 된다.

은 정교에 대한 정행의 지나친 우선성을 강조함으로써 종교 상호 간 문화 상호 간의 협력이 상실될 수 있으며, 게다가 기독교적 해방신학은 하나님 나라에 대한 하나의 비전만을 수용하는 한계를 지닌다는 것이다. 이로써 그는 종교신학과 해방신학의 장단점이 서로를 보완한다는 점에서 두 신학이 만나야 할 당위성을 확보하였고, 이로써 종교해방신학을 창출한 것이다. 위의 책, 109-10.

251) Paul Knitter. 『종교 해방신학을 향하여』, 『종교다원주의와 신학의 미래』 위의 책, 104-09쪽에서 재인용.

이는 구원을 가져다주는 하나님의 말씀이 '영원한 말씀'이기만 한 것이 아니라 '지금 들려오는 말씀'이기도 한 것과 같다.[252] 그 말씀은 천상의 지식이 아니라 여기 이 땅의 구체적인 현실에서 살아 역사하는 말씀이다.

이처럼 해방신학자 엘라꾸리아(Ignacio Ellacuira)는 구원이 가지는 역사적 성격의 당위성을 하나님의 말씀에서 찾고 있는데, 그 말씀이란 자연이라는 세계 속으로 뚫고 들어오는 역사적 말씀이기 때문이다. 말씀의 역사적 절정은 아버지의 계시자(the Revealer of the Father)가 역사 그 자체-성육신-가 된 거기에 있으며 그렇게 역사의 정점을 이루는 한 인간을 통해 구원을 선포하시고 성취하신 것이다.[253] 그렇다면 하나님의 구원 역사(salvation history)는 '역사 안에서의 구원'(salvation in history)이며 그렇게 자연(the natural)과 초자연(the supernatural)이라는 이원론을 극복한다고 할 수 있다.[254]

한국일도 개인적인 구원관이 가지는 편협한 이해를 지적하면서 개인중심에서 하나님 중심의 구원론으로 전환하면 구원받은 개인은 그 관심의 중심이 자신에게 있는 것이 아니라 세상을 사랑하사 구원을 행하신 하나님과 그의 일에 있게 된다고 지적하고 있다.[255] 이는 한 개인의 구원이란 구원의 최종적 완성이 아니라 세상의 구원을 위한 하나의 부름일 뿐임을 뜻하는 것이 된다.

---

252) Ignacio Ellacuira, *Freedom made Flesh, The Mission of Christ and Church*, 고재식 역, 『해방과 선교신학』, 29.
253) 위의 책, 28-30.
254) 위의 책 16.
255) 한국일. 『선교적 교회의 이론과 실제』 (서울: 장로회신학대학교 출판부, 2019), 98.

이처럼 구원과 세상의 이해에 보다 본질적으로 도움을 주는 담론은 창조와 구원에 대한 주제이다. '창조'-구약 또는 역사-를 '구원'-신약 또는 복음-과 분리될 수 없는 하나의 주제로 볼 수 있는가? 이다. 만일 그렇다면 하나님의 창조의 결과물인 세상은 하나님의 구원에 있어서도 소외되지 않고 오히려 구체적인 역사의 현장들이 구원의 지평이 될 수 있을 것이다. 또 그럴 때 구원이란 항상 저 너머만의 문제가 아니라 시간적으로도 '현재 이곳에'라는 오늘의 문제를 뚫고 들어오는 것으로 받아들여질 것이다. 이때 우리는 이런 담론들이 신학적이고 성경적인 전거를 충분히 확보할 수 있는지를 항상 점검해야 할 것이다.

본회퍼는 그의 책 『창조와 타락』을 통해서 창세기 1장-3장에 대한 신학적 주석을 시도했는데 그는 당대 서구교회에서 복음에 있어서 소외되었던 구약을 그리스도의 자기 완성의 빛에서 읽혀져야 하는 것으로 보았다.[256] 그렇다면 이는 그리스도의 구원의 완성은 창조라는 구약의 빛에서 이해될 수 있음을 말하는 것이기도 하다. 그때 창조와 구속은 별개의 주제가 아닐뿐더러 오히려 상호이해를 온전하게 한다. 게다가 하나님께서 창조하신 세상을 보시기에 좋게 여기셨다면(창 1:4,10,12,18,21,25,31) 이는 세상에 대한 긍정을 담보하며, 따라서 굳이 '세상'과 '종교' 혹은 '세속'과 '영적'으로 이분하여 한쪽에서만 하나님이 되실 이유는 없는 것이다.

몰트만 역시도 "*하나님께서 우리의 종교 안에, 우리의 문화, 혹은 우리의 교회 안에 계시지 않고, (그곳이 어디든 상관없이) 그분의 임*

---

256) Bonhoeffer, Dietrich. *Schöpfung und fall*, 강성영 역, 『창조와 타락』 (서울: 대한기독교서회, 2010), 19, 22.

재와 그분의 나라 안에 거하신다."고 말하고 있으며[257] 해방신학자 보프 역시 구원의 종말론적 완성이 그리스도의 구속에서 최종적으로 확보되어 있을 뿐만 아니라 동시에 구원은 한 인간의 생애의 마지막 순간에만 혹은 영원 안에서만 현실화되는 것이 아니라 이 땅에서부터 선취됨을 말하고 있다. 곧 인간은 구원의 과정 전체에, 이 지상에서 시작하여 영원 안에서 끝나는 과정에 들어가는 것으로 보고 있다.[258] 이는 바오로 6세의 1975년 복음화에 관한 사도적 권고(Evangelii Nuntiandi)에도 나타나고 있는데, 사회적 해방과 구원이 동일시되지는 않지만 그 구원을 현세에서부터 시작되어 영원에서 완성되는 것으로 보는 것과 같다.[259]

그렇다면 구원의 자리를 세상과 분리하는 것은 '구원의 현재성'(엡 2:5,6; 눅 19:9)을 놓치는 것이 될 뿐이다. 동시에 이때 '하나님의 나라의 현재성'도 상실될 수밖에 없다. 한백병은 하나님의 선교(Missio Dei)의 핵심이 바로 이 하나님의 나라의 현재성에 있다고 보는데 이때 교회는 비로소 세상에 대해 책임적 교회로서 자신의 사명을 자각하게 된다고 말하고 있다.[260] 그렇다면 세상에서의 하나님 나라의 현재성을 바라보는 시야를 가진 교회가 될 때 그 교회는 자기중심성을 버리고 세상 한가운데의 소명을 발견하게 되고, 이로써 교회는 하나님의 나라의 선취를 세상에 보여주는 전초 기지가 될 것이

---

257) Jurgen Moltmann, *Gott im Projekt der modermen Welt*, 곽미숙 역, 『세계 속에 있는 하나님』(서울: 동연, 2009), 19.
258) Leonardo Boff, 『구원과 해방』, 40.
259) 위의 책, 46-47.
260) 한백병, 『하나님나라 현재로서의 디아코니아』(Diakonia as the Present of the Kingdom of God) (서울: 드림앤비전, 2020), 40-41.

다. 이같이 세상 가운데 삶으로 드리는 예배는 그 자체로서 합당하며 구원을 논하는 문제도 세상을 배제하고 이루어질 수 없다. 세상으로부터가 아니라 세상에 임하는 하나님의 은총과 그 나라와 그의 뜻 이룸을 구원의 이해에 포함해야 하는 것이다.

다만 이때 주의할 것은 세상이 가지는 양면성에 있다. 먼저는 하나님의 나라가 능력으로 임하는 은혜의 처소로서의 세상이다.(마 6:10, 막 9:1) 이를 위하여 교회는 세상에 있는 그의 몸으로서 만물 안에서 만물을 충만케 하시는 통로가 된다.(엡 1:23, 4:6~10, 골 1:17) 이에 앞서 그리스도의 성육신(incarnation)을 통해 그 구원은 이 땅에 시작된 것이기도 하며 그렇게 하나님의 은총은 이 땅의 현실을 외면하지 않는다.(시 41:1,2) 그러나 동시에 이 세상은 하나님의 나라를 대적하고 충돌하는 어둠의 힘이요 권세이기도 하다.(사 59:14, 엡 6:12) 이 힘은 자기를 추구하고 타인을 배제하려는 다른 질서이다.(눅 22:24~26) 따라서 '다만 악에서 구하옵소서'(마 6:13)의 간구는 여전히 유효하다. 곧 구원은 이 세계를 배제하지 않고 이미 그 안에서 시작된 것이기도 하지만 동시에 이 땅에 속한 다른 질서로부터의 구원이기도 한 것이다. 이 양면성이 주는 긴장을 교회 곧 성도는 항상 인지해야 한다.

이제 끝으로 구원과 세상의 성경적 전거를 살필 필요가 있다. 종종 주님의 비유와 교훈들에는 구원과 세상의 관계성이 등장하는데 놀랍게도 그 결과는 역설적인 귀결을 가지고 있다. 선한 사마리아인 비유(눅 10:30~37)에는 예배에 있어서 철저하지만 이웃에 대해서는 눈을 감아버린 레위인과 제사장이 등장하는가 하면, 반면 어떤 예배 행위도 보여주지 않지만 이웃에 대해서는 돌봄을 가진 사마리아인이 등장한다. 유대 전통 기준에 의하면 전자는 누가 보아도 성전의 절기와 율법에 철저한 자들이고 후자는 율법 바깥의 백성일 뿐이다. 그런데 이 교훈에는 하나님의 백성들의 지위가 역전되고 있다는 데 있다. 성전을 중심으로 가장 종교성을 가진 자들은 하나님의 뜻을 벗어난 자로 판명되고, 반대로 세상 한복판에 있어 이방인으로 여겨졌던 이는 의인이요 영생의 백성으로 암시되는 것이다. 여기서 우리는 가장 종교적인 계층과 가장 세상적인 계층을 대비시키는 주님의 의도를 파악해야 한다.

우리가 선한 사마리아 사람의 비유에서 간과하고 있는 것이 있는데 그것은 그 비유의 동기 부분이다. 이 비유는 놀랍게도 '내 이웃이 누구입니까?'란 질문 이전에 '*내가 무엇을 하여야 영생을 얻으리이까*' 곧 영생-구원-에 대한 질의에서 시작된 비유란 사실이다.(눅 10: 25~37) 이는 구원의 길과 세상의 현실을 돌아봄이 별개의 주제가 아니라는 교훈을 주시려는 의도인 것이다. 이처럼 주님의 비유는 구원의 범주를 종교적 규율에만 묶어 두려던 당대에 혁명적이고 충격적이었다고 할 수 있다.

나아가 양과 염소의 비유(마 25:31~46)도 마찬가지다. 이 비유의 핵심 주제는 오히려 결론부에 나타난다. 한쪽 부류만이 의인으로서 영생에 들어갔다.(46) 곧 영생에 합당한 자들이 누구인가가 이 비유의 본질인 것이다. 그들 역시 사회적 약자들을 돌아봄으로 부지중에 주님을 돌아보게 된 자들이었다. 바로 그들이 의인이라 인정되었으며 그들에게 영생이 선물 된 것이다. 의인과 영생이라는 구원이 사회적 차원에서 결정된 것이다.

정리하면 선한 사마리아인의 비유는 동기에서 그 주제가 영생 곧 구원에 대한 것임을 드러낸다면 양과 염소의 비유는 결론부에서 그 주제가 영생에 대한 것임을 드러낸다. 그런데 공통적인 것은 둘 다 이 땅의 현실을 외면하지 않고 돌아본 자들이 그 영생에 합당했다는 점이다. 더욱 확연한 사실은 주님의 대부분의 교훈과 비유가 세상의 현실성에 대한 응답과 더불어 구원이 선포되고 있다는 점이다.

부자와 거지 나사로의 비유(눅 16:19~31)도 그러한데, 부자는 신앙 규례가 아니라 자기 주변의 돌봄을 놓침으로서 음부에 처한 반면, 삭개오는 자기 재산의 절반을 가난한 자들과 나누겠다는 그 고백에서 구원이 이 집에 이르렀다고 선포되고 있다는 사실이다. 놀랍게도 이 사회적 차원이 주님의 구원 이해의 중심에 있다는 사실이며, 그렇다면 오늘 교회는 바울의 구원관을 앞세워 주님의 구원관을 이차적인 것으로 할 수 있을까? 물어야 할 것이다.

2 구원과 해방(Liberation)

남미 복음주의 신학자 에밀리오 누네즈(Emilio A Nunez C)는 구띠에레즈가 '구원'과 '해방'의 관계를 역사의 통일성을 통하여 둘 사이에 다리를 놓으려 하였다고 평가하였는데 거룩하고 세속적인 두 역사가 있는 것이 아니라 **'하나의 단일한 역사'**(Una Sola Historia)로 보았다는 것이다. 이로써 '창조'와 '구원' 간에도 통일성을 가지는 것으로 보았는데 창조를 최초의 구원의 행위로 본 것이다. 또한 종말론적 약속 역시 역사에게 통일성을 제공하는 것으로 보았는데, 이는 가난과 착취의 근절이 천국의 임재의 한 표적이 된다

는 것이다.[261]

이처럼 구티에레즈는 역사를 해석함에 있어서 모든 이원론을 종식시켰는데 인류의 역사는 구원의 역사일 뿐만 아니라 역사 '속의' 구원이요, 역사 '자체의' 구원인 것이다.[262] 그는 이원의 신학(theology of two planes) - 성과 속, 평신도와 사제, 교회와 국가, 자연과 초자연, 순간과 영원-이 그 영향력을 상실할 때 해방신학이 가능하게 된다고 본 것이다.[263] 이처럼 그가 말하는 해방의 개념은 포괄적인데 인간이 가지는 자기의 실존과 자기의 생애를 통한 자유의 쟁취와 자기 변혁을 구원의 범주에 포함하기 때문이다. 그에 의하면 성서는 전적으로 선물로 주어지는 그리스도에 의한 해방을 이야기하는데, 그 선물은 모든 국면을 포괄할뿐더러 해방운동 전체에 깊은 의의를 부여한다. 이로써-그리스도의 선물이라면- 해방은 하나의 구원의 과정으로 간주될 수 있다고 보는 것이다. 나아가 그의 이런 견해는 결국 인간의 다양한 차원, 즉 타인들과의 관계와 주님과의 관계를 "단일한 것"으로 보는 것인데 그는 이를 신학이 '한 때 시도했던 목표'라고 하였다.[264]

이에 대해 이범성은 이 "한때 신학이 시도했던 [그러나 이루지 못한] 목표"를 아마도 60년대 이후를 풍미한 하나님의 선교(Missio Dei) 신학이 확보하고 있는 교회와 세상의 전체 영역을 지시하는 것이라

---

261) Emilio A Nunez C, *Liberation Theology*, 나용화 역, 『해방신학 평가』, (서울: 기독교문서선교회, 1990), 124. 누네즈는 다만 창조를 최초의 구원으로 보는 시간에 대해서는 성경적 관점에서 한계를 가지는 것으로 평가하였다.(엡 1:4)
262) Gustavo Gutierrez. 『*Theology Liberation*』, 152-53. 위의 책, 186에서 재인용.
263) Gustavo Gutierrez. 『*Theology Liberation*』, 63-77. 위의 책, 181에서 재인용.
264) Gustavo Gutierrez. 『해방신학』, 12-13.

고 보고 있다.[265] 실제로 초대교회에서부터 교회가 지켜온 전통들은 세상을 구원의 영역에서 배제하려는 그노시스주의자들에 대한 강한 대립이었기 때문이다.(요일 4:1,2; 요이 1:7) 그러다 점차 구원의 이해가 종교적 차원의 범주로 점차 좁게 이해되기 시작해 왔던 것이다.

이처럼 역사를 단일로 보고 해방을 구원의 연속이나 그 일부로 보는 구티에레즈에 대한 누네즈의 평가가 비교적 온건했다면, 가톨릭 신부로서 페루의 대주교인 리까르도 두란(Ricardo Durand)은 해방신학을 다소 강하게 비판한다. 그는 인간 본성의 활동-노동-과 그 역사를 하나님의 은총의 활동-섭리-와 나란히 두는 것을 경계한다. 은총은 그리스도의 선물로 값없이 주어진 것일 뿐이며 인간은 다만 순종을 통해서 하나님의 화해에 초대되는 것이지 인간의 역사에 마력적인 지위를 부여하는 것은 합당하지 않다는 것이다.[266]

그러나 이런 비판에는 신적 은총이 역사를 배제하는 도피적 영성으로 귀결되기 쉽다는 사실을 간과한 것이기도 하다. 구티에레즈는 이 '회피 영성'(spirituality of evasion)을 개인주의적인 경향(individualistic bent)으로 본다. 구원의 은총이 탈 역사적이 되어서 사회적인 차원을 배제시키고 주로 내면적인 차원으로 축소된다는 것이다.[267] 더욱이 두란은 '순종을 통한' 화해에 초대됨을 이야기하고 있는데 그

---

265) 이범성, "디아코니아학의 도움으로 해방신학 유효하게 만들기", 『신학사상』, 247.

266) Ricardo Durand, *Utopia de la Liberacion ¿teologia de los pobres?*, 한국외국어대학교, 중남미문제연구소 역, 『해방신학의 이상』 (서울: 고려원, 1989), 238-43.

267) Gustavo, Gutierrez. *We Drink from Our Wells: The Spiritual Journey of a People*, 14-15.

순종이란 현실의 삶이여 이 삶은 또한 인간의 역사이기도 하다. 그렇다면 값없이 주어지는 선물인 '화해'와 '순종'이라는 인간 역사의 단일성을 그도 부지중에 인정한 것이라 할 수 있다.

한 걸음 더 나아가 구티에레즈는 출애굽 기사를 통하여 '신앙의 차원'-하나님의 구원 활동-과 '정치적 차원'-압제로부터의 자유-의 해방이 하나의 구원 역사로 연결되어 있음을 역설할 뿐만 아니라, 여기에 다시 '유토피아[268]적 관점'을 삽입함으로써 해방 이해를 더 폭넓게 제시하고 있다. 곧 한 면은 경제적, 사회적, 정치적 해방으로 이는 과학적 합리성의 차원으로써 정치 활동의 개혁을 가리키며, 또 한 면은 새로운 사회에서의 새로운 인간의 창조를 가져오는 해방인데 이는 유토피아 차원이며, 또 한 면은 죄에서 인간을 벗어나게 하는 하나님과의 친교 그리고 모든 인간과 친교를 이루는 해방으로써 신앙의 차원이다. 그에 의하면 이 세 가지 해방은 서로 긴밀한 상관관계를 가지고 있어서 어느 하나가 이루어지지 않으면 다른 것이 달성되지 않는다.[269]

여기서 우리는 구원과 해방의 관계를 성서적 전망 특히 출애굽기를 통하여 우리의 진술로 새롭게 확보할 필요가 있다. 출애굽기가 주는 구원과 해방의 의미는 큰 틀에서 두 가지라 할 수 있는데 첫째

---

[268] 토마스 모어는 그리스어에서 장소를 뜻하는 'topos'에 접두사 U(부정을 뜻하는 접두사)를 붙여서 유토피아(U-topia), 즉 장소가 아닌 곳을 의미하는 신조어를 만들어 내었다. 유토피아는 이로써 존재하지 않는 장소나 세계를 가리킨다. 유토피아는 수치심과 더불어 인간을 움직이는 가장 강력한 동력이며, 동시에 역사상 가장 신비스런 원천이기도 하다. Jean Ziegler, *L'empire De La Honte*, 양영란 역, 『탐욕의 시대』: 누가 세계를 더 가난하게 만드는가? (서울: 갈라파고스, 2008), 28.

[269] Gustavo Gutierrez. 『해방신학』, 275-76

는 '**으로부터**'(from)의 구원과 해방이요, 다음은 '**으로 향하는**'(to) 구원과 해방이다. 첫째는 다시 둘로 나뉜다고 할 수 있는데 먼저는 '영적-신앙-인 차원'으로서, 죄와 그 열매인 사망'으로부터' 자유하는 해방이다. 파스카 축제(유월절)가 의미하는 것처럼 양의 피를 문설주에 바를 때 죽음의 천사가 그를 넘어가기 때문이다. 다음은 '사회-공적-적 차원'인데 이는 바로의 폭정과 그 억눌림'으로부터도' 자유하는 해방이기 때문이다. 하나님의 구원은 결코 신앙의 범주에 머물러 있는 것이 아니라 삶의 실제적이고 구체적인 현실을 담지한다. 그 사회의 정치적 요소와 문화적이며 경제적인 환경에서 발생되는 소외를 돌아보지 못하는 구원이란 기독교 신앙과 상관없다는 사실이다. 그렇게 구원은 영적인 눌림으로부터 벗어나는 것인 동시에 사회적인 압박과 속박으로부터 자유하는 구원이다.

이처럼 출애굽기가 보여주는 구원 이해는 신앙과 역사가 만나는 통전적인 성격을 충분히 가지지만 그것이 전부는 아니다. 곧 '으로부터'의 구원일 뿐만이 아니라 '으로 향하는'(to) 구원으로서 미래적이고 새로운 약속과 희망까지도 담지하는 구원이기도 하다. 그 구원은 과거에서 겨우 벗어나 현실 안주에 머물러 자조하는 구원이 아니라 다가올 희망 때문에 오늘의 무력한 현실을 박차고 일어나게 하는 보다 결단적이고 변혁적인 것이다. 곧 젖과 꿀이 흐르는 땅으로 나아감처럼 완전히 '새로운 현실(하나님의 나라)로 발을 내딛는 차원'을 포괄한다. 이는 보프가 "하나님의 나라는 이 세상에 그 기원이 있는 것이 아니지만 그러면서도 우리들 가운데 있어서 해방의 과정

안에서 그 모습을 드러낸다."[270] 함과 같다.

이상의 세 차원을 시간적으로 적용한다면-구티에레즈는 이런 시도를 하지 않았다- 첫째는 아담으로부터 온 인류를 속박한 사망의 권세를 이김이기에 이는 구원은 '**과거로부터의 구원**'이다. 둘째는 바로의 종이라는 현실의 눌림을 벗어나 자유자 됨이기에 이 구원은 '**현재적 구원**'이다. 셋째 이때 구원의 참여는 완료가 아니라 새로운 약속의 땅을 기업으로 얻는 새로운 출발이기에 이 구원은 '**미래적 구원**'-구티에레즈는 종말론적 약속, 또는 유토피아적 차원이라 하였다-이기도 하다.

그런 차원에서 구원의 참여는 과거나 현재나 미래의 한 영역에 그칠 수 없고 지난날의 트라우마(trauma)와 그 눌림으로부터의 구원이며, 현실의 종 됨과 넘어짐과 좌절케 하는 힘에 대한 구원이며, 나아가 내일을 바라보지 못하고 희망하지 못함에서 벗어나 힘차게 내일을 여는 구원인 것이다. 바로 주님의 십자가의 그림자가 되었던 출애굽의 구원이 그 같은 통전적인 구원을 담지한다면 그 원형이 되는 그리스도 십자가의 구원은 더욱더 시공간을 관통하는 구원임을 우리에게 보여주는 것이다.

존 스토트 역시 구원이 가지는 세 단계 혹은 세 시제(과거, 현재, 미래)를 주목하고 있다.[271] 다만 그는 출애굽 안에 있는 세 시제가 아니라 각각 다른 사건들로부터 접근했으며, 게다가 이 해방을 사적인 은혜로만 보고 있다. 곧 그 구원이 가지는 공동체성이나 사회 현실의 변혁성을 간과하고 있으며, 그 시간성에 역사(歷史)는 배제되

---

270) Leonardo Boff, 『구원과 해방』, 110.
271) John Stott, Christopher J. H. Wright, 『선교란 무엇인가』, 186-93

고 있다.[272] 이에 대해 크리스토퍼 라이트도 존 스토트가 집합적이고 우주적(혹은 창조적) 영역이 충분히 설명되지 못했음을 지적하면서 최근의 복음주의적 사고에는 구원의 세 시제는 물론 개인과 사회 그리고 창조세계를 아우르고 있음을 말하고 있다.[273] 다만 라이트 역시 그의 대작 『하나님의 선교』에서 출애굽의 해방이 가지는 구원의 통전성에 집중한 나머지 '정치, 사회, 경제적 차원'-역사-과 '영적인 차원'-신앙-의 조화를 담아내고 있는 반면 '구원의 세 시제'-시간성-는 간과되고 있다.[274]

우리는 여기서 해방이 가지는 성서적 전망을 출애굽에서 다른 본문으로 좀 더 넓힐 필요가 있다. 왜냐면 구원과 해방이 과연 단일성과 통일성을 가진다면 특정 본문에 그 전망을 의지할 필요가 없기 때문이다.

> **진리**를 알지니 '**진리**'가 너희를 '**자유**'롭게 하리라 그들이 대답하되 우리가 **아브라함의 자손**이라 남의 종이 된 적이 없거늘 **어찌하여 우리가 자유롭게 되리라 하느냐**. (요 8:32,33)

구티에레즈는 '해방'과 '자유'를 같은 개념으로 사용하고 있고[275] 또한 개역개정판에서 '자유'(사 61:1, 데로르 דְּרוֹר)는 공동번역에서 '해방'으로 번역되고 있다. 그렇다면 '자유'를 주제로 다루는 이 요한복

---

272) 존 스토트의 이런 입장은 60년대와 70년대의 글에서 두드러지는 경향이며 점차 구원과 선교가 가지는 사회적 차원을 보다 더 폭넓게 수용하였다.
273) John Stott, Christopher J. H. Wright, 『선교란 무엇인가』, 204.
274) Christopher Wright, 『하나님의 선교』, 335-64.
275) Gustavo Gutierrez. 『해방신학』, 177.

음 8장 32절 역시 '해방'에 대한 주제라 할 수 있다. 주목할 것은 이 본문에서 말하는 '진리'는 구원의 말씀으로써 진리인데 그 결과가 '자유'-해방-를 담보하고 있음을 알 수 있다. 곧 이 본문은 '구원의 진리'와 '해방의 자유'를 단일한 것으로 보고 있다.

반면 저 유대인들은 로마의 식민 통치를 받는 주권(lordship)을 빼앗긴 자들임에도 불구하고(~어찌하여 우리가 자유롭게 되리라 하느냐 (요 8:32,33), 그저 '아브라함의 자손'이라는 종교성에만 만족하고 있는 것처럼 보인다. 자신들이 처한 정치적 현실이 자유를 박탈당한 위중한 것임에도 불구하고 종교적이고 구원의 이슈 앞에서 지극히 하찮은 것으로 여기는 것이다. 이는 결국 '구원'-영적-과 '자유'-정치적-를 서로 상관없는 것으로 인식하는 것이라 할 수 있다. 그러나 결코 그 둘이 분리되지 않는 것은 지금 저들이 처한 정치적-현실- 속박은 구원의 말씀-영적-에 순종치 않음에서 온 것이기 때문이다. 곧 안식년을 지키지 않음-종교적 자리-과 정치적 상황-사회적 자리-은 둘이 아님과 같다.

14. 너희 형제 히브리 사람이 네게 팔려 왔거든 너희는 **칠 년 되는 해에 그를 놓아줄 것이니라** 그가 육 년 동안 너를 섬겼은즉 그를 **놓아 자유롭게 할지니라** 하였으나 너희 선조가 내게 순종하지 아니하며 귀를 기울이지도 아니하였느니라.　　　　　　　　　　- 종교적 현실 -

17. 그러므로 여호와께서 이와 같이 말씀하시니라 너희가 나에게 순종하지 아니하고 각기 형제와 이웃에게 **자유를 선포한 것을 실행하지 아니하였은즉** 내가 너희를 대적하여 **칼과 전염병과 기근에게 자유를 주리**

라 여호와의 말씀이니라 **내가 너희를 세계 여러 나라 가운데에 흩어지게 할 것이며** (렘 34장) – 사회적 현실 –

이처럼 예레미야 34장은 구원의 말씀에 대한 참여—혹은 거부—가 삶의 자유와 상관되는 것 그 단일성을 잘 보여준다. 게다가 말씀의 주제도 자유를 담고 있다. 함께 이 본문은 타인의 자유를 빼앗은 자들이 칼과 전염병과 기근의 자유로 인하여 그들의 자유를 빼앗기게 됨을 보여준다. 결론적으로 구원의 말씀은 이중적 차원을 가지는데 그 참여는 자유를 주며 또 그 주제도 자유를 담고 있다는 사실이다.

이 같은 '구원과 해방—자유—의 단일성'은 누가복음 4장 18절에 있어서 다음과 같이 나타난다. 곧 기름부음과 보냄의 목적은 다른 것이 아니라 포로 된 자의 자유며, 눈먼 자의 다시 보게 함이며, 눌린 자를 자유롭게 하기 위함이다. 또한 바울에게 있어서도 구원의 그리스도란 종의 멍에를 씌우는 자가 아닌 자유를 주시는 이시다.(갈 5:1), 또한 야고보 사도에게 구원하게 하는 온전한 율법이란 자유롭게 하는 율법이며(약 1:25), 나아가 욥에게 자신을 계시하시는 하나님이란 지존자도 전능자도 아니신 들나귀를 자유롭게 하고 빠른 나귀의 매인 것을 푸는 자이시다.(욥 39:5)

이처럼 구원은 현실에서의 자유와 해방을 간과하지 않는다. 그렇다면 구원 개념에 반하는 죄의 개념도 마찬가지다. 구원의 이해가 초월적인 영역에 한정되지 않는 것처럼, 죄 역시 보다 실제적인 문제를 포함한다. 따라서 해방신학은 죄를 개인에게만 해당하는 사사로운 것이라기보다는 사회적이고 역사적인 실체이며, 인간들 간의 사랑과 형제애의 부재요, 하나님 및 타인들과의 친교를 단절하는 것이며, 인간적인 균열인데 이것은 죄가 집단적인 차원을 가짐을 뜻하는 것으로 본다. 어떤 죄도 그 자체로 포착되는 일이 없으며 반드시 구체적 순간에 특정한 소외에서 오는 것이다.[276]

이처럼 구원과 해방과 죄의 개념이 새롭게 이해된다면 우리가 여기서 간과하지 말아야 할 개념이 또 있다. 그것은 '의'에 대한 개념이다. 왜냐면 이 '의'는 종종 '종교적 의'로만 머물고 '사회적 정의'까지 담보하지 못할 때가 많기 때문이다. 이 차원이 중요한 이유는 평신도가 추구할 의가 개인적인 '칭의'[277]에 머물고 사회 가운데 행하는 정의나 공의에 대한 응답에는 침묵하는 구조가 되고 있기 때문이다. 과연 구원이 정의까지도 담지하는지 묻지 않을 수 없다.

③ 구원과 정의(Justice)

구원과 해방이 서로 분리될 수 없는 신학적이고 성경적 전거를 가지는 것이라면 그 구원의 참여란 개인적인 신앙고백이나 교회의 어떤 신앙신조에 머무는 것 이상을 뜻하는 것이 될 것이다. 곧 구원

---

276) 위의 책, 204-05.
277) 김선영은 '의롭게 됨'(justification,의인)과 '거룩하게 됨'(sanctification,성화)의 두 의미가 루터 신학에 있어서 걸림돌이 될 수 있음을 지적하면서, 오히려 루터는 '믿음'과 '사랑'이라는 용어로써 그의 신학을 풀어가고 있다고 말하고 있다. 나아가 justification를 '칭의'로 번역할 때 가질 수 있는 혼란을 지적하면서, 의롭다 칭함을 넘어 의롭게 되는 차원을 포함하고 있기에 '득의'가 더 합당하지만, 이 역시 로마가톨릭의 공로사상으로 오해될 우려 때문에 '의롭게 됨'으로 번역하는 것을 선호하고 있다. 나아가 그는 이 '의롭게 됨'이란 외래적, 수동적, 완전한 의와 거룩함의 차원이라면, 그 의롭게 된 자의 자리를 자신의, 능동적, 점진적 의와 거룩함의 차원으로 이해하고 있다. 이는 그에 의하면 전자는 '믿음'에 속한 것이며, 후자는 사랑에 속한 것이다. 김선영, 『믿음과 사랑의 신학자 루터』, (서울: 대한기독교서회, 2014), 85, 191.

은 이 사회에 하나님의 공의로움과 그의 질서가 이루어지는 것을 포함해야 하는 것이다. 다만 이때 공의-정의-로써의 구원이란 하나님 나라의 현재성과도 연결됨을 피할 수 없다. 왜냐면 하나님의 나라는 공간적 개념을 넘어 정의로운 통치가 나타나는 곳(시 45:6, 마 6:33, 히 1:8)이기 때문이다.

같은 이유로 판넨베르그(Wolfhart Pannenberg)는 하나님의 나라를 내세(來世)적 차원을 넘어 사회적 역사적 차원에서 접근한다. 사랑과 정의에서 하나님 나라의 새로운 차원이 드러났다는 것이다. 이로써 정의와 사랑은 개인과 관계있는 것이 아니라 인간의 사회적 공존과 관계있고, 그런 의미에서 하나님 나라는 결정적으로 정치적 성격을 띠고 있다는 것이다. 따라서 교회는 이 같은 하나님 나라의 이상에서 세상역사를 보아야 하고 역사의 탈선에 맞서 예언적 비판을 하며 사회의 타락을 막고 세속적 승리주의는 피해야 한다는 것이다.[278]

구티에레즈 역시 정의로운 세계를 건설하려는 노력은 하나님 나라의 도래를 표상하며 따라서 하나님 나라와 사회적 불의는 공존할 수 없다고 말한다.(사 29:18~19, 마 11:5, 레 25:10이하, 눅 4:16~21 참조) 이는 돔 안토니오 프라고소(Dom Antonio Fragoso)가 "정의를 위한 노력은 곧 하나님 나라를 위한 노력이다"라고 말하는 데서도 나타난다.[279] 구티에레즈에 의하면 하늘나라와 정의로운 사회의 구현이 혼동될 수 없는 것이지만, 그렇다고 둘이 서로 무관한 것도 아니

---

278) Jon Sobrino, 『해방자 예수』, 234.
279) Gustavo Gutierrez. 『해방신학』, 194.

다.[280] 이처럼 불의하고 불평등한 사회와 복음이 양립할 수 없다면 결국 해방에 투신하지 않고는 스스로를 기독교인이라 할 수도 없는 것이다. 다만 이때 발생되는 것은 정의의 세계를 구현하는 것과 신앙생활이 어떻게 결부되느냐의 문제가 남는다.[281]

해방신학자 미란다(José Porfirio Miranda)는 6세기 이후에 이루어진 성서번역은 성서에서 정의를 행하는 하나님의 면모를 배제시켜서 히브리 원전에 나타나 있는 '정의'라는 개념을 모두 '자선'으로 번역했다는 것이다. 곧 아모스, 호세아, 이사야, 미가 등의 예언자들이 선포한 결정적인 주제가 정의와 올바름에 대한 것임에도 말이다. 이처럼 정의를 떠나서는 하나님을 알거나 사랑이나 예배를 할 수 없다.[282]

구티에레즈 역시 야훼를 안다는 것은 가난한 이들과 압제 받는 이들에게 정의를 행하는 것임을 상기시킨다. "~ 네 아버지가 먹거나 마시지 아니하였으며 정의와 공의를 행하지 아니하였느냐 그때에 그가 형통하였었느니라. 그는 가난한 자와 궁핍한 자를 변호하고 형통하였나니 이것이 나를 앎이 아니냐 여호와의 말씀이니라"(렘 22:15,16) 이처럼 정의가 결여된 곳에는 야훼께 대한 앎도 없다.[283]

다만 그렇다면 이제 생각될 것은 정의와 구원이 분리될 수 없는 것이라면 이때 그 정의를 어떻게 규정하는가의 문제가 남는다. 개신교 해방신학자 보니노(Jose Migues Bonino)는 "정의는 공평한 합법

---

280) 위의 책, 269.
281) 위의 책, 161.
282) 고재식, 『해방신학의 재조명』, 44.
283) Gustavo Gutierrez. 『해방신학』, 216-17.

적 규정에 의해 측정되는 것이 아니라 가난한 자의 조건을 시정함에 의해서 되는 것"으로 보고 있다. 기존의 질서의 기준이 아니라 기존 질서 자체 때문에 고통 받는 자들을 해방하는 일이 정의의 기준이라는 것이다.[284] 그렇다면 정의와 하나님 나라의 개념은 보편성을 띤 것이 아니라 당파성 혹은 편파성을 지닌 것이다.[285]

편파성으로서의 정의나 구원은 복음이 보편성과 대치되는 것으로 보이지만 실제로 이는 충분한 성서적 전거를 바탕으로 한 것인데 종종 주님의 교훈은 이런 편파성을 보인다. 곧 부자는 천국에 들어가기 힘들다는 교훈(마 19:23)이나 부자는 살았을 때에 좋은 것을 누렸고 나사로는 고난 받았다는 그 이유 때문에 음부와 위로로 나뉘는 교훈(눅 16:22)이 그러하다. 이처럼 복음서가 드러내는 구원의 핵심 주제는 정의가 차지하고 있다.

그렇다면 우리는 왜 구약 율법이 그렇게 약자 중심적인지를 이해할 수 있고, 심지어 하나님을 향한 절기들 곧 안식일과 안식년 그리고 희년이 실상은 약자들의 쉼과 가난으로 인해 잃어버린 기업의 회복을 위해 주어졌다는 사실도 이해할 수 있게 된다. 또한 선지서의 주제가 영적 회복임에도 그 내용은 사회적 공의와 정의에 대한 요청이었는지, 주님께 있어서도 사역의 부름과 약자를 돌아봄이 같은 무게였다는 사실과(마 19:21), 초대교회 역시 오순절 성령강림 이후 성령의 공동체였음에도 불구하고 현실도피적인 신비주의가 자리잡기보다 '사회적 함께하기'가 핵심과제였는지를 이해할 수 있게 된

---

284) Bonino, *Christians and Marxists*, 112. 고재식, 『해방신학의 재조명』, 76쪽에서 재인용.
285) 위의 책, 140.

다. 그런 연유로 초대교회에는 구제사역을 위한 재산 공유가 너무나 자연스러운 것이었다.(행 2:43~47, 4:32~37) 이처럼 정의의 실행은 구원사역의 범주에서 핵심적인 위치를 차지했다. 곧 정의는 이념의 문제가 아니라 하나님의 의와 주님의 직접적인 말씀에 대한 순종의 문제였던 것이다.

이처럼 주님의 교훈과 비유들에는 바울 서신과 차별되게[286] 구원이 신앙 신조보다는 정의로운 것들과 관련되고 있다.(마 7:21,23) 곧 하나님께 예배하려는 자는 먼저 이웃과의 처신을 돌아보아야 하고(마 5:23,24) 하나님과의 화해를 구하려는 자는 자기 이웃과의 화해를 먼저 말해야 하며(마 6:12) 가난한 자를 외면한 부(富)는 음부에 처함과 같다.(눅 16:19~31) 그럼에도 불구하고 구티에레즈가 지적한 것처럼 우리가 구원과 정의를 자주 분리하는 것은 이 가난한 자와 부자의 대립을 전통 교회에서는 개인적인 겸손과 교만의 문제로 바꿈으로써 본래 신앙의 자리였던 구체적인 현실의 날카로운 역사성을 놓치게 하였고 그것을 내면적으로 만들었기 때문이다.[287]

그러나 성경의 많은 증언에는 구원에 참여하는 조건에 사회적인 이슈가 제거되지 않는다.(시 41:1, 사 3:13~15; 10:1~4, 암 8:4~10) 특히 이사야서는 제1이사야에서 제3이사야까지 이어짐에도 불구하

---

[286] 물론 바울 서신이 복음서와 충돌되는 것으로 이해할 수 없다. 바울이 강조한 '믿음으로' 혹은 '고백으로' 구원에 이른다는 명제는 '행함'을 구원의 범주로부터 소외시키는 데 있는 것이 아니라 당시 초대교회에 남아 있던 할례의 유효성에 대한 도전 때문이었다. 곧 바울이 거절한 육체의 행위는 할례였지 구원 앞에 인간이 가지는 결단과 순종이라는 실천적이고 역사적인 행위-삶-에 대한 거절이 아니었다.

[287] Gustavo, Gutierrez. *We Drink from Our Wells: The Spiritual Journey of a People*, 15.

고 정의와 공의가 일관될 뿐만 아니라 중심 주제가 된다. 제1이사야와 제3이사야에서 '정의'(מִשְׁפָּט, 미쉬파트)와 '공의'(צְדָקָה 체다카)는 함께 나란히 언급되며(사 1:21,27; 5:7,16; 9:7; 16:5; 28:17; 32:1,16; 33:5; 56:1; 59:9,14) 제2이사야와 제3이사야에서는 '구원'과 '공의'가 서로 분리되지 않는 일원성으로 계시된다.(사 45:8,21; 46:13; 51:5,6,8; 56:1; 59:16,17; 61:10; 63:1; 64:5) 따라서 첫 장에서부터 요청되는 용서-구원-의 조건은 '재물도 절기도 기도'도 아닌(11~16절) '선행과 정의'에 대한 참여에 달려있다.(17. 선행을 배우며 정의를 구하며~)

이는 이어지는 예레미야서에도 마찬가지인데 예레미야 5장 1절에는 예루살렘 성읍의 구원의 조건이 정의를 행하는 한 사람의 있고 없음에 달려 있음을 보여준다. 또한 특이한 것은 종교성의 핵심인 '안식일'의 문제와 사회적 차원인 '정의와 공의'의 문제는 같은 귀결-다윗 왕국의 회복-을 가지는 것으로 계시된다는 사실이다.

~ **'안식일'**에 짐을 지고 이 성문으로 들어오지 아니하며 **안식일을 거룩히 하여 어떤 일이라도 하지 아니하면, 다윗의 왕위에 앉아 있는 왕들과 고관들이 병거와 말을 타고 이 성문으로 들어오되** ~ (렘 17:24,25)

~ 너희가 **'정의와 공의'**를 행하여 탈취당한 자를 압박하는 자의 손에서 건지고 이방인과 고아와 과부를 압제하거나 학대하지 말며 이곳에서 무죄한 피를 흘리지 말라 너희가 참으로 이 말을 준행하면, **다윗의 왕위에 앉을 왕들과 신하들과 백성이 병거와 말을 타고 이 집 문으로 들어오게 되리라.** (렘 22:3,4)

나아가 예레미야 23장 5, 6절에서 메시야적 통치도 '공의로운 가지'로 표현되며 다스림의 내용 역시 세상에서의 공의와 정의로 나타난다. 함께 이 공의와 정의는 구원이라는 귀결에 이르는 것이 되며, 하나님의 이름은 거기서 '공의'로 일컬어진다.

~ 내가 **다윗에게 한 '의로운'**(צַדִּיק, 찻디크) **가지**를 일으킬 것이라 그가 왕이 되어 지혜롭게 다스리며 **세상에서 정의**(מִשְׁפָּט, 미쉬파트)**와 '공의'** (צְדָקָה, 체다카)를 행할 것이며 그의 날에 유다는 **구원을 받겠고** 이스라엘은 평안히 살 것이며 **그의 이름은 '여호와 우리의 공의'**(יְהוָה צִדְקֵנוּ, 예호와치드케누)라 일컬음을 받으리라. (렘 23:5,6)

그날 그때에 내가 **다윗에게서 한 '공의로운'**(צְדָקָה, 체다카) **가지**가 나게 하리니 그가 **이 땅에 정의**(צְדָקָה, 체다카)**와 공의**(מִשְׁפָּט, 미쉬파트)를 실행할 것이라 그날에 유다가 **구원을 받겠고** 예루살렘이 안전히 살 것이며 **이 성은 여호와는 우리의 '의'**(צֶדֶק, 체데크)라는 이름을 얻으리라. (렘 33:15,16)

이처럼 성경의 전거에도 구원의 유효성에 공의와 정의는 핵심 요소이다. 다만 여기서 그리스도의 십자가와 부활 사건이 구원의 주변 주제가 된 듯한 의심을 가지게 될 수 있다. 공적 삶 가운데 하나님의 공의와 정의를 나타내는 것이 그리스도와 무슨 상관이 있는가? 하는 문제다. 그러나 알 것은 그리스도의 피라는 사건 없이 인간의 이성과 지식이나 이념으로써 그 어떤 하나님의 공의나 정의도 이 땅에 나타낼 수 없다는 한계를 주목할 수 있다. 이 땅에 하나님 나라의 성격인 공의와 정의를 나타내는 것이 구원 역사와 별개가 아닌 이유는 그 공의의 참여가 하나님의 의인 곧 '오직 예수'의 은혜와 그 통치로써 주어지는 결과로서 가능하기 때문이다.

그런 차원에서 해방신학도 '은총의 우선성'–선물로서의 구원–과 그 '전적인 성격'을 부인하지 않는다. 하나님과의 수직적인 관계에 참여함 없이 인간과 인간의 수평적인 화평도 없는 것이다.[288] 이는 루터가 '선인(善人)이 선행(善行)에 앞서야 한다'고 말함에도 나타난다.[289]

결론적으로 **공의와 정의는 은혜의 결과물이기에 공의와 정의 또한 구원의 핵심적인 요소**라 할 수 있을 뿐이다. 이는 동시에 하나님의 구원을 말하려면 교리나 신조 혹은 개인이 가지는 고백에서만이 아니라, 이 땅에 하나님의 통치를 뜻하는 하나님의 공의를 담아낼 수 있을 때 우리는 비로소 이를 구원이라 말해야 할 것이다. 이처럼 구원은 필히 은혜 아래 있되 공의나 정의 같은 사회적 성격을 담아내어야 하며, 개인적인 것이 아닌 공동체적 관계로서만 정의될 수 있다.

이는 마이클 샌델이 '정의'를 도덕적 개인의 범주로 보지 않는 것과 같다. 왜냐면 우리 중 어느 누구도 연대와 충성의 의무, 역사적 기억과 종교적 신념에 관한 의무에서 자유롭지 못하기 때문이다. 개인이 단독으로 중립을 지향하는 정의는 온전한 정의가 될 수 없다. 왜냐면 우리 모두는 세상의 일부분이기 때문이다.[290]

---

288) Gustavo Gutierrez. 『해방신학』, 180.
289) Martin Luther, *Luther, Martin's Three Treatises*, 지원용 역, 『루터의 종교개혁 3대 논문』 (서울: 컨콜디아사, 2017), 322.
290) Michael J Sandel. Justice: *What's the right thing to do?*, 김명철 역, 『정의란 무엇인가?』 (서울: 미리앤, 2014), 325-27. 그가 정의에 대한 여러 관점을 철학과

그렇다면 하나님의 한 백성이 구원의 징표인 정의를 나타낼 공적 사회와의 관계성을 잘 이해하는 것이 필요할 것이다.

인문학적 관점 등을 바탕으로 활발히 전개함에도 불구하고 그 담론의 범주에 제3세계의 문제들은 소외되어 있다. 반면 '연대'와 '역사적 기억'의 의무는 역사적 전쟁범죄에 대해 사적 개인의 지위를 주장하고 사죄에 대한 책임을 지지 않으려는 일본에 대한 암묵적 경고라 할 수 있다.

• UNIT 3 •

공적신학과 평신도

앞에서는 신앙적 차원인 회심과 구원이 사적 영역이 아니라 결단과 책임의 과제 곧 공공성 안으로 이동해야 하는 과제가 있음을 살폈다. 바르트는 이같이 공공성을 향하지 않는 어떤 믿음도 불신앙이요 미신이라고 진단한다. (경세적) 삼위에 속한 믿음은 공적이 되는 것을 거부할 수 없게 하기 때문이다.[291] 따라서 여기서 공적신학의 담론을 다루려는 것은 한 백성의 부름을 회복할 자리가 모이는 교회라는 한계를 넘어, 시민들의 공론장(public sphere)과 활동 공간인 '공적광장'까지 확장되는 것이어야 하기 때문이다. 이로써 우리는 시민이 몸담은 시민사회를 이해하기 위하여 공적신학의 담론을 살필 필요가 있다.

07 공적신학의 등장

세속화와 다원주의라는 새 시대성 앞에 요청되었던 선교 이해의 변화는 결국 교회 자체에 대한 갱신을 요청하는 것이 되었다. 왜냐

---

291) Karl Barth, 『교의학 개요』, 42.

하면 이범성은 "선교학은 교회론의 서론이며 결론이다"라고 하였는데[292] 이는 근대화와 더불어 요구된 선교의 새 이해는 교회의 새 이해를 요구하는 것이 되기 때문이다. 곧 근대화는 교회의 선교에 위기를 준 것이 아니라 교회 자신에 대한 위기였다.

교회의 공공성의 위기는 공적신학을 요청하게 되었고 그 시작은 일반적으로 60년대 이후이다. 로버트 벨라(Robert N. Bellah)가 서구의 종교로서 '시민종교'(civil religion)를 제시하면서 공적신학은 본격 시작되었다. 다만 그가 말하는 시민종교는 '미국적 삶의 방식'(the American Way of Life)에 종교적 차원을 부여하는 것이며, 하나의 '텅 빈 기호'(empty sign)로 작용하는 무신성의 종교[293]일 뿐이지 엄밀히 말해 기독교 중심의 공적신학과는 거리가 있다. 그와 다른 관점에서 마틴 마티(Martin Marty)가 라인홀드 니버(Reinhold Niebuhr)의 신학을 공적신학(public theology)으로 소개하면서 공적신학이라는 용어가 처음 등장하였다. 시민종교의 주된 관심이 국가와 시민에 있다면 공적신학의 주된 관심은 신앙과 그 실천에 있다고 할 수 있다.[294]

비슷한 시기에 데이비드 트레이시(David Tracy)가 "공적 담론으로서의 신학"이라는 글을 통해서 신학이 다른 학문과 어떤 방식으로 연결될 수 있을지를 질문하였는데 여기서 공적신학이란 소통과 대화의 기능을 뜻했다. 그래서 그는 신학의 공적 영역을 '교회, 학계(academy), 사회'로 유형화하여 이 세 영역과 대화할 신학적 자리로 조직신학, 기초신학(fundamental theology), 실천신학으로 보았다. 이

---

292) 이범성, 『에큐메니칼 신학1』, 21.
293) 최경환, 『공공신학으로 가는 길』 (서울: 도서출판 100, 2019), 42.
294) 윤철호, "공적신학의 주요 초점과 과제" 『한국조직신학논총』 제46집, 184.

처럼 그는 신학의 공적인 기능을 학문적인 담론에 두었다. 곧 신학은 과학적이고 합리적인 방법론을 선택해서 신앙의 확신을 만들어야 하며 다른 학문과는 비판적이고 과학적인 대화로써 교류되어야 한다는 것이다.[295] 이상 여기서 공적신학의 최신 경향과 흐름을 더 이어가는 것보다 중세 종교개혁자 루터에게서 그의 신학에 있는 공공성의 여부를 살펴보길 원한다. 이는 과연 신학이 공적이라면 그 차원은 현대신학의 유산만은 아닐 것이기 때문이다.

루터는 그의 '이신득의'(以信得義, Justification by faith) 사상이나 '두 왕국론'(Zwei-Reiche-Lehre)으로 인해 그의 신학적 공공성에 많은 도전적 비판들이 있어 왔다. 윌리엄 라자레스(William H. Lazareth)는 이 같은 루터와 루터파의 신학적 윤리관에 대한 20세기 개신교의 해석적 오류들을 다음과 같이 분류하였다. 보수주의(Conservatism)라는 에른스트 트뢸취(Ernst Troeltsch)의 비판, 정적주의(Quietism)[296]라는 칼 바르트(Karl Barth)의 비판, 이원론(Dualism)이라는 요한네스 헤켈(Johannes Heckel)의 비판, 그리고 문화적 패배주의(Defeatism)라는 라

---

295) 최경환, 『공공신학으로 가는 길』, 70-74.
296) 바르트(Karl Barth)는 루터를 '법-복음 정적주의'(Law-Gospel Quietism)라고 규정하면서, 그의 정적주의가 율법을 복음으로부터, 창조를 구원으로부터, 사회를 교회로부터 분리시켰다고 비판하였다. 그 결과 정치적·윤리적으로 무기력한 '부르주아 고립집단'이 탄생하게 되었고, 그로 인해 악명 높은 나치의 독재정권이 독일과 주변 국가 전역에서 만행을 저지르는 동안 속수무책이었다는 것이다. William H. Lazareth, Christians in Society: *Luther, the Bible, and Social Ethics* (Minneapolis:Fortress, 2001), 10. 김동진, "루터의 디아코니아 신학의 발견과 한국 루터회의 디아코니아 실천의 회복"(The discovery of Diakonia Theology by Martin Luther and the recovery of Diakonia Practice of Lutheran Church in Kore), (실천신학대학원, 2015), 6쪽에서 재인용.

인홀드 니버(Reinhold Niebuhr)의 비판이 그것이다.[297] 최근에는 루터의 신학을 정통주의(Legitimism)라 비판하는 몰트만(Jurgen Moltmann)의 견해도 있다. 이들에 따르면 루터는 사회 변혁보다는 현상 유지를 도모하고 개인의 경건을 강조한 나머지 사회적인 이슈들에 대해서는 침묵을 강요한다는 입장을 가지고 있다는 것이다.[298]

그들 중 공적신학자로 평가되는 라인홀드 니버는 루터가 말하는 믿음과 사랑에 관한 가르침이 자기 모순적이며 비현실적인 사상이라고 비판한다. 루터는 현실 도피적인 윤리의 표준을 세우고 있다고 본 것인데 그의 사상만으로는 속죄 받은 자의 일반 생활을 다 반영할 수 없다는 것이다. 그는 루터의 소명론은 높게 평가하면서도 그의 신학은 사회 변혁보다는 현상 유지를 도모하고, 개인의 경건을 지나치게 강조한 나머지 사회적인 이슈에 대해서는 침묵을 강요하고 있다는 것이다. 이로써 루터는 믿음의 사회 윤리적 의미를 표현하는 데 실패하였고 일종의 정적주의적 경향과 문화적 패배주의 경향이 될 수밖에 없다고 본 것이다.[299]

그러나 루터교 신학자 김동진은 이러한 비판에 동의하지 않는다. 그는 이런 비판에 대해 루터의 이신득의론은 물론이고 그의 신학 전반에 걸친 디아코니아 사상과 사랑의 행위 혹은 선행에 대한 가르침을 전혀 이해하지 못한 결과물들이 아니고 무엇이겠는가? 라고 반문하고 있다. 그는 스칸디나비아 학자들의 견해를 소개하는데 하나

---

297) William H. *Lazareth, Christians in Society*, 3. 김동진, "루터의 디아코니아 신학의 발견과 한국 루터회의 디아코니아 실천의 회복", 4쪽에서 재인용.
298) 위의 책, 5.
299) 위의 책, 9-10.

님의 통치는 두 왕국 사이의 갈등에도 불구하고 두 나라 각각에 대하여 궁극적으로 역사하며, 두 가지 방법-율법(정의)과 복음(은혜)-으로 세상을 통치하신다는 것이다. 따라서 더 이상 하나님의 말씀으로 다스려지는 오른손 통치(right hand kingdom)와 칼과 정의로 창조질서를 유지하는 왼손 통치(left hand kingdom)를 완전히 분리하는 시각은 무의미하다는 것이다.[300]

같은 시각에서 김선영은 루터 신학에 있어서 믿음과 사랑은 한 쌍의 주제이며, 루터의 신학이 공동체나 사회적 참여로부터 분리된 개인중심적인 경건을 조장한다는 주장은 루터 신학의 해석적 오류들이라고 피력하고 있다.[301] 김동진 또한 루터의 두 왕국론은 두 개의 분리된 영역이나 두 개의 서로 모순된 법이 아니라 하나님이 세상을 통치하시는 두 가지 방식으로써 하나는 정부와 법 집행, 질서의 유지, 칼을 통해서 하시는 방식이고, 또 하나는 복음, 성례전, 사랑을 통해 일하시는 방식이라고 말하고 있다.[302]

이상을 종합해 볼 때 루터의 두 왕국론은 기독교인이 참여하는 두 실재에 대한 긴장을 잘 보여주고 있는 것일 뿐이며 다소 그 모호성이 있다 하여 이를 이원론적 배경으로 속단하는 것은 정당성을 가질 수 없을 것이다. 게다가 그의 소명론이나 만인제사장론에 볼 때 이원론적 배경은 설 자리가 없음이 분명하기 때문이다. 그렇다면 공적신학은 현대신학만의 유산이 아님을 알 수 있다. 이제는 현대

---

300) 위의 책, 4-7.
301) 김선영, 「믿음과 사랑의 신학자」, (서울: 대한기독교서회, 2014) 82-91. 위의 책, 10쪽에서 재인용.
302) 김동진, 45.

신학의 거장들을 통해서 그들의 공공성 여부를 살펴보고 이로써 오늘의 신학의 과제나 방향성을 찾고자 한다.

몰트만(Jurgen Moltmann)에 의하면 신학은 '교회의 신학'이면서 '하나님 나라의 신학'인데 그렇다면 신학이란 그 자체로서 하나님의 나라가 이 세상 속에 구현되게 할 '공적신학'이다.[303] 이처럼 김동건은 기독교는 공적신학의 전통을 가질 수밖에 없는 이유로 성경에 공적인 성격이 있으며, 그런 이유로 하나님의 창조에서 하나님의 나라의 완성에 이르기까지 모든 신학의 주제에는 그 공적인 양상을 가질 수밖에 없다고 말한다.[304] 이는 공적신학이 갑자기 출현한 것이 아니라는 것을 뜻한다. 예로써 불트만의 '비신화화'는 더 이상 신약시대의 신화론적 세계관에서 살지 않고 있는 현대인에게 잘못된 걸림돌을 없앰으로써 진정한 걸림돌인 하나님의 말씀에 직접적으로 마주보게 한 신학적 응답이다.[305] 그렇다면 그는 당대를 매개하고 하고자 한 공적신학자라 할 수 있다.

또 이는 본회퍼(Bonhoeffer)의 후기 사상인 '비종교화'에서도 잘 나타난다. 그는 무신성의 현대인들에게 어떻게 하면 '신 없이 신 앞에 (Vor Gott ohne Gott)' 설지를 '비종교화'를 통해 제시하고 있기 때문이다.[306] 그가 극복하고자 한 종교성은 바로 사사화된 종교였다. 그는 도리어 불트만의 "신약성서의 비신화화"를 가리켜 너무 나간 것이 아니라 덜 나갔다고 보았는데 그 이유는 '신화' 개념만이 아니라 '종

---

303) Jürgen Moltmann,『세계 속에 있는 하나님』(서울: 동연, 2009), 7, 20.
304) Dongkun, Kim. *The Future of Christology*, (London: Lexington Books, 2019). 193.
305) 김동건.『현대신학의 흐름』(서울: 대한기독교서회. 2008), 448-49.
306) 위의 책, 267-68.

교' 개념들도 문제가 있다고 보았기 때문이다.[307)]

본회퍼의 종교이해와 비슷한 차원에서 호세 마리아 마르도네스(Jose Maria Mardones)는 종교가 종종 두려움을 이용하여 자기 정당화를 구축했음을 고발한다. 그는 바흐친을 비롯한 이전의 철학자들은 우주적 공포를 통해 종교 자체를 정당화하기 위한 도구로 사용하였다는 것이다.[308)] 종교는 그렇게 공포를 조절하고 통제함으로써 자기 권력화를 지향했다는 것이다. 그러나 종교는 도리어 해방적이며 우리를 자유롭게 만들고 언제든지 자유를 요구하는 것이 되어야지, 폭군과 절대적 주인은 물론 강제나 강요 그리고 외재적인 의지, 혹은 율법을 용납하는 것이 되어서는 안 되는 것이다.[309)] 본회퍼의 '비종교화' 역시 이런 왜곡된 종교 이해를 벗어버리고자 한 것이다.

이 같은 본회퍼의 '종교' 개념을 김동건은 다섯 가지로 정리하고 있는데 그 공통점은 '사사화'로 귀결된다는 것이다.[310)] 첫째, 종교란 '부분적'(partial)이다. 종교는 인간의 삶의 취약한 부분이나 특정한 순간에 작용하는 것으로 여겨졌기 때문이다. 반면 신앙은 전체적(whole)이다.[311)] 둘째, 종교는 '인간의 필요에 종속'된다. 셋째, 종교는 내면적이고 '사(私)적인 성격'으로 규정된다. 종교는 개인적인 영역에서 안주하며 공적인 영역에서 타당성을 전혀 확보하지 못한다. 넷째, 종교는 본질적으로 '이원론적'이다. 신성한 것과 세속적인 것을 나누고 두 영역으로 분리한다. 다섯째, 종교는 인간의 '삶과 역사

---

307) Dietrich Bonhoeffer, 『옥중서신-저항과 복종』, 255-56.
308) Jose Maria Mardones, 『우리 안에 가짜 하나님 죽이기』, 33.
309) 위의 책, 167
310) 김동건. 『현대신학의 흐름』, 312.
311) Dietrich Bonhoeffer, 『옥중서신-저항과 복종』, 346-47.

를 떠나 있다'. 그리스도의 현존이 드러나는 곳은 구체적인 삶과 역사이나 종교에는 그 현존이 없다는 것이다.

이상 보는 것처럼 본회퍼는 기존의 전통적인 신앙 구조로는 현시대를 매개할 수 없음을 내다보고 '비종교화'를 통해서 일찍이 공적신학의 기능을 회복하고자 한 것이다. 우리는 사실상 그의 삶이나 그의 저작에서 이런 공적신학의 뿌리를 찾는 것이 어렵지 않음을 알 수 있다.[312] 그는 그의 『윤리학』에서 "보기에 좋았더라"라는 선언이 성립하려면 그 선은 전체 곧 이웃과 온 인류를 포함할 때 의미가 있다고 말함에도 잘 나타난다. 그에게 있어 "인간은 인격과 행위의 개체로만이 아니라 인간과 피조물의 공동체의 일원으로서도 나눌 수 없는 전체다."[313] 그에 의하면 세상이나 공동체와 분리되어 있는 개인은 존재하지 않는 것이다. 그의 이 같은 공동체성에 대한 강조는 그가 철저하게 공적신학자임을 드러낸다. 이는 앞서 그의 교수자격 논문인 『행위와 존재』에서도 그는 "그리스도의 인격이 공동체 속에서 계시되었기 때문에, 인간의 실존은 오직 공동체를 통해서만 만나질 수 있다."[314]고 말하고 있는데 그에 의하면 교회는 더 이상 한 개인의 구원을 보증하는 기관이 아니라 '그리스도의 인격으로서의 공동체'이다.[315]

---

312) 김동건은 비종교화 해석이 후기만이 아니라 전기에도 나타남을 지적하면서 그의 사상에 연속성이 있음을 지적한다. 위의 책, 267. 이는 그의 공적신학의 흔적이 전반에서 발견됨을 뜻한다.
313) Dietrich Bonhoeffer. *Ethik*, 손규태, 이신건, 오성현 역, 『윤리학』 (서울: 대한기독교서회, 2014), 45.
314) Dietrich Bonhoeffer. *Akt und Sein*, 김재진, 정지련 역, 『행위와 존재』 (서울: 대한기독교서회, 2014), 137.
315) 공동체 안에서는-내가 용서 받았다-가 아닌-네가 용서 받았다-라고 선포해

이처럼 신앙은 한 개인이 가지는 사적은총의 영역이 아니라 공동체 가운데 주어지는 공적 은혜다. 그렇다면 신앙은 그 자체가 공적인 것이 된다. 신앙이 사회적인 참여를 가지느냐 아니냐를 떠나서 이미 신앙은 공적 공간에 부여되는 계시 행위인 것이다. 그럴 때 신앙을 가진다는 것은 그가 공동체 안에 일원이 되어 책임을 가진다는 것이 된다. 그렇게 신앙 행위는 개인을 넘어 공동체적 존재가 된다. 그런 차원에서 본회퍼의 그리스도론을 김동건은 '신론'과 '역사'가 만나는 독특한 유형으로 평가하고 있다. 흔히 실존주의 신학은 사회참여가 배제되고, 반면 사회참여의 신학은 개인의 내면에 대한 애정이 결핍되는 것과 달리 본회퍼의 그리스도론은 실존적 질문이 윤리화되지 않고, 또 역사가 개인의 주체성을 압박하지 않는다는 것이다.[316] 이로써 본회퍼의 '실존과 역사의 조화 유형'을 공적신학이 가야 할 하나의 방향성과 대안으로 제시하고 있다. 우리는 이제 공적신앙의 '특수성'과 '보편성'에 대한 문제로 돌려 공적신학의 성격을 보다 분명하게 이해해 보고자 한다.

야 한다. 위의 책, 135.
316) 김동건, 『그리스도론의 역사』 (서울: 대한기독교서회, 2018), 735-36.

08 공적신학의 특성과 평신도

만일 '신앙'이 개인이라는 특수성을 넘어 공동체라는 보편성을 가져야 한다면, 그래서 신앙이 세속사회가 가지는 이성과 합리성이라는 보편성의 옷을 입어야 한다면 다만 그때 문제가 되는 것은 특수한 상황 가운데 있는 지역사회에 과연 보편 담론으로서의 공적신학은 충분한 응답을 줄 수 있을까? 하는 문제가 남는다. 그렇다면 과연 공적신학은 보편성과 특수성 중 어느 쪽을 견지해야 할까? 이 이해를 짚고 넘어가려는 것은 성도가 가지는 신앙이 사회적 보편성을 지향할지라도 그 신앙이 실제 매개될 현장은 다양성과 특수성이라는 보다 상황에 따른 개별성을 가지기 때문이다. 따라서 공적신학이 가지는 다양한 접근 방식에 대한 이해는 성도들의 응답성을 다양화하고 구체화하는 데 도움을 줄 것이다.

이에 대해 기독교교육학자 장신근은 공공신학을 해방신학과 정치신학이 가져온 정치적, 사회 변혁적 입장을 계승한 신학이라 평가한다.[317] 곧 공적신학을 특수성에 더 적합한 신학으로 본 것이다. 김동건도 공적신학의 유형을 전통, 실천, 상황, 글로벌의 네 모델로 구분하고 있는데 그중 실천모델과 상황모델의 특징을 구체적 상황에서 찾는다. 이는 공적신학의 타당성을 보편적 논의보다는 그 사회가 처한 구체적인 상황과 정치적 현실인 그 사회의 특수성에서 찾는 것이다.[318]

---

317) 장신근, "공적신학이란 무엇인가?", 이형기 외, 『공적신학과 공적교회』, 38.
318) 김동건, "공적신학의 모델들" -2010-2017년의 연구흐름을 중심으로, 『신학사상』 180집, 2018 봄, 122.

반면 트레이시(Tracy)로 대변되는 시카고학파는 다원주의 상황 속에서 특정한 맥락에 매여 있는 신학이 되면 공적 이슈에 대한 합의를 방해하게 된다고 본다.[319] 왜냐면 공적신학이 '공론장'(public sphere)[320]에서 상호성을 가지려면 타 학문이나 과학과의 대화에 필요한 이성과 합리성 같은 보편성의 확보가 우선이라고 보기 때문이다. 프린스턴신학교의 공적신학연구소 소장인 맥스 스택하우스(Max Stackhouse) 역시 신앙은 철학이나 타 종교로부터 인정받을 수 있을 정도로 합리적이고 윤리적인 진정성을 갖추고 있어야 한다고 말하면서, 신학자는 간문화적인 연구를 통해서 신학이 윤리, 법, 사회의 각 영역에서 모든 이들이 필요로 하는 것을 제공해야 한다고 본다.

그러나 이런 시각에 대해 남아공의 신학자 존 드 그루시(John W. de Gruchy)는 "보편적인 공공신학은 존재하지 않는다"며 비판적 입장을 지닌다. 교회가 속한 지역의 특수성과 맥락을 무시하게 되면 복음이 가진 역사적 특수성도 훼손된다는 것이다.[321] 다른 형태이긴 하지만 '교회의 교회됨(being the church)을 공적신학의 본질로 보는 스탠리 하우어워스(Stanley Hauerwas)도 복음의 특수성에 강조점을 둔다. 그에게 있어서 사회정치에 앞서야 할 정치는 교회정치다. 곧 교회가 자신을 알 때 비로소 사회의 가능성과 한계를 인식할 수 있는 해석 및 식별의 공간으로서 교회를 제공할 수 있다는 것이다.[322]

---

319) 최경환, 『공공신학으로 가는 길』 72-74.
320) 근대 이후 공공성에 대한 담론은 공적인 의견을 주고받으면서 여론을 형성하는 공간적인 의미로 좁혀지는데, 하버마스는 이를 공론장(public sphere)이라는 개념으로 구체화했다. 위의 책, 94-95.
321) 위의 책, 74-75.
322) Stanley Hauerwas, *Community of Character*, 문시영 역, 『교회됨』 (서울: 북코

이처럼 공적신학의 성격은 다양하게 규정되고 있다. 따라서 우리가 한 가지 방법론이나 성격을 취하는 것은 바람직하지 않을 것이다. 서구의 담론중심의 공적신학에서는 보편성의 강조가 있을 수밖에 없을 것이고, 제3세계의 행동, 실천적인 공적신학에서는 특수한 상황이 더 강조될 수밖에 없을 것이다. 나아가 오늘날에는 세계화의 영향으로 저렴한 노동력이 제1세계로 유입되면서 서구 사회 안에서도 3세계가 존재하는 양식으로 변화되었고, 제3세계의 개념이 더 이상 지리적 개념이 아니라 사회적인 의미로 확장된 것처럼[323] 공적신학의 자리도 보편성 가운데 특수성을 띠고 특수성 가운데 보편성을 담게 되었다고 할 수 있다. 오히려 이 같은 다양한 공적신학의 방법론은 다원화된 이 사회에 오히려 부합한 응답이라 할 수 있을 것이다.

이는 평신도의 구체적 삶의 자리가 조금도 간과됨 없이, 보편역사의 일부가 될 수 있다는 점에서, 그들이 가지는 삶의 주관적 성찰과 의미가 보다 넓은 객관적 역사성의 출발이 될 수 있다는 점에서 더욱 그러하다. 왜냐면 불트만(Rudolf Bultmann)에 의하면 어떤 보편역사도 하나하나의 사건들이 그 안에서 관계없는 것이 없는 인과의 연쇄에 의해서 그 안에서 연결되어 있는 운동이며 과정이기 때문이다. 어떤 객관적 지식의 대상으로서 역사도 하나의 (개인적이며 주체적인) 사유의 활동이며 따라서 주관과 그 대상-객관- 사이의 궁극적인 구별은 지탱될 수 없다. 그렇게 가장 주관적인 차원이 가장 객

리아, 2010), 152.
323) 최경환, 『공공신학으로 가는 길』, 132.

관적이고 보편적일 수 있는 것이다.[324] 이로써 평신도가 가지는 그 특수성으로서의 개별주체성이나 공동체성은 공적 사회에 참여하는 핵심 본질이 된다.

이처럼 신학-신앙-이 가지는 특수성과 보편성의 양상은 그렇게 간단히 나뉠 수 없다. 이는 해방신학자인 후안 세군도(Juan Segundo)가 이 세상의 어떤 신학 작업도 세상 오염으로부터 방부 처리된 실험실 속에서 이루어질 수 없다고 보는 견해에서도 잘 드러난다.[325] 그에 있어서 당파성은 오히려 보편성을 향해 나갈 수 있는 출발점이다. 그는 가치중립성이나 보편성을 주장하는 이들은 언제나 구체적인 참여를 결여하고 있음을 지적하면서, 참여를 위해서는 당파성은 필연적이며 그런 선택된 당파성의 자리에서 행해지는 해석학을 통해서 보편성과 만날 수 있다고 보았다.[326] 이는 보편적인 하나님의 말씀과 삶의 구체적이고 특수한 현실이 서로 상충되는 것이 아니라 둘이 서로 한 자리에 만날 때 새로운 의미와 새로운 현실로 확장될 수 있음을 말하는 것이다. 따라서 세군도의 해방신학은 '해석학적 순환'(Hermeneutic circle)이라는 신학방법론을 사용하고 있다.

---

324) Rudolf Bultmann, *History and Eschatology*, 서남동 역, 『역사와 종말론』, (서울: 대한기독교서회, 1968) 139-44.
325) 고재식, 『해방신학의 재조명』, 179.
326) 위의 책, 183-84.

해석학적 순환은 **새로운 현실**이 우리로 하여금 하나님의 **말씀을 새롭게 해석**하도록 하고, 그에 따라 **현실을 변화**시키도록 하며, 그리고 다시 하나님의 말씀으로 되돌아가서 그것을 **재해석하는 작업**을 되풀이하는 데 있다.[327)]

다만 이 순환이 한 번에 의해 완성되는 원(圓, circle)의 모양이 아니라 변화된 현실은 다시 성서의 새로운 시각을 주고 이는 다시 실천에 새로운 동인이 된다는 점에서 나선형으로 발전하는 '해석학적 나선'(Hermeneutic spiral)이기도 하다.[328)]

결론적으로 이상의 다양한 공적신학의 방법론은 다원화된 이 사회에 오히려 부합한 응답이라 할 수 있을 것이다. 다만 우리는 한국교회의 현실 가운데 있기에 한국사회에서 나타났던 민중신학을 통해 우리의 시각에서의 공적신학의 자리를 파악해 볼 수도 있다. 최대진은 민중신학의 첫 의의를 '민중이 처해 있는 특정한 시대의 역사적 상황'에서 찾았다.[329)] 이는 공적신학이 자기 시대를 고발하는 '예언적 담론'(prophetic discourse)[330)]의 특성을 가진다는 점에서 서로 같은 신학방법론을 공유한다고 할 수 있다. 두 번째는 교회중심으로부터 사회와 세상 그리고 인간과의 관계성 속에 실존적으로 역사하는 분으로 관심을 돌림에 그 의의를 보았는데, 이는 공적신학의 공동체 지향과 일치하고 있다. 세 번째는 민중신학이 존재론적이거

---

327) J. L. Segundo, *The Liberation of Theology*, 8. 위의 책, 184쪽에서 재인용.
328) 김동건. 『그리스도론의 역사』, 850-51.
329) 아신신학연구소 엮음, 최대진, "한국의 문화신학의 형성, 토착화신학, 민중신학", 『신학과 상황』 (대구: 아신출판사, 2013), 287.
330) 최경환, 『공공신학으로 가는 길』, 86.

나 케리그마(Kerigma)의 예수를 넘어 인류 역사 안에 내재하시는 우주론적인 예수를, 또 그의 신성을 넘어 고난 가운데 함께 하신 인성에 관심을 가진다고 보았는데 이는 중남미 공적신학의 실천적(praxis)이며 행동신학(doing theology)[331]과 맥을 같이 한다고 볼 수 있다. 넷째는 민중신학은 서구중심의 상황이 아닌 한국의 독특한 역사적 상황에서 출발함에서 의의를 찾았는데[332] 이는 공적신학이 서구만의 자산이 아님과도 같다. 이처럼 민중신학이 가지는 구체적 상황과 세상역사 가운데 내재하시는 그리스도에 대한 주목은 공적신학의 한 특징인 특수성을 공유하는 것이라 할 수 있다. 그런 의미에서 공적신학은 서구나 중남미만의 유산이 아니라 한국적 신학에서도 찾아지며, 이는 오늘에도 새로운 형태의 한국적 공적신학이 요구된다고 할 수 있을 것이다.

이상에서 본 것처럼 공적신학이 보편성을 가지든지 특수성을 가지든지 그 대상은 세상이다. 그렇다면 우리는 여기서 세상 한가운데 있는 하나님의 백성이 가질 공적신학의 응답성을 주목해 볼 수 있다. 공적신학에 있어서 한 백성이 가지는 가장 큰 장점은 그 현장성을 통해 신학적 응답성이 자연스럽게 세상 한복판에서 나타나게 하는 데 있다. 이론적으로 먼저 작업하고 나서 현장에 이식하는 이원화가 처음부터 극복되는 것이다. 보쉬(Bosch)도 가장 신학적인 작업을 왕성히 한 사도 바울에게 있어서 그 신학 작업은 그의 선교적

---

331) Dongkun, Kim. *The Future of Christology*, 216. 김동건은 공적신학의 방향성으로서 '지역교회모델'을 제시하면서 그 이유를 공적신학이 가지는 '행동신학'으로서의 정체성에서 찾았다.
332) 최대진, "한국의 문화신학 형성, 토착화신학, 민중신학", 『신학과 상황』, 287-88.

실제인 세상 한가운데서 비롯되었음을 지적하고 있다.[333] 이는 그가 목회자였기 때문에 신학 작업을 했다기보다 그의 삶이 선교실제 가운데 있었음을 말하는 것이다. 거기서 당면한 현실의 문제들이 신학의 주제가 된 것이다. 그렇다면 신학은 오히려 늘 세상 안에서 그 삶을 대하는 성도들에게서 비로소 더 합당한 형식을 갖추게 된다고 말할 수 있다. 결코 신학이 목회적 기술이나 제도유지 문제에 있는 것이 아니라 세상 앞에서 선교적 실제를 살고 있는 성도들에게 더 본질적이라는 것이다.

폴 스티븐스(R. Paul Stevens)도 신학이 왜 평신도의 신학이어야 하는지를 설명하면서 그 신학의 실천성을 주목하였다. 기독교 신학을 통틀어 이론과 실천을 분리하는 행습은 최근에 생겨난 것으로 교회의 형성에서 11세기에 이르기까지 신학은 실천적 행동의 기초가 아니라 신학 자체가 본질적으로 실천성을 띠고 있었다는 것이다. 그는 요한복음 7장 17절을 인용하면서 "사람이 하나님의 뜻을 행하려 하면 이 교훈이 하나님께로 왔는지 ~알리라."(요 7:17)에서 '행위'가 '앎'과 연결되어 있음을 말하고 있다. 그러나 신학이 점점 목회 영역의 신학이 됨으로서 그 이론과 실천성이 나뉘게 되었고 또 그 실천적인 것마저도 목회 방법론에 대한 차원이 되어 이제 신학과 평신도는 온전히 분리되었다는 것이다.[334]

이처럼 신학의 전통적인 이해나 접근은 교회의 중심 주체로써 평신도를 제외시킬 뿐만 아니라 그런 신학적 훈련을 가지지 못한 평신

---

333) David Bosch, 『선교신학』, 36.
334) R. Paul Stevens, *The Abolition of the Laity*, 홍병룡 역, 『21세기를 위한 평신도 신학』 (서울: 한국기독교학생회출판부, 2006), 16-17.

도로 하여금 세상에서 신학이 없게 함으로 결국 교회까지도 세상에서 공공성을 상실하게 한다. 결국 교회를 세상 가운데 다시 위치하게 하는 일은 우선적으로 그 신학을 함께 연대하는 것부터 시작하여야 할 것이다. 이 신학적 연대 문제는 말미의 '신학적 의식화' 제언에서 다시 언급될 것이다.

결론적으로 이제 공적신학의 응답으로써 평신도신학은 더 이상 하나의 새로운 시도가 아니다. 이 평신도신학의 과제가 단지 교회 내의 교양과목의 하나로 접근할 문제는 더욱 아닌 것이다. 그 문제는 하나님의 온 백성인 평신도가 그 부름을 어떻게 이해하며 이 땅 가운데 응답하느냐의 문제인 것이다. 가까이는 가정에 멀리는 나라와 민족에 그리고 우리가 거주하는 온 생태계에서 거룩한 백성으로 살아감의 문제에 대한 것이다. 이로써 오늘 공적신학의 핵심 자원은 평신도여야 한다.

PART 3

세움: 교회와 평신도

교회는 공적광장에 '보내어진 백성들의 공동체임'에도 불구하고, 그 백성의 대부분을 구성하는 평신도들을 이 땅에서 하나님의 나라를 확장시키는 부름으로부터 소외시키는 데 일조하였다. 그 결과 오늘 어떤 교회는 '성직자의', '성직자에 의한', '성직자를 위한' 교회가 되어버렸다. 그런 기형적인 구조로 인해 하나님의 나라는 세상이 아니라 제도교회에 갇힌 모양이 된 것이다. 그러나 이는 오히려 교회를 세상으로부터 고립시켰을 뿐이다. 따라서 여기서는 공적신학의 응답 중심에 하나님의 백성이 그 대안이 될 수 있을지를 보고자 한다.

• UNIT 4 •

평신도는 누구인가?

09 평신도에 대한 어원적 고찰: 성경의 전망

평신도는 누구인가? 하는 본격적인 담론을 다루기에 앞서 최소한의 과제는 평신도(lay)라는 어원의 의미를 살피는 일이다. 다만 이 어원에 대한 충분한 접근들이 이미 평신도신학에서 자주 다루어졌기에 여기서는 핵심적인 이해만을 보고자 하며, 나아가 그 접근들 가운데 충분히 확증되지 못한 부분에 대해서는 새로운 측면을 제시하고자 한다.

'평신도'(lay)라는 단어의 어원은 그리스어 '라이코스'(Laikos, '백성에 소속된')로서, 라틴어 형태(laicus)로 서양 언어에 진입하여 교회전통의 일부가 되었다.[335] 이 라이코스의 기원을 크래머는 다시 하나님의 백성을 뜻하는 '라오스'(laos)에서 찾는데, 그런 차원에서 라이코스는 교회의 모든 구성원들을 포함하는 단어로 보아야 할 뿐이며, 오늘날 세속화된 의미에서 부름에 있어서 무기력한 평신도를 한정하는 말이 될 수 없다. 다만 로마의 교부 클레멘트가 주후 95년 고린도 교인들에게 보내는 편지에 나타남과 같이 1세기 말부터 '라오스'와 '라이코스'가 계층적으로 사용되기 시작함으로써 곧 예전은 성직자의 일로 '라오스'는 예전을 집전하는 사제와 구분되는 회중을 가리키는 말로 구분되기 시작한 것이다.[336] 폴 스티븐스는 신약성경에 이 라이코스[337]가 전혀 등장하지 않음을 지적함으로써 오늘날 더 이상 훈련되지 못하고 구비되지 못한 의미에서의 이 같은 평신도 개념은 유지될 수 없음을 지적하고 있다.[338]

신약성경에서 교회(성도, 한 백성)를 가리키는 또 다른 단어는 '아델포이'(adelphoi) 곧 형제들'인데, 이 역시 훗날 사제와 대비되는 일

---

335) Hendrik Kreamer, 『평신도신학』, 55.
336) 위의 책 55-56.
337) 라오스의 형용사인 '라이코스'(Laikos, '백성에 소속된')는 성서권 밖, 그리스어권에서 하나님의 백성에 속하지 않은 사람, 예배에 참여하지 않은 사람들에 사용되는 말이었다. 칠십인 역 성서에서 사제 및 예언자와 구별하여 일반 백성에게 사용된 적이 있으나(사 24:2; 호 4:9) 신약에는 나오지 않는다. 이제민, 『교회는 누구인가』-사목적 교회를 위하여, 교회의 사목을 위하여-. (경북: 분도, 2001), 333.
338) Paul. Stevens, R. 『21세기를 위한 평신도신학』, 37-39.

반 회중으로 사용되었다.[339] 이런 변화는 온 교회를 '라오스'와 '왕 같은 제사장'으로 보는 성경적인 개념에서 크게 일탈한 것이며, 이런 이원성은 그리스-로마 사회의 이원성을 그대로 반영한 것으로 크래머는 보았다. 곧 지금 성직자의 어원이 된, 당대 로마 지도자층을 가리키는 '클레로스'(kleros)와 일반 국민을 가리키는 '라오스'의 구별이 교회에도 그대로 이어졌다는 것이다. 그 결과가 '클레로스'는 성직자(clergy)로, '라오스'는 평신도(lay)를 지칭하게 되었다는 것이다.

그렇다면 오늘의 교회가 교회의 구성원들을 성직과 아닌 자로 구분하는 것은 성경을 따름이 아니라 '로마의 계층 구조'를 따르는 것이 된다. 또 이는 기독교 신앙이 로마라는 우상의 제국을 영적으로 무너뜨리고 복음화를 시켰지만, 반대로 성경과 하나님 나라의 가치와 충돌되는 로마의 사조(思潮, the trend of thought) 역시 침투된 것을 뜻한다. 살아있는 복음과 꿈틀거리는 하나님의 나라의 확장성은 철옹성 같은 로마 제국의 벽을 허무는 힘이었던 반면, 그 복음을 가진 하나님의 백성 역시 얼마나 쉽게 세상 가치 앞에 굴복될 수 있는지도 보여주는 것이다. 이제는 보다 성경적 전거에서 평신도의 자기 지위를 살펴보고자 한다.

핸드릭 크래머는 '클레로스'를 구약에서 제사장이나 레위인에게 하던 말, "내가 네 **분깃**(kleros)이요"(민 18:20)라는 말씀과 접촉점이 있다고 보았는데, 이로써 제사장이 가지는 성례의 특권은 결국 그들로부터 은총의 수단을 수령하고 추종해야 했던 회중에 대해 보다

---

339) Hendrik Kreamer, 『평신도신학』, 56.

높은 직분으로서의 위치를 가지게 했다는 것이다.[340] 그가 제사장에게 주어진 '분깃'이 주는 성직의 측면을 보았다면, 스티븐스는 평신도의 어원이 되는 '라오스'에 주목한다. 곧 "택하신 족속이요, 왕 같은 제사장들이요, 거룩한 나라요, 그의 소유된 백성-라오스-이다." (벧전 2:9, 출 19:6)에서 '하나님의 백성'(People of God)이 가지는 엄청난 특권과 사명에 주목한 것이다.[341] 한편 로빈슨은 제사장을 가리키는 '클레로스'와 온 백성을 가리키는 '라오스'는 신약성경에서 서로 다른 이들이 아니라 동일한 계층임을 지적한다.[342]

다만 그렇다면 이를 성경적으로 확증하는 과제가 남는다고 할 수 있다. 먼저는 과연 '분깃'이 제사장 곧 성직에 대한 특권을 부여하고 있는가?이다.

> 여호와께서 또 ***아론에게*** 이르시되 너는 이스라엘 자손의 땅에 기업도 없겠고 그들 중에 아무 분깃도 없을 것이나 내가 이스라엘 자손 중에 **네 분깃이요(חֵלֶק, 헬레크) 네 기업이니라.(נַחֲלָה 나할라)** (민 18:20)

> 그러므로 ***레위***는 그의 형제 중에 분깃이 없으며 기업이 없고 네 하나님 여호와께서 그에게 말씀하심 같이 여호와가 **그의 기업이시니라.(חֵלֶק, 헬레크)** (신 10:9)

---

340) 위의 책, 57.
341) Paul. Stevens, R. 『21세기를 위한 평신도신학』, 12.
342) Robinson, *Completing the Reformation: The Doctrine of the Priesthood of All Believers*(종교개혁의 완성: 모든 신자의 제사장직 교리, 1955), Hendrik Kreamer, 『평신도신학』, 58쪽에서 재인용.

핸드릭 크래머가 지적한 것처럼 위의 본문들에는 하나님이 친히 '기업' 되는 약속이 '기름부음의 직분'인 제사장과 레위인에게 집중되어 있음을 알 수 있다. 다만 또 다른 기름부음의 직분인 선지자 예레미야 역시 하나님의 '분깃'을 자신과 상관시킴을 볼 수 있으며 ("여호와는 *나의 기업*-חֵלֶק, 헬레크-이시니", 렘애 3:24), 나아가 선지자이었던 아브라함(창 20:7) 역시 의미상으로 하나님을 분깃으로 받았음을 볼 수 있다.("~나는 네 방패요 너의 지극히 큰 *상급*-שָׂכָר, 사키르, 몫-이니라", 창 15:1) 이는 역시 기름부름의 직위를 가진 다윗에게도 나타난다.(여호와는 *나의 산업*-חֵלֶק, 헬레크.-과 나의 잔의 소득-מְנָת 마나, 분배-이시니 나의 *분깃*-גּוֹרָל 고랄,몫-을 지키시나이다, 시 16:5, 시 142:2) 다만 특징적인 것은 다윗은 하나님을 분깃으로 고백하면서도 그 분깃에 '세상의 기업-소득, 분깃'-을 포함하고 있다는 점이다. 그런 점에서 제사장의 분깃과 왕의 분깃에는 차이가 있다고 할 수 있다. 이는 왕적 사역에는 공적 참여가 함께 중요하기 때문이라 이해할 수 있다. 이상으로 볼 때 기름부음 받은 직위였던 왕이요, 제사장이며 선지자들에게 '특별한 분깃'이 위탁된 것은 충분한 성서적 전거를 가진다고 할 수 있다. 이는 하나님의 분깃 되어 주심에 대한 약속이 이들 직분에게 집중되어 있음이 분명하기 때문이다.(민 18:20, 신 10:9, 18:1)

다만 핸드릭 크래머가 간과한 면이 있는데 그가 주목한 민수기 18장 20절에는 '분깃'(헬레크)만이 아니라 '기업'(나할라)에 대한 약속도 있어서 이 둘은 나란히 제사장직에 대한 접촉점이 된다는 사실이다. 이 '나할라'는 훗날 사독 제사장의 후손에게 약속으로 나타남에서도 알 수 있다.(겔 44:28) 이처럼 '헬레크'와 '나할라'는 나란히 제사장적 지분을 뜻한다. 그런데 이 두 단어는 예레미야 10장 16절에서 함께 나타나는데 놀랍게도 그 대상이 온 백성에게까지 '확장'되며, 그 의미에 있어서도 일방적 약속이 아닌 서로에게 효력을 가지는 '상호성'-하나님과 사람 간의-을 가짐을 볼 수 있다.

'야곱의 분깃'(헬레크)은 이 같지 아니하시니 그는 만물의 조성자요(상)
-확장-
이스라엘은 '그의 기업'(나할라)의 지파라 그 이름은 만군의 여호와시니라(하) -상호성-

먼저 '야곱의 분깃'이란 '야곱'이 '이스라엘'-나라, 온 백성-을 뜻하기에, 이는 하나님이 온 백성의 분깃이라는 말로 확장됨을 뜻한다. 왕과 제사장과 선지자에게 독점적으로 허락되었던 '분깃'(헬레크)과 '기업'(나할라)이 여기서는 야곱 곧 '온 백성의 기업'으로 확장되는 것이다. 그렇다면 분깃이 본래 성직에게 허락된 것인 까닭에 이는 그들도 '왕 같은 제사장'임을 전제한 것이라 할 수 있다.

다음은 이 분깃은 위로부터 아래로의 일방적이지 않고 하나님과 백성 간의 상호적인 약속임을 볼 수 있다. 하나님이 '야곱의 분깃'이 됨과 같이(상반절) 이스라엘도 '그의 기업'(하반절)이 되어야 한다. 이처럼 온 백성이 '그의 기업' 되는 관계 역시 자주 등장한다.(신 32:9; 왕하 21:14; 시 94:5; 사 19:25; 렘 50:11) 예레미야 10장 16절은 유일하게 한 구절 안에 이 상호적 관계를 보여주고 있으며, 또한 다른 구절에서 병행 구절(51:19)로 반복됨을 볼 때 이 의미는 꽤 비중 있음을 알 수 있다.

더하여 우리는 이 '분깃'(헬레크)과 '기업'(나할라)을 함축적으로 보여주는 한 용어 '소유'(סְגֻלָּה, 세굴라)를 주목할 수 있다. 이 '소유'(세굴라)는 제사장의 '분깃'(헬레크)이나 '기업'(나할라)과 같은 의미를 지닌다는 점에서, 그리고 이 단어가 온 백성에게 특화되어 사용된다는 점에서 그들 역시 제사장의 지분에 자연스럽게 참여함을 알 수 있다.(출 19:5) 다만 이 '소유'는 두 단어와 달리 주로 일방적 관계를 보여주는데, 하나님은 그들의 소유가 아니나 그들은 하나님의 소유이다.(신 14:4, 시 135:4, 말 3:17)

세계가 다 내게 속하였나니 **너희가** 내 말을 잘 듣고 내 언약을 지키면 너희는 모든 민족 중에서 내 **'소유'**(סְגֻלָּה, 세굴라)가 되겠고 너희가 내게 대하여 **'제사장 나라'**가 되며 **'거룩한 백성'**이 되리라 너는 이 말을 이스라엘 자손에게 전할지니라 (출 19:5,6)

이처럼 제사장과의 접촉점이었던 표현은 '분깃'(헬레크)만이 아니라 '기업'(나할라)과 '소유'(세굴라)를 포함하며 이 세 용어는 자기 백성 전체를 그 범주에 담고 있다. 게다가 이 용어가 자기 백성에게 사용된 것이 출애굽기부터였다는 점에서 이 확장이 후대에 생겨난 것이 아니라 처음부터 자기 백성 전체를 그의 소유 곧 제사장으로 여겼음을 알 수 있다. 이처럼 온 백성이 하나님의 분깃-소유, 제사장-이 되는 지위는 구약에서 일관되게 나타날 뿐만 아니라(신 14:2, 시 135:4), 신약에서도 그 일관성은 유지된다.

너희도 산돌같이 신령한 집으로 세워지고 예수 그리스도로 말미암아 하나님이 기쁘게 받으실 신령한 제사를 드릴 **거룩한 제사**장이 될지니라(5) 그러나 너희는 택하신 족속이요 **왕 같은 제사장**들이요 거룩한 나라요 '**그의 소유가 된 백성**'이니 이는 너희를 어두운 데서 불러내어 그의 기이한 빛에 들어가게 하신 이의 아름다운 덕을 선포하게 하려 하심이라(9) (벧전 2:5,9)

이로써 한 백성은 신구약 전체를 관통하여 왕 같은 제사장임이 분명해 졌다. 나아가 놀라운 것은 이 '기업'(나할라)에 온 백성만이 아니라 '만민'이 초대되고 있다는 사실이다.(이는 만군의 여호와께서 복 주시며 이르시되 '내 백성 애굽이여', '내 손으로 지은 앗수르여', '나의 기업(나할라) 이스라엘이여, 복이 있을지어다 하실 것임이라. 사 19:25) 여기서 '나의 기업'은 이스라엘을 가리키지만 의미적으로 애굽과 앗수르도 그의 백성과 그의 지으신 이들로서 나란히 이스라엘과 그 복의 지분에 참여하고 있음을 알 수 있다.

이는 말라기 3장에서도 "여호와를 경외하는 자들"(16)을 "나의 특별한 소유(סְגֻלָּה, 세굴라)로 삼을 것이요"(17) 라고 말하고 있는데 여기서 말하는 '경외하는 자들'은 1장에 의하면 이스라엘도 제사장들도 아닌 이방인들이다.(말 1:11,14) 이는 하나님의 '분깃'이나 '기업' 같은 '소유'로 참여하는 일이 제도적인 보장이 아니라, 그를 경외하는 자들(야레: 두려워 떠는)이면 누구나 참여할 수 있음을 보여주는 것이다. 이처럼 왕 같은 제사장은 그를 경외하는 '온 백성'에게 열려 있음은 성경적 전거를 통해 분명히 확보된다.

이처럼 크래머와 스티븐스는 각각 '분깃'(חֵלֶק, 헬레크)과 '백성'(laos)에 주목하였지만, 그들이 간과한 것은 '기업'(נַחֲלָה 나할라)과 '소유'(סְגֻלָּה, 세굴라)가 주는 자기 백성의 이해였다. 정리하면 이 두 단어는 의미적으로 동일하기에 종종 '분깃'(헬레크)과 더불어 혼용해서 사용되며(시 94:14, 135:4), 특징적인 것은 이 약속이 일방적이기보다 상호성을 띤다는 것이다. 곧 하나님은 친히 제사장과 레위인들의 '기업'이 되시며(민 18:20) 반대로 제사장이 될 백성들 역시 하나님의 '기업'-소유-이 된다. 핵심은 이 상호적 관계를 온 백성과 이방에까지 확장시킴을 구약과 신약이 연속적으로 보여주고 확증하고 있다는 사실이다. 이로써, '왕 같은 제사장직'은 세상의 부름 받은 온 백성의 것임을 확증하게 된다는 사실이다. 이제 이 어원적 고찰을 바탕으로 보다 본격적으로 평신도는 누구인가를 전망할 것이다.

⑩ '총체적 교회론'과 '한 백성': 평신도신학의 전망

지금까지의 공적신학의 담론은 공적신학의 정의나 유형에 대한 그 성격을 규정하고 이로써 교회와 세상과의 관계를 설정하는 것이었다면, 이제 관심을 가지고자 하는 것은 그 공적광장에 참여하는 '교회는 어떤 교회를 뜻하는가?'라는 질문이다. 막연하게 '세상에 보냄 받은 교회' 혹은 '타자를 위한 교회'[343]를 넘어 그 교회를 구성하는 주체를 이제는 보다 명확히 할 때이다. 곧 그동안 공적신학의 담

---

343) '타자를 위한 교회'는 웁살라 세계교회협의회의 선교 제2분과 준비서로서 본 회퍼의 영향을 받은 보고서다. "교회는 타자를 위해 존재할 때만 교회가 된다." Dietrich Bonhoeffer. 『옥중서신-저항과 복종』, 370.

론들이 신학의 공공성이나 교회의 사회성 그리고 교회와 세상을 규정하는 것과, 또 그 공공성의 회복을 통해 어디를 어떻게 위할 것인가에 초점을 맞추었다면, 이제는 그 공공성을 실행할 '주체가 누구'이며 '그들은 어떻게 이해되는지'를 물어야 할 때라는 것이다. 그런 차원에서 공적신학과 평신도신학은 별도의 신학적 과제일 수 없다. 왜냐면 평신도신학은 공적 응답의 주체를 평신도로 보는 것이라 할 수 있기 때문이다. 물론 지금까지 공적신학이 공공성의 주체를 다루지 않은 것은 아니다. '국가'나 '시민'을 공공성의 주체로 보기도 하였다. 그러나 여기에는 '교회'가 소외되어 있다.

개신교 자유주의 신학자였던 아돌프 폰 하르낙(Adolf von Harnack)은 일종의 국가 신학(state theology)을 통해 국가 중심의 공적신학을 전개하였는데, 이때 공공성의 주체는 '국가'이거나 '시민사회'(civil society)였다.[344] 그러나 이에 대응하는 공적신학은 이 둘의 중재자 역할을 할 뿐 보다 직접적인 응답성을 가질 수 없었다. 김동건은 지금까지의 공적신학 담론에서 '지역교회'(local Church)와 '평신도 중심의 담론'이 미흡함을 진단하면서 그 대안으로서 지역교회를 공적신학의 새 모델로 제시하고 있다.[345] 왜냐면 지역교회가 배제된 채 공적신학이 사회적 기관 및 이론적인 작업을 통하여만 진행될 경우 강력한 실천(praxis)을 만들어내지 못한다는 것이다. 이는 공적신학의 본래적인 운동(movement)의 성격과 상충되는 일이며, 이로써 '행동신학'(doing theology)이라는 정체성을 잃게 될 것이라는 것이다.[346]

---

344) 장신근, "공적신학이란 무엇인가", 『공적신학과 공적교회』, 32-33.
345) Dongkun, Kim. The Future of Christology, 213.
346) 위의 책, 215.

바로 여기서 평신도를 공적신학의 응답의 주체로 제시하려는 것은 '교회의 공적신앙'(Church's Public Faith)에 대한 것이며 그 시민사회의 주역을 보다 구체화하려는 것이다. 곧 지역교회가 공공성(公共性, publicness)에 응답할 때 그 중심이 성직자냐 평신도냐 또는 '모이는 교회'냐 아니면 '흩어지는 교회냐'를 진지하게 물으려는 것이다. 그러나 그 무게 중심을 후자로 이동하는 것은 결코 쉬운 과제가 아니다.

일찍이 핸드릭 크레머(Hendrik Kreamer)는 평신도층이 교회의 중요한 일부라는 것을 '새로운 발견'으로 본다. 그리고 이 새로운 발견을 꼭 붙잡고 있되 우리 앞에 매우 힘든 날이 놓여 있다는 사실도 알아야 한다고 하였다. 왜냐면 그것은 교회의 차원에서 교회의 총체적인 관점과 구조를 수정함을 뜻하는 것이기 때문이다. 그에 의하면 평신도층이야 말로 교회가 지닌 최대의 잠재력일 뿐만 아니라 심지어 복음전도 캠페인들과 운동들보다 더 크고 더 깊은 잠재력이다.[347] 그는 올드햄 박사의 '일상생활'에 관한 신학 도입의 주장을 새로운 시도로 보았는데, 이는 교회 사역을 위해 평신도를 동원한 것이 아니라 평신도를 세상 속에서 교회의 소명과 기능, 그리고 교회의 한 모습으로 보았기 때문이다.[348] 여기서 평신도신학과 공공신학이 서로 연결점이 있음을 볼 수 있다. 일상생활이 공적 영역인데 거기에는 평신도들이 주체가 되기 때문이다. 그렇다면 실상 두 신학은 하나로 보고 접근해야 할 것이다.

이상은 기존의 교회론을 완전히 새롭게 이해함을 전제한 것인데,

---

347) Hendrik Kreamer, 『평신도신학』, 152-53.
348) 위의 책, 36.

이브 콩가르(Y. Congar)는 "근본적으로 단 하나의 타당한 평신도신학은 '총체적 교회론'(total ecclesiology)이다"[349]라고 하였다. 이는 평신도의 이해가 교회의 결정적 구조 변화를 뜻하는 것임을 보여주는 것으로 교회는 본래적으로 하나님의 백성 공동체라는 것이다. 바르트 역시 이러한 관점을 잘 보여주는데 그에 의하면 교회는 그리스도에 의한 '부름'에서 발생한다. 부름에서 교회가 기초한다는 것은 예수의 선포나 어떤 특정 역사가 있고, 이를 뒤 따르는 공동체-교회-의 생성이 나타났다는 등식이 성립될 수 없음을 뜻한다. 이는 복음서나 서신서들 어디에도 교회의 설립이라 할 만한 역사적 사건이나 동기가 따로 존재하지 않는다는 것이기도 하다. 곧 바르트는 12사도의 구별(마 10:5,6)이나 베드로의 신앙고백(마 16:17,18), 심지어 오순절 성령의 사건(행 2:1,2)도 교회의 동기가 될 수 없다는 것이다.[350] 그의 이런 지적은 옳다. 왜냐면 만일 12사도의 세움에서 교회가 정초되었다면 특별한 성직자층과 그 권위는 역사적 담보가 될 수밖에 없고, 베드로의 신앙고백에서 동기를 삼는다 해도 마찬가지며 이때에는 교회의 수위권이 한 개인에게 종속되는 더 큰 문제를 야기할 뿐이며, 나아가 오순절에서 기초하게 되어도 은사에 따른 계층 구별을 피할 수 없을 것이기 때문이다.

그렇다면 이처럼 '부름'에서 교회가 난다는 것은 아브라함을 메소포타미아에서 불러낸 것도 교회의 발생이 될 수 있고, 출애굽을 통한 하나님의 백성을 불러냄도 교회의 발생이 될 수 있을 것이다. 스데반 집사의 설교에 출애굽의 백성들을 '광야 교회'(행 7:38)라 불렀

---

349) John, R. W. Stott. 『목회자와 평신도』, 20.
350) Karl Barth, 『교회 교의학 IV/3-2』, 220-23.

음에서도 알 수 있다. 여기서 교회를 부름과 연결하는 바르트의 입장에 주목하려는 이유는 우리가 그동안 교회를 제도나 특정 계층의 이해에서 보는 시각을 온전히 탈피하려는 데 있다. 왜냐면 하나님은 어떤 그룹이나 제도로서 교회를 만나기 전에, 차별 없는 한 거룩한 백성으로서 자기 백성들을 만나시고 부르셨기 때문이다. 물론 이를 위해 아브람과 이삭과 야곱이라는 한 특정한 가족을 부른 것은 맞지만, 그 부름이 그들만에 한정된 성직으로서의 구별이라기보다는, 오히려 그 부름 안에서 그 씨를 포함한 모든 자기 백성 전체를 거룩한 백성이요 제사장 나라로 불렀다 함이 바른 이해가 될 것이다. 이는 주께서 제자들에게 "너희 선생은 하나요 *너희는 다 형제니라*"(마 23:8~10) 한 것과 같다. 이처럼 교회의 동기를 부름에서 볼 때 성직자 그룹과 평신도 그룹이라는 이원화는 극복될 수 있다. 다만 교회의 질서[351]와 은사에 따른 역할의 구별이 있을 따름이다. 이 부분은 '목회자와 평신도'에서 따로 다룰 것이다.

  결론적으로 여기서 주목하려는 것은 공적광장에 공적 기능을 나타낼 교회란 부름에 차별이 없는 온 백성들임을 명확히 하는 일이다. 목회자들은 교회 내에서 섬기지만 그들은 일상의 현장성을 확보하고 있기 때문이다. 더 이상 제도로서의 교회나 일명 성직자가 공공성 회복의 중심일 수 없다. 물론 '모이는 교회'–지역교회–로서 지역사회(Local Society)에 가질 공적 기능이 있다. 그 부분은 나중에 '선교적 교회'(Missional church)의 전망에서 보겠지만 지역교회의 중

---

351) 바르트는 교회를 '부름'과 '세움'과 '보냄'이라는 삼차원적 구조의 이해를 가지지만 좀 더 조밀한 접근인 부름, 보존, 세움, 질서, 파송이라는 이해도 보충적으로 가지고 있다. 위의 책, 223.

심 역시 한 백성임을 부인할 수 없다. 만일 공공성의 회복을 제도적 교회와 성직자 그룹이 가지는 주도성에 의지하게 된다면, 이는 다시 근대화 이전의 교회주의(Churchism)로 회귀하는 것이 될 것이다. 그러나 성년이 된 세계는 다시금 그런 기독교세계(Christendom)를 허용하지 않을 것이다. 또 평신도를 '새 교회론'으로 보려는 것은 다만 위기 때문만이 아니다. 교회는 본래적으로 '거룩한 백성'이기 때문이다. 우리는 여기서 '한 백성'의 성경적 또는 신학적 논거를 돌아볼 필요가 있다.

보프(Boff)는 『교회 카리스마와 권력』에서 "성령과 카리스마는 하나님의 모든 백성에게 주어진다"고 하였다. 그는 하나님의 백성들은 그 자신의 역사와 활동과 역사적 과제를 가지며, 조직의 고유한 권력을 가지며 동시에 종교적이고 초자연적인 관점도 함께 가진다는 것이다. 그에 의하면 모든 사람은 어떤 내적 차이에 앞서 모두가 이 백성에게 속한다. 적어도 출발에 있어서 하나님의 백성에 속하는 모든 사람은 동등하며 하나님의 나라의 한 시민이며 다만 모두가 소유했던 교권이 역사적으로 나중에 교역자들이 보유하게 된 것일 뿐, 보냄을 받는 자는 바로 모든 백성들이라는 것이다.[352]

이 '한 백성'(One People)은 결국 '만인제사장'(Universal priesthood)의 문제와 연결된다. 루터는 "독일 크리스찬 귀족들에게 보내는 편지"에서 영적 계급과 세속적 계급의 구분을 거짓으로 보며 모두가 다 영적 계급에 속함을 주장했다. 그 결정적 근거는 다 '한 세례'와

---

352) Leonardo Boff, *Church: Charism & power*, 김쾌상 역, 『교회 카리스마와 권력』 (서울: 일월서각, 1994), 235-36.

'한 복음'과 '한 신앙'[353]을 가진 크리스천이기 때문이라는 것이다.[354] 따라서 "평신도와 사제, 군주와 주교, 영적인 것과 세속적인 것 사이에는 실제로 직무와 관한 차이 이외에 아무 차이도 없다"는 것이다. 곧 그에 의하면 신분의 차이가 아니라 직무의 차이만 있다.[355]

다만 이제는 '한 백성으로서의 부름'을 오늘의 신학적 진술로 재확인하는 것이 필요할 것이다. 20세기 세계교회 일치운동 과정 가운데 나온 가장 중요한 문서 중 하나인 리마 문서[356]『세례 · 성찬 · 교역』(Baptism, Eucharist, and Ministry)는 Ⅰ부 '하나님의 백성 모두의 소명'에서 성령께서 주시는 은사가 '공동선'과 '세상을 향하는 섬김'에 있음을 밝히면서 이 섬김을 위하여 하나님께서 모든 사람을 부르셨다는 것에 여러 교회들이 가지는 공감을 표하고 있다.[357] 다만 안수 이해에 있어 간격이 남아 있지만[358], 중요한 것은 Ⅰ부 제목에서 보는 것처럼 모두가 하나님의 백성이요, 소명 가운데 있다는 것을 공식화했다는 데 의의가 있다.

---

353) 이는 에베소의 4장의 성경적 근거를 가진다. 표5를 참조.
354) Martin Luther, 『루터의 종교개혁 3대 논문』, 29-30.
355) 위의 책, 33.
356) 세례, 성만찬, 교역에 대한 해석은 세계교회(로마가톨릭과 동방정교회 등 포함) 일치 문제의 핵심 과제였다. 따라서 이 리마문서는 그 노력의 일환으로 1977년에서 1982년 사이 12회나 수정되고 보완되어 1982년 페루의 리마에서 모인 '신앙과 직제' 대회에서 반세기만의 연구 결과로 채택된 문서다. 세계교회협의회 편집, 이형기 역, 『BEM 문서: 세례, 성만찬, 직제』 (서울: 한국장로교출판사, 1993)
357) 박근원, 『오늘의 교역론』, 316-23.
358) Ⅱ부 '교회와 안수교역'에서 안수 받은 이나 평신도는 서로 뗄 수 없는 관계로서, 공동체는 안수 교역자들을 필요로 하며 그들은 공동체를 세우고 공동체의 증언을 강화하는 일을 위해 섬긴다고 밝히고 있다.

사실 두 백성이냐! 한 백성이냐!의 문제에 앞서는 것은 이 '백성'이 이스라엘인가? 모든 이방을 포함하는 것인가?라는 물음에서부터 시작되어야 할 것이다. 왜냐면 그 문제를 담보하지 못하면 한 백성이란 결국 이스라엘에게만 한정된 부름이 될 것이기 때문이다. 루이스 머지(Lewis Mudge)는 "이 용어들 '족속', '제사장', '나라', '백성' 중 그 어느 것도 이제는 역사상의 이스라엘에서 이전에 '그것들이 지녔던 의미'-이스라엘에 한정된-로 해석할 수 없게 되었다"고 말한다.[359] 곧 그 표현들은 그들에 한정된 고유명사라기보다는 '이제는 (모든 민족을 염두에 둔) 하나의 비유'가 되었다는 것이다. 그러나 그의 이런 진술은 상당히 양보적이다. 왜냐면 '이제'가 아니라 '처음'부터 '비유'이며, '상징'이요, '본'이라고 해야 보다 정확한 진술이기 때문이다. 이는 구약 계시의 대부분의 언어가 처음부터 '은유'[360]나 비유였기 때문이다.(시 78:2, 겔 17:2, 20:49, 갈 4:24, 히 9:9, 골 2:16,17, 렘 1:11,12[361])

이처럼 '백성'이 이스라엘의 전유물이 아닌 것처럼 오늘날 교회 안에 백성을 다시 두 계층으로 나누는 것은 그리 성경적이라 할 수

---

359) Lewis Mudge, *The Sense of a people*, 박문재 역, 『하나님의 백성』 (서울: 대한기독교서회, 1995), 52.
360) 신약에서 '지옥'의 은유로 사용된 '게헨나'는 반면 구약에서는 실제적이고 구체적인 장소인 '힌놈의 아들 골짜기'(게 베-힌놈, 대하 28:3)이었다. 이처럼 신구약의 언어는 은유나 풍유 혹은 실제이든지 제약 없이 상호 교차적으로 하나님의 상징적인 뜻을 나타내는데 사용되었다. 그럼에도 이를 실제적 문자주의에 치우친 적용은 '계시'를 종교적 차원으로 축소시켰고 주님은 이를 책망하셨다.(마 23:23) 이는 한 백성이 경계해야 할 위험이다.
361) 예레미야가 본 살구나무가지(שָׁקֵד, 샤케드)는 하나님께서 그의 말을 '지켜'(שֹׁקֵד 샤카드) 이룸에 대한 은유적 표식이었음과 같다. 계시가 하나의 '언어유희'-발음의 유사성을 가지고-를 통해 전달된 것이다.

없다. 그렇다면 한 백성이 된 두 역할이 있을 뿐이라면 그 역할과 서로의 관계는 어떻게 되는지를 새롭게 물어야 할 뿐이다. 이 물음에 대한 시도는 '목회자와 평신도'라는 단원에서 보다 심도 있게 다룰 것이다.

⑪ '소자'와 '주변인 공동체': 선교신학의 전망

우리는 앞서 '세상에 상응하는 교회 유형론'에서 교회가 세상으로부터 받아 왔던 박해라는 동기에서 교회를 '소자 공동체'로 이해하였다. 그러나 알 것은 박해는 물리적인 바깥의 힘만으로 오는 것은 아니다. 그동안 전통 교회가 그 부름에 있어서 성도를 배제시키고 성령의 은사를 직제 하에 둠으로써 성도들을 하나님의 나라의 일원으로 참여할 지평을 상실하게 한 것도 내부적인 박해라 할 만하기 때문이다. 따라서 부름에 소외되었던 평신도들은 이 소자의 중심에 있다고 할 수 있다. 또 그들은 교회의 사역과 봉사에 주체가 되지 못하고 항상 주변인의 위치에 있어 왔다는 점에서 동시에 주변인이기도 하다.

뿐만 아니라 외부적으로도 분명한 사실은 근대화 이후 기독교 신앙 자체가 공적사회로부터 점차 주변부로 밀려나고 있으며 교회는 이를 담담히 받아들여야 한다는 것이다. 물론 근대성이 가지는 '다원성'과 '파편화'[362]가 교회에는 오히려 새로운 도전과 가능성을 보

---

[362] 오늘날 사회는 주류정치에서 소장파로, 거대담론(metanarratives)에서 일상행위로, 거시적 관점에서 미시적 차원으로, 세계화에서 지역화로의 중심이동이 나타나고 있다는 점에서 다원성과 파편화의 시대라 할 수 있다. 이는 지역교회

여줄 수도 있다는 점 역시 부인할 수 없으며,[363] 나아가 이 소자요 주변인이라는 지위 자체도 하나님 나라의 선교 지평에 걸림이 되기보다 오히려 강점이 된다는 사실이다. 왜냐면 하나님 나라의 운동들이 바로 이 소외되고 눌린 자들로부터 오기 때문이다. 따라서 교회가 하나님의 나라를 섬기는 공동체라면 이 주변인과 소자로서의 자기 인식은 교회 이해의 핵심이 되며 그 소자에 중심이 되는 평신도의 응답과 확장성을 주목하지 않을 수 없다.

이 같은 맥락에서 이범성은 '소자 신학'을 주장한다. 왜냐면 소자 신학에는 교회가 참여할 선교의 의사 일정을 제시하기 때문이다. 그는 일곱 가지로 제시하고 있는데 첫째, 하나님의 선교는 본래 주변으로부터 시작되었다는 것과 둘째, 주변인은 선교의 의제(agenda)를 제공한다는 것과 셋째, 주변인 자신의 사안에만 머물러서 안 되고 다른 주변인의 사안에도 연대해야 한다는 것이며 넷째, 주변인도 상대적 약자에게 기득권자가 될 수 있다는 것과 다섯째, 주변인과의 연대는 하나님 나라의 경험이 된다는 것이며 여섯 번째, 주변인이 주도하는 선교를 위해서 교회는 교육해야 한다는 것이다.[364] 이상은 왜 소자여야 하는지 또 그럴 때 선결되어야 할 과제가 무엇인지를 구체적으로 제시하는 것이라 할 수 있다.

그러나 줄곧 전통 교회들은 하나님의 나라보다는 교회 중심의 교회론에 머물러 있었기에 소자 곧 주변인들은 결코 주요한 자원이 아니었다. 꼼블린(J. Comblin)이 지적한 것처럼 바리새인들이 당대 하

에 오히려 기회가 될 수 있다.
363) 최경환, 『공공신학으로 가는 길』, 40.
364) 이범성, 『에큐메니칼 신학 II』, 169-70.

나님의 백성들을 율법에 대하여 '이류시민' 또는 '거부당한 사람들'로 만듦으로써 많은 공동체 구성원들을 '주변화'시킨 것과 같다. 그러나 주님은 불러내시거나 찾아가신 이들은 '죄인들, 세리들, 가난한 이들, 병자들, 창녀들'이었음과 대비되는 것이다.[365]

그럼에도 불구하고 소자 혹은 기초 공동체를 하나님 나라 운동의 주체로 보는 것을 인정하지 않는 경향은 여전히 존재한다. 에밀리오 누네즈는 『해방신학의 평가』에서 소자를 해방의 주체로 보는 것을 '강요된 의미'라고 평가하고 있다. 왜냐면 출애굽에 등장하는 이스라엘 공동체는 결코 해방의 주역이거나 적극적 가담자도 성취자들도 아니란 것이다. 따라서 그는 오히려 출애굽의 영적 그리고 개인적 의미에 그 의의를 부여하고 있다.[366] 그러나 그런 평가에 간과된 면들이 있다. 주변인과 소자가 선교나 해방의 주역이 된다는 것은 그 일이 항상 그들 자신에 의한 적극적 투신이나 자질에서만 난다는 것만을 의미하는 것은 아니기 때문이다. 이는 앞서 말한 소자 신학의 두 번째 차원에서 제시한 것처럼 그들이 처한 억눌린 환경이 선교의 의제(agenda)를 제공하는 것으로도 그들은 충분히 기여하고 있다고 할 것이다.

또한 성정모에 의하면 이들에 대한 가능성의 문제를 제기하거나 불신하는 것은 그들을 택하신 백성들을 통해서 이뤄지는 하나님의 능력을 부정하는 것이다.[367] 게다가 변두리 공동체는 자신들의 삶에

---

365) 김춘호, 『라틴아메리카 해방신학』 (칠곡: 분도출판사, 1990), 83.
366) Emilio A Nunez C, 『해방신학 평가』, 194-96.
367) Sung Jung Mo, *Desire, Market and Religion*, 홍인식 역, 『시장, 종교, 욕망』 (파주: 서해문집, 2014), 232.

서 이미 일상적인 저항 운동을 통하여 디아코니아를 실천하고 있는데 이는 그들의 눌린 현실들을 통하여 세상의 죄악들을 고발하고 있기 때문이다. 또한 하나님이 그들을 택하신 이유는 온정을 넘어 그들의 처한 환경이 사회 변화의 급박한 필요성을 지시하고 있다는 데 있다.[368]

이처럼 주변인들은 존엄성과 정의에 기초한 삶을 향한 열망을 통하여 자유로운 세계를 목표로 하는 대안적 비전을 제시하고 있다.[369] 이는 그들이 그저 운명에 지배당하기만 한 것이 아니라 그들의 탄식과 호소로써 하나님의 나라를 움직이게 하였기 때문이다.(출 2:23~25) 그것은 하나님의 나라만이 아니라 교회의 예배에 있어서도 마찬가지다. 예배학자 박종환에 의하면 진정한 예배의 시작과 마침은 하나님의 강한 현존에서가 아니라 하나님의 부재의 순간에서 온다. 곧 인간의 한계와 고통의 경험 속에서 겪는 인간의 무능(incomprehensiblility)과 하나님이 하나님 되어 달라는 탄원에서 온다는 것이다[370] 그렇다면 이들 없이는 예배도 예배 되지 못하는 것이다.

그러나 전통 교회들에게 있어서 주변인들은 선교 활동의 적극적 행위자라기보다는 수혜자로 여겨졌고, 따라서 이런 의식하에 수행된 선교는 종종 억압적이고 생명을 압박하는 형태로 나타났으며, 사람들을 소외시키는 경제적, 문화적, 정치적 제도들에 도전하는

---

368) 세계교회협의회, 강성열 역, 21세기의 디아코니아에 관한 신학적인 전망들, 참가 보고서, 2012, 5. 이범성, 『에큐메니칼 신학 II』, 44쪽에서 재인용,
369) WCC, Church and World(1990, 1992), opcit, 71. 위의 책, 45쪽에서 재인용.
370) 박종환, 『예배 미학: 인간의 몸, 하나님의 아름다움』, (서울: 동연, 2014), 26.

데 실패하였고, 이 같은 주류에서 출발하는 선교는 다만 온정주의나 우월의식이 동기에 큰 비중을 차지하였다.[371] 이에 반하여 바르트는 종교들의 세계 한복판에 있는 기독교 종교(die christliche Religion)는 어떤 다른 종교들보다도 위태롭고, 무방비 상태이며 무기력하고 기독교의 정당성은 오로지 예수 그리스도의 이름 안에서 가질 수 있으며 그렇지 않으면 전혀 가질 수 없다고 주장한다.[372]

이 같은 약함으로서의 정체성은 이스라엘 공동체가 바로 주변 열강들에 비하면 지극히 작은 한 무리와 같은 상황에서 구별되었음에도 나타난다.(신 7:6,7) 그들이 세상 앞에 제사장 나라가 되는 조건과 과제는 세속적 '큰 민족'이 아니라 '위대한 민족'(창 12:2, '고이 가돌': 위대한, 큰)이었음에도 저들은 끊임없이 '다른 나라'들처럼(삼상 8:20) 되려다 그 결과는 포로기와 열국 가운데 흩어짐 외에는 아무것도 아니었던 것과 같다.(호 13:9~11)

여기서 소자 공동체가 놓치지 말 것은 복음의 진리는 그 전하는 자의 지위나 자격에 의해 조금도 문제가 되지 않는다는 사실이다. 기독교 신앙은 그 자체로 진리인 복음에 기초하기에 공동체의 능력과 조건에 영향 되지 않음과 같다. 오히려 공동체가 가지는 화려하고 중심적인 조건들은 다윗이 입은 갑옷과 같아서 도리어 복음에 걸림이 될 뿐이다. 하나님 나라의 비유가 누룩이나 겨자씨처럼 지극히 작은 것과 관계된 이유이다.(마 13:31~33) 너무 작아서 눈에조차 보기 힘든 그 작은 씨가 새들이 깃드는 나무가 되는 하나님 나라의 원리와 같으며, 심지어 믿음조차도 다만 겨자씨와 같아도 충분할

---

371) WCC-CWME, *Together towards Life*, No. 41. 위의 책, 161쪽에서 재인용.
372) Lewis Mudge, 『하나님의 백성』, 55.

뿐이다.(마 17:20) 이처럼 소자로서의 성도가 오히려 하나님 나라의 핵심이 된다.

그런 연유로 보쉬는 구약에서 증언의 가능성을 이스라엘 민족적 승리에 있는 것이 아니라 오히려 그 민족적 역성에서 찾았다. 그 절정을 고난의 종(사 53장)으로 보는데 이를 가장 높고 가장 깊은 차원의 선교로 이해한 것이다.[373] 또한 신약에서 바울이 성공과 승리주의 안에서 선교를 정의하는 설교자들을 거부함에도 찾을 수 있다. 또한 그는 모리젠(N. P. Moritzen)의 말을 빌려 하나님이 인간을 긍휼로 찾는 가장 의미 있는 요인 중 하나는 '약한 증인'이 절대적으로 필요하고 '힘없는 대리인'이 전한다는 것으로 보았다.[374] 실제로 가장 큰 복음의 내용인 부활은 힘없고, 심지어 당대 사회 개념상 신뢰를 상실할 수 있는 여인들의 증언이었다는 사실이다. 증언을 위하여 제도적 기반이나 신뢰할 만한 전통은 요구되지 않은 것이다.

바르트 역시 선교에 대해 인간이 무엇인가를 이루고 성취한다는 것으로부터 마비가 되고 불구가 되어야 선교를 위해 하나님이 온전히 사용하시는 유용한 도구가 될 수 있다고 주장하였는데[375] 그의 이러한 입장은 선교신학자 핸드릭 크래머에 의해 수용되었고 이로써 교회 중심의 선교에서 '하나님의 선교'(Missio Dei)라는 이해로 거듭나게 되었다. 이런 하나님의 선교는 다른 차원에서 '교회의 약함' 또 이는 다른 말로 '주변인으로서의 성도'가 될 때 진정한 선교의 자

---

373) David J Bosch, *Witness to the World: The Christian Mission in Theological Perspective*, 71.
374) 위의 책, 72.
375) 김은수, 『현대 신학의 흐름과 주제』, 53.

리가 되는 것으로 이해될 수 있다.

　미로슬라브 볼프 역시 교회가 세상 앞에 가질 양면성을 이야기한다. 한 차원은 '세상을 고쳐야 한다'는 책임감과 '공공선'을 통한 섬김인데, 이는 예언자적 종교로서 기독교 특유의 기질이라는 것이다. 이는 교회가 세상에 대하여 적극적인 개입하는 것을 뜻한다. 그러나 또 다른 차원에서 그 참여와 영향력은 권력의 핵심에서부터가 아니라 사회의 변두리에서 펼쳐야 할 것이라고 말하고 있다. 곧 종교적으로나 문화적으로나 다원화된 세상에서 기독교 공동체는 '수많은 행위자 중 하나'여야 한다는 것이다.[376] 그에 의하면 초기 기독교 공동체는 결코 주요한 행위자가 아니었으며, 사람들의 눈에 띄지 않는 어두운 구석으로 밀려나는 것은 실패의 표지가 아니라 선한 사람들과 함께 있다는 표지였다는 것이다. 반면 반대로 오늘 교회들은 약화된 영향력 때문에 불안해하고 있다는 것이다. 그러나 그는 많은 행위자 중 하나가 되는 것을 두려워할 필요가 없으며 자신 머문 곳이 중심이든 주변부는 공공선을 추구하는 것이 중요하다고 보고 있다.[377]

　이는 수많은 성경적 전거를 가진다. 젊은 모세가 스스로 일하고자 했을 때 그는 실패자로 도망 다닐 수밖에 없었지만, 더 이상 무력하여 아무것도 할 수 없는 주변인이요 소자로 여길 때에는 부름 앞에 설 수 있었으며, 또한 이스라엘도 나그네란 정체성을 항상 간직해야 했었는데, 이는 바로 자신을 주변인으로 인식함에 대한 것이다.(출 22:2) 심지어 메시야로 약속된 주님 역시 '건축자들의 버린

---

376) Miroslav Volf, 『광장에 선 기독교』, 118.
377) 위의 책, 118-20.

돌' 곧 주변인으로 계시되었다는 사실이며(시 118:22) 또한 '나사렛 예수'로 불렸는데 거기에는 어떤 선한 것도 날 수 없던 곳이었다.(요 1:45,46) 그러나 오늘날 나사렛은 기념비적인 이름이요 구원의 이름이 되었음과 같다. 아무 선한 것도 기대할 수 없었던 단지 주변화된 그곳이 예수로 인하여 구원의 이름이 되었고, 어둠의 권세를 이기고 약함을 치유하는 고백이 된 것이다.(행 3:6) 또한 히브리서 11장이 증거 하는 믿음의 선조들이란 다 소자들이었음과 같다. 그들이 처한 약함이 가져다준 의로운 심령의 상함 때문에 하나님의 나라가 더 빠르게 노출되기 시작한 것이다. 또 시편이 증거 하듯이 다윗의 말할 수 없는 탄식들이 그의 나라를 그리스도의 통치의 그림자가 되게 한 것과 같다. 나아가 아벨의 피와 스가랴의 피가 그리스도의 오심을 위한 준비가 된 것과도 같다.(마 23:35) 그들의 세속적 실패가 복음의 전진이 된 것이다. 바울 역시도 자신의 매임이 복음의 진전이 된 상황을 빌립보 교회에 전함과 같다. 한 개인의 탁월한 섬김에 의지하던 교회가 그의 매임으로 인해 그동안 주로 섬김에 있어서 주변인이기만 했던 다수의 형제-자매-들이 복음의 일선에 담대하게 나서게 된 것이다.(빌 1:12-14)

이는 오늘 교회에 중요한 길잡이가 된다. 그리스도의 몸 된 교회는 자신의 탁월함 같은 세상의 중심적 요소가 얼마나 많은가는 그리 중요한 것일 수 없다. 나사렛의 예수이어도 세상의 구원에 족했던 것처럼 교회는 어떤 힘이나 제도나 권력에 기반 되지 않기 때문이다. 교회가 가진 것은 복음이 주는 진리이기에 복음의 중심성 외에 다른 의지는 잠재적 위기가 될 뿐이다. 그러나 오늘날 많은 교회가 서로 중심을 차지하려 듯이 각종 마케팅과 교회성장 프로그램에 의

지하고 있다. 본질보다 현상들만 가득해 보이는 것이다. 교회가 주와 연합된 공동체라면 교회가 어디에 있는가에 상관없이 주에 의해서 교회의 교회됨이 결정될 뿐이다.(눅 19:9)

⑫ '가난한 자': 해방신학의 전망

소자와 주변인으로서의 공동체성을 더욱 깊게 성원하는 것은 가난한 자로서의 자기이해이다. 신구약에 걸쳐서 소자의 구체적인 자리는 가난한 자의 현실이었으며 이 '가난한 자'[378]가 아니고는 하나님을 찾는 영혼도 아니었기 때문이다. 따라서 진정한 소자 신학을 위해서 우리는 다시 가난한 자로서의 하나님의 백성을 조망할 필요가 있다. 다만 가난과 빈곤 그 자체를 미화하거나 이상으로 보는 것은 성경적이지 않다. 하나님의 '복'과 '가난'은 상충되는 것이기 때문이다.(신 15:5) 물론 그럼에도 가난하다는 이유만으로 성경은 그들

---

378) 구약에서 '가난'에 대해 가장 많이 쓰인 말은 '아니'이다. 77회 중 시편에 29회 사용되었는데 주로 압제 아래 굴복하는 자를 뜻한다. '아나우'는 '아니'에서 파생되어 물질적 면보다는 주로 하나님 앞에 겸손이나 온유한 상태를 뜻하는 영성적 빈곤을 나타내며 18번 중 시편에서 7번 나타난다. '달'은 육체적 약함과 빈곤을 '에브욘'은 빈궁한 상태에서 하나님께 혹은 사람에게 호소하는 자로 나타난다. 이 두 단어는 한나의 기도에 함께 등장하며(삼상 2:8) 아모스 2장 6, 7절에는 '달'과 '에브욘' 그리고 '아나우'가 함께 등장한다. 이처럼 가난한 자들은 선지서의 핵심 주제였다. 신약에는 이 모든 의미를 담은 단어는 '프토코스'이다. 프토코스가 할 수 있는 일은 구걸뿐이다. Conrad Boerma, *Rich Man, Poor Man - and The Bible*, 김철영 역, 『성경에 본 빈곤한 자와 부한 자』(서울: 기독교문사, 2004), 16~19. 참고하라 Lois Julio, *Teologia de la liberracion Opcion por las pobres*, 김수복 역, 『해방신학의 구조와 논리』(서울: 한국신학연구소, 1990), 125; Gustavo Gutierrez. 『해방신학』, 321-22.

에게 '의'의 지위를 부여하는 것을 볼 수 있는데 이는 꼰라트 부르마 (Conrad Boerma)에 의하면 그들의 압제가 너무 불의하기 때문이지[379] 가난 자체가 선한 것이기 때문은 아니다. 곧 '가난한 자들에 대한 선택'이 있는 것이지 '가난에 대한 선택'은 아니다. 이처럼 가난이라는 개념은 모호성을 가지는데 심지어 해방신학자들에게도 마찬가지이다.[380]

우리가 조금만 관심을 돌려서 가난한 자의 입장에서 성경을 읽어보면 온통 부름과 구원에 이 가난한 자들이 그 중심에 있음을 보고 놀라게 된다. 선지서에서 '가난한 자'는 '의인'과 동일시되며(암 2:6) 학대받던 자들이 재판관들과 왕들의 역할을 인계받는다.[381] 심지어 그리스도의 오심에 대한 마리아의 찬가는 비천한 자와 부자의 대결이 중심이며(눅 1:46~56) 이러한 가난한 자의 편향성은 갑자기 나타난 것이 아니라 한나의 찬가에도 나타난 것이다.(삼상 2:5~8) 또한 그리스도의 공생애의 시작과 더불어 갈릴리 회당에서 대독하신 말씀도 가난한 자들에게 복음이 선포됨에 대한 것이었다.(눅 4:18) 또한 그리스도 자신도 가난한 자의 길을 선택하셨으며(마 8:20) 그를 따르는 조건이나 파송의 조건(마 10:9, 막 6:8, 눅 10:4) 그리고 영생의 조건(눅 18:18~30) 까지도 예외 없이 재산의 버림이 요구되었는데, 만일 이 같은 부름이 일부 성직자에 한정된 문제가 아니라 한 백성 모두의 것이라면, 우리 모두는 이 가난의 문제를 가볍게 여기고 지나칠 수 없다. 따라서 일찍이 가난에 투신했던 해방교회의 도

---

379) Conrad Boerma, 『성경에 본 빈곤한 자와 부한 자』, 55.
380) Julio Lois, 『해방신학의 구조와 논리』, 114.
381) Conrad Boerma, 『성경에 본 빈곤한 자와 부한 자』, 64.

움을 피할 수 없다.

해방신학은 불의로 착취당하는 사회에 항거함을 통해 새로운 사회를 건설하고자 하는 신학운동이다. 단지 인간 착취로부터의 '해방'을 넘어 '새 인간의 창조'[382]를 지향하고 그러기 위해서 해방의 주체를 '가난한 자들' 자신에게서 두고 있다. 그런 관점에서 구티에레츠(Gutierrez)는 신학자들의 역할이란 (자신이 주체가 아니라) 단지 그 해방과정을 더 깊게 함으로서 성원할 뿐이라고 주장한다.[383] 이처럼 해방의 역사적 주체를 누구로 보느냐의 문제는 중요한데, 자유민주주의에 있어서 역사의 근본적인 주체는 부르주아 계급이라면 마르크스에 있어서는 혁명 정당 혹은 프로레타리아 계급이며 해방적 기독교에서는 가난한 사람들이 자기 해방의 주체가 된다.[384]

이처럼 해방신학의 주요 관심 중 하나는 해방의 주체에 대한 문제다. 과거 '개발'과 '발전'이 해방을 가져다줄 줄 알았지만 거기서 결여된 것이 그 개발의 '주체가 누구냐'를 간과한 것이기 때문이다.[385] 따라서 주체의 문제를 생각하지 않은 어떤 시도도 '인간이 자기 미래의 자기 결정의 당사자'여야 한다는 근본적인 문제에 접근할 수 없다. 그럼 그 주체는 과연 누구인가? 놀랍게도 가난한 자들이며 소외된 자들이다. 곧 해방신학의 관심은 '가난한 자들의 우선적

---

382) 구티에레스는 창조를 구원과 연결시키고 있다. 따라서 새 인간 창조란 정치적으로 해방된 인간을 뜻하기도 하고 자기 운명을 자기가 결정할 수 있는 인간을 의미한다고 할 수 있다. Gustavo Gutierrez. 『해방신학』, 171-81.
383) 위의 책, 339.
384) Sung Jung Mo, 『시장, 종교, 욕망』, 231.
385) 위의 책, 41-42.

선택'386)에 있을 뿐만 아니라 그 '가난한 자들에 의한 해방'을 해방의 본질로 본다. 왜냐면 해방되어야 할 이들이 해방되어야 할 자기 현실을 누구보다 더 잘 이해하고 있기 때문이다. 그럼 여기서 가난한 자들은 누구인가? 혹은 가난의 복음적 의미는 무엇인가?라는 문제가 생긴다.

구티에레스에 의하면 가난은 첫째 '물질적 빈곤'이다. 둘째는 '정신적 순박'으로써 하느님께 자기를 개방하는 자세이다. 그러나 첫째를 교회가 지향하기에는 미묘한 속임수가 있다고 본다. 빈곤 자체가 해방의 목표가 될 수 없기 때문이다. 또한 '정신적 가난'은 구약 선지자들의 길과 팔복 등에서 찾고 있지만 이 역시 부분적이고 불충분하게 본다. 왜냐면 성경에서 주목하는 '가난'은 종종 사회적이고 구체적 빈곤의 현실을 지니고 있기 때문이다. 이런 이유로 구티에레스는 가난의 세 번째 차원으로 '연대'와 '저항'(solidarity and protest)으로써의 가난을 주장하고 있다. 곧 그리스도께서 취하신 가난이 그 중심이다. 해방할 자들을 위하여 스스로 '케노시스'(kenosis)를 취하신 것에서 진정한 가난의 성격을 보는 것이다. 이때 가난은 '사랑'과 '해방'의 행위며 '구원'의 가치를 가지는 것이다. 이런 자발적 가난은 이웃 사랑의 행위가 된다.387)

가난 자체는 악이다. 메델린 주교회의가 가난을 "제도화된 폭력이라 불릴 수 있는 불의"라 표명한 것과 같다.388) 예수 그리스도도 가난한 사람들 때문에 가난한 사람이 되신 것이지 가난에 대한 사

---

386) Jon Sobrino, 『해방자 예수』, 169-72.
387) Gustavo Gutierrez. 『해방신학』, 333-34.
388) Julio Lois, 『해방신학의 구조와 논리』, 147.

랑 때문에 가난해지신 것이 아니다.[389] 이것은 피할 수 없는 본질이다. 따라서 가난과 주변화는 단순한 사회학적 자료가 아니라 신앙의 시각에서 죄악과 불의의 구체적 표현이다. 그러나 때때로 교회는 이 차별적인 상황을 직시하기보다 신성시하는 데 쉽사리 사용하였다.[390] 이처럼 가난이 욕된 것인 한 성도의 길이 될 수 없음은 분명하다.

다만 다른 차원에서 가난은 가난에 대한 투신으로써 다스려진다고 말할 수 있다. 그렇다면 여기서 구티에레즈가 강조하는 가난에 대한 투신의 의미를 보다 분명히 이해할 필요가 있다. 구티에레즈는 『해방신학』에서 가난한 자들에 대한 투신은 "스스로 가난해 질 때" 비로소 가능하다고 말하고 있으면서도 그 문단 앞에서 "이 세상의 '*재물을 끊어 버림*'이라는 형태와는 '*전혀 다른 가난*'을 실천하는 새로운 길들이 개척되고 있다"[391]고 언급한 것을 볼 때 그가 말하고자 하는 투신으로서의 가난은 가난에 대한 적극적 참여로 되는 것이지만 그럼에도 물질적 가난과는 거리를 두는 것이라 볼 수 있다.

여기서 생각할 것은 그는 초기에는 '투신으로서의 가난'이 '영성적 가난'을 위한 필요조건으로 보았다면, 후기에는 그 반대인 '영성적 가난'이 '투신을 위한 가난'의 필요조건으로 이해하였다는 것인데[392] 이는 그가 마음이 가난해지지 않고서는 가난한 자들을 위한 투신이 바르게 작용되지 못함을 최종 인식한 것이라 할 수 있다. 그렇다면

---

389) 위의 책, 135.
390) Leonardo, Boff. *Liberating Grace*, 김정수 역, 『해방하는 은총』 (서울: 한국신학연구소, 1993), 127.
391) Gustavo Gutierrez. 『해방신학』, 336.
392) Julio Lois, 『해방신학의 구조와 논리』, 145.

그는 가난에 대한 세 가지 이해에서 '물질의 빈곤'을 배제하고 '정신적 순박'과 '투신으로서의 가난'만을 복음적 가난에 필요한 자리로 이해한 것이라 할 수 있다.

그러나 여기서 주의할 점은 삶의 자리로서의 가난-혹은 청빈-을 알지 못하는 영적 가난과 투신적 가난이 과연 가능할까를 묻지 않을 수 없다. 오히려 물질적 가난 역시 영적 가난이나 투신으로써의 가난을 위한 필요조건이 된다고 말할 수 있다. 왜냐면 신구약의 증언을 볼 때 '영성적 가난'과 '물질적 가난'은 불가분의 관계임을 알 수 있기 때문이다. 시편에 등장하는 '아나우'(ענו 온유한 자, 가난한, 시 37:11)나 팔복에서의 '프토코스'(πτωχός 가난한 자, 마 5:3)[393]는 결코 정신적 순박이나 자발적 가난한 자만이 아니며, 그들에게 팔복이 선포되고 하나님의 나라가 약속되는 것은 그들이 스스로 가난에 투신해서라기보다는, 그들이 당면한 억눌린 상황과 그로 인한 탄식과 호소가 하나님의 나라를 침노했기 때문이라 할 수 있다.(마 11:12) 그들은 율법이 제공한 안식년이나 희년의 절기가 주는 최소한의 안전망의 기회마저 박탈당함으로써 주림에 내몰린 자들이었기 때문이다. 그들의 삶을 규정하는 것은 사회적 억눌림과 빼앗김으로 인한 빈곤이었으며, 이로 인한 육체의 질고와 마음의 상함이 그들의 실제 하는 자리였다고 할 수 있다. 따라서 그들의 부르짖음만이 유일한 탈출구였던 영혼들이었다. 이처럼 시편이나 팔복에서의 '온유한

---

393) 이 단어는 신약에서 25번 나오는데 22번은 '경제적으로 소외된 억압을 당하는 자들'을 의미했다. 뿐만 아니라 소브리노에 의하면 나머지 세 번도 영성적 의미가 아니었으며, 따라서 신약과 예수에게 '가난한 사람'들은 사회학 범주를 가리킨다는 것이다. Jon Sobrino, 『해방자 예수』, 170.

자들'−마음이 가난한 자들−이란 영성적 가난을 넘어 물질적 현실을 다 함축하는 자들이라 할 수 있다.

그렇다면 하나님의 나라의 도래는 부자들의 감사나 찬양으로부터 오는 것이 아니라 저들의 탄원으로부터 온다. 스가랴 11장 5절에는 부자들의 찬양이 하나님의 탄식과 진노가 됨을 보여준다.(~*내가 부요하게 되었은즉 여호와께 찬송하리라 하고 그들의 목자들은 그들을 불쌍히 여기지 아니하는도다*) 반면 가난한 자들의 탄원은 영성적 가난의 모체가 되며, 그 안에서 투신적 가난도 가능하다. 그렇지 않은 영성적 가난은 단지 '가난의 신성화−영성화−'이며 또 그런 가난의 투신은 단지 자신의 상황과는 다른 자에게 수혜를 베푸는 것 외에 아무것도 아닐 것이다. 종의 형체로서 오신 그리스도의 가난이 가현설적 가난일 수 없는 것처럼, 진정한 투신으로써의 가난을 위한 필요조건은 영성적 가난만일 수 없다. 진정한 영성적 가난은 '삶의 가난−청빈−'을 수반한다. 역설적이게도 그때 그 가난은 물질적 빈곤이며 정치적이요 문화적이고 기회적인 모든 종류의 가난이라는 악을 이긴다. 곧 물질적 가난이 목표는 될 수 없지만 아이러니하게도 그것 없이는 마음의 가난이나 투신의 가난에 이르기 힘들다는 사실이다. 반면 그리스도적 가난과 그 투신은 욕된 가난을 조장하는 구조를 이기는 핵심적인 것이 된다.

이상과 같이 가난(한 자)은 연대할 대상이기도 하고 없애야 할 투쟁이라는 이중적 의미가 있다. 따라서 해방신학에는 연대와 더불어 투쟁 역시 핵심 주제가 된다. 곧 해방신학은 경제, 사회, 정치, 문화

면에서의 종속되어 있는 상황 앞에서[394] 그것을 신앙적으로 영성화하는 것을 막고 저항하려는 행동신학(doing theology)이다. 이처럼 해방신학이 행동신학이기에 평신도가 가지는 노동과 실천에 높은 신학적 자리를 부여하게 한다고 할 수 있다. 소브리노는 이 같은 해방신학의 성격을 '하나님의 나라'에서 찾는데 그 하나님의 나라 역시 투쟁의 성격을 가지고 있기 때문이다. 그가 하나님의 나라를 투쟁으로 보는 이유는 그 나라를 반대하는 세력이 분명히 있다는 점을 신학이 인정해야 한다는 것이며 그런 신학의 성과가 메델린(Medellin) 제2차 남미 주교회의(1968)와 푸에블라 제3차 남미 주교회의(1979)라는 것이다.[395] 이들 회의에서는 하나님의 백성들이 처한 가난이라는 구조악을 비판하였다.

소브리노에 의하면 하나님의 나라를 건설하는 것은 이와 같은 구조악 곧 하나님의 나라를 반대하는 세력을 이기고 없애는 것이다. 그는 억압자에 맞선 실천의 예수의 모습을 해방으로 보았다. 그는 하나님의 나라는 백지에서 세워지는 것이 아니라 반대하는 세력과 대결하면서 세워지는데 그 징표를 박해에서 찾는다. 왜냐면 복지로서 해결하려는 곳에는 박해가 없기 때문이다. 따라서 맞서 싸우는 일을 해방신학의 절대 기본으로 보고 있다.[396] 그런데 바로 가난이이 저항과 투신의 징표를 가진다는 사실로서 가난한 자들은 자신이 해방의 주체가 되는 것이다.

종교적 관점에서도 평신도들은 가난한 자들이다. 왜냐면 가난이

---

394) Gustavo Gutierrez. 『해방신학』, 42.
395) Jon Sobrino, 『해방자 예수』, 253.
396) 위의 책, 254-55.

물질적 빈곤을 넘어 소외와 주변화된 상황을 다 내포하는 것처럼 전통 교회 내에서 평신도들의 위치가 부름이나 은사에 있어서 그와 같기 때문이다. 따라서 가난이 하나님 나라에 대한 투쟁의 중심에 있다면, 한 백성으로서의 평신도들 역시 하나님 나라의 중심에 있다고 할 수 있을 것이다. 다만 생각할 것은 평신도만으로 충분한가라는 물음은 남아있다. 따라서 우리는 다음의 과제를 생각하지 않을 수 없다.

• UNIT 5 •

목회자와 평신도

⑬ 충돌인가 조화인가?

❶ '은사 공동체'에서 '덕 공동체'로

'평신도 중심 구조의 교회' 초점은 첫째 성도 자신의 부름을 아는 것-부름- 곧 **'자신이 누구'**이며, 둘째 자신의 은사가 구비됨에 소외됨이 없는 것-세움- 곧 **'자신의 은사가 무엇'**이며, 셋째 자신의 섬김이 주체가 되는 것-보냄- 곧 **'자신의 사역이 드높게 고양'**되는 데 있다. 이로써 자신이 머물고 있는 세상 한가운데에서 자신의 소명을 인식하고 거기서 왕적사역을 통하여 하나님 나라의 선취와 그리스도 섬김의 현존을 나타내는 것에 있다-보냄-. 다만 이를 위하여 먼저는 삼위 안에 있는 사귐과 그리스도의 몸의 친교를 경험하는 한 백성의 교제에 들어가는 일이 중요하며-부름-, 나아가 거기에 있는 세움을 경험하는 일이 요구된다-세움-.

이는 하나님의 나라를 교회 안으로 축소나 동일시시켜 버린 한계를 넘어 자신이 머무는 일주일간의 시간과 공간 속에서 자신의 부름을 발견하고 자신의 노동 안에서 그 나라의 봉사를 경험하게 하는 일이라 할 수 있다. 이 같은 평신도 중심교회의 구조는 크게는 두 양식을 가지는데 '하나님 앞에' 있음이며 동시에 '세상 앞에' 있음이다. 그 본은 초대교회에 먼저 나타났는데 교회의 자리는 항상 세상과의 긴장 안에서 있었기 때문이다. 그 결과는 교회의 찬미-모임-와 세상에서의 칭송-흩어짐-으로 나타났다. "하나님을 찬미하며 또 온 백성에게 칭송을 받으니 주께서 구원 받는 사람을 날마다 더하게 하시니라."(행 2:47)

이것이 가능했던 이유는 그들이 경험하였던 공동체가 2세기 중엽의 "디오그네투스에게 보내는 서신"에 언급된 것처럼 "눈에 보이지 않는"-삼위와의 사귐 공동체- 존재였을 뿐만 아니라[397] 동시에 하나님 나라의 역동성을 이 땅에 '**보여주는**'-그리스도의 섬김의 현존- 공동체이기도 했기 때문이다.(행 2:43~47) 이는 당시 교회가 자기 당대에 자신들의 지역 사회 안에서 그들의 특별한 섬김을 통해서 '하나님 나라의 선취를 세상에 보여주는 종말론적 공동체'였음을 뜻하는 것이다. 교회의 이 두 차원은 성경적 전거를 가진다. 교회는 맛을 내기 위해서 자신은 사라져야 하는 소금의 지위인 동시에 들린 등잔과 같이 모든 사람에게 비추어서 자기 착한 행실로서 하나님께 영광을 돌려야 하는 세상의 빛이기 때문이다. 이처럼 교회는 보이지 않음과 보여주는 이중성을 긴장과 조화로 가진다.(마 5:13~16)

우리는 여기서 초대교회가 어떻게 그 긴장과 조화를 유지할 수 있었는가?를 물을 수 있다. 일차적으로는 오순절 성령강림에 따른 '은사 공동체의 출현'을 들 수 있을 것이다. 이는 최근 평신도 신학의 강조점이기도 하다. 정용섭은 초대교회에 다양한 직분들 곧 사

---

397) 김선영 역, 『초기 기독교 교부들』, 285.

도, 선지자, 목사, 감독, 집사 등등의 직분이 있었지만(눅 6:13; 고전 12:28; 엡 4:11; 딤전 3:18) 이들을 별로로 성직자라 부르지 않았고 이로 인해 새로운 계급이 아닌 '형제자매들의 평등한 은사 공동체'가 있었을 뿐이라고 말한다. 그런데 원시 공동체 이후 본래 교회를 구성하는 '신도'와 '성령'이란 두 요인 외에 제3의 '성직자'란 요인이 뒤늦게 나타났다는 것이다.[398]

같은 관점에서 류장현은 현대 평신도신학의 흐름을 이브 콩가르의 '총체적 교회론', 크래머의 '선교와 봉사 공동체'로서의 교회론과 스티븐스의 '하나님 백성'으로서의 교회론으로 정리하면서 지금까지의 평신도신학에는 교회의 본질과 사명으로서의 '하나님 나라를 지향하는 종말론적 은사 공동체'의 강조점이 드러나지 않음을 지적하고 있다. 따라서 진정한 평신도신학이 가질 교회론의 방향을 '성령의 은사 공동체'로 보고 있다.[399]

이는 핸드릭 크래머(Hendrik Kreamer)가 교회 내의 다양한 '봉사'와 '은사'를 다루는 고린도전서 12장이 오랜 세월 동안 무기력한 말씀으로 존재하였다가 오늘날 교회에 대한 새로운 안목을 열어 주고 있음을 지적함에서도 나타난다.[400] 크래머는 고린도전서 12-14장의 성령 은사들이 교회로 하여금 의식적으로 '제도적인 성격'보다 '카리스마적인 성격'에 우위를 두게 하는 것으로 보았다. 그는 특히 고린도전서 12장이 교회의 카리스마적인 성격을 아주 명백히 묘사한다고

---

[398] 정영섭, "한국 평신도 교회의 등장과 그 성경적 고찰",『신학사상』186집 (2019/가을), 298.
[399] 류장현, "평신도 운동과 신학에 관한 고찰",『신학사상』176집, (2017/봄), 140-41.
[400] Hendrik Kreamer,『평신도신학』, 38.

주장하고 있다.[401]

이처럼 시대적 현실 앞에 '은사 공동체'로서의 다이내믹한 응답성을 가진 교회의 자기이해는 오늘의 교회에도 피할 수 없는 과제가 된다. 이는 뉴비긴(Lesslis Newbigin)이 교회의 위험 특히 아시아권에서는 혼합주의보다 오히려 '정적인 소수자로의 퇴거'와 다수가 지배하는 공동체에서 종교 문화적으로 '고립된 게토이즘'(ghettoism)에 있다[402]고 말함에서도 잘 나타난다. 그렇다면 교회는 초대교회가 가지는 역동성을 확보할 수 있는 은사 공동체로서의 자기 정체성을 통해서, 오늘의 교권적이고 제도적 안주로 게토화되어 버린 현실을 새롭게 할 수 있어야 할 것이다.

다만 그럼에도 불구하고 교회를 오직 은사 공동체로서 규정하려는 성경적 전거는 다시 검증될 필요가 있다. 왜냐면 초대교회가 가지는 하나님 나라의 징표에 '은사 공동체'가 전부는 아니었으며, 나아가 바울조차도 은사 사역자들에 대한 강한 경계를 드러내고 있음을 볼 수 있기 때문이다. 곧 핸드릭 크래머가 은사 공동체의 핵심 본문으로 삼은 고전도전서 12장에 대해, 바울은 오히려 다른 강조를 두고 있음을 볼 수 있다.

바울은 고린도전서 12장에서 비록 '신령한 것'(고전 12:1)에 대해 권면함으로 시작하지만 12장의 핵심 주제는 '다양한 은사와 사역'이 아니라 **'한몸'**으로서의 교회에 대한 것이다. 이는 '은사'에 대한 언급은 세 구절(8,9,10)에 그치지만 삼위가 주는 교회의 통일성(4,5,6,11)

---

401) 위의 책, 202.
402) Lesslis Newbigin, *Trinitarian Doctrine for Today's Mission*, 최형근 역, 『삼위일체적 선교』, (서울: 바울, 2015), 47.

과 '한몸'(12~31)에 대한 권면은 나머지 전체를 차지함에서도 알 수 있다. 곧 고린도전서 12장의 핵심은 '은사 공동체'가 아니라 '한몸으로서의 교회'이다. 더욱이 고린도전서 12장에 앞선 주제가 당파(1:12)의 문제로 시작해서 파당(11:19)의 문제로 끝나는 것을 볼 때, 12장의 주제가 '교회의 일치'임은 당연한 귀결이다. 바르트 역시도 그의『교회 교의학』Ⅳ권 3-2에서 여기 12장을 다양한 은사적인 측면보다는 일치 곧 한몸에 강조점을 두고 있음을 볼 수 있다.[403]

이는 '은사 공동체'로서의 교회가 '증언의 확장'이나 '대사회적인 참여'와 '섬김을 통한 변혁'을 가져다주는 장점을 제공함에도 불구하고 내부 분열이라는 치명적인 한계를 가질 수 있기 때문이다. 따라서 바울은 은사의 유익을 거부하지 않으면서 그 은사를 통합시킬 요인을 원했고 그 결과 '사랑'의 위대한 설교(13장)도 실상은 '교회의 통일성'을 위한 하나의 은사(12:31)로서 였다. 곧 바울에게 있어서 다양성을 가진 **'은사 공동체'(12장)**는 하나로 묶을 수 있는 **'사랑 공동체'(13장)**를 동반해야 하며, 이로써 최종적 과제는 서로를 세우는 **'덕 공동체'(14장)**[404]로 환원되어야 할 것으로 보았다는 사실이다. 우리는 12장-은사-과 13장-사랑-의 주요한 교회 이해 앞에서 14장-덕-이 주는 교회의 핵심 이해를 간과하기 쉽지만 바울은 고린도교회에 이 덕 공동체를 최종 지향점으로 두고 있음을 발견할 수 있다.(고전 8:1; 10:23; 14:3,4,5,12,17,26)

또 이때 '사랑'의 의미도 더 이상 개인적인 덕목이 아니라 공동체

---

403) Karl Barth,『교회 교의학 Ⅳ/3-2』, 404.
404) '덕'에 대한 바울의 언급은 14장에 총 여섯 번에 걸쳐 나타난다. (고전 14:3, 4, 5, 12, 26) 그중 세 번은 '교회의 덕'에 언급이다.

적인 은사요 가치임을 뜻한다. 곧 13장의 사랑의 위대한 설교-오래 참고, 온유하며 시기하지 아니하며-는 개인적인 신앙의 이상으로 주어진 것이 아니라 은사주의에 따른 분열을 치유할 공동체적 덕목임을 알 수 있다. 이를 개인적 차원으로 받는 것은 사랑을 개인 윤리로 낮추는 것이다. 사랑 있는 곳에 공동체의 세움이 있는 것이다.

나아가 '덕' 역시 개인의 인격이나 도덕성을 규정하지 않고 '교회의 질서'를 뜻한다. 이때 '질서'는 세속화된 개념의 피라미드식의 위계질서와 전혀 다른 것인데, 그리스도를 머리로 하고 그 머리에 붙어 있는 몸이 되기 위하여 서로 각 지체가 조화롭게 연결된 그런 질서인 것이다. 이로써 어떤 다양한 은사나 지위도 자기를 높이거나 내세우지 않는, 다만 그리스도의 몸을 이루는 것이 되어야 할 뿐이다.

그렇다면 우리는 '경직된 제도'가 되어서 은사가 주는 긴박하고 변화를 요청하는 새로움을 상실해서도 안 되고, 반대로 '서로를 세우는 조화로운 질서'를 배제한 채 은사 지향적 집단이어서도 안 된다. 곧 성령의 은사 공동체라는 약동함을 유지하되 그 변혁을 담아낼 수 있는 틀로서의 '새 포도주의 새 부대 같은 공동체 구조'를 찾아내어야 할 것이다. 다만 여기서 이 의미를 바르게 인지하는 것이 중요한데 새 포도주와 새 부대를 단지 새것에 대한 추구로만 이해할 수 없다는 것이다. 왜냐면 묵은 것-발효된-이 좋은 포도주이기 때문이다.(*묵은 포도주를 마시고 새것을 원하는 자가 없나니 이는 묵은 것이 좋다 함이니라.* 눅 5:39) 따라서 발효-변화-를 일으킬 수 있는 다이내믹한 공동체성-새 포도주로서의 교회-과 그 역동성이 발생될 때 교회가 나뉘거나 터지지 않게 하는 포용성을 갖춘 공동체성-새 부대로서의 교회-이 본질이다. 따라서 교회는 은사 공동체와 같이 교회에 새로운 변혁을 주는 새 포도주와 같은 교회이어야 하고, 그와 같은 역동성을 받아들이되 팽창할 때 터지지 않게 하는 덕 공동체와 같은 새 부대 같은 교회이어야 하는 것이다.

결론적으로 교회는 교권 일원화 중심의 경직된 구조를 넘어서는 새 포도주 같은 '은사 공동체'(고전 12:4~11)가 되어야 하고, 그러나 그것에 그치지 않고 동시에 그 같은 다양성이 분열되지 않도록 모든 것을 인내하며, 신뢰하며, 희망하고, 견디는 '사랑 공동체'(고전 13:7)이어야 하며, 이로써 최종적으로는 모든 이를 하나로 담아내는 새 부대로서의 '덕 공동체'(고전 14:3,4,5,12,17,26)이어야 할 것이다.

이처럼 바울은 은사의 다양성을 소멸하기 원치 않으면서도 은사주의를 경계하고 있다. 그의 이 같은 경계는 의도치 않게 여성신학에 도전을 주었는데(고전 14:34, 35) 이 점을 여기서 간략히라도 살피려는 것은 여성은 교회 공동체를 구성하는 더 많은 지분을 가지고 있다는 면에서, 곧 평신도 자원으로서 어쩌면 더 핵심적인 위치에 있기 때문이다. 곧 바울의 도전적인 입장은 실제로는 여성에 대한 것이 아니라 당시 고린도교회가 처했던 은사주의에 대한 입장이라 해야 옳을 것이다. 이는 그만큼 초대교회에 여성의 카리스마적인 선지자들이 많았음을 뜻하는 것이며 또 이는 여성의 리더십이 초대교회에서 결코 소외되지 않았음을 보여주는 것이기도 하다. 까닭에 바울이 참으로 경계하고자 한 것은 여성의 리더십이 아니라 어떤 '여선지자' 집단에 대한 경고였다고 할 수 있다.

"33. 하나님은 **무질서**의 하나님이 아니시요 **오직 화평**의 하나님이시니라. 모든 성도가 교회에서 함과 같이 34. **여자는 교회에서 잠잠하라** 그들에게는 말하는 것을 허락함이 없나니 율법에 이른 것 같이 오직 복종할 것이요"

"37. 만일 누구든지 자기를 '**선지자**'나 혹은 신령한 자로 생각하거든~"

"40. 모든 것을 품위 있게 하고 **'질서' 있게 하라.**" (고전 14장)

보는 바와 같이 '무질서'에 대한 권면(33)에 이어 '여자'에 대한 권면(34)이 나타나고 다시 '선지자'에 대한 권면(37)이 나타나는데, 이는 서로 분리된 것이 아니라 하나의 교훈으로 당시 은사주의에 빠져 방언과 예언의 무분별한 사용으로 공 예배를 혼란하게 하였던 여성 선지자들에 대한 책망이었다고 할 수 있다. 곧 당시 교회에는 '선지자'도 교회의 직분 가운데 하나였으며(엡 4:11) 바울은 '카리스마'적인 여성 선지자들에 의해서 교회가 무질서로 빠지는 것을 막고자 했던 것이다. 따라서 그 권면들에서(고전 12-14장) '은사'가 교회의 '질서'와 같이 공존되는 균형을 원했던 것이지 결코 여성에 대한 차별을 말하려 한 것이 아니었다는 것이다. 왜냐면 바울에게 '세례'보다 앞서는 권위-가부장적-는 없었기 때문이다.

"이는 여자가 남자에게서 난 것 같이 남자도 여자로 말미암아 났음이라 그리고 모든 것은 하나님에게서 났느니라." (고전 11:12)

"누구든지 그리스도와 합하기 위하여 **세례**를 받은 자는 그리스도로 옷입었느니라 너희는 유대인이나 헬라인이나 종이나 자유인이나 **남자나 여자나 다 그리스도 예수 안에서 하나이니라.**" (갈 3:27, 28)

여성신학자 정현진은 피오렌자의 '여성 해방적-수사학적 해석'이 가지는 일곱 가지 유형의 해석학[405]을 한국교회에 소개하고 있는데, 필자의 해석(고전 14장)은 그 일곱 중 '회상과 재구성의 해석학'(the hermeneutics of remembering and reconstruction)에 해당된다고(혹은 '사회적 정황의 해석학'이나 '창조적 상상의 해석학') 할 수 있다. 이는 필자가 당대 고린도교회에 여성 선지자들의 카리스마적 집단을 상정-회상과 재구성-함으로써 바울이 가진 교훈이 그들 집단에 대한 반작용으로 나타난 매우 제한적인 권면임을 돌아본 것이기 때문이다. 이로써, 특수한 상황으로 인해 격발된 특정 권면을 전 하나님의 백성을 향한 보편적 메시지로 적용할 수 없다는 것을 드러내고자 했다.

결론적으로 우리는 이 교회가 가지는 하나님 나라의 선취를 경험할 구조를 오직 '은사 공동체'로 한정할 수 없다. 이처럼 많은 평신도 신학에서 '카리스마'(은사)에서 '직제'로 넘어온 현실을 지적하지만, 오히려 생각할 것은 한 쪽-카리스마-만 붙들려는 경우다. 그럼 여기서 그 은사를 온전케 하는 교회의 구조를 생각하지 않을 수 없다.

---

405) 정현진에 의하면 한국에 널리 알려진 피오렌자의 저서 『크리스챤 기원의 여성신학적 재건』, 『돌이 아니라 빵을』에서 피오렌자는 자신의 해석 방법을 "의심의 해석학, 선포의 해석학, 기억의 해석학, 창조실현의 해석"의 네 가지 방법으로 설명하였고 2000년대 이후로 *Wisdom Ways: Introducing Feminist Biblical interpretation*을 통해서 피오렌자는 자신의 성서 해석 방법을 일곱 가지로 확장해서 설명하였다. 일곱 가지 성서 해석 방법에는 기존의 네 가지 방법에서 '경험의 해석학, 지배적 힘과 사회적 정황을 분석하는 해석학, 비판적 평가의 해석학, 변화를 향한 행동의 해석학'이 첨가되었다. 한국의 여성신학에서는 피오렌자의 네 가지 성서 해석 방식이 대중적으로 알려져 있다. Fiorenza, *Wisdom Ways: Introducing Feminist Biblical Interpretation*, 165-189. 정현진, "E. S. 피오렌자, M. W. 두베, 한국여성신학의 성서 해석: 프락시스, 대안적 공동체 비교연구", (성공회대학교 신학대학원, 2021), 37, 38쪽에서 재인용.

2 '사도적 계승'과 '평신도 중심 구조'의 조화

'한몸으로서 교회'가 가지는 섬김에 있어서, 그 주체는 성도들임을 부정할 수 없지만, 동시에 그들은 자기 공동체 안에서 사도적 섬김이 먼저 있어서 그 본을 통해 '왕적 사역'을 배우고 경험하는 자리에 있음 역시 놓칠 수 없다. 루터는 만인사제론을 주장함으로써 성직자와 평신도 사이의 본질적인 차이를 부정했지만, 교회 안에서 말씀을 설교할 특별한 목회 집단의 필요성을 인정했으며, 이로써 성직자의 사제직과 평신도의 사제직이 동등하다고 생각하지는 않았다. 곧 임무의 차이를 제외하고는 아무런 차이가 없지만 '임무와 일', '은총과 사역의 계약'을 구별한 것이다. 이는 '은총의 계약'에서는 모두가 동등하지만 '사역의 계약'에서는 구별을 가진다는 것이다.[406] 여기서 중요한 것은 '구별'이 차별이나 나눔을 뜻하는 것이 되어서는 안 되고 다만 섬김의 본과 질서를 부여하는 것이어야 할 것이다.

다만 목회자 섬김의 본에 앞서는 것은 삼위 하나님의 섬김의 본에 있나. 따라서 삼위 하나님의 부름과 세움 그리고 파송을 떠나서는 교회가 세상에서 가질 왕 같은 제사장의 섬김을 온전히 이해할 수 없다. 좁은 틀인 목회자가 우선이냐 아니면 성도가 우선이냐의 두 관계로만은 교회의 바른 이해를 가질 수 없는 것이다. 따라서 두 직분의 구분을 없애느냐 강화하느냐는 것이 본질적인 주제가 될 수 없고, 도리어 붙잡을 것은 어떻게 하면 **삼위 하나님의 섬김의 본을**

---

[406] 정의 평화를 위한 기독인 연대 엮음, 『평신도 성전을 헐다』: 2001~2008 평신도 아카데미 강의 모음집, (서울: 한울, 2009), 307.

교회가 세상 앞에서 가질 수 있는가? 또 그것을 가장 잘 표현할 수 있는 교회의 구조는 무엇인가? 여야 한다. 이 구조를 신학적, 성경적 지평 안에서 새롭게 조망함이 필요하다. 그렇지 못하고 헤게모니(hegemony)의 싸움이 될 때 본질적인 목표인 하나님 나라의 선취를 경험하는 종말론적 공동체에 다다를 수 없을 것이다. 이는 평신도신학의 목표가 성도들을 세상에 왕 같은 제사장으로 파송하는 데 있지 성직자와 평신도라는 대립구조에 있는 것이 아니기 때문이다.

다만 그럼에도 분명한 것은 기존 성직중심주의의 틀을 깨지 못하고서는, 그래서 한 백성이 가지는 자기 정체성을 새롭게 갱신함 없이는 평신도 사역이 출발조차 할 수 없는 것도 사실이다. 곧 두 관계 논쟁이 전부여서도 안 되고, 반대로 이를 덮어두고 성도의 지위와 역할을 말해서도 안 된다. 오히려 두 직분의 긴장이 주는 유기적이고 역동성의 구조를 회복할 때 세상을 위한 진정한 한 백성의 사역도 모색될 것이다.

핸드릭 크래머(Hendrik Kreamer)는 열두 사도들의 위치를 반복될 수 없는 유일무이한 것으로 보았다. 동시에 역설적이게도 모든 사도 역시 평신도의 성격을 지니고 있다고 보았다.[407] 그는 성직-사도- 계승이 주는 폐단인 목회자만 교역의 주체와 능동적 지위가 되고, 평신도는 지도를 수동적으로 수용하기만 하는 객체가 되는 문제를 고발하려는 것이다. 그 점에서 그의 지적은 유효하다고 할 수 있다.

다만 이는 동시에 다른 문제를 유발시킬 수 있다. 이때에는 '사도

---

407) Hendrik Kreamer, 『평신도신학』, 21-22.

적 교회'(ecclesia apostolica)라는 지위는 물론이요 '사도직으로서의 성도'의 지위도 박탈될 것이기 때문이다.(너희는 사도들과 선지자들의 터 위에 세우심을 입은 자라 그리스도 예수께서 친히 모퉁잇돌이 되셨느니라. 엡 2:20) 게다가 처음부터 '사도의 리더십'은 실상 '섬김의 리더십'이었다.(눅 22:26) 사도들은 처음부터 그리스도의 종에 참여한 자들이고, 세속화된 의미에서의 계급적이거나 통치적 권위로서의 지위가 아니었기 때문이다. 따라서 사도의 위치와 역할을 단회적 지위로 단순하게 규정하게 되면, 교회 공동체는 사도가 하나님의 나라를 위해 희생한 그 섬김의 리더십이라는 유산도 상실하게 될 수 있다.[408] 또한 종국에는 그 섬김의 리더십 원형을 다만 삼위 하나님의 섬김에서만 찾게 될 것이고, 이때 사도적 계승이란 말은 더 이상 쓸 수 없는 것이 될 것이다. 그때 일명 직통계시를 추구하는 신비주의 공동체로도 변질될 수 있을 것이다.

더 큰 문제는 그리스도의 리더십-섬김-도 유일회적인 문제가 생긴다. 사도와 교회의 간격보다 그리스도와의 간격이 비교할 수 없게 더 크기 때문이다. 그렇게 되면 주의 봉사만 유효하게 되고, 교회의 봉사로는 단절되며 결국 한 백성들은 은혜 앞에 수동적이고 대상적인 객체가 되고 말 것이다. 본회퍼는 이를 '값싼 은혜'라고 불렀다. 그러나 그리스도의 디아코니아는 전 교회가 따를 리더십이다. 또 그렇다면 그 사이에 있는 사도적 섬김의 리더십은 교회와 단절되어야 하는가의 문제가 발생할 것이다. '그리스도의 본'만이 계승되는 것이라면 말이다. 우리가 가톨릭이 가졌던 세속화된 교권화

---

[408] 물론 핸드릭 크래머가 잘 이해하고 있는 것처럼 사도의 유일무이성은 주의 부활의 목격자요 그 증인이라는 독특성에 한정되어야 할 것이다.

가 두려워서 이 문제 제기를 피할 필요는 없다. 오히려 맞닥뜨려서 새 교회 구조를 찾는 것이 필요할 따름이다. 따라서 우리는 사도성의 계승이 교회의 질서로 이어질 때, 그것은 교회가 가질 '카리스마 공동체'를 무력하게 하는 것이 될까를 묻고 과연 그러하다면 그것을 피할 구조는 무엇인가를 다시 물어야 할 것이다.

바르트는 니케아신조를 빌어 하나의 거룩하고 보편적이고 **사도적인 교회**를 해석하고 있다. 다만 그가 이해하는 교회의 사도성은 수위권적이고 직제로 이어지는 그런 사도성과는 거리가 멀다. 교회의 통일성과 거룩성과 보편성은 오직 예수 그리스도에 관계될 뿐이다. 따라서 사도적(apostolica) 교회란 군주적이나 혹은 민주적 제도 역시 아니며 오직 사도들의 증거인 예수 그리스도의 통치에 참여하며 교회에 맡겨진 증언의 직무를 성취하는 것과 상관있다.[409]

곧 그에 의하면 사도적(Apostolischen)이라는 술어는 '유일한 교회의 표지'(nota acclesiae)일 뿐 아니라 어떤 형용사적 술어를 넘어 구체적이고 운동성을 가지는 것으로서 '사도들의 제자 되는 것', '그의 가르침을 받는 것', 그리고 '그들의 규범적인 권위와 교시와 인도 아래 있는 것'을 뜻한다.[410]

따라서 교회의 사도성이란 사도들과 교회 사이에 발생하는 **사건의 역사**(Geschichte)에 투신하는 공동체 존재를 묘사하는 것이다. 이로써 사도적 교회에 참여하는 것은 어떤 중립적인 태도가 아니라 살아있는 구성원으로 사도들로부터 증언을 청취하고 그것들을 자신들

---

[409] Karl Barth, 『교의학 개요』, 231-32.
[410] Karl Barth, *Die Kirchliche Dogmatik*, 김재진 역, 『교회 교의학 Ⅳ/1』 (서울: 대한기독교서회, 2017), 1153.

의 의무로써 수용하는 구체적인 운동에 참여하는 것이지, 어떤 역사적이고 법적 기반에서 정초하는 것을 가리키지 않는다. 따라서 전례적인 안수나 사도적 권위와 교권 그리고 직분에 대한 상속과 양도를 의미하지 않는다.[411] 성령의 현재와 행위가 그런 제도에 한정될 수 없기 때문이다.

이를 한마디로 하면 '사도들의 학교에 존속하는 교회'를 뜻하는 것인데, 그렇다면 이는 결국 교회는 사도들과 단절된 과제가 아니라, 바르트의 표현에 의하면 '사도들을 따라 행하는 공동체'임을 뜻하는 것이다. 이처럼 단절만의 과제는 교회의 많은 유산을 상실할 수 있다. 게다가 사도적 교회는 단지 주님의 종들에 불과하기에 사도전승의 핵심 역시도 '섬김의 전승'이며 이 점에서 교회는 사도적 교회(ecclesia apostolica)이다.[412]

그렇다면 우리는 사도적 계승이 주는 유산을 상실하지 않으면서, 동시에 교도권적이고 수위권적이며 제도 지향적인 교회를 벗어내는 교회론이 필요할 것이다. 반성직주의가 아니라 한 성직주의여야 하고, 그러나 한 성직이되 목회자 중심의 '모이는 교회의 디아코니아'와 성도 중심의 '세상에서의 디아코니아'를 각각 균형 있게 인정하는 것이 필요하다. 이때 목회자의 리더십은 제도적, 권위적, 군주적 리더십이 아니라 섬김의 리더십이 되어서 성도와의 교제와 함께 그들을 세우고 세상에 보내는 것으로서, 곧 교회 내에 종속시킴이 아닌 세상에 왕 같은 제사장-세상에 하나님 나라의 통치를 구현하는 왕적 사역-으로 파송하는 교회여야 할 것이다. 이 같은 '한 백성의

---

411) 위의 책, 1154.
412) 위의 책, 1160-162.

부름' 안에서 '목회적 리더십으로서의 교회'와 '성도적 리더십으로서의 세상'이라는 평신도 중심의 삼차원적 구조를 후반 '보냄의 구조'에서 보다 구체적으로 제시할 것이다.

⑭ 성경적 전망

목회자와 성도는 어떠한 관계로 서야 하는가? 그 길을 성경의 전망에서 찾고자 한다. 놀라운 것은 발전적 전망 곧 구약은 고전적-분리-이었다가 신약에 이르러 그 관계를 깨는 진일보-일치-적인 변화를 일으키는 것이 아니라, 처음부터 두 성경이 일관된 하나의 본을 제시한다는 점이다.

❶ 두 부름의 목적: 구약의 전망

'하나님의 백성'(People of God)을 왕 같은 제사장으로 부르는 그 부름은 신약의 새 계명이 아니라, 일찍이 구약(출 19:5,6)에서 신약(벧전2:9)을 관통하는 일관되는 증거라는 것이다. '한 백성'은 처음부터 일어난 것이다. 곧 구약은 제사장 그룹과 백성의 그룹을 서로 접근할 수 없는 분리된 구조로 제시하다가 신약에 와서 통일시키는 것이 아니라, 처음부터 하나님은 이스라엘 전체를 이방 나라에 대한 제사장 나라로 삼으신 것이다. 그렇다면 처음부터 하나님의 모든 백성은 예외 없이 다 성직자이다. 이런 결과는 루터의 종교개혁 3대 논문 중 하나인 "크리스천의 자유"에서 제시하고 있는 '만인제사장'의 결과와도 같고[413] 현재 평신도신학이 강조하는 것과도 같다.

그러나 여기에서 우리가 오히려 놓치지 말아야 할 것이 있다. 그것은 이스라엘 백성 모두가 처음부터 '제사장의 나라'로 구별되었음에도 불구하고 저들에게는 다시 구별된 제사장이 별도로 세워지고 있다는 점이다. 이 같은 두 지위의 상존은 어떤 의미일까? 혹 이 같은 구별의 구조가 의도된 것, 곧 하나님의 백성이 세상에 대하여 제사장적 섬김을 가지게 도움을 주는 구조는 아닌지를 우리는 물어볼 수 있다.

출애굽기는 매우 독특한 구조를 보여준다. 하나님은 모든 백성을 왕 같은 제사장으로 부르심이 선행한다는 것이다.(출 19:5,6) 곧 특수한 계층을 먼저 부르고 점차 지기 백성 전체로 확장한 것이 아니라, 하나님 백성 전체를 먼저 거룩한 백성으로 부르셨고 아론과 제사장 위임의 명령(출 28:1; 29:1~)은 뒤따르고 있다는 사실이다.

"세계가 다 내게 속하였나니 너희가 내 말을 잘 듣고 내 언약을 지키면 너희는 모든 민족 중에서 **내 소유**가 되겠고 너희가 내게 대하여 **제사장 나라**가 되며 **거룩한 백성**이 되리라 너는 이 말을 이스라엘 자손에게 전할지니라."(출 19:5,6)

게다가 더 엄밀히 보면 이 같은 구별은 이미 아브라함과 이삭과 야곱을 통하여 '그들의 후손 전체'를 제사장으로서 부르심으로도 나타난다. (창 12:2,3; 26:4; 28:14)

---

[413] Martin Luther, 『루터의 종교개혁 3대 논문』 314.

"네 자손이 땅의 티끌 같이 되어 네가 서쪽과 동쪽과 북쪽과 남쪽으로 퍼져나갈지며 땅의 모든 족속이 **너와 네 자손으로 말미암아** 복을 받으리라."(창 28:14)

온 백성을 제사장으로 부르심–네 자손으로 말미암아–이 선행함에도 다시 그 안에 더 구별된 부름이 있었다는 것이다. 그 이유는 무엇일까? 만일 이 두 부름의 관계가 바르게 조망된다면 오늘의 교회 안에 가지는 두 역할에 대한 바른 설정도 가능하리라 본다. 만일 그 특별한 부름이 오늘날 비판하는 성직주의가 되고 교권주의가 되는 것이라면 처음부터 그 같은 구별로서의 부름은 없었어야 하지 않을까? 그럼에도 그것이 허락되었다는 것은 그것이 장애가 아니라 더 나은 구조가 될 수 있다는 것이다. 곧 모든 백성이 제사장으로 부름을 입었다고 할지라도 그들이 세상에 대해 제사장 직분을 행하려면 먼저는 그 제사장적 섬김의 본–의식화의 과정으로서–이 필요하다는 점이다. 그것이 바로 모세와 아론의 부름이며 레위지파의 구별이라는 것이다. 따라서 그들의 특별한 구별이 이스라엘 온 백성이 가질 제사장 나라의 지위를 희석시키거나 박탈하는 것이 아니라 오히려 좋은 길잡이가 되게 하는 것이라 할 수 있다.

이처럼 구약성경에는 온 성직과 더불어 또 다른 특별한 지위로서의 부름도 유효했다는 사실이며, 그런 구조가 모든 백성이 제사장이라는 그 지위를 조금도 축소시키거나 후퇴시키는 것이 아니었다는 점이다. 오히려 그들이 세상에 가질 자기 정체성에 대한 좋은 길잡이가 된 것이다. 왜냐면 두 역할과 지위는 세속적 권위의 문제가 아니라 섬김의 본에 대한 것이었기 때문이다. 이는 크리스토퍼 라이트(Christopher Wright)가 제사장 본의 출발을 모세에 앞서서 아브라함에게서 찾고 있음에도 나타난다. 아브라함이 가진 '자신의 순종'(창 22:16~18)은 대대로 그의 후손들을 교육하기 위한 본보기라는 것이다.[414] 또한 라이트는 이 순종의 본에 앞서 소돔의 심판 전후에 아브라함에게 주신 창세기 18장 18, 19절의 약속과 관련하여 그 본의 또 다른 차원을 밝히고 있다.

"내가 그로 그 자식과 권속에게 명하여 **야웨의 도**를 지켜 의와 정의를 **행하게 하려는 목적으로** 그를 알았나니(택하였나니) 이는 나 야웨가 아브라함에 대하여 말한 일을 이루게 하려는 목적이니라." (창 18:19)

이 약속이 소돔의 심판 전후에 나타난 것인데 따라서 '소돔도 타락한 세상에 대한 심판의 본'이 된다.[415] 그러나 심판의 본은 소극적 본이라면 적극적 본의 핵심은 아브라함이 자기 자식과 권속에게 명하는 것으로서 '여호와의 도'이다. 라이트에 의하면 그 본으로서 여호와의 도를 지킴 또는 행함(walking in the way of the Lord)은 하나님의 '명령-법-'에 대한 순종을 뜻하기보다 그가 행하신 '길-본-'에 대한 참여인 것이다. 그 여호와의 길이란 출애굽 역사에서 보는 것처럼 '학대 받는 자를 돌아보고 자유로서 구원하는 행위'이며, 신명기 10장 17, 18절에 의하면 다음과 같다. "~사람을 외모로 보지 아니하시며 뇌물을 받지 아니하시고 고아와 과부를 위하여 정의를 행

---

414) Christopher Wright, 『하나님의 선교』, 450.
4150 위의 책, 451-53.

하시며 나그네를 사랑하여 그에게 떡과 옷을 주시나니"[416]

곧 앞서 아브라함이 천하 만민에게 선교적 사명을 나타내기 위하여 그가 후대에 전할 '여호와의 도'는 율법의 명령과 같은 것이기에 앞서 '하나님께서 친히 보여주신 본'이었다. 정리하면 하나님의 길에 대한 '당신의 본'(신 10:17,18)과, 아브라함의 '순종의 본'(창 22:16~18)과, 모세나 아론이 백성들 가운데서 가지는 '제사장의 본'(출 28:1), 이 셋은 하나님의 백성이 세상 가운데 하나님의 선교가 완성되도록 섬길 때 참여할 본-지침-인 것이다. 만일 한 백성이 세상에서 왕 같은 제사장이 되려 할 때 그들이 참여할 본이 없다면 그들의 섬김은 무력하게 될 것이다. 따라서 저들을 왕 같은 제사장으로 이미 부름 받았음에도 불구하고 따로 제사장 그룹을 두신 이유가 된다. 곧 이 구조는 일명 성직자라는 그룹이 권위나 제도나 지위로서 존립하는 것이 아니라 하나님의 백성이 제사장으로 세상에 가질 행위 대한 본-여호와의 도나 아브라함의 순종 같은-을 위해 있음을 말하는 것이다.

결론적으로 하나님의 백성이 왕 같은 제사장으로 세상에 대해 흩어지는 자가 되려면 먼저 자기 공동체에서 왕 같은 제사장적 섬김의 본을 통해 보고 듣고 깨달아 아는 것으로 세워져야 함을 말하는 것이다. 볼프가 진정한 회귀를 가져다주는 조건은 바른 상승-본을 바라 봄-의 자리라고 말함과 같다.[417] 상승에 의한 여호와의 도나 아브라함의 순종의 본에 이름이 없으면 그가 돌아가서 섬길 내용-자신의 보냄-은 우상적 섬김이 될 뿐이다.

---

416) 위의 책, 456-59.
417) Miroslav Volf, 『광장에 선 기독교』, 37.

같은 이유로 레슬리 뉴비긴(Lesslis Newbigin)은 왕 같은 제사장으로 부름 받은 것은 교회 전체임이 틀림이 없으나 여전히 목회적 제사장직이 유효한 이유를 다음 두 가지에서 찾고 있다. 첫째는 하나님의 백성 공동체가 세상의 세속적인 일들 가운데서 제사장직을 수행하려면 이를 도와주고 양육해 주며, 기운을 북돋아 주고, 인도해 주는 목회적인 제사장 직분이 필요하다는 것이다. 곧 주일을 지킴은 모든 날을 주님께 돌려 드리기 위함인 것처럼, 특정한 부름의 섬김 직분은 몸 전체로 하여금 그 직분을 잘 감당하도록 돕기 위한 것이라는 것이다. 둘째는 모든 지체들이 전적으로 사역에 참여하는 일에는 리더십이 필요하다는 것이다. 따라서 '참여'와 '리더십'을 대립적으로 볼 필요가 없다는 것이다.[418]

그런 의미에서 흩어지는 교회로서의 왕 같은 제사장이 되려면 먼저 모이는 자기 공동체에서의 왕 같은 제사장의 섬김을 경험해야 하는 것이다. 물론 이와 같은 제사장의 섬김은 교역자 이전에 그리스도의 섬김에서 이미 성취된 것이며, 그 섬김의 본은 모든 하나님의 백성에게 직접적으로 있겠지만, 그러나 만일 주님의 본만 인정하려 한다면 우리 자신도 세상에 대해 왕 같은 제사장적 섬김의 주체가 될 수 없을 것이다. 세상도 교회 없이 직접 주님의 본에 참여해야 할 것이기 때문이다. 따라서 진정한 흩어지는 교회-한 백성이 가질 왕 같은 제사장-의 원동력은 모이는 교회 없이 주어지는 것이 아니라 할 수 있다.

이처럼 모이는 교회의 중요성은 그 안에서 행해지는 예배 안에는

---

418) Lesslis Newbigin, 『다원주의 사회에서의 복음』, 376.

'부름'과 '세움'과 '파송'이라는 평신도 중심 구조로써의 교회의 삼차원적 구조가 다 함축되어 있음에서도 발견된다. 박종환은 초대교회의 예배순서를 다음과 같이 소개하고 있다. 먼저는 '모임(Gathering)의 예전'인데 회중의 모임과 환대(Hospitality) 그리고 거기서 가지는 예배에서의 '예배의 부름'이나 '죄의 고백' 등이 여기에 해당된다. 이는 삼차원적 구조 가운데 '부름'에 해당된다. 다음은 '말씀(Proclamation)의 예전'과 '성찬(Communion)의 예전'인데 이는 '세움'에 해당된다. 끝으로 '파송(Sending Forth)의 예전'인데 예배 순서로는 '위탁'이나 '축복의 시간'이 여기에 해당된다. 이 시간은 공동체가 세상을 위한 사명을 결단하며 전도와 사랑과 정의와 화해와 평화의 도구가 될 것을 다짐함으로써 사도적 축복문과 함께 파송이 일어난다.[419] 이는 '보냄'에 해당된다. 곧 모이는 교회의 예배 안에는 평신도 중심 구조의 기본 틀이 모두 담겨 있다. 그렇다면 진정 세상에 왕 같은 제사장으로써 평신도를 훈련하고 북돋는 일은 모이는 교회 없이 바르게 일어날 수 없음을 말하는 것이다.

나아가 우리는 이 두 구조가 과연 신약에도 이어지는지를 보고자 한다. 곧 성만찬의 규례가 '제의'와의 연속성이 있는지를 보고자 한다. 만일 그렇다면 제사장적 지위의 구별은 구약에만 한정된 지위가 아니라 여전히 신약 이후에도 이어질 부름이 되며 그때 성도들은 세상에서 역시 왕 같은 제사장적 지위와 섬김이 가능할 것이다.

---

[419] 박종환, "하나님 나라와 예배", 『하나님 나라를 목회하라: 하나님 나라 목회의 이론과 실제』, (서울: 드림북, 2019), 22-33.

2 성만찬을 중심으로: 신약의 전망

성만찬을 부활의 축제로 볼 것인가? 아니면 제의로 볼 것인가 이 논쟁이 성직과 평신도 지위 논쟁이 이어지는 것을 본다. 강남대학교 백용기 교수는 교회 지도자들이 성만찬을 그리스도 부활에 대한 '기쁨의 만찬'이 아니라, '희생 제물'로 받아들이면서 백성들과 구분되는 지도자들을 사제로 부르게 됨을 지적하고 있다. 본래 초대교회에서는 다양한 은사와 직무가 주어지되 평신도와 성직자의 구분은 없었지만, 성직자주의가 빠르게 정착됨으로써 특정한 직무 담당자를 사제로 부르는 것이 당연시 되었다는 것이다.[420]

이 관점을 조금이나마 논의해보는 것이 두 직책과 관계를 규명하는 데 도움이 될 것이라 본다. 한스 큉(Hans Kung)은 신약성서의 전망에서 백성에 대립되어 있는 사제란 없으며 오히려 전 백성이 사제가 되는 것으로 본다. 그런 이유로 신약성서에서 성만찬을 제물로 부른 적이 없음에도 12사도의 가르침이라 불리는 '디다케'(Didache 14,1-3)가 성만찬을 '제물'로 부르기 시작했고, 2세기 중반의 순교자 유스티누스(Justin Martyr, 서력 100년~165년 경)와 리용의 감독 이레니우스(Irenaeus)도 그 뒤를 따랐다는 것이다. 이로써 성만찬은 전 제사장 백성의 공동체적인 만찬임에도 새로운 형태의 제물로서 다시 사제와 백성을 구분하는 것이 되었다는 것이다.[421]

다만 그의 진술에서 한계를 보는 것은 엄밀한 의미에서 '디다케'에 언급된 '산 제물'(14,1-2) 또는 '이 제물'(14,3)[422]은 '성찬의 빵'이

---

420) 백용기, "평신도신학으로서 디아코니아", 『신학사상』, 179.
421) Hans Kung. *Die Kirche*, 정지련 역, 『교회』 (서울: 한들출판사, 2007), 546.
422) 김선영 역, 『초기 기독교 교부들』, 238. 디다케 14장에는 성찬의 규례가 나타

아니라 성도 자신 곧 로마서 12장 1절에서 말하는 '산 제물'을 가리키는 말이라는 점이다. 디다케 본문을 잘못 읽었을 뿐만 아니라 설령 이 표현이 성찬의 제의화 문제를 가져온 것이라면 그 시작은 유스티누스가 아니라 바울이 된다는 점이다. 그렇다면 바울은 제의적인 표현의 단절보다는 도리어 확장을 선택함으로서 한 백성의 만인제사장을 확보한 신학자라 할 수 있다.

또한 히브리서 기자는 그리스도께서 '당신 자신을 희생 제물'로 내어 드린 것에서 그의 제사장 직분을 보았다면, 성도 역시 자신을 '산 제물로 드림'에서 역시 제사장직이 유효하게 될 것인데, 그렇다면 신약성서의 전망(롬 12:1)은 제사장직을 유일회적으로 끝난 단절로 보기보다 온 백성으로 이어지는 것으로, 또는 잃어버렸던 거룩한 백성을 회복하는 것으로 본 것이며, 따라서 그 출발은 교부들의 서신들이 아니라 신약 곧 바울의 서신이라 해야 할 것이다. 그렇다면 우리는 제사장주의를 폐할 것이 아니라 새롭게-온 백성을 포함하는 넓은 의미로- 해석하는 것이 중요할 따름이다.

왜냐하면 신약의 전망은 물론이요 초기 교부들의 서신들에서 성만찬에 대한 제사장적 구조를 조금의 거부함 없이 너무나 자연스럽게 사용하고 있기 때문이다. 이런 전통은 한스 퀑이 언급한 유스티누스나 이레니우스만이 아니라 그들에 앞서는 로마 감독 클레멘트(Clemens)나 안디옥교회의 감독이었던 이그나티우스(Ignatius)에게도 발견된다. 이그나티우스는 성만찬을 감독이나 혹은 그가 지명한 자

나는데 그것은 산 제물로써 성도의 순결이다. 순결의 조건은 죄의 고백과 감사와 이웃과의 화해인데 이 조건에서 빵을 뗄 것을 요청하였지만 제물이라 부른 것은 성찬빵이 아니라 성도였다.

에 의해 집전되는 것만을 합당하다고 여긴다.

> "여러분은 **감독** 혹은 **감독이 권위를 '부여하는 자'**가 집행한 성찬식을 정당한 것으로 간주해야 합니다. ~ 감독의 관리 없는 어떠한 세례나 애찬도 허락되지 않습니다. 다른 한편으로, 그가 승인하는 것은 무엇이든지 하나님도 기쁘시게 합니다. 이렇게 함으로써 여러분이 하는 모든 것들은 신중을 기한 것이고 정당한 것이 됩니다."[423]

평신도신학의 입장에서 그의 권면이 당혹스럽기까지 하지만 가만히 보면 그는 '**감독만**'이 성찬을 집행하는 것으로 보진 않고 있다는 사실이다. 오히려 그 반대다. 그는 감독의 역할을 성찬과 같은 제의의 집행 권위와 정당성을 '부여하는 자'로 보았기 때문이다. 곧 이그나티우스의 서신은 교회의 질서 안에서 평신도 성찬이나 세례를 인도할 근거―평신도의 성직 수행의 근거―를 제시하고 있다고 볼 수 있다. 실제로 영국 성공회는 공인된 평신도 사역자는 예배를 인도하고 설교도 할 수 있을 뿐만 아니라 특별한 허락을 받으면 성찬에서 포도주를 분잔할 수 있다.[424]

동방의 교부라 불리는 오리겐은 한 걸음 더 나아가 "성직이 역시 당신에게, 즉 *하나님의 교회 전체*, 곧 믿는 자들에게 주어져 있다는 것을 모르는가"라고 함을 통해 세례 받은 모든 회중이 성직자임을 천명하였다.[425] 아쉽게도 서구교회에 대한 교리의 근간은 그가

---

423) 위의 책, "스르미나인들에게" 8, 159.
424) John, R. W. Stott. 『목회자와 평신도』, 73.
425) Eric G Jay. *The Church: Its Changing Image Through Twenty Centuries*(Ⅰ,Ⅱ), 주재용 역, 『교회론의 변천사』 (서울: 대한기독교서회, 2002), 94.

아니라 동시대의 인물로 카르타고(Carthago)의 감독이었던 키프리안(Cyprian)이었다는 데 있다. 그는 감독을 사제(sacerdos)로 자주 언급하는데 이는 앞서 테르툴리아누스(Tertulianus)과 히폴리투스(Hippolytus)도 감독을 '대제사장'으로 언급한 것과 같다. 키프리안은 이를 기독교 사역과 성직 계급적 아론의 사제직 사이에 밀접한 평행선과 희생적 기능이 있다는 것을 이끌어내기 위하여 강조하였고, 이는 감독의 목회적 기능에 대한 차원이었지만 점차로 감독의 예전적 기능(liturgical function)의 개념이 나타나게 되었다. 그 결과 점차 희생적 용어로 생각된 성만찬은 감독의 의식(celebrant) 수행에서 가장 중요한 것이 된 것이다. 이러한 키프리안의 교회에 대한 하이어라키(hierarchy)적이고 성직권적인 견해는 수세기에 걸쳐 서구 그리스도교를 지배했다고 볼 수 있다.[426] 우리는 여기서 키프리안을 넘어 이그나티우스의 권면을 재해석시킬 필요가 있을 것이다. 교회의 질서 안에서 평신도가 가질 성직 수행의 자유가 그것이다.

이제 우리는 성만찬을 제의로 보는 문제를 성경 본문의 전망에서 보다 구체적으로 보고자 한다. 곧 그 원형이 되는 주님의 마지막 식사를 유월절 식사로 볼 수 있는가? 곧 주님이 유월절 어린양과 연결될 수 있는가이다. 만일 그렇다면 성만찬에서 희생적 기능과 그 의미 부여는 자연스러운 것이다. 병행 구절을 빼면 신약의 세 기사가 마지막 식사를 담고 있다.(막 14:22-25, 눅 22:15-20, 고전 11:23-25) 이중 가장 오래된 전승인 고린도전서에는 유월절에 대한 언급이 없지만, 달리 두 복음서에는 유월절 식사로 나타나면서 자연스럽게

---

[426] 위의 책, 109-10.

제의적인 성격을 가진다.[427] 예레미야스(Joachim Jeremias) 역시 그의 고전적 연구에서 그 식사가 예루살렘에서 밤중에 이루어졌으며 또 포도주를 마셨고 해석의 말씀이 곁들여졌다(막 14:22-24)는 사실과 함께 긍정적인 답변의 근거를 발견한다. 그러나 다른 한편으로 유월절 식사 가운데 정규적인 요소들에 대한 암시가 없고 또 비록 복음서에서 유월절 식사를 보도하지만 이는 종종 신학적 의도에 의해 추가된 것으로 보고 있다. 따라서 마지막 식사 요일도 화요일이었지만 주일을 기념하기 위해 의도적으로 목요일로 구성한 것으로 보고 있다.[428]

그렇다 하여 우리가 이 접근을 포기해야만 하는 것은 아니다. 왜냐면 복음서에는 그 최후의 식사가 유월절에 이루어졌음을 간접적으로 드러내는 표현이 많다는 데 있다. 곧 직접적인 유월절로서의 소개 기사는 당시 교회가 가진 신학적 의도로 의심될 수 있기에 여기서는 최후의 식사에 담겨져 있는 간접적인 표현-의도성을 찾기 힘든-을 보고자 한다. 이는 심지어 복음서의 기자들조차도 의식하지 못한 것일 수 있다는 점에서 충분한 증거가 될 수 있을 것이다.

먼저는 그날 식사 이후에 가신 장소에 대한 문제다. 그 장소를 소개할 때에 요한 기자는 '**가끔**'(πολλάκις, 폴라키스)이란 표현을 사용한다. "그곳은 '가끔' 예수께서 제자들과 모이시는 곳이므로 예수를 파는 유다도 그곳을 알더라."(요 18:2) '폴라키스'는 실제로는 '여러 번'이란 의미를 가진다.(마 17:15; 막 5:4; 막 9:22; 행 26:11; 롬 1:13;

---

427) 김동건, 『예수, 선포와 독특성』 (서울: 대한기독교서회. 2018), 352-53.
428) James D. G. Dunn, *Jesus Remembered, Christianity in the Making vol.1*, 『예수와 기독교의 기원』 하권, (서울: 새물결플러스, 2012), 381-82.

고후 8:22; 고후 11:23; 고후 11:26)[429] 이는 그곳이 특정 시기와 관련되어 '자주' 들러야 했던 특별한 조건을 가진 장소였음을 암시하는 것이다. 우리가 잘 아는 데로 그 장소는 감람산이다. 그렇다면 그 특별한 조건이란 무엇을 뜻할까? 사도행전에 의하면 감람산은 안식일에 가기에 알맞은 거리로 소개되고 있다.(행 1:12) 곧 이는 주께서 예루살렘에 들렀을 때가 어떤 특정 시기와 상관이 있어서 특별히 안식일 법이 적용되던 날이었음을 의미하는 것이다. 그러면 안식일 법이 적용되는 날은 언제일까? 모세의 율법에 의하면 평일임에도 불구하고 안식일이 적용되는 날은 삼대 절기(레 23:5~7)이다. 결국 주님은 주로 유월절에 예루살렘을 찾으셨으므로 이날 역시 유월절로 귀결됨을 알 수 있다.

게다가 이는 '**습관을 따라**'(눅 22:39) 감람산에 가셨다는 누가복음의 특별한 표현에서도 잘 나타난다. 여기서 '습관'($\xi\theta o\varsigma$, 에도스)은 '관습'이나 '법'을 뜻하는데 그렇다면 주님은 '안식일 법'을 따라서 '감람산'에 가신 것이다. 따라서 다음과 같은 최종적인 결론이 가능하다. 주께서 그날 마가 다락방에서 가지셨던 최후의 만찬은 '유월절 식사'였고, 직후 지신 십자가의 희생은 유월절 어린양의 희생이라는 것이다. 이로써, 성찬을 제의로 볼 수 있는가의 문제는 해결된다.

이제 남은 것은 그날이 화요일인가 목요일 저녁인가인데, 유대의 날 개념에 의하면 저녁과 다음날은 같은 하루이므로 부활이 주일이 되려면 그날은 목요일 저녁이어야 할 것이다. 험프리스는 새로운 날짜 계산을 제시했는데 요한 기자는 전통적인 유대력을 사용한

---

[429] 바이블 렉스 10.

반면 마가, 누가, 마태는 유대 음력 달력을 사용하여서 날짜에 대한 차이는 극복된다는 것이다. 그럼에도 불구하고 현재 학계에서 마지막 식사에 대한 공통된 정설은 아직 나타나지 않고 있다.[430] 그럴지라도 우리는 새로운 증거를 찾을 수 있는데 이는 초기 교부들이 그날을 어떻게 여기고 있는가이다. 순교자 유스티노스의 제1변증서에는 그 요일에 대한 분명한 표현이 나타난다.

"저희는 모두 **일요일에** 이 공동모임을 갖습니다. 왜냐하면 일요일은 첫 번째 날로서 이날에 하나님께서 흑암과 질료를 변화시키심으로써 우주를 만드셨고, 같은 날에 저희의 구주 예수 그리스도께서 죽은 자들로부터 살아나셨습니다. 왜냐하면 그들은 **토요일 전날** 그분을 십자가에 못 박았고 **토요일 다음날** 그분이 그분의 사도들과 제자들에게 나타나 제가 여러분의 신중한 고려를 위해 여러분께 전달해 드린 이런 것들을 그들에게 가르치셨습니다."[431]

이 모든 것을 종합할 때에 그날은 유월절을 가리킨다. 그렇다면 주님의 죽으심은 유월절 어린양의 희생과 같다. 칼뱅 역시도 성만찬을 자연스럽게 '희생제물'의 참여로 표현하고 있다.[432] 그렇다면 성만찬의 강조될 것이 희생이 아니라 부활의 기쁨이라는 주장은 그리 합당성을 가질 수 없다. 다만 '희생의식'이 계층을 분리하는 하이

---

430) 위의 책, 354.
431) 김선영 역, "순교자 유스티노스의 제1변증서", 『초기 기독교 교부들』, 372.
432) John Calvin, *Institution of the Christian religion*. 김종흡 외 4인 역, [기독교강요] 하권, (서울: 생명의말씀사, 1986), 440.

어라키(hierarchy)가 된다면 적어도 '희생기념'으로써의 식탁 나눔이 되어야 할 뿐이다.[433] 이때 살과 피의 '희생'의 참여는 그리스도의 한 몸에 대한 참여이기에, 이는 '분리'가 아니라 '한몸'이 되게 할 것이다.(고전 10:16~18) 또한 '희생으로써의 성만찬'은 그리스도의 디아코노스에 대한 참여도 되기에 희생의 집례는 섬김의 본을 기념하는 것이 되며, 이 섬김의 참여가 있는 곳에는 분열이 아니라 일치를 이끌 것이다. 나아가 그 일치는 성도가 세상에서 가질 그리스도의 섬김 현존을 위한 준비가 될 것이다.

결론적으로 구약의 특별한 그룹인 제사장적 구별은 자기 백성이 이방에 가지는 제사장 된 지위를 소외시키기보다 오히려 본의 기능이 있는 것처럼, 교회에서의 목회자의 직분은 평신도의 왕 같은 제사장의 지위를 방해하는 것이 아니라 강화하는 역할이 될 수 있음을 보았다. 곧 성직자의 구별이 무익한 것이 아니라, 도리어 세상 한가운데서 하나님의 백성이 가질 거룩한 백성이요 제사장 나라가 될 그런 본의 역할을 가진다. 그렇다면 두 직분의 구분을 없애는 일치가 아니라 한 부름으로써의 일치를 가지되 역할 안에서의 구별이 필요할 것이다.

그것은 일곱 집사의 안수에서도 나타난다. 사도행전의 기록은 집사로서의 섬김과 사도로서의 섬김을 혼용하지 않고 있다. 겉으로 볼 때 일곱 집사는 설교와 전도 그리고 세례에도 참여함으로써 당대

---

433) 웨스트민스트 신앙고백서 제29장 '주의 성찬에 관하여' 2항에서는 성찬은 실제적인 희생제사가 아니라 그리스도께서 단번에 바쳐진 것을 기념하는 것일 뿐이며, 따라서 로마교회에서의 미사 곧 제사로서의 성찬은 바람직하지 않다고 지적하고 있다. 참고, 김향주 편저,『교회사적으로 엮어낸 신앙고백집』(서울: 엘맨출판사, 2019), 382-83.

사도의 경계를 깨뜨리는 지위로 보이지만, 그 모든 사역이 철저하게 교회 안에서가 아니라 세상 한복판에서 행하여졌다는 점을 간과해서는 안 된다. 곧 일곱 집사의 설교나 성령 사역이 **교회 내에서의 지도자를 대신한 기록은 사도행전에서 나타나지 않는다**. 다만 **세속 사회에서 집사들은 사도적 은사까지도 제한이 없다**. 이는 성도가 세상에 대해서는 왕적 사역의 주체임을 보여주는 일이다. 이처럼 사도행전은 두 직분이 가지는 긴장의 균형과 조화를 잘 보여주고 있다.

기존의 평신도신학은 두 지위를 그 역할에만 차이를 두고 다른 차이는 모두 해체해 버렸지만, 오히려 두 관계의 긴장이 위계가 아니라 본으로써 바르게 작용하기만 한다면, 이는 성도가 세상에 대해 가질 긴장이 될 수 있다는 사실이다. 곧 성직을 인정하느냐 마느냐가 본질이 아니라, 핵심은 모이는 교회가 가지는 목회자의 리더십이 하이어라키(hierarchy)가 되지 않으면서, 어떻게 흩어지는 교회의 왕적 리더십으로 연결될 수 있는가? 그 구조를 확립하는 일이 중요할 뿐이다. 그 일이 진정한 평신도신학의 추구여야 하고 거기에 공적신학의 방향이 있다고 본다.

이는 모이는 교회-교역자의 리더십-가 흩어지는 교회-성도의 리더십- 앞에서 하나님의 나라의 징표며 종말론적 공동체성과 그 예표인 섬김의 그리스도적 현존을 보여줄 때, 흩어지는 교회 역시 세상에 대해 왕적 사역의 기회를 가짐을 뜻한다. 이를 위하여 교역자의 자리는 먼저 나타낼 본과 거울로서 구별된 자리이다. 그런 연유로 사도 바울은 종종 자신의 본에 참여할 것을 교회들에게 요구하고 있음을 볼 수 있다.(고전 4:16, 11:1) 따라서 그 고유한 지위와 역할을 무력화하기보다는 기능장애를 일으키지 않는 교회구조를 재정립하는 것이 우선이라 하겠다. 그런 차원에서 모이는 교회의 기능인 세움을 위한 '평신도 의식화'의 문제를 이제 살펴보고자 한다.

15 세움으로서의 '의식화'

1 평신도 의식화(Conscientization)

크래머는 평신도신학의 본질을 '새 교회론'에 두었다. 왜냐면 교회 탄생에서부터 바울을 제외한 지금까지 사도를 잇는 특별한 부름은 없으며, 모든 평신도가 다 복음을 위하여 직접적인 부름을 받았다는 것이다.[434] 이런 시각은 더 이상 성직자와 평신도로 나누는 기존 교회론은 문제가 있다 보는 것이다. 다만 여기에는 '한 백성'의 강조를 위하여 사도직과의 단절이라는 쉬운 결정을 내린 것으로 보인다. 이런 축소지향적인 결론은 기존 교회로 하여금 거부감을 줌으로써 평신도신학이 뿌리내리는 데 걸림돌로 작용할 가능성이 크다.

따라서 우리는 '한 백성-한 부름-'을 부정하지 않으면서도 한 백성 안에 있는 교역자와 성도라는 두 직분이 가지는 긴장과 역동성을 담아내는 '한 백성 이후'의 신학적, 목회적 응답이 필요할 것이다. 그것은 교역자라는 직분을 부정하는 데 초점을 두려는 것이 아니라, 성도의 교제와 더불어 그들의 은사를 구비하게 하는 모이는 교회의 가능성을 확인하고, 이로써 저들을 교회를 넘어 세상 가운데서 '하나님의 봉사자'(사 61:6)로 응답하게 하려는 데 초점을 두려는 것이다.

---

434) Hendrik Kreamer, 『평신도신학』, 21-22.

루터가 만인제사장을 제시하고도 평신도의 지위와 역할에 큰 방향을 일으키지 못한 것은 당시 평신도가 가지는 신학함의 부재 때문일 것이다. 오늘날 평신도들 역시 자신들이 이 시대성 앞에 응답할 '하나님의 거룩한 백성'이요 '제사장 나라'라는 부름을 바르게 인식하지 못하고 있다. 이에 크래머는 '평신도의 신학'만이 아닌 '평신도를 위한 신학'의 필요성을 인정하였음과 같다.[435]

같은 관점에서 구티에레즈는 체 게바라가 혁명가들에게 지식과 지적인 과감성이 결여되었다고 말한 것을 언급하면서 파울로 프레이레가 말한 '의식화'(conscientization)[436] 과정을 그 대안으로 제시한 바 있는데 이는 신학-의식화-의 부재 상태에서는 어떤 '평신도에 의한' 신학도 출발될 수 없기 때문이다.

평생을 인간 해방을 위한 교육으로 헌신한 파울로 프레이리(Paulo Freire)는 기존의 학교 교육방식을 현실 체제의 순응과 안주에 머물게 하는 '은행 저금식 교육'이라고 비판하고 그 대응으로서 '문제 제기식 교육'을 주장하였다.[437] 그의 이런 비판은 과거 평신도에 대해서 우민화 정책을 삼아온 교회에도 해당된다. 심지어 오늘의 교회도 이런 비판에서 자유롭지 못하다. 오늘의 대부분의 교회 역시 톱 다운 방식의 교회 운영이 대부분이기 때문이다. 이 구조하에서는

---

435) 위의 책, 115.
436) 프레이레는 압제 받는 국민들 손으로, 자발적으로 해방운동이 가능하도록 소위 '피압박자의 교육학'을 시도하였다. 이는 '순진한 각성'에서 '비판적 각성'으로 전환하게 하며 '의식화'를 통해 피압박자도 자기를 사로잡는 강박관념에서 벗어나 자기 처지를 보는 눈을 뜨고 자기 나름대로 자기 의사를 표현할 언어를 발견하게 되는 것이다. Gustavo Gutierrez. 『해방신학』, 111-12
437) Paulo Freire, *Pedagogy of the oppressed: 50TH Anniversary edition*, 남경태, 허진 역, 『페다고지』, 42.

목회자가 절대 권력의 중심이 됨으로서 그 교회의 교회됨은 목회자 한 개인이 가지는 역량에 머물게 된다. 그나마 목회자가 건강하고 말씀 중심으로 깨어 있다면 어느 정도 교회의 건강성이 담보될 수 있겠지만, 그러나 이처럼 교회의 건강성이 한 개인의 역량에 좌우되는 것은 너무나 큰 위험 구조를 교회가 허용하고 있는 것이라 할 수 있다. 오히려 목회자 개인의 역량이 부족해도 전체구조가 건강하여서 그것을 보완할 수 있는 것이 더 낫기 때문이다.

교회는 그리스도의 머리에 연결되어 있는 각 지체들의 연합으로써의 교회이다.(롬 12:5) 따라서 교회가 결코 한 개인의 크고 작은 혹은 그르거나 바른 역량에 의해 결정될 수 없다는 사실이다. 그럴 때 교회는 본래 그리스도의 몸으로서의 교회가 가지는 일치로서의 공동체성이 상실될 뿐만 아니라, 성도 개개인들이 가지고 있는 무한한 은사들 역시 위계제도와 질서라는 이름 하에서 어떤 활력도 가지지 못하게 된다. 뿐만 아니라 대다수 평신도들은 그들이 가지는 신앙의 응답을 자기 교회 안에 제한함으로써 신앙의 사사화를 피할 수 없을 것이며 이로써 초대교회가 가졌던 성령의 은사 공동체로서의 사회 변혁과 응답성도 기대될 수 없을 것이다.

따라서 상호 대화를 통하여 의식화를 고양시키는 프레이리의 교육 방법론은 한국교회에도 주요 과제가 될 수 있다. 만일 이 같은 열린 의식화가 하나님의 백성에게 바르게 일어날 수 있다면 목양의 구상과 기획 그리고 실천이 전 교회의 자산과 역량이 될 수 있으며, 이로써 구비되고 세워져야 할 온 성도들은 은혜의 수령자만이 아니라 기꺼이 목회의 동반자로서 함께 서게 될 것이다. 다만 이런 시도는 어떤 민주적인 제도를 통해서 되는 것 이전에 먼저 목회자와 온 성도들이 상호 의식화 고양을 위한 과정들의 긴 시간들이 요구될 것이다. 이는 실로 목회자들의 결단과 과제이며 핵심 업무라 할 수 있다.

그러나 오늘날 대부분의 제도 교회가 권위와 힘의 질서를 지향하고 또 은혜 우선이라는 이름 하에 비판적-열린- 사고는 교회에서 지양되기를 요청하고 있다. 그러나 게르트 타이센(Gerd Theissen)은 지금 개신교의 태동과 그 정체성이 그런 종교 비판의 자리에서 출발했음을 밝히고 있다. 곧 루터가 당시 가진 종교 비판이 종교개혁의 자극이 되었다는 것이다. 그는 심지어 유대교로부터 기독교로의 개혁도 바울이 가진 베드로를 반박한 데에서 출발했다고 본다. 안디옥에 있는 헬라 그리스도인들에게 유대적 식사 규칙을 지킬 것을 요구한 데 따른 비판이다.(갈 2:11-14) 이런 비판적 의식이 유대교를 온전히 '개혁시키지 못했지만' 기독교를 탄생시켰고 가톨릭을 '개혁시키진 못했지만' 개신교를 탄생시켰다는 것인데 그는 그런 의미에서 종교개혁은 개혁이되 '좌절된 개혁'이라고 평가하고 있다.[438]

타이센은 이에 착안하여 제3의 종교개혁이 가능할까를 묻고 있다. 그에 의하면 그것은 앞선 종교개혁에 대해 비평적으로 생각하는 것이다. 왜냐면 비판적 태도를 이어가는 것이 두 종교개혁에 상응하는 유일한 태도이기 때문이다. 타이센은 그 비평적 태도가 자신의 입장이 되길 원한다. 곧 자신이 기존 종교개혁의 한계를 비판하는 새 스케치를 내어놓고자 하는 것이다.[439]

---

438) Gerd Theissen, *Pauls und Luther - scheiternde Reformatoren und ihr Vermaechtnis*, Vortrag in der ESG Heidelberg(하이델베르크대학교 기독학생회관에서 2017년 6월 21일에 행한 연설) 1-2. 이범성 역.
439) 위의 책, 2-5.

그러나 필자는 여기서 그 비판적 태도가 이제는 어떤 신학자의 탁월함에 의지하기보다는 모든 평신도 각 개인의 것이 되어야 한다고 말하고 싶다. 왜냐면 그가 진단하는 첫 종교개혁의 내용이 유대인의 구원 공동체에서 이방 공동체로서의 확장이 되었고, 두 번째 종교개혁의 내용이 성직의 독점 구조에서 만인사제로 확장되었다는 것인데, 실상 이 두 번째 차원은 아직 미완이라 할 수 있다. 왜냐면 루터의 종교개혁은 그 주체가 자신이었으며 다만 평신도를 대상화하여 해방시키려 한 것에 있다고 보기 때문이다. 진정한 해방은 해방신학의 관점에서 자신이 운명을 선택할 주체가 되는 것에 있다. 그런데 그 당시 대부분의 평신도들은 의식화된 몇몇의 성직자들에 의해 선언적으로만 사제가 되었을 뿐이었다. 그런 차원에서 제2의 종교개혁은 가톨릭만이 아니라 개신교 내에서도 여전히 미완의 여정이며, 이제 비로소 완성되어야 하는 과제가 우리에게 남겨져 있다고 할 수 있다.

여기서 필요한 것이 바로 평신도 의식화이다. 이 의식화는 무엇인가 새로운 사상을 주입시키는 그런 것으로 여긴다면 이는 의식화를 오해 한 것이다. 의식화란 상호 대화와 문제 제기 질문과 비판적 현실 인식을 가지게 되는 여러 과정을 포함한 것이다. 위에서 일방적으로 답을 들려주고 그것을 받아 적고 암기하는 것의 반대로서 의식화인 것이다.

본래적으로 하나님의 백성들은 세상에 대하여 왕 같은 제사장적 섬김으로 세워졌으며(출 19:5,6) 또한 예언자적 정신을 가지고 세상을 고치려 하는 일로 부름 받은 자들이다.(렘 35:15) 따라서 그 보낸 곳에서 하나님의 봉사자(사 61:6)요 세상에 대해서는 지도자로서서 있어야 하는 자리이며 이 같은 응답은 아브라함이 헷 족속 가운데 있는 삶에서 잘 나타난다.(창 23:6 내 주여 들으소서 당신은 우리 가운데 있는 **하나님이 세우신 지도자**이시니~) 그러나 이 응답은 하나님의 은혜에 대해서 단지 수혜자이기만 한 하나님의 백성에게서는 기대될 수 없다. 따라서 우리는 이제 의식화된 하나님의 백성을 발생시킬 수 있는 평신도 중심의 교회구조를 생각하지 않을 수 없다. 이 '의식화'를 성경적 표현으로 하면 "보고 듣고 깨달아 아는" 것을 뜻하며 이 같은 자리는 주님의 당대에도 제자들에게 요청되었던 것처럼(마 13:10~17) 오늘의 하나님 백성에게도 긴요한 주제이다.

여기서 생각할 것은 그런 의식화가 저절로 발생되지는 않는다는 점이다. 적어도 초기 단계에서는 교역자의 리더십으로서 성도를 은사로 구비시키는 과정이 중요하다. 이에 이범성은 개교회의 울타리를 넘어 세계교회와 세상을 향해 가질 평신도 사역의 필연성으로 인하여 그들에게 목회자는 신학 이론과 방법론을 통해 코치해야 함을 역설한다.[440] 또한 이를 위하여 김동건은 공적신앙인의 양성을 교회의 주요 과제로 제시하며 지역교회가 가질 수 있는 10가지 모델을 제시하고 있는데 그중 세 가지는 교육, 대화, 독서라는 소그룹방식의 상호소통 구조다.[441] 여기서 소그룹이 등장하는 이유는 소그룹은 상호 소통 구조이기에 평신도가 소외됨 없이 어느 누구나 주체적으로 참여할 수 있다는 점에서 의식화 과정에 있어서 소그룹은 핵심적인 양식이기 때문이다.

바로 이런 자리에서 '프레이리의 의식화' 교육과정이나 해방신학

---

440) 이범성, 『에큐메니컬 선교신학 Ⅱ』, 108.
441) 김동건, 『그리스도론의 미래』, 384-88.

의 해석학 곧 '해방적 성서 읽기'[442], 또는 아나뱁티스트 성서해석학인 '공동체가 함께 하는 성서 해석'[443]이나 혹은 크리스천 코칭으로서 비전을 고양시키는 '성경적 코칭' 그리고 소그룹 성경 읽기로서 '귀납적 성경 읽기'나 '공동체 안에서 성경 읽기' 혹은 '디아코니적 성경 읽기'[444] 등을 시도할 수 있다. 이는 소그룹만큼이나 소그룹에서 무엇을 하느냐는 중요한데 모든 하나님의 말씀은 자유하게 하는 말씀이기에 그 나눔은 하나님의 백성의 의식화를 고양시키는 원천이 된다. 하나님의 말씀은 그 어떤 우둔한 자도 보고 깨닫게 하는 진리이기 때문이다.(시 119:130) 이에 대한 보다 구체적인 전망은 말미 곧 '이상적인 소그룹 양식'에서 다시 나눌 것이다.

  그동안 전통주의 해석학에서는 성직자가 들려주는 것만을 일률적으로 의존했지만 거기서는 자율적인 평신도를 기대할 수 없었고 그런 수동적인 하나님의 백성으로는 다양한 공적 사회 앞에 바른 신학적 매개를 기대하길 힘들었다. 우리 한국교회사를 보면 초기 폭발적인 복음의 확산이 있었는데 놀라운 것은 그 일이 선교사들-성직자-의 일방적인 수고와 전파로 인한 것만은 아니었다는 점이다. 초기 선교역사가 보여주는 복음의 확산에는 선교사들의 탁월한 사역에 기인하기보다는 매서인이라 불린 평신도들의 자발적인 성경

---

442) '해방적 성서 읽기'는 다양한 관점으로 읽는 것을 뜻한다. 프락시스 중심으로 읽기, 가난한 자들의 눈으로 읽기, 정치적 측면으로 읽기 등이다. 참고하라 고재식의 『해방신학의 재조명』 41-50, 50-67; 홍인식의 『해방신학 이야기』, 109-24.

443) 참고, 스튜어트 머레이의 『이것이 아나뱁티스트다』, 『아나뱁티스트 성서해석학』

444) 참고하라 Gerd, Teissen. "성서, 디아코니적으로 읽기: 돕는 행위에 대한 정당성의 위기와 선한 사마리아인", 이범성 역, 『디아코니아학』, 98-129.

보급과 그들의 증언이 주요했으며, 또한 그들로부터 복음의 수령인들조차 매서인들에게서 직접 성경을 구매하여 읽었고 심지어 자발적으로 선교사를 찾아와 세례를 요청하였던 놀라운 한국교회사를 가지고 있다는 사실이다.[445] 더욱이 그들이 접한 성경조차도 만주와 일본에서 한국인-평신도-에 의하여 번역되어 전해진 매우 독특한 선교역사를 가지고 있다.[446]

이는 초기 한국교회의 태동에 있어서 위로부터의 일방적 받음만이 아닌 아래로부터의 섬김과 도전이 있었고, 그렇게 평신도들에 의한 선교지평이 중심에 있었음을 말하는 것이다. 이런 선교적 배경은 당시 선교사들의 선교정책보고서에도 잘 나타나 있다. "*사람의 힘만이 사람을 개종시키는 것이 아니다. 하나님의 말씀이 하신다. 따라서 될수록 빨리 안전하고 명석한 성서를 이들에게 주도록 해야 한다.*"[447] 이는 선교사들의 힘을 떠나서 당시 복음이 확장되어 갔던 상황을 반영하는 보고서이다. 따라서 오늘의 교회도 성직자 중심의 대그룹으로서의 예배만이 아니라 성도들이 주체적으로 참여하는 소그룹에서 이런 차원을 다시 기대해 볼 수 있을 것이다.

종교사회학자 정재영도 일명 '가나안 성도'를 발생시킨 요인의 첫째가 '신앙의 강요'라면, 두 번째 주요 요인을 교회가 가지는 '일방적인 구조'로 보았다. 교회 안에서의 의사를 결정하고 대화를 하는 방

---

[445] 이범성, 『일제하 한국 개신교회의 정치적 성과』 (서울: 부크크, 2020), 38.
[446] 한국기독교역사연구소, 『한국기독교의 역사 Ⅰ』, (서울:기독교문사, 1989), 274.
[447] C. C. Vinton, *"Presbyterian Mission Work in Korea":The Missionary Review of the World*, Bd. 11, No. 9, 1893. 이범성, 『일제하 한국 개신교회의 정치적 성과』, 83쪽에서 재인용.

식이 소통과 거리가 멀어서 일반 성도들은 교회의 문제에 대해 생각할 필요가 없는 것처럼 여긴다든지, 설교는 '케리그마'라는 신학의 표현처럼 일방향의 선포가 되어 때때로 이데올로기적 편향의 설교까지 성도들에게 강요되었다는 것이다.[448] 이처럼 오늘날 사회학적 접근의 교회와 신앙 구조에 대한 분석들은 교회의 구조가 지나치게 교권 일원화된 현실을 보여준다.

그러나 타이센은 40년 이래 바울에 대한 새로운 관점을 말하면서, 바울이 인식한 '하나님의 정의'-의화론-는 "천국으로 가는 문"이라고 루터는 여겼지만, 최신 연구는 이를 "모든 민족들의 인간에게로 가는 문"이라는 사회적 해석을 가진다는 것이다.[449] 왜냐면 이 의화론으로 인해 모든 민족에게도 천국의 문은 열린 것이기 때문이다. 곧 그런 의미에서 '의화론'은 유대인과 이방인의 경계를 허무는 사회적 차원을 가진다. 타이센은 여기서 한 걸음 더 나아가 바울이 참으로 의도했던 것은 구체적으로 성전 문을 이방에게 개방하고자 했다는 것이다. 곧 의화론의 두 특징이 드러나는데 먼저는 사회적 특징이며 다음은 구체성이다. 그렇다면 신앙의 주제는 현실 사회의 주제도 되며 이때 신앙의 영성은 구체적인 현실 사회를 반영한다고 할 수 있다.

---

448) 정재영, 『교회 안 나가는 그리스도인』, 81~82.
449) Gerd Theissen, 이범성 역, *Pauls und Luther - scheiternde Reformatoren und ihr Vermaechtnis*, Vortrag in der ESG Heidelberg, 6-8.

2 '영성화'(Spiritualization)에서 '현실 참여'(Praxis)

한 백성이 가질 비판적이고 자율적 의식화를 가로막는 것은 설교나 신앙고백에 있어서의 지나친 '영성화'(spiritualization)의 문제다. 현실 도피적인 신앙의 추구와 용어 사용은 이 땅을 뚫고 들어오는 하나님의 나라를 경험하는 것을 방해할 것이기 때문이다. 이런 기독교 신앙의 영성화는 헬라철학의 영향을 받은 하나님에 대한 신관 곧 역사 저 너머의 영원불변의 신관과 상관있다. 다행인 것은 최근에 와서는 신학자들이 역사 안에서의 하나님의 활동에 강조하기 시작했다는 점이다.[450]

이런 새로운 신학적 경향은 하나님의 구원 행위가 인간 실존의 전 영역을 총괄한 것으로 보게 되었으며, 이로써 역사의 참다운 의미가 드러나기 시작했다고 할 수 있다. 천지창조나 출애굽 사건 역시 구원의 행위나 재창조(갈 6:15, 고후 5:17)로서 이해되기 시작한 것이다. 이로써 창조는 신화적 행위 이상이 되고 출애굽도 구원의 영적 의미를 넘게 된 것이다.[451]

나아가 구티에레즈는 성서의 약속이 가지는 종말론적 의미가 재발견됨을 주목하고 있다. 구약의 예언자들에게 나타나는 예언의 특징은 먼 미래를 바라보는 지향일 뿐 아니라 '현재를 중시하는 일면'이 함께 있다는 점이며, 또한 그리스도의 부활은 약속된 것의 실현일 뿐만 아니라, 동시에 미래의 선취로서 완성도 종결도 아닌 '현재 역사의 원동력'으로서, 그 약속은 고갈됨이 없이 무궁무진하게 이어

---

450) 고재식, 『해방신학의 재조명』, 42.
451) Gustavo Gutierrez. 『해방신학』, 170-81.

져간다는 것이다. 곧 종말론적 이해는 미래적 약속의 참여일 뿐만 아니라 현재 역사 내적 참여의 원동력이며 동시에 이미 나타난 약속의 실현과 그 성취일 뿐만 아니라 그 실현이 가리키는 미래적 희망을 포함하는 것이다. 이로써 종말론적 약속과 오늘의 역사는 분리되지 않는다. 따라서 종말론의 의미는 죽은 자들의 부활이라는 신학의 부록이 아니라 (지금 여기에 미치는) 구세사의 추진력으로서 종말론이며, 종말 사상은 기독교 신앙을 이해하는 열쇠가 되었다는 것이다.[452] 그 종말론은 미래를 향하는 긴장이 '현재에 의미'를 부여하고, 또 '현재에 표출'되고, 동시에 '현재에 자양분'을 얻는다. 그래서 장차 올 것에 대한 이끌림이 역사의 추진력이 된다.[453] 이처럼 종말론적 약속이 역사적 약속과 분리되지 않는 것이라면, 영성의 이해 역시 오늘의 실제적인 문제와 분리되는 것이라 볼 수 없다.

몰트만은 『생명의 영』에서 "영성인가 아니면 생동력인가?"를 묻고 있는데, 그는 거기서 본래 '영성'이란 무언가 '더 높은 것에 대한 인간의 욕구나 감정'을 뜻하는 '종교성'(Religiositat)이란 말보다 더 큰 의미를 가지고 있음에도 불구하고 종종 이 둘이 동일한 의미로 사용되는 우려를 나타내고 있다.[454] 그런 의미로 한정된 영성은 하나님으로부터 오는 창조적 삶의 생동력(Vitalitat)을 놓치고 심령화(vergeistigtem)된 삶의 영성(Spiritualitat)을 생각하게 된다는 것이다. 이때에는 일상생활로부터의 가시적 분열이 일어나 '영적 계급'과 '평신도

---

452) 위의 책, 181-85.
453) 위의 책, 188.
454) Jurgen Moltmann, *Der Geist des Lebens*, 김균진 역, 『생명의 영』 (서울: 대한기독교서회, 1992), 117.

계급' 그리고 '복음의 덕목'과 '시민사회의 덕목'이 분열되고 '영적 정신성'(Geistigkeit)이 '육적 감성'(Sinnlichkeit)보다 높은 것으로 오해된다는 것이다. 그는 영성이란 '하나님의 영 안에 있는 삶'과 '하나님의 영과의 살아있는 교제'를 뜻함에도 극동이나 아프리카에서는 그 바른 의미를 말소하고 그것을 다만 '종교성'으로 위축시킨다는 것이다.[455]

다만 이런 몰트만의 마지막 지적은 불합리한 면이 있다. 영성과 종교성에 대한 일치의 문제는 결코 극동이나 아프리카로 한정될 문제는 분명 아니기 때문이다. 일찍이 본회퍼도 '비종교화'를 통해 신앙 사사화를 극복하고자 한 것은 이 종교성의 문제가 서구신학에도 만연한 문제였다는 것을 보여주며, 나아가 가톨릭 교황 레오 13세가 1886년 헝가리 주교들에게 써 보낸 회칙 "Quod Multum"에도 '종교'라는 이해를 이미 부정적 의미에서의 '영성'의 차원으로 표현한 것을 볼 수 있기 때문이다.

> "사회주의 공포를 피할 최선적이며 최고로 효과적인 방도는 ~ 시민들이 종교에 감화되는 것이다. ~ **종교**는 더욱 무겁게 혹은 더욱 오랫동안 억눌려온 정도에 비례해서, **미래에는** 더욱 풍성하고 매우 크며 **불멸**하는 좋은 것을 받는다는 희망을 줌으로써 상처받은 자들에게 가장 **달콤한 위로**를 채워준다."[456]

---

455) 위의 책, 117-18.
456) *Quod Multum*, 1886.8.15., BP II, 88, Dorr, Donel. *Option for the Poor: A Hundred Years of Vatican Social Teaching*, 『가난한 이를 위한 선택-교황청 사회문헌연구』(경북: 분도출판사, 1987), 45쪽에서 재인용.

레오 13세는 사회주의에 대한 위협으로부터 지키기 위하여 종교성의 필요를 역설한 것인데, 이런 차원은 마르크스가 『헤겔 법철학 비판』(Towards a Critique of Hegel's Philosophy of Right, 이론과 실천)에서 종교 특히 기독교 신앙에 대해서 '민중의 아편'이라 말한 것에 대한 충분한 빌미가 된다고 할 수 있다.[457] 다만 도널 도어(Dorr, Donel)가 이 글을 '영성에 대한 의미'를 보여주는 차원에서 인용하였지만 이를 부정적으로 인용하지는 않았다는 점은 특이하다. 결론적으로서 주목할 일은 그때에도 영성이란 의미가 자연스럽게 종교적-개인적이고 피안적-이란 말과 동의어로 이해되고 있다는 점이다. 심지어 이를 인용한 도널 도어의 책 색인에서 '영성'과 '종교'는 같은 동의어로 표기되고 있다.

그렇다면 영성의 피안화 문제는 지역성의 문제가 아니라 전 교회의 문제임에 틀림없다. 다만 서구신학이나 라틴아메리카의 해방신학에서는 이 문제에 대한 도전이 시도되고 있지만 적잖은 한국교회에서는 아직도 요원해 보인다. 다행히 21세 들어 공적신학의 논의가 시작되고 있다는 점은 반가운 일이다. 그러나 이 역시 신학의 현장에 머물고 있으며 목회 현장에서는 소외되어 있다. 그렇다면 우리는 어떻게 영성화의 문제를 해소하고 한 백성으로 하여금 보다 현실 참여적인 응답을 할 수 있을까? 적어도 우리는 성경의 번역 문제에서 이 도움을 받을 수 있을 것이다.

---

457) Karl Marx, "Towards a Critique of Hegel's Philosophy of Right",in Karl Marx, ed. David McLellan (Oxford: Oxford University Press, 2000) 72.; 『헤겔 법철학 비판』(이론과 실천). Miroslav Volf. *A Public Faith*, 김명윤 역, 『광장에 선 기독교』, 40쪽에서 재인용.

3 평신도 중심의 성경 번역

구약학 및 고대 근동 언어학자인 주원준은 오늘날 성경 번역이 가지는 문제점을 지적하면서 너무 사실적 일치에 치중하려 한다는 것이다. 이런 번역의 시도는 사실 자체나 과학적 지식에는 부합하지만 결과적으로 히브리 성경과 우리말 성경의 상징체계를 다르게 만든 것과 같다고 말하고 있다. 곧 성경 언어에 있는 상징성을 오늘에 반영하지 않으면 안 된다는 것이다. 왜냐면 성경의 언어는 사실(fact) 그 자체보다 진리(truth)와 신앙(faith)에 중점을 두는 책이기 때문이다.[458]

이처럼 번역의 문제는 중요한데 필자는 그의 주장에 더하여 성경의 대다수의 독자가 되는 '평신도 중심의 성경 번역'이 필요하다고 본다. 이는 평신도 눈높이 맞춘 성경 번역을 말하는 것이 아니다. 물론 이 역시 필요하지만 이런 시도는 다양한 번역본들을 통해 이미 시작되고 있기 때문이다. 필자가 요청하려는 것은 평신도가 그들의 응답을 교회의 범주를 넘어 그들의 삶의 공간에서, 곧 '하나님 나라의 시민'(빌 3:20)일 뿐만 아니라 이 땅의 '기독시민'(빌 1:27)[459]도 되기에, 그들에게 주어진 공적 의무를 다하며 살아 갈수 있는 자율적 의식화를 돕는 성경 번역이 중요하다는 것에 있다. 지금의 대부분의 성경은 많은 부분이 신앙을 내적화하고 영성화하여 현실 참여에

---

458) 주원준, 『구약성경과 신들』 (경기도: 한남성서연구소, 2018), 203.
459) 빌립보서 1장 27절은 "오직 너희는 그리스도의 복음에 합당하게 **생활하라~**"라고 권면하고 있는데 이 '생활하라'(폴리튜오)는 '시민'이라는 '폴리테스'에서 온 말이다.(바이블렉스 10. 참조) 그렇다면 바울의 '복음에 합당하게 생활하라'는 요청은 '기독시민으로 살아가라'는 요청이 될 수 있다.

대한 차원을 충분히 담지 못하고 있다. 이는 성경을 의도성을 가지고 바꾸려는 것이 아니라 그 단어가 가지는 본래적인 차원을 밝힘으로서 말씀의 처음부터 가졌던 공적 성격을 되찾으려는 것이다. 예로써 대럴 구더(Darrell L. Guder)는 빌립보서 1장 27절에 사용된 한 동사를 주목하였는데 그 의미가 공적임에서 불구하고 번역에서 충분히 반영되지 못함을 지적하고 있다.

> 빌립보서 1:27에는 동사에서 아주 흥미로운 변화가 나온다. 보통 번역은 그냥 "너희는 그리스도의 복음에 합당하게 **생활하라**"이다. 여기서 쓰인 '폴리튜에인'이라는 동사는 '**정치적인**'이란 의미인데, '폴리스'에서 기원했으며~, 그것은 공동체적 삶의 공적인 성격을 강조하는 말이다. 따라서 그것은 이렇게도 번역할 수 있다. "너의 **공적인 생활**을 예수 그리스도의 복음에 합당하게 **수행하라**"[460]

이처럼 우리는 본래 원문이 담고 있는 보다 공적 의미를 상실함으로써 신앙의 범주를 교회 안으로 축소시켜 버린 이런 문제들에 대해 새로운 도전을 요구할 때가 되었다. 예로써 '대제사장의 기도'로 알려진 요한복음 17장 25절의 "**의로우신**($δίκαιος$, 디카이오스) **아버지여**"는 '종교적 의'-칭의-로만 받아들여지기 쉽다. 그러나 형용사 '디카이오스'($δίκαιος$)는 '디케'($δίκη$)라는 옳음, 공의, 정의에서 유래했기에 그 의는 '사회적 정의'와도 상관이 있다. 게다가 구약의 전망에서도 이는 충분히 '정의로우신 하나님'으로 번역될 수 있다.(사 30:18, 말 2:17) 예언자들의 전망에서 제사나 기도나 금식은

---

460) Darrell L Guder, Called to Witness, 『증인으로의 부르심』, 248.

'사회적 정의'와 분리되지 않았음이 너무나도 분명하기 때문이다.(사 1:12~20, 58:1~12)

이 '디카이오스'는 칠십인역본에서 구약의 '체데크'(צדק)에 대한 역어로 사용되었는데[461] 크리스토퍼 라이트(Christopher Wright)는 종종 '종교적 의'로 여겨지는 이 단어가 공평한 저울추(레 19:36; 신 25:15)에 대해서도 사용된다는 사실을 지적하면서 추상적이거나 일반적인 방식으로서가 아니라 구체적 상황의 현실을 가짐을 역설하고 있다.[462] 이는 오늘날 우리가 '하나님의 의'를 말할 때에 얼마나 심각하게 사회와 분리시켜 버렸는지 묻지 않을 수 없게 한다. 또한 이는 실상 구약의 모든 전망과도 벗어나는 일이다. 왜냐면 십계명은 하나님과 사람 사이의 계명보다 사람과 사람 사이의 지킬 공의적인 규례가 더 많다는 것과 율법서의 더 많은 부분은 약자와 사회적 관계에 대한 것이라는 사실과 모든 예언서에서는 공의와 정의가 사라진 현실에 대한 탄식으로 시작되며(사 1:21) 구속(救贖) 역시 공의와 정의로 말미암는다.(사 1:27; 5:7,16; 9:7; 16:5; 28:17; 32:1,16; 33:5; 56:1; 59:9,14 등) 시가서 역시 '공의'와 '정의'의 목적으로 기록되었으며(잠 1:3) 자연스럽게 시편도 공의와 정의의 노래로 가득하다.(시 33:5, 72:2, 99:4, 106:3, 119:121)

크리스토퍼 라이트는 한 걸음 더 나아가 차데크/차디크 가 사실상 '관계'를 뜻하는 단어들이라고 말하고 있다.[463] '하나님 의'는 사회와의 바른 관계를 떠나서는 이루어지지 않는 것이다. 이는 모세의

---

461) 참조, 바이블 렉스 10.0
462) Christopher Wright, 『하나님의 선교』, 459-60.
463) 위의 책, 460

율법에 가난한 자로부터 전당잡은 겉옷을 밤이 되기 전에 돌려주면 그 일이 하나님 앞에서 '공의로움'(צְדָקָה, 체다카)이 될 것이라는 증언에도 나타난다.(신 24:13) 종종 복음서에서도 하나님과의 관계는 사람들과의 관계로써 증명됨과 같다. 지극히 작은 소자와의 관계는 하나님에 대한 관계이다.(마 10:40~42) 의롭게 됨의 결과를 가져다주는 것은 종교적 차원을 넘어 사회적 돌봄이나 정의와 상관이 있다는 사실이다.(마 25:31~46) 이처럼 '하나님의 의'를 추상화하거나 '종교적 의'로 한정하는 것은 계시가 담고 있는 많은 의미를 축소할 때에나 가능할 뿐이다.

창세기에도 다섯 번에 걸쳐 계시되는 **전능하신 하나님**'(אֵל שַׁדַּי 창 17:1; 28:3; 35:11; 43:14; 48:3)은 실제로는 '관계-언약-의 하나님'에 더 가깝다. 왜냐면 창세기에서 계시되는 '전능한 하나님'(God Almighty)[464]은 단 한번을 제외하면(창 43:14) 네 번 모두 자기 백성을 만나고 언약을 주시거나 그 언약을 갱신하시는 하나님에 대한 호칭으로만 등장하기 때문이다. '전능하신 하나님'(엘 샤다이)이 제일 처음 등장하는 창세기 17장은 이를 잘 보여준다.

---

464) 존 캅은 교회 역사에 일어난 다섯 가지 일들이 예수 자신의 가르침을 바르게 이해하는 데 걸림돌이 되었음을 지적하면서 그 첫째를 불가타역본 곧 제롬이 성경을 라틴어로 번역한 역본의 영향에서 찾았다. 제롬은 여기서 '하나님의 이름'인 '야훼'(Yahweh)를 '주님'(the Lord)이라 번역하고, 반면 '샤다이'(Shaddai)라는 이름을 이미 사용하던 관례를 따라 '전능자'(the Almighty)로 번역하였다는 것이다. 이는 이런 이름들이 초기의 다신론을 반영함에 대한 불가분적 선택이었지 본래적이지 않은 것이다. John B. Cobb Jr. *Jesus' Abba: The God Who Has Not Failed*, 박만 역, 『예수의 아바 하나님』(경기도: 한국기독교연구소, 2018), 20-21.

1. 아브람이 구십구 세 때에 여호와께서 아브람에게 나타나서 그에게 이르시되 나는 **전능한 하나님**'이라 2. 너는 내 앞에서 행하여 완전하라 '**내가 내 언약을 나와 너 사이에 두어**' 너를 크게 번성하게 하리라 하시니 3. 아브람이 엎드렸더니 하나님이 또 그에게 말씀하여 이르시되 4. 보라 **내 언약이 너와 함께 있으니** 너는 여러 민족의 아버지가 될지라 5. 이제 후로는 네 이름을 아브람이라 하지 아니하고 아브라함이라 하리니 이는 내가 너를 여러 민족의 아버지가 되게 함이니라

그리고 단 한번 예외적으로 사용된 '전능한 하나님'에 대한 야곱의 고백의 귀결은 "내가 자식을 잃게 되면 잃으리로다"(창 43:14) 이다. 이마저도 야곱이 '전능'의 의미를 해결사의 의미로 보지 않았음을 뜻한다. 오히려 야곱 역시도 '전능하신 하나님'을 '언약의 하나님'으로 이해했음을 이 구절은 내포한다. 왜냐면 아브라함에게 자손의 번성에 대해 '언약하신 하나님'이시라면 베냐민과 다른 자식들도 보전하여 주시기를 기대한 것이라 이해할 수 있기 때문이다.

그렇다면 '전능'의 바른 의미는 어떤 '권력'이나, '능력' 같은 고립된 의미로서 무조건적인 '번영'을 제공하는 도구적 의미가 아니라 구체적으로 한 사람을 만나고 소통하며 그 사이에 약속을 두어 그에게도 인격적 결단-내 앞에서 행하여 '완전'하라[465](창 17:1)-을 요구하는 그런 실제적인 관계를 뜻한다고 말할 수 있을 것이다. 따라서

---

465) 이 '완전(타밈, תָּמִים)하라'의 요구는 '흠이 없는' 제물로서의 그리스도(히 9:14)와의 연합을 내포하기에 여기서 요구되는 관계는 성부 하나님과의 관계만이 아니라 삼위 하나님의 관계이며 따라서 '전능하신 하나님'의 의미도 삼위 하나님 안에 있는 전능의 의, 전능의 사랑, 전능의 질서 등을 포괄한다고 할 수 있다. 참조, Karl Barth, 『교의학 개요』, 74-75.

소브리노 역시 구체화 없는 추상화, 갈등 없는 화해, 관계없는 절대화는 전통적 그리스도 이미지를 심각한 위험에 빠뜨린다고 경고한다.[466]

바르트도 '전능하신 하나님'에 대한 이해를 단순히 '권력'(potentia)이 아닌 '권능'(potestas) 곧 '의로움'과 '사랑'과 '질서'의 권능으로 이해하고 있는데, 이는 오늘날 세속화된 의미로서의 '전능'이 아니라 보다 관계적이고 인격적인 의미임을 보여주는 것이다. 브라질 해방신학자 성정모 역시 일반화되고 추상화된 '전능하신 아버지 하나님'에 대한 이해로는 오늘날 3세계에서 발생하는 참혹한 현실에 어떤 답도 줄 수 없다고 말하고 있다.[467]

이처럼 전능하신 하나님과 같은 철학적 신정론은 오늘날 설득력을 상실했으며 역사적으로도 아우슈비츠 이후, "전능하신 하나님으로부터의 결별"(Abschied vom allmachtigen Gott)을 선언한 것은 불가피해졌다고 할 수 있다.[468] 이는 크리스티안 링크(Chr. Link)에 따르면 '전능하신 하나님'에 대한 사도신경의 고백은 성서에서 나온 진술이 아니라 '엘 샤다이'(El Schaddai)를 그리스어 '판르토크라토'(pantokrator)로 옮긴 번역상의 결과라는 지적에서도 나타난다.[469]

---

466) Jon Sobrino, 『해방자 예수』, 48.
467) Sung Jung Mo, 『시장, 종교, 욕망』, 226.
468) G. Schiwy, *Abschied vom allmachtigen Gott*, Munchen 1996. 김용성, 『하나님 이성의 법정에 서다』 (서울: 한들출판사, 2010), 259-60쪽에서 재인용.
469) 위의 책, 261-62. 물론 '전능자'에 대한 이해가 전혀 성경에서 발견되지 않는 것은 아니다. 성경에는 '야곱의 전능자'(אֲבִיר יַעֲקֹב, 야비르 야코프, 창 49:24; 시 132:2,5; 사 49:26; 60:16))를 계시하고 하고 있다. 따라서 만일 전능자로서 하나님을 의미하려면 '엘 샤다이'가 아니라 '야비르 야코프'(야곱의 전능자)이어야 할 것이다. 그 하나님은 야곱으로 하여금 역경을 이기게 한-지팡이 하나

한 걸음 더 나아가 독일의 세계적 조직신학자 미하엘 벨커(Michael Welker)는 '하나님의 전능'에 대한 기존 이해를 '원시적 유신론'이라고 표현하는데, 이런 이해는 성서 전승의 증언에 기초해 있지 않기에 원시적이란 것이다. 그는 이런 신관이 오늘날 사회에 파괴적으로 작동할 수 있음을 경고한다. 그에 의하면 하나님의 전능이란 고통과 고난이 자연계에 초래될 때 즉시 개입하는 소방관의 역할이 아니라, 오히려 고통과 고난에서 새롭고 좋은 것을 창조하는 데 있다는 것이다. 따라서 적어도 세 가지 곧 '하나님에 대해', 그 '전능하심에 대해', '창조에 대한' 원시적 이해를 극복하지 못한다면 이는 엄청난 종교적이고 영성적인 진공상태로 이어질 것이라고 경고한다. 이 같은 추상적인 전능함의 이해는 무의미하고 황량한 것일 뿐이라는 것이다.[470] 소브리노에 의하면 전통적으로 '권능의 그리스도'는 권력자들이 좋아하는 이미지였을 뿐이다.[471]

이처럼 성서가 본래 가지고 있는 인격적이고 실제적인 삶의 성격을 놓치고 피상적인 개념으로서의 영성화 혹은 그 반대로 세속적 개념화가 될 때 기독교 신앙은 전근대적인 유물이 될 수밖에 없을 것이다. 몰트만도 히브리 성서와 유대교 전망 하에서 (관계를 벗어나 있는) 피안적인 영성 이해는 찾아볼 수 없다고 말한다. 하나님의 영 곧 루아흐 야훼(ruah Jahwe)는 피조물의 생명력이요 그 생명 공간이며 이 공간 안에서 피조물은 자신을 전개할 수 있는 것이지 그의 영은

로 두 때를 이룬- 구원의 하나님으로 이해될 수 있다.
470) Michael Welker, "문명전환에 응답하는 신학": Covid-19 유행 상황에서 생각하는 '하나님의 영'과 '인간의 영', 이범성 역, 제13차 국제실천신학신포지움, 실천신학대학원대학교 학술제, "코로나19, 문명의 전환과 한국교회" 3-8.
471) Jon Sobrino, 『해방자 예수』, 44.

결코 활력과 생명을 억누르지 않는다는 것이다. 심지어 신약성서와 그리스도교의 원초적 메시야 사상에서도 마찬가지로 이러한 영성 이해는 발견되지 않는다는 것이다.[472]

따라서 구약과 신약의 하나님이 같은 한 분이라면, 그래서 처음이신 그가 나중도 되신다면, 신약에서도 '의의 하나님'이란 구체적이고 삶의 현실에 임하는 '정의의 하나님'을 뜻한다고 할 수 있다. 그렇다면 이러한 '정의'라는 새로운 번역은 오늘의 성도로 하여금 교회라는 공간을 넘어 '옳은 행실'로서의 사회 참여를 가질 근거가 될 것이다. 또 그럴 때 25절에서 증언하는 '아들을 보내심'은 하늘의 구원자일 뿐만 아니라 '이 땅에 정의를 위한 아들의 보냄'이기도 하다. 이런 이해 안에서 한 백성이 증인으로 참여하는 보냄도 피조세계 가운데 정의를 나타내는 것과 분리될 수 없다. 그렇다면 한 백성의 응답성은 교회 내에 머물지 않고 자연스럽게 공적 사회로 확대될 것이다.

같은 맥락에서 마태복음 5장의 팔복에서 "**의**에 주리고 목마른 자"(마 5:6)는 "**정의**에 주리고 목마른 자"로 번역될 필요가 있다. 꼰라드 부르마(Conrad Boerma)는 누가복음 6장의 21절의 "주리고 목마른 자"를 실제적으로는 "의에 주리고 목마른 자"(마 5:6)라고 진단하는데 그들은 빈곤 문제에 대한 해결에 대해 목마른 자들이라는 것이다. 따라서 이 '**의**'는 교리적인 '칭의'가 아니라 리더보스(H. Ridderbos)가 지적하는 것처럼 시편 72편의 '왕적인 정의'(royal righteousness)라는

---

472) Jurgen Moltmann, *Die Quelle des Lebens*, 이신건 역, 『생명의 샘』 (서울: 대한기독교서회, 2000), 98.

것이다.[473] 이러한 지적은 옳다. 왜냐면 그들에게 약속된 것은 '배부름'(마 5:6)이기 때문이다. 곧 그들은 이중적인 주림에 처한 자들로서 일차적으로는 빈곤으로 인한 주림이며 이차적이며 근원적인 주림은 그 빈곤을 양산하는 정의의 부재에 대한 주림이기 때문이다. 따라서 그들에게 약속된 배부름이란 그들에게 빈곤을 가져다주는 왜곡된 경제 질서가 다스려짐을 뜻하는 것을 포함하는 것이 될 수밖에 없다. 우리는 이 팔복에 등장하는 여덟 소자 공동체는 실제적인 삶의 위기에 처한 자들임을 잊어서는 안 될 것이다.

또한 마태복음 6장 33절의 "그 **나라**와 그의 **의**($\delta\iota\kappa\alpha\iota\sigma\sigma\acute{\upsilon}\nu\eta$, 디카이오쉬네)를 구하라" 역시 '그 나라와 그의 공의-정의-를 구하라'로 번역하여 '의'를 모호하게 덮어두는 것을 피해야 할 것이다. 불트만 학자 박정호에 의하면 주님의 선포에서 핵심적 개념은 '하나님의 지배'($\beta\alpha\sigma\iota\lambda\epsilon\acute{\iota}\alpha\ \tau\sigma\hat{\upsilon}\ \theta\epsilon\sigma\hat{\upsilon}$, 하나님의 나라)이다. 이 지배는 하나님의 통치를 뜻하는 종말론적 개념으로써, 그 나라는 역사의 마지막 날이 아니라 지금 여기에 이미 역사하고 있는 나라이다. 따라서 불트만은 예수의 첫 호소, 즉 "때가 찼고 하나님의 나라가 가까이 왔다 *회개하라*."(막 1:15) 이 부름은 예수의 모든 부름의 종합이라고 말하면서 '지금 여기'에 '이미 와 있는' 하나님의 나라는 인간으로 하여금 '실존적 결단'인 회개를 요청하는 것으로 보았다.[474] 곧 그는 '하나님의 나라'와 '그 성격'-통치-을 분리함 없이 하나로 연결된 유기적 상호관계로 본 것이다. 이처럼 '그 나라'는 '그의 통치'와 분리될 수 없으며,

---

473) Conrad Boerma, 『성경에 본 빈곤한 자와 부한 자』, 70-71.
474) 박정호, "불트만 신학에서 현재하는 그리스도와 인간의 결단의 연관성 연구", (계명대학교대학원, 2020), 44.

따라서 그 나라를 구하려면 그 나라의 통치의 내용인 정의를 함께 구해야 하며, 또 그 나라를 말하려면 그 나라의 내용인 정의를 생략한 채 말할 수 없는 것이다. 정의는 하나님의 나라의 핵심가치이기 때문이다.[475]

게다가 '통치'를 '정의와 공의'로 이해하는 일은 많은 성경적 전거를 가진다.(시 58:1; 사 32:1; 겔 45:9; 미 3:1,9) 만일 그 나라에서 정의를 분리하고 그 '의'를 종교적 의로만 받아들이게 되면 그 나라 역시 사후에 주어질 공간으로써의 나라가 되어, 그때 이 간구는 공적인 신앙 행위로부터 도피적인 기도 행위가 될 것이다. 결국 그런 신앙이란 저 위의 하늘나라만을 지향하게 하고 현재에도 침노 당하는 하나님의 나라(마 11:25)로서는 경험될 수 없게 할 것이다.

또 다른 문제는 '하나님의 나라'와 '하나님의 정의로운 통치'가 같은 무게임에도 불구하고 '정의'를 뺀 채 하나님의 나라를 구하고 말하게 되면, 하나님의 나라는 단지 그 하반절에 허락된 "그리하면 이 모든 것을 더하리라"를 만족시키는 수단과 도구로서의 욕망의 선조건으로서의 나라로 받아들여질 뿐이다. 따라서 '하나님의 나라'와 '하나님의 정의'–통치–는 서로 긴장 관계로써 각각 분명하게 "그 나라와 그의 공의–정의–를 구하라"로 번역이 되어야 할 것이다. 이 둘은 서로가 서로를 해설하는 구조이기 때문이다. 모호한 번역은 신앙을 추상화시키며 왜곡된 영성화를 초래할 것이다. 구티에레즈도 '영성론적' 사고방식이 막다른 골목으로 우리를 몰아넣는다고 지적하고 있음과 같다.[476] 나아가 하워드 스나이더도 성서적 의미의

---

475) 김동건, 『신학이 있는 묵상 4』, (서울: 대한기독교서회, 2011), 155.
476) Gustavo Gutierrez. 『해방신학』, 319.

'정의'에 대해 말하는 것은 이미 '하나님의 통치'에 대해 말하는 것[477]이라고 봄으로서 통치와 정의를 분리하지 않고 있음에도 잘 나타난다.

이상의 새로운 접근은 로마서 14장 17절의 "하나님의 나라는 먹는 것과 마시는 것이 아니요 오직 성령 안에 있는 **의**와 **평강**과 **희락**이라"라는 번역도 새롭게 요청하게 한다. 왜냐면 '의'와 '평강'과 '희락'이라는 말은 하나님의 나라를 개인적이고 내면적이며 또 여전히 추상화시키는 문제가 있다. 하나님의 나라는 개인적 의가 아니라 그의 통치 곧 공의로움이 이루어지는 곳인 까닭에 '의'(δικαιοσύνη, 디카이오쉬네)는 '정의'나 '공의'로 옮겨지는 것이 낫다.

뿐만 아니라 '평강'(εἰρήνη, 에이레네)도 이어지는 19절의 동의어인 '화평'(εἰρήνη, 에이레네)과 같이 '화평' 또는 '평화'[478]로 번역하는 것이 바람직하다. 이는 19절의 '서로 덕을 세우는 일'이 보여주는 것처럼 17절을 감싸는 주제는 개인적 평강이 아니라 식탁 공동체의 '화목'을 다루고 있기 때문이다.(롬 14:13~23) 이처럼 화평은 개인적인 문제가 아니라 관계의 문제(마 10:34~36)로써 하나님의 나라 이해와 어울린다. 따라서 이 같은 화평이라는 번역은 하나님의 나라는 수직적인 은혜만이 아니라 수평적인 관계와도 더불어 주어지는

---

[477] Howard A. Snyder, *Kingdom Church and World, Biblical Themes for Today*, 박민희 역, 『하나님의 나라, 교회 그리고 세상』 (서울: 드림북, 2007), 77.
[478] 1950년 노벨평화상을 수상했으며 1959년부터 1971년까지 유엔 부사무총장으로 일했던 랠프 벤치는 '평화'라는 말이 평화 시와 전시를 구별할 것 없이 늘 고통 속에서 살아야 했던 많은 사람들에게 의미를 가지려면 자유나 인간 존엄성뿐 아니라 빵이나 쌀, 안식처, 건강, 교육 등의 용어로도 번역되어야 한다고 말했다. Jean Ziegler, 『탐욕의 시대』, 47.

것임을 나타낼 것이며, 이로써 신앙의 사사화가 극복되는 데 도움을 줄 것이다.

게다가 몰트만도 이 '에이레네'(εἰρήνη)를 '하나님의 평화'로서 세상의 권력과 군주들과의 불화를 뜻하는 비판적 평화라고 말하고 있는데, 이는 진정한 평강은 개인이 취하는 생활의 만족이나 진보 같은 우상화적 개념이 아니며, 따라서 자신만의 평화도 권력도 소유도 아닌 소외되고 잊힌 자들의 회복을 담는 보다 넓은 개념이어야 함을 밝히는 데서도 잘 나타난다.[479] 박원호 역시 『우리가 하나님의 나라를 몰랐다』에서 '의와 평강과 희락'을 줄 곧 '평화'로 사용하고 있다.[480] 이처럼 '화평'이나 '평화'의 사용은 보다 공적 의미로 확장시켜 줄 것이다.

마지막 '희락'(χαρα, 카라)도 '기쁨'으로 번역해야 할 것은 바울이 종종 권면하는 '항상 기뻐하라'는 이웃과의 관용이나 화목과 더불어 선포되는 공동체적 기쁨이기 때문이다.(빌 4:4~7, 살전 5:13~16) 곧 이 용어의 실례들을 볼 때 개인적인 희락이라기보다는 공동체성을 가지는 것을 알 수 있다. 그렇다면 결론적으로 17절은 "하나님의 나라는 먹는 것과 마시는 것이 아니요 오직 성령 안에 있는 **'공의'**와 **'화평'**(또는 평화)과 **'기쁨'**이라" 번역될 수 있을 것이다.

더하여 "믿음 **소망** 사랑"(ἐλπίς, 엘피스, 고전 13:13)에서도 '소망'은 지나친 영성화의 문제가 있다. 한 백성의 약속의 기다림을 막연한 어떤 때로써 피안(彼岸)화시키기 때문이다. 따라서 하나님 나라

---

[479] Jürgen Moltmann, *Die Sprache Der Befreiung*, 전경윤 역, 『해방의 언어』 (서울: 대한기독교서회, 1974), 111-22.
[480] 박원호, 『우리가 하나님의 나라를 몰랐다』, (서울: 두란노, 2015), 25-47.

의 선취라는 관점에서도 '희망'이라는 번역은 한 백성으로서의 평신도의 참여를 '지금 여기'(Here & Now)로 확장시키는 근거가 될 것이다.

끝으로 우리는 그동안 **"믿음으로 말미암아 살리라"**(חיה 합 2:4; ζάω 롬 1:17, 갈 3:11, 히 10:38)에서 **'믿음으로'**만 집중하였다. 그러나 거기에는 **'살리라'**가 빠져 있다. 진정한 의인은 '믿음으로'에 머물러 있는 자가 아니라 '믿음이 이끄는 가치로 사는 자'이다. 여기서 '산다'는 것의 의미를 명확히 할 필요가 있다. 에스겔 33장 19절의 "~정의와 공의대로 행하면 그가 그로 말미암아 살리라"와 하박국 2장 4절의 "믿음으로 말미암아 살리라"는 전혀 다른 의미를 지닌다. 전자는 정의와 공의의 결과로 인해 그가 죽거나 산다는 의미로써(신 16:20) 앞의 행위와 뒤의 결과는 영향을 주고받기는 하지만, 시공간적으로는 나뉘어 있는 두 행위이다. 그러나 후자는 단일한 행위로써, '믿음으로 말미암아 **사는 행위**'를 뜻한다. 이를 명사형으로 고치면 보다 분명한데 곧 '믿음으로 사는 **삶**'이 된다. 그런 의미에서 강조점이 믿음 자체가 아닌 '믿음이 이끄는 삶'에 있다. 이때 믿음은 도그마(dogma)가 아닌 삶의 내용의 과제가 된다.

같은 차원에서 하나님은 신구약에서 **'살아계신** 하나님'(חיה 삼상 17:26 단 6:10,26, ζάω 마 16:16, 롬 9:26, 고후 3:3, 딤전 4:10)으로 계시되는데, 그 의미는 '생명'–죽지 않은– 여부가 아니라 '**역사**(役事)하시는 하나님'을 뜻한다. 따라서 하나님의 말씀 역시 "살아 있고(ζάω) **활력 있는**" 말씀이다.(히 4:12) 이처럼 '산다'는 것은 존재(being)를 넘어 '활동'(doing)과 관련된다. 그런 연유로 히브리서 기자는 "믿음으로 말미암아 살리라"라는 하박국 선지서의 말씀 인용(히 10:38)하면서, 믿음으로 사는 것이 무엇과 같은지를 신앙 선조들의 '삶'을 통해 11장 전체에 기록하고 있다. 곧 믿음은 입술의 고백도 혹은 먼 훗날을 바라기만 하는 정적 상태가 아니라, 자신의 삶을 통해서 바랄 것을 실상과 증거로 취하는 '삶'이다.(히 11:1,2) 그런 의미에서 이 히브리서 11장은 '믿음의 장'이라기보다 **'삶-살리라-의 장'**이라 함이 더 적절하다.

'믿음으로'엔 성직자 혹은 교조주의(敎條主義)가 숨어 있지만 '살리라'엔 하나님 백성의 프락시스(praxis)가 있다. 진정한 가치는 '믿음'과 '삶'이 분리되지 않고 '믿음이 이끄는 삶(실천,praxis)'에 있다. 마치 '말씀'과 '삶'이 분리되지 않는 '말씀이 이끄는 삶'과 같은 차원이다. 이는 주께서 자주 강조하신 말씀이기도 하다.(마 7:21-27; 눅 8:21) 결론적으로 교역자는 믿음을 북돋는 일을 해야 하고, 성도는 어떻게 살 것인가?를 세상에 나타내어야 한다. 그렇게 두 직책은 서로 돕고 보완하는 자리이다.

PART 4

보냄: 공적광장과 평신도

• UNIT 6 •

보냄의 구조

16 바르트의 교회 삼차원적 구조 제고

우리는 21세기 공적신학의 미래를 결정할 가장 중요한 요소에 '교회'를 간과할 수 없다.481) 디아스포라(Diaspora)의 가능성은 에클레시아(Ecclesia)에서 담보되기 때문이다. 그렇다면 공적신학의 중심으로서의 교회 구조는 어떠해야 할까? 기독교 교육학자 은준관 박사482)는 바르트(Barth)의 『교회교의학』을 바탕으로 '교회의 3차원적 구조'를 다음과 같이 소개하고 있는데 '모이는 공동체'(called out community), '세움 받는 공동체'(called up community) 그리고 '보냄 받은 공동

---

481) 김동건, 『그리스도론의 미래』, 375.
482) 지난 2010년 북미기독교교육학회 주관 "20세기 기독교 교육자"에 동양인으로는 유일하게 선정된 은준관 박사는 감리교신학대학교 교수, 정동교회 담임목사, 연세대학교 신과대학 교수, 연세대 신학대학 학장을 지냈으며 연세대학교 퇴임 이후 2005년 창조적 소수 목회자 양성을 위한 실천신학대학원대학교를 설립했다. 그는 '교회성장후기시대'가 한국에도 도래했음을 직시하고 7년에 걸쳐 『신학적 교회론』과 『실천적 교회론』을 집필했다. 한국교회의 변혁과 공동체화를 실현할 수 있는 목회자 양성을 위해 헌신한 은준관 박사는 실천신학대학원 설립의 근간이 됐던 TBC(Total Bible Curriculum) 성서연구 교재와 커리큘럼을 한국교회 목회자들에게 전수하는 일을 쉬지 않고 있다. TBC 홈페이지를 참조

체'(called into community)가 그것이다.[483] 이 구조를 주목하는 이유는 이 부름-세움-보냄의 구조가 '교회의 공적 기능'을 담보할 뿐만 아니라 그 중심이 될 '평신도의 자기이해'도 되기 때문이다. 이 구조는 모두가 '한 거룩한 백성으로서의 부름'이라는 것과, 이 부름은 '서로가 왕 같은 제사장으로 세움'을 위해 있으며, 또 이는 '세상을 향한 왕적 섬김'을 위해 있다는 이해의 확장을 가진다.

1 평신도 중심 구조의 교회(Lay Centered Church)

우리는 이 같은 바르트의 3차원적 구조 이해를 바탕으로 평신도 중심 교회의 공적 구조를 새롭게 전망해 볼 수 있는데 대략 다음과 같다. 첫째는 한 백성의 부름을 확보하는 그리스의 몸으로서의 '교제(κοινωνια)', 둘째로 목회자와 성도 간의 세움으로서의 '예배(λειτουργια)와 훈련(διδαχή)', 셋째로 한 백성의 보냄을 담보하는 '증인(μαρτυρια)과 봉사(διακονια)'로 구체화될 수 있을 것이다. 이때 일명 평신도가 가지는 '선교'와 '봉사'의 자리는 세상이라는 세 번째 자리에 고정된 것이 아니라 보냄의 현장이 주는 시험과 과제들로 인해 다시 '한 백성의 친교'와 거기에 있는 '세움'을 지향하게 되는 '새로운 세움'과 '다시 보냄'을 발생시키는 일명 '해석학적 순환'(Hermeneutic circle)[484]을 가지는 구조이다.

이 구조에 요한복음 17장의 전망을 더하면 교회란 '세상 중에서'

---

483) 은준관, 『실천적 교회론』, 163~164. 참고, 은준관, 『신학적 교회론』, 315-18. 바르트의 교회론은 『교회교의학』 4권, 화해론 1,2,3 전후반에 나타난다.
484) 해석학적 순환이란 현장의 상황에서 성서를 새롭게 보고 다시 현장으로 귀결되는 순환 형태를 뜻한다.

(6, out of the world) '한몸으로'(21~23, 'all be one') 불러낸 공동체(called out community)요, '진리로 성별된'(17,19, consecrated by the truth) 세움 받은 공동체(called up community)이며, 그렇게 '벗어남도 빠져듦도 아닌 채'(15, not ~out of the world) '세상 가운데로'(18, into the world) 보냄 받은 공동체(called into community)라 할 수 있다.

한마디로 교회를 '평신도 중심 구조'로 이해한다는 것은 교회가 자신을 보냄의 구조 안에서 이해하려는 시도이며, 따라서 보냄의 이해 안에서 **하나님의 선교**'를 '**한 백성의 선교**'로 이해하는 데 있다. 이때 '한 백성'이란 성직과 세속이라는 이원화가 극복되는 모두가 왕 같은 제사장임을 말하는 것이며, 다만 '모이고 흩어짐'의 조화를 부정하지 않는 구조로, 모이는 교회로서의 목회자가 가질 목회적 리더십과 흩어지는 교회로서의 성도가 가질 세상에서의 왕적 리더십을 함께 인정하고 세워나가는 구조라 할 수 있다. 이 구조의 지향점은 이 땅에 하나님의 나라의 선취를 경험함에 있으며 이를 위하여 교회는 자신을 세상을 섬기는 디아코니아 공동체로 인식하는 데 있다. 이를 표로 나타내면 다음과 같다.

평신도 중심 교회의 구조 (표3)

바르트의 삼차원적 구조	교회의 공적 구조		변증법 구조	교회의 표지들
부름 공동체 (called out community)	한 백성 (One People) – 한몸 공동체 –	한 성직으로의 부름 (욜 2:28~32;롬 12:1계 5:9,10) 한 부름 공동체 (엡 4:1~6 고전 10:17;12:12,13 롬 12:5)	구별과 일치 (요 17:21 ~ 그들도 다 하나가 되어 우리 안에 있게 하사)	교제[485] (κοινωνία)
↓				
세움 공동체 (called up community)	교회 (Ecclesia) –모이는 교회–	목회적 리더십[486] (딤전 4:13; :17~22) 교회를 섬김 (행 20:28) 의식화 공동체 (벧후 3:18, 엡 4:13~16)	위계도 무질서도 아닌 (고전 14:33~ 하나님은 무질서의 하나님이 아니시오)	예배 (λειτουργία) 가르침 (διδαχή)
↓				

---

485) '코이노니아'는 공통이라는 뜻을 지닌 어근 '코이노스'에 기초해 있다. 친교를 뜻하는 '코이노니아', 동반자를 뜻하는 '코이노노스', 그리고 '나누다'라는 뜻의 '코이네오'는 모두 무엇인가를 공통적으로 소유하고 있음을 가리킨다. John, R. W. Stott. 『목회자와 평신도』, 137.

486) '목회적 리더십'을 사도적 리더십이라 하지 않은 것은 사도적 전승이나 계승은 온 교회에 대한 것이기 때문이다. 호켄다이크는 평신도 역시 사도직(apostolate)을 담지한 자들로 보고 있다. 요하네스 C 호켄다이크, 이재준 역, 『흩어지는 교회』(서울: 대한기독교서회, 1975), 94. 한강희, 『신학사상』 177집 (2017 여름), 255쪽에서 재인용

보냄 공동체 (called into community)	세상 (Diaspora) —흩어지는 교회—	성도의 왕적 리더십 (출 19:5,6; 민 11:29; 사 61:6; 벧전 2:9) 세상을 섬김 (요 17:18) 섬김(은사) 공동체 (벧전 4:10; 엡 4:12)	속함도 벗어남도 아닌 (엡 1:23, ~ 만물 안에서 만물을 충만하게)	증인 (μαρτυρια) 봉사 (διακονια)

첫 구조인 **한 백성**(One People, 한몸 공동체)에는 '모이는 교회'와 '흩어지는 교회'를 앞서는 '한몸 공동체'를 보여준다. 특징은 계층과 위계가 없는 하나님의 한 백성으로서의 공동체성이다. 은준관은 '처음교회'는 연속적, 제도적 교회보다는 예수의 부활과 승천 그리고 재림을 소망하는 역사–종말론적 공동체로 보아야 할 것이라고 하였다.[487] 그 특징은 제도적 연속보다 우선하는 '한 부름의 공동체'로서의 교회이다. 같은 관점에서 이범성[488]은 교회의 과제에 접근할 때 '교회 업무'가 아니라 '교회 공동체의 의미'를 파악하는 일과 그 중심으로서 '평신도에 대한 연구'가 오늘의 교회가 가져야 할 실제적인 과제로 본다.[489] 지나친 교역자 중심의 교회론, 교역론이 간과하고 있는 '하나님의 한 백성'으로서의 교회 이해와 그 부재가 가져

---

487) 은준관, 『실천적 교회론』, 20.
488) 한국 에큐메니칼 신학자를 대표하는 이범성 박사는 『에큐메니컬 신학 1-순수이론편-』, 『에큐메니컬 신학 2-실천이론편-』, 『일제하 한국 개신교회의 정치적 성과』 외 다수의 저작들을 통해서 한국교회를 섬기고 있다. 현재 실천신학대학원대학교 '선교와 디아코니아' 교수로서 교회의 공적 기능을 회복할 수 있도록 목회자 계속 훈련에 힘쓰고 있으며, 한국기독교교회협의회(KNCC) 국제위원으로, 또 한일장애인교류협의회 활동 등을 통하여 에큐메니칼 협력과 장애인의 권리를 위해 앞장서는 디아코니아 학자이다.
489) 이범성, 『에큐메니컬 신학 Ⅰ』, 189-90.

다줄 위험을 지적한 것이라 할 수 있다.

핸드릭 크래머는 초대교회 이래에 요구되었던 '질서'와 '안수'보다 앞서는 것이 '신자의 보편적 제사장직' 원리이며 그것만이 유일하게 올바른 동기라고 하였다. 그러나 실제로는 평신도의 이차적 지위와 수동적 태도를 부추기고 반면 성직의 리더십은 고양하는 방향으로 나아갔다는 것이다.[490] 따라서 일반적인 교회 이해로써는 '모이는 교회'와 '흩어지는 교회'처럼 종종 두 구조로 접근되지만 여기서 '세 구조'로서 이해한 것은 이 구조가 '그리스도의 한몸 공동체'라는 교회 이해를 보다 잘 보여주기 때문이다. 곧 두 구조뿐일 때에는 '모이는 교회'가 '흩어지는 교회'의 상위층을 형성할 위험이 크다. 그때 성도는 교권 구조에 종속되어서 자기 은사의 역동성과 살아있는 실천을 상실할 가능성이 높아진다.

이런 이유로서 두 교회의 역학 구도에 앞서는 '하나의 일치로서 교회' 이해가 필요한데 그것이 '한 백성-부름-으로서의 교회'이다.(엡 4:4) 이 구조 안에서는 모이는 교회와 흩어지는 교회는 서로 상호적일 수밖에 없다. 마치 해석학적 나선과도 같이 서로 영향을 주고받으면서 앞으로 나아감을 가능하게 하여, 비로소 건강한 '모이는 교회'와 성실한 '흩어지는 교회'가 되게 할 것이다. 이처럼 '평신도 중심 구조의 교회' 이해에 있어서 '한 백성 공동체'는 핵심 구조가 된다. 이 구조에서는 '성직위계제'(hierarchy) 구조가 아니라 모두가 다 거룩한 부름의 공동체로서 한몸을 이루는 각 지체들의 연합임을 보여준다. 오직 머리로는 그리스도뿐이다.(마 23:8)

---

490) Hendrik Kreamer, 『평신도신학』, 78-79.

이처럼 교회를 '성도들의 공동체'로 보기 시작한 것은 앞서 쯔빙글리나 루터, 칼뱅 등의 종교개혁자들의 전통에서도 잘 나타나며, 독일고백교회의 바르멘신학선언에서도 교회를 '형제들의 공동체'로 이해하였음을 볼 수 있다.[491] 이는 그 선언서에 가장 큰 기여를 가진 칼 바르트의 신학을 선교신학적으로 계승한 핸드릭 크래머와 칼 하르텐슈타인에게도 나타난다.[492]

이 같은 차별 없는 '부름 공동체'는 당연하게 많은 성서적 전거를 가진다. 요엘 선지서 2장 28절 이하의 증언에는 마지막 날에 하나님의 영이 모든 자에게, 곧 젊은이나 노인이나 남자나 여자나 차별 없는 부름의 공동체가 설 것을 잘 보여주고 있다. 특히 바울은 성도들에 대해 "~*거룩한 산 제물로 드리라*"(롬 12:1)고 하였는데 이 '산 제물'은 구약 제사장이나 나실인 전승이 초대교회 곧 모든 성도들에게도 이어진 것으로 보아야 할 것이다. 곧 그리스도 이후에는 모든 성도가 자기 자신을 거룩한 부름-나실인-에 드려야 한다는 것이다. 누구나 '산 제물'이 됨으로서 성직의 보편성이 확보된 것이다.

이 구조에는 세상으로부터 불러냄이라는 '구별'과 동시에 한 백성으로서의 '일치'가 함께 있는 변증법 구조를 가지며, 교회의 지표 중 특히 '코이노니아'(κοινωνια)를 잘 나타낸다. '코이노니아'는 한 백성의 '과제'라기보다는 한 백성의 본래적 '성격'-그리스도의 몸-이다. 이때 친교는 단순한 상징이 아니라 실제이다. 존 스토트는 성경이 말하는 코이노니아는 주관적인 어떤 친교를 넘어 객관적인 사실에 참여하는 것임을 지적하고 있다. 그것은 첫째, '공동의 신앙유산'-

---

491) 바르멘신학선언 제3항.
492) 김은수, 『현대선교의 흐름과 주제』, 57.

주를 향하는 차원—을 공유하는 일이며, 둘째 '공동의 섬김'—교회나 세상을 향함—과, 셋째 '상호 책임과 의존'—서로를 향함—을 공유하는 일이다.[493] 그렇다면 한 백성의 코이노니아는 사사로운 내적 사귐을 넘어 서로와 서로를 품고 연대하는 보다 공동적인 돌봄과 세움을 지향하는 것도 된다. 두 번째 구조가 필요한 이유이다.

두 번째 구조인 **교회**(Ecclesia, 모이는 교회)는 여전히 목회자와 성도의 상호적 연합을 가지지만 그럼에도 불구하고 목회적 리더십이 중요한 자리이다. 왜냐면 '흩어지는 교회'는 교회의 고유한 기능인 보냄과 디아코니아로서의 공동체성을 잘 보여주지만, 문제는 그 보냄의 교회만으로는 세상에서의 성도가 가질 신학적 프락시스(*praxis*)를 충분히 제공하지 못하기 때문이다. 따라서 이 보냄을 위해서는 목회적 리더십을 통한 '디다케'나 '의식화' 같은 자리가 필요하다. 물론 핸드릭 크래머나 한스 큉(Hans Kung)은 사도직의 유일회적 특질을 주장한다. 왜냐면 사도의 특성 중 하나가 주님의 부활을 친히 본 자요 그 증인이라는 정체성에 있으며 이는 이어질 수 없는 것이기 때문이다. 그럼에도 그는 사도적 과제는 소멸되지 않고 사도적 봉사로써 여전히 계승됨을 말하고 있다.[494]

이 같은 '단절'과 '이어짐'을 잘 이해하는 것이 중요할 것이다. 곧 사도적 계승이란 세속적 의미에서의 지위나 권력 같은 계층적 구분을 뜻하는 것이 아니라, 부름과 섬김이라는 기독교적 의미로서 표현한 것이며, 따라서 이 계승에 참여하는 목회적 리더십은 위계적 권위가 될 수 없고 오히려 그리스의 몸인 한 백성을 섬기는 리더십

---

493) John, R. W. Stott. 『목회자와 평신도』, 138-47.
494) Hans Kung. 『교회』, 508.

이 되어야 한다. 따라서 이 두 번째 구조는 교회를 섬기는 구조로써 (행 20:28) 모이기를 힘쓰고 또 훈련하고 세우는 '예배'(λειτουργια)와 '디다케'(διδαχη)라는 교회의 표지(marks)를 나타낸다고 할 수 있다. 평신도 중심 구조에서는 이를 또한 '의식화'로 나타내었다.

세 번째 구조인 **세상**(Diaspora,흩어지는 교회)은 성도의 '왕적 리더십'을 가지는 자리다. 다만 이는 동시에 '섬김의 리더십'인데 이를 섬김의 리더십이라 함은 목회자의 리더십과 차별되는 것을 뜻하지 않고 성도가 세상 앞에서 가질 디아코니아적 정체성을 잘 표현할 수 있기 때문이다. 또한 '모이는 교회'에서의 목회적 리더십도 성도가 '흩어지는 교회'로써 세상에 가질 '왕 같은 제사장'의 '거울과 본'(고전 11:1,2; 빌 3:17,4:9; 살후 3:6~9; 딤전 1:16,4:12; 딛 2:7; 벧전 5:3)이 되어야 한다는 점에서 역시 섬김의 리더십이다. 섬김이 섬김을 이끌기 때문이다. 그런 차원에서 섬김의 절정인 구약의 제사장적 지위를 신약 이후 단절로만 볼 것이 아니라 오히려 온 백성에게 확장되어야 함이 더 근거가 있다고 할 수 있다. 이는 모이는 교회에서의 성찬에서 제의-희생-적 성격을 제거할 이유도 없음을 뜻한다. 이는 역사적 예수 연구가인 톰 라이트(Nicholas Thomas Wright)도 주후 1세기 교회가 가진 성만찬을 제의로서 표현하고 있음에도 잘 나타난다.[495]

이상의 교회의 세 번째 구조인 성도의 왕 같은 제사장적 파송은 많은 성경적 전거를 가진다. 출애굽기 19장은 제사장 그룹에 앞서는 온 백성의 '제사장 나라'(출 19:5,6)를 먼저 보여주며, 제3이사야

---

495) Nicholas Thomas Wright, 『신약성서와 하나님의 백성』, 600.

도 온 백성이 세상에 가질 제사장적 부름과 '하나님의 봉사자 출현'을 예고함과 같다.(사 61:6) 따라서 이 세 번째 교회 구조는 교회의 표지 가운데 '증거'(μαρτυρια)와 '디아코니아'(διακονια)라는 표지를 가지고 있다.

2 평신도 중심 구조 이해의 확장

이 평신도 중심 구조에는 '하나님의 선교' 이해나 '현대 에큐메니칼 선교 구조' 이해에 있어서도 확장된 구조를 보여준다. 다음 표로 나타내 보았다.

평신도 중심 구조 이해의 확장 (표4)

확장 1[496]	확장 2[497]	이해 1[498]	이해 2[499]	소결론
교회의 선교 (전통 이해) ↓ 하나님의 선교 (에큐메니칼 선교 이해) ↓ 한 백성의 선교 (평신도 중심 선교 이해)	하나님-교회-세상 (전통 구조) ↓ 하나님-세상-교회 (에큐메니칼 선교 구조) ↓ '한 백성'-교회-세상 (평신도 중심 선교 구조)	성부의 (부름) + 성자의 (세움) + 성령의 (보냄) 삼위 디아코니아 ↓ 한 백성의 디아코니아	교회일치 (상승) ↓ 두 역할 (목회자와 성도 동역) ↓ 공적광장 (회귀)	평신도 중심 구조란 교회중심주의를 넘어, 세상에서의 '하나님 나라' 선취를 섬기는 '한 백성의 디아코니아 공동체'이다.

---

496) '확장 1'은 '하나님의 선교'를 평신도 중심으로 이해할 때 '한 백성의 선교'가 됨을 보여준다.
497) 확장 2는 에큐메니칼 선교구조의 '하나님 - 세상 - 교회'는 '평신도 중심 구조'가 될 때 도리어 '교회' 역시 강화되는 구조(두 번째 위치로서)가 될 수 있음을 나타내었다.

현대 에큐메니칼 선교 이해는 '교회의 선교'가 아니라 '하나님의 선교' 이해를 가진다. 그러나 이 이해는 교회의 선교를 부정하는 것이 아니라 교회를 하나님의 나라의 미리 맛봄을 세상에 나타낼 '도구'(instrument)로 사용됨을 뜻하는 것이다. 보쉬(David J Bosch) 역시 증인의 말과 행위에 의한 증거를 하나님의 선교의 유효한 한 부분으로 본다. 곧 하나님의 선교가 인간을 배제한 것이 아니라 이사야가 증언하는 종의 개념(40-55장)과 같이 교회는 다만 하나님 자신이 증인이 되도록 사용되는 통로이다.[500]

뉴비긴(Lesslis Newbigin)도 하나님의 선교를 '삼위일체 하나님의 선교'(The Mission of the Triune God)로 보지만 결국 삼위 하나님의 삼중적인 선교 모델[501]을 이행하는 기관은 교회이다. 이때 교회가 선포하는 하나님의 통치는 교회의 삶 속에 현존하지만 교회의 소유가 아니며 오히려 교회에 선행(先行)한다. 그런 차원에서 선교는 여전히 하나님의 선교가 된다.[502]

---

498) '이해 1'은 부름-세움-보냄의 3차원적 구조가 삼위 하나님의 디아코니아에서 유래함을 보았다. 이는 바르트가 가지는 교회의 삼차원적 구조가 그리스도의 십자가-그리스도의 부활-그리스도의 재림이라는 구조를 가지는 것과 차별이 된다. 은준관은 바르트의 교회론적 구조가 예수 그리스도의 사역과 구원사건에서 온 것이며, 그것은 성령의 역사에 의해서 구체화되는 것으로 보았다. 은준관, 『실천적 교회론』, 163.
499) 이해 2는 볼프의 '상승'과 '회귀' 사이에 요구되는 '세움' 혹은 '의식화' 과정에는 목회자와 성도의 상호적이고 유기적 관계가 필요함을 나타내고자 했다.
500) David J Bosch, Witness to the World, 75-77.
501) 삼중적인 모델이란 하나님의 나라의 '선포'로서의 아버지의 활동과 그 나라의 '현존'으로서 예수 그리스도의 활동과 그 나라의 '선행'(先行)으로서의 성령의 활동을 뜻한다.
502) Lesslis Newbigin, 『오픈 시크릿』, 122-24.

다만 이때 그럼 종으로서의 '교회는 누구인가?'라는 문제가 남는다. 평신도 중심 구조에서는 이 교회를 '한 백성'으로 이해하고 있다. 따라서 '하나님의 선교'는 여전히 유효하되 그 구체적 자리는 그의 보내심인 '한 백성의 선교'로 이해하는 것이다. 왜냐면 이웃과 세계 안에서 행하시는 하나님의 활동과 현존의 구체적 실체는 '선교적 회중'이라 할 수 있기 때문이다.[503] 다소 개념적이라 할 수 있는 하나님의 선교를 보다 '실제화'(realization) 한 것이 '평신도 중심 구조로서의 교회' 이해인 것이다.

'만인제사장'으로의 교회 이해는 큰 장점이 있지만 동시에 모이는 교회를 약화시킬 우려가 있으며, 실제 그런 경향을 최근 평신도신학의 담론들에서 보이고 있다. 그러나 이 보냄을 강조하는 평신도 중심 구조는 오히려 모이는 교회를 강화 하는 구조이다. '하나님 – 세상 – 교회'에서 **한 백성 – 교회(모이는) – 세상(흩어지는)**'으로 재구성하기 때문이다. 이 구조는 '흩어지는 교회'이려면 먼저 '모이는 교회'로서의 의식화–보고 듣고 깨달아 아는–의 자리가 확보되어야 하기 때문이다.

나아가 이 재구조가 에큐메니칼 선교구조를 약화나 부정하려는 것이 아니다. 왜냐면 이 에큐메니칼 선교구조는 많은 장점이 있는데 그동안 하나님의 나라의 지평에서 소외되었던 세상을 새롭게 이해하게 함으로써 "교회는 세계 안에서 하나님이 하시는 일에 참

---

503) Craig Van Gelder and Dwight J. Zscheile, *The Missional Church in Perspective: Mapping Trends and Shaping the Conversation*, 최동규 역, 『선교적 교회론의 동향과 발전』(서울: 기독교문서선교회, 2015), 290.

여해야 한다."[504]) 혹은 "세상이 안건을 정한다."(The world must set agenda)을 제시해야 한다"[505])는 논리의 전환을 통해서 그동안 교회가 빠져 있던 자기중심적인 하나님 나라 이해를 극복하도록 도움을 주고 있기 때문이다. 다만 그럴지라도 기존의 에큐메니칼 선교구조에 더 심화하려 하거나 새롭게 해석하려는 시도는 여전히 이루어져야 되겠기에 그 작업을 평신도 중심 교회의 구조에서 시도하는 것이다.

따라서 이 구조는 하나님의 선교가 가진 '불가시적 구조'였던 하나님 - 세상 - 교회를 하나님의 선교의 '가시적 구조'인 곧 한 백성(Fellowship) - 교회(Ecclesia) - 세상(Diaspora)으로 구체화한 것이라 할 수 있다. 이는 하나님의 선교의 출발점이 '*한 거룩한 백성*'이라는 하나의 교제의 부름(Fellowship)에서 출발하며(출 19:5,6) 이 부름은 또 다시 두 양식인 '*모이는 교회*'(Ecclesia)와 '*흩어지는 교회*'(Diaspora)로서 하나님의 선교를 완성하게 된다고 보기 때문이다.

물론 '선교적 교회'(Missional Church)의 담론에 큰 영향을 끼친 밴 겔더(Craig Van Gelder)가 지적하는 것처럼 하나님의 선교를 수행하는 주체로써 교회를 세상 앞에 둘 때, 교회가 세상과의 관계에서 기존의 일방적인 관계설정이 다시 강화될 여지가 있을 것이다. 다만 그가 제시한 것처럼 '동방적(the eastern church) 삼위일체론'의 관계적 측면이 교회론에 보완이 되는 것이 필요할 것이며[506]) 나아가 이 구

---

504) *The Church for Others and The Church for the World*(Geneva: WCC Press, 1967). 박근원 역, 『세계를 위한 교회』 (서울: 대한기독교서회, 1979). 박근원, 『오늘의 교역론』, 57쪽에서 재인용.

505) Charles E. Van Engen, *God's Missionary People: Rethinking the Purpose of the Local Church*, 임윤택 역, 『하나님의 선교적 교회』 (서울: CLC, 2014), 196.

506) Van Gelder & Zscheile, *The Missional Church in Perspective*, 41-66. 이병옥,

조에서 말하는 '세상'에 앞서 위치하는 '교회'란 전통적인 구조로서의 성직자 중심의 교회가 아닌 '한 백성으로서의 교회'요, '의식화로서의 교회'이기에 그런 잘못된 회귀는 충분히 극복될 수 있을 것이라 본다.

이상의 '평신도 중심 교회의 구조'는 선교를 '삼위 하나님의 디아코니아'-보냄-에 연속적으로 참여하는 것으로 자기이해를 가지며, 이때 그 보냄의 참여란 성도의 개별 은사로만이 아닌 '교회의 일치'-부름-를 기초하되, 동시에 미로슬라브 볼프의 '상승'과 '회귀'[507] 사이에 요구되는 '의식화'-세움- 과정을 위하여 목회자와 성도의 상호적이고 유기적 관계도 인정하는 데 있다. 이는 회귀의 현장인 '한 백성의 삶의 자리'를 예언자적이고 창조적인 것이 되기 위한 필수조건이다. 그 조건으로서의 첫 구조의 일치는 그리스도의 몸(Body of Christ)이 온전하게 경험되는 일이며, 둘째 구조의 세움으로서의 의식화는 그리스도의 통치가 세상 가운데서 미리 경험되기 위한 통로로서의 준비 과정이라 할 수 있다.

또한 첫 자리인 그리스도의 몸으로서의 한 백성은 하나님의 나라의 '정체성적' 이른 경험이며, 두 번째 자리인 모이는 교회의 활동은 하나님 나라의 '현상적'이고 '파편적'인 미리 맛봄을 위한 준비라 할 수 있다.[508] 그럴 때 비로소 세 번째 자리인 성도의 왕적사역은 건강한 회귀로써 세상을 이롭게 할 것이다.

"크레이그 밴 겔더(Craig Van Gelder)의 선교적 교회론", 『선교적 교회론과 한국교회』, 101쪽에서 재인용.
507) Volf, Miroslav. 『광장에 선 기독교』, 31-33.
508) 이범성, 『에큐메니컬 신학 Ⅰ』, 37.

3 평신도 중심 구조의 성경적 구조 전망: 에베소서 4장을 바탕으로

이제는 각각의 구조 이해에서 전체 구조가 가지는 성경적 전거를 잠시 보려 한다. 에베소서 4장은 1장(3~14절)[509]이 그러했던 것처럼 삼차원적인 평신도 중심 구조를 다시 잘 보여주고 있다.

'평신도 중심 구조'의 성경적 전망: 에베소서 4장을 바탕으로 (표5)

구조	에베소서 4장 1~12절	세계교회협의회세 영역	12절
부름	1. 그러므로 주 안에서 갇힌 내가 너희를 권하노니 너희가 '부르심'을 받은 일에 합당하게 행하여 2. 모든 겸손과 온유로 하고 오래 참음으로 사랑 가운데서 서로 용납하고 3. 평안의 매는 줄로 성령이 '하나되게 하신 것'을 힘써 지키라 4. '몸이 하나'요 '성령도 한 분'이시니 이와 같이 너희가 '부르심의 한 소망' 안에서 부르심을 받았느니라 5. '주도 한 분'이시요 '믿음도 하나'요 '세례도 하나'요 6. '하나님도 한 분'이시니 곧 만유의 아버지시라 만유 위에 계시고 '만유를 통일'하시고 만유 가운데 계시도다	'일치' 공동체 —직제— (Order)	'그리스도의 몸'을 세우려 하심이라(하) 이는 '성도를 온전' (καταρτισμός, 준비)하게 하여 (상)
세움	7. 우리 각 사람에게 그리스도의 **선물의 분량대로** '은혜'를 주셨나니 8. 그러므로 이르기를 그가 위로 올라가실 때에 사로잡혔던 자들을 사로잡으시고 사람들에게 **선물을 주셨다** 하였도다	'은혜' 공동체 —신앙— (Faith)	

---

509) 에베소서 1장이 가지는 교회의 삼차원적 구조는 03. 세상에 상응하는 '교회 유형론'(요 17장을 중심으로)의 '보냄 공동체'편을 참고할 수 있다.

보냄	9. 올라가셨다 하였은즉 **땅 아래 낮은** 곳으로 내리셨던 것이 아니면 무엇이냐 10. 내리셨던 그가 곧 모든 하늘 위에 오르신 자니 이는 **만물을 충만하게** 하려 하심이라 11. 그가 어떤 사람은 **사도**로, 어떤 사람은 선지자로, 어떤 사람은 **복음 전하는 자**로, 어떤 사람은 목사와 교사로 삼으셨으니 12. *이는* '성도를 온전'하게 하여 '**봉사의 일**'을 하게 하며 '그리스도의 몸'을 세우려 하심이라	'봉사' 공동체 -삶과봉사- (Life&Work) -선교와전도- (CWME)	'봉사 ($\delta\iota\alpha\kappa o\nu\acute{\iota}\alpha$)의 일'을 하게 하며(중)

흔히 에큐메니칼 운동의 세 가지 영역을 '일치'와 '선교'와 '봉사'로 보는데[510] 이는 세계교회협의회(WCC)의 전신인 1925년의 '삶과 봉사'(Life and Work)와 1927년의 '신앙과 *직제*'(Faith and Order) 그리고 1961년 '세계 *선교*와 전도 위원회'(Commission on World Mission and Evangelism)에 기인한 것이다.

다만 여기 표5에서는 세계교회협의회의 '일치'(직제,Order)와 '봉사'(Life & Work)는 그대로 가져오되 '선교'는 빠져 있다. 이는 선교와 봉사를 분리하지 않고 하나로 보기 때문이며 또한 '은혜'가 한 차원을 대신하는데 이는 '신앙'(Faith)의 영역이라고 할 수 있다.

이어서 표5는 평신도 중심 구조의 첫 차원인 '부름'과 두 번째 차원인 '세움'은 세 번째 차원인 '보냄'이라는 목적을 지향함을 보여준다. 곧 교회의 핵심 이해를 '부름'과 '세움'을 통한 자기중심적인 이해에 있지 않고 선교적 교회(Missional Church)가 지향하는 하나님의 보내심에서 자기를 이해하고 있는 것이다. 이러한 이해를

---

510) 이범성, 『에큐메니컬 선교신학 II』, 18.

바탕으로 할 때 평신도 중심 구조는 세 번째 차원인 보냄에서 절정이 된다.

그러나 에베소서 4장 12절에 집중하여 볼 때에는 그 중심의 이동이 나타난다. 두 번째 차원인 '세움'-성도를 온전하게 하여-과 세 번째 차원인 '보냄'-봉사의 일을 하게 하며-이 다시 '그리스도의 몸을 세우려 하심이라'는 첫 차원인 '부름'을 지향하게 됨을 볼 수 있다. 그렇다면 '부름'과 '세움'은 단순히 보냄의 수단이 아니며 특히 '부름'은 그리스도의 몸의 완성이라는 최종적인 지향점이 된다. 이 그리스도의 몸으로서의 '부름'을 위해 '세움'도 '보냄'도 따르는 것이라 이해될 수 있다. 따라서 '한 백성의 부름'-일치 공동체-은 평신도 중심 구조를 지탱하는 뼈대와 같다고 할 수 있다.

다만 한국일은 '봉사의 일'과 '그리스도의 몸을 세우는 것'을 나란한 가치로서 주석가의 입장을 빌려 제시한다. 곧 성도를 준비시키는 것, 그 예로서 11절에 나타나는 다양한 은사-직분-들은 바로 이 두 가지 방향을 위해 있다는 것이다.[511] 이 둘이 같은 가치가 되는 것은 이 봉사로써 그리스도의 몸인 교회가 세워지기 때문이다. 이때 봉사는 성도들이 몸담고 있는 일상의 삶을 통한 세상에서 그리스도의 지체로 세워지는 것을 포함하며, 또한 교회 내의 봉사도 유효한데 다만 이때 이 봉사는 성도를 준비시키는 목회적 섬김을 뜻한다. 곧 과거 전통적 교회에서는 목회자를 성도가 섬겼지만 선교적 교회 또는 평신도 중심의 교회에서는 그 역할의 이동이 나타난다.

선교신학자인 벤 앵겐(Charles Van Engen) 역시 '그리스도의 몸

---

511) 한국일, 『선교적 교회의 이론과 실제』, 103.

일치'–부름–에 '성도들을 온전하게 하는 내향성'–세움–과 세상 가운데 '봉사의 일로 파송하는 외향성'–보냄–이 함께 있음을 말하고 있다. 그는 호켄다이크의 관점을 빌려 이를 "내적 본질을 외적으로 표출하는 선교적 교회의 하나됨"이라고 말하고 있다.[512]

　결론적으로 평신도 중심 구조라 할 '보냄의 구조' 이해 안에서는 '부름'이나 '세움'보다 '보냄'이 중요한 차원을 가지지만, 그 보냄을 위한 '모이는 교회'–세움–를 간과할 수 없고, 또 이 두 구조는 한몸인 그리스도를 구비하려는 것에 있기에 결국 첫 차원이 기둥으로서의 구조라 할 수 있다. 또한 그렇다면 이 셋 중 어느 것 하나 덜 중요한 것은 없으며 서로가 서로를 해석 보완하고 지탱하는 상호적 구조이다.

---

512) Johannes C. Hoekendijk, The Church Inside Out, I. C. Rottenberg, trans.(Philadelphia: Westminster, 1966) Charles Van Engen. *Mission on the Way.* 박영환 역. 『미래의 선교신학』(서울: 바울, 2006), 80쪽에서 재인용.

• UNIT 7 •

보냄의 내용

교회가 세상 가운데 있는 공공성에 응답하려 할 때 중요한 것은 그 주체가 누구냐를 바르게 인식하는 것이며 그 다음은 어떤 내용으로 보내어지고 응답하느냐의 문제이다.

⑰ '한 백성'과 '디아코니아': 보냄의 주체와 내용

공적신학의 담론의 범위가 '누구를 위한 공적신학인가?'라는 '정의'(正義)의 문제까지 이른 것은 환영할만하다. 여기에는 공공성의 이슈가 사회의 배분 문제와 분리될 수 없다는 것을 상기시키기 때문이다. 그러나 더 나아가 낸시 프레이저(Nancy Fraser)의 정의론은 '정의로움'을 넘어 '정의를 결정하고 수행하는 당사자가 누구인가'로 주목하게 하였는데 이는 정의의 주체를 '인과적 대상'-수혜자-으로서만 아니라 '사회적이고 정치적인 행위자'로 해석하고자 한 것으로서, 공공신학에게 '번역'과 '대화'를 넘어 '타자를 포용하고 끌어안는 환대'의 길을 제시한 것이라 할 수 있다.[513] 마치 해방신학이 해방됨

---

513) 최경환, 『공공신학으로 가는 길』, 190,191. 여기서 말하는 '환대'란 소외되어왔던 약자의 목소리가 대변되는 행위를 뜻한다.

을 넘어 '스스로를 해방하는 인간'을 상정함과도 같다.[514] 여기서 우리가 관심을 가지려 하는 것은 '약자를 위한'을 넘어 '약자에 의한'을 품는 것이다. 바로 이 관점이 평신도에 의한 디아코니아(Diakonia)가 공적신학의 응답이어야 하는지를 잘 보여준다.

이범성은 크레머가 주장한 "'평신도의 위치나 의미'에 대한 신학적인 기초와 동기를 '교회의 본질과 소명' 속에 내재하는 것으로 규명하려는 조직적인 노력"이 필요하다는 것에 공감하면서 "평신도신학의 의미는 거의 독보적으로 디아코니아 신학으로부터 제공될 수 있을 것이다"라고 하였다. 이는 교회 공동체와 그 구성원의 성격이 철저하게 디아코니아적으로 규정되어야 한다는 것으로[515] 디아코니아가 교회와 평신도를 이해하는 핵임을 나타낸 것이다.

같은 맥락으로 크레머는 "교회가 곧 사역이고 따라서 여러 사역을 갖고 있다"라고 하였는데, 이 의미는 "교회가 곧 선교이고 따라서 여러 선교 활동을 갖고 있다"는 말과도 같다.[516] 이 같은 교회의 규정은 교회가 가지는 디아코니아를 위한 전제가 될 뿐만 아니라 평신도의 지위와 역할을 담고 있다. 곧 교회는 세상 가운데 선교와 사역을 가지고 있는데 그 주체와 내용이 바로 평신도의 디아코니아라는 것이다. 이처럼 평신도의 공적 본질은 디아코니아에서 발견된다고 할 수 있다.

우리는 여기서 온 백성이 가지는 디아코니아의 정체성을 '그리스도의 삼중직'을 통해 보다 분명하게 이해해 볼 수 있다. 이브 콩가

---

514) Gustavo Gutierrez.『해방신학』, 110.
515) 이범성,『에큐메니칼Ⅰ』, 198.
516) Hendrik Kreamer,『평신도신학』, 154.

르는『교회에서의 평신도』(Laity in the Church)에서 이 삼중직을 온 백성의 사역을 설명하기 위한 문법과 같은 것으로 삼고 있다. 옛 언약 하에서는 기름부음 받은 리더십이 점진적으로 그리스도에게 집중되고 있으며 그리스도 이후에는 모든 신자의 선지자직, 제사장직, 왕국 통치 안으로 온 백성이 광범위하게 영입되었다는 것이다.[517] 김치영도 '그리스도 안에'(in Christ) 라는 의미를 삼중직에 대한 참여로 이해하고 있다.[518] 곧 그리스도 안이란 단지 신앙고백 차원이나 내재적 참여를 뜻하는 것이 아니라 그의 구체적인 섬김의 지위들인 왕적이고 예언자적이며 제사장적인 활동과 상관되어야 한다는 것으로 이해될 수 있다. 그렇다면 이 삼중직과 우리 자신이 분리될 때 그것은 그리스도 밖에 있는 것이 되는 셈이다. 나아가 핸드릭 크래머는 여기에 '사중직' 곧 '고난 받는 종'의 사역을 더 했다.

"이제 우리가 내린 결론은, 유명한 삼중직의 교리를 사용하는 방식을 상당히 수정할 필요가 있다는 것이다. 말하자면 그것은 더 심화되고 넓어져서 **사중직 직분**이 되어야 한다. 사중직 직분이란 **종**과 선지자와 제사장과 왕을 일컫는다. 오직 **고난 받는 종의 사역** 관점으로 볼 때에만 진정한 의미가 있다."[519]

폴 스티븐스는 이 같은 핸드릭 크래머의 견해를 공감한다. 왜냐면 콩가르가 평신도신학을 해설하면서 선지자, 제사장, 왕에 배타

---

517) 위의 책, 204.
518) 김치영,『하나님의 어린양』(대구: 만인사, 2010), 30.
519) Hendrik Kreamer,『평신도신학』, 167.

적으로 의존하는데, 사실은 오히려 구약성경의 '에베드'(ebed, 종)[520]와 신약성경의 '디아코니아'(봉사)가 하나님의 온 백성의 사역을 이해하는 데 더 든든한 기초를 제공해 준다는 것으로 보기 때문이다.[521]

그러나 그리스도의 세 직분은 '종' 혹은 '디아코니아'와 구별되는 별도의 직분이 아니라 세 직분의 성격이 종이나 디아코니아라 하는 것이 더 본질적일 것이다. 왜냐면 그리스도의 삼중직은 온 백성이 참여할 직분으로서 디아코니아를 떠나서는 바르게 이해될 수 없기 때문이다. 주님에 의하면 왕의 통치인 '다스림'과 종의 '섬김'은 하나이기 때문이다.(눅 22:26) 곧 이 둘은 서로 다른 두 역할이 아니라 하나가 다른 한쪽을 보완하고 있다.

이범성도 세계교회협회의 세 영역인 '선교'와 '일치'와 '봉사'가 각각 분리되는 영역이 아닌 삼위일체론적 일원론으로 이해되어야 할 것을 언급하면서 '선교'와 '일치'는 '봉사'라는 디아코니아 개념으로 뒷받침되어야 한다고 주장하였다. 왜냐면 그리스도의 섬기는 자로 오심은 교회의 모든 사고와 활동의 근원으로서 에큐메니칼 운동의 정체성이기 때문이다.[522] 따라서 그는 디아코니아를 '삶과 봉사

---

520) 이스라엘의 정체성 중 하나는 '에베드'(עֶבֶד)이다. 하나님은 자기 백성을 '사키르'(rykic, 품꾼, 삯꾼)으로 여기지 않으셨다. 품꾼은 자기를 위해 일하는 자라면 종은 주인을 위해 일하는 자이며 전적 돌봄의 책임도 주인에게 있다. 이는 저들이 애굽에서 바로의 종이었으며 출애굽을 통해서 하나님의 종이 되었기 때문이다.(레 25:42) 이 종의 정체성은 다른 약한 자들을 이해하는 출발점이 된다.(신 24:17~22) 가난 때문에 몸이 팔린 자가 있어도 그를 종이 아니라 품꾼으로 대우해야 하며 희년에는 자유하게 해야 한다.(레 25:53-55)

521) Paul. Stevens, R. 『21세기를 위한 평신도신학』, 167.
522) 이범성, 『에큐메니칼 선교신학 II』, 18-19.

(L&W) 내지는 '국제관계' 혹은 '정의, 평화, 창조질서의 보전(JPIC)' 같은 하나의 범위 영역에 가두지 않고 '선교'와 '일치' 그리고 '봉사'의 전체 영역에 대한 기본 토대로서 강조하여 제공해야 한다는 입장을 견지하고 있다.[523]

이런 디아코니아적 이해는 우리로 하여금 문화명령 가운데 주어진 "정복하고 다스리라"(창 1:28)라는 의미도 새롭게 이해할 수 있도록 돕는다. 이때 '다스림'과 '정복'은 오직 그리스도의 종의 섬김-디아코니아-으로만 참여할 수 있는 것이 된다. 이에 대한 보다 자세한 담론은 '창조질서 보전(JPIC)의 전망'에서 다룰 것이다. 이처럼 '디아코니아'는 평신도가 세상에 공적신학자로 살아가는 구체적인 방식이 될 수 있다. 반대로 공적신학은 평신도의 디아코니아라는 지위를 풍성하게 해석해 줄 것이다.

바르트는 그리스도의 삼중직에 앞서 이스라엘의 파송을 삼중직으로 이해하고 있다. 이스라엘의 선택에 따른 타 민족과의 특수한 실존을 삼중직으로 이해하는 것이다. 이스라엘은 모든 민족의 종으로 탁월하며 하나님의 말씀을 전해야 하는 면에서 '예언자적 파송'이 그들에게 있으며, 이때 증언될 하나님은 그분의 인격성 안에서 등장하고 죽음에 이르기까지 헌신한다는 사실의 증언이어야 하는 까닭에 '제사장적 파송'이며, 또한 그 무력함에도 불구하고 하나님의 통치를 나타낸다는 점에서 '왕으로서의 파송'이라는 것이다.[524] 다만 예언은 최종적으로 침묵했고, 제사장직의 상징인 솔로몬의 성

---

523) 위의 책 21.
524) Karl Barth, 『교의학 개요』, 122.

전은 폐허가 되었으며 왕권의 표식인 다윗의 왕국도 사라졌다.[525]

그렇다면 이는 오직 그리스도에 의해서만 삼중직은 회복되었고 성취되었음을 뜻하는 것인데, 사도 바울이 그리스도의 남은 고난을 자기 육체에 채운다고 말함과 같이(골 1:24) 이제 그리스도의 삼중직의 남은 과제들 역시 오늘의 교회에 이양되어 있다고 할 수 있다. 다만 그 과제는 세상 가운데서의 왕 같은 제사장이어야 할 까닭에 그 중심은 목회자라기보다 이미 세상을 현장으로 가지는 성도들이어야 할 것이다. 따라서 대략 두 형태로서 구체화될 수 있을 것인데 먼저는 '지역교회(Local Church)의 주체'-성도-로서이며, 다음은 '시민사회(Civil Society)의 주체'-기독시민-로서이다. 전자는 모이는 교회의 특성을 가지며 후자는 흩어지는 교회의 특징을 가지는데 그 구체적인 자리는 '보냄의 두 양식'에서 다룰 것이다.

다만 여기서 생각할 것은 이스라엘의 '실패'와 그리스도의 '성취'로 벌어져 있는 두 간격을 어떻게 극복하는가의 문제이다. 곧 이스라엘의 삼중직은 왜 실패하였으며 그리스도의 삼중직은 어떻게 성취할 수 있었는가를 질문하려는 것이다. 그 숙고 없이는 오늘의 교회 역시 저 이스라엘의 길을 피할 수 없을 것이기 때문이다. 따라서 여기서는 그 원인을 찾되 두 가지 차원으로 한정하여 진단해 보고자 한다. 먼저는 '삼중직의 부름'의 이해인데 이스라엘은 이 부름을 '제도적이고 수위권적인 틀 아래로 한정하였는가?' 아니면 **'자유 하는 하나님의 영에 의한 기름부음까지 나아갔는가?'** 여부이다. 이 진단이 중요한 것은 진정한 삼중직의 참여는 후자에 의해 담보되는 것

---

525) 위의 책, 124.

이기 때문이다. 다음은 '삼중직의 성격'인데 '권위와 위계의 직분인가?' 아니면 **'봉사와 화해를 전하는 섬김의 직분인가?'**이다. 곧 실패냐 성취냐는 이 두 질문에 대한 서로 다른 접근의 차이에서 발생된다고 필자는 본다.

왕이며 제사장이요 선지자를 뜻하는 이 그리스도의 삼중직을 체계화한 칼뱅에 의하면 예언자직과 왕적사역을 '제도적' 기름부음만이 아니라 '하나님의 영'에 의한 기름부음에서도 찾고 있다. 그는 예언자직에 있어서 적어도 두 성경적 전거를 들고 있는데 하나는 이사야 61장 1절 이하다. "주 여호와의 *영이 내게 내리셨으니* 이는 여호와께서 내게 *기름을 부으사* 가난한 자에게 아름다운 소식을 전하게 하려 하심이라 ~" 다음은 요엘 2장 28절로서 "그 후에 내가 내 영을 *만민에게 부어 주리니* 너희 자녀들이 장래 일을 말할 것이며 너희 늙은이는 꿈을 꾸며 너희 젊은이는 이상을 볼 것이며"[526] 이처럼 칼뱅은 예언자직을 제도나 수위권보다는 성령의 자유로운 기름부음에 기초된 것으로 본 것이다. 이 하나님의 영에 의한 부름에는 나이의 많거나 적거나 혹은 자유자나 종이나 차별이 없다.

나아가 칼뱅은 왕적 직분 역시 성령의 기름부음을 주요한 것으로 본다. "그의 위에 **여호와의 영** 곧 지혜와 총명의 영이요 모략과 재능의 영이요 지식과 여호와를 경외하는 *영이 강림하시리니*"(사 11:2)[527] 결론적으로 칼뱅은 삼중직을 하나님의 영에 의한 기름부음에 기초하여 이해하고 있다. 반면 이스라엘은 삼중직을 제도권 하

---

526) Calvin John. *Institution of the Christian religion*. 김종흡 외 4인 역, 『기독교강요』 상권 (서울: 생명의말씀사, 1988), 684-85.
527) 위의 책, 689.

에 둠으로써 하나님의 영의 자유를 제한시켰고 또 이로써 이 부름에 하나님의 백성들을 제외시킨 것이다. 이것이 그들에게 부여된 삼중직이 실패한 이유라 할 수 있다. 성령보다 제도를 우선시했고 하나님의 백성 전체가 가진 본래적인 소명을 일부 계층에 한정했기 때문이다.

두 번째의 결정적인 실패의 요인은 삼중직이 가지는 직분 이해의 세속화이다. 삼중직이 본래 섬김과 화해의 직분임을 간과한 것이다. 칼뱅은 기독교강요에서 제사장직이 가지는 화해라는 성격을 분명하게 제시하고, 또 그런 이유로 그리스도의 제사장직이 당신 자신을 제물로 드림까지도 포함하는 것이었음을 상기시키는 것[528]과 달리 이스라엘 백성들에게 삼중직은 위계와 수위권적 기득권 외에 다른 것이 아니었다는 데 문제가 있다. 저들은 자주 다른 신과 다른 나라의 왕정체제를 동경해 왔기에(삼상 8:20; 삿 8:22,23) 직분의 이해 역시 세속화를 피할 수 없었고 바로 이 차이에서 성취와 실패라는 다다를 수 없는 간격이 발생한 것이라 할 수 있다.

그렇다면 이상의 사실은 오늘날 한 백성들이 그리스도의 삼중직을 이어받는다는 것은 단지 삼중직을 목회자와 더불어 공유하는 것 이상임을 보여준다. 더 큰 핵심은 그 직분을 어떻게 이해하고 참여하고 있는가에 있기 때문이다. 살펴봄과 같이 진정한 삼중직은 하나님의 영에 의한 기름부음에 의해 발생되며, 따라서 그 부름 안에서 누구나 소외됨 없이 참여할 수 있다는 데 있으며, 나아가 그때 삼중직의 바른 성격은 세상 통치와 같이 권위하는 데 있지 않고, 다

---

528) 위의 책, 691-92.

만 자신을 내어줌과 같이 섬김과 화해라는 직무라는 것이다.

여기서 그 세 직무의 성격을 보다 구체화해 보면, 세상에서의 '예언자적 직무'는 복음의 증인일 뿐만 아니라 정치 권력의 불의와 경제적인 착취와 약자들의 인권 유린과 사회적 차별과 문화적인 퇴폐 및 도덕적인 부패 앞에 마주 서는 일을 포함하며,[529] '왕적 직무'는 두 방향성을 가지는데, 먼저 다윗(삼하 8:15, 대상 18:14)과 솔로몬(대하 9:8)이 세상에 대해 '공의와 정의'를 행한 것과 같이, 성도가 세상에서 가질 '정의로운 삶'으로써의 현장성에 대한 것이며, 또한 그것은 하나님 앞에서의 '공의'와 '정의'이기도 한데, 이는 아사(대하 14:2)나 히스기야(대하 31:20)가 그 앞에서 '정의'와 '공의'를 나타낸 것과 같다. 다만 이때 공의와 정의가 무엇을 뜻하는지 좀 더 분명하게 나타낼 필요가 있는데 두 방향성은 실제로는 한 방향 곧 세상의 낮은 곳을 돌아봄에 있다고 할 수 있다. 이는 미하엘 벨커(Michael Welker)가 왕적인 사역은 왕이신 그리스도가 세상에서 쫓겨나 고난 가운데 있는 사람들, 배척당한 사람들을 돌아본 것과 같이 낮은 곳에 참여함이다 한 것과 같다.[530] 끝으로 '제사장적 사역'에 있어서는 그리스도가 화목제물로서 섬김과 같이 자신을 '화해의 증인'으로 세상에 참여하는 일이며, 그러기 위하여 세상에서 그리스도와 함께 하는 식탁 공동체를 이웃과 가질 수 있느냐에 있다고 할 수 있다. 그 자세한 전망은 부름의 제언인 '한 백성의 쉼과 교제로의 양식'을 위한 제언 부분에서 볼 것이다.

---

[529] 김치영, 『하나님의 어린양』, 32.
[530] Michael Welker, 이범성 역, "문명전환에 응답하는 신학": Covid-19 유행 상황에서 생각하는 '하나님의 영'과 '인간의 영', 9.

다만 끝으로 여기서 생각할 것은 이 삼중직이 각각 서로 분리된 직분과 역할이 아니라는 데 있다. 하워드 스나이더(Howard A. Snyder)는 교회 곧 하나님의 백성을 '왕의 공동체'로 말하고 있는데 그 왕적 임무를 세계 속에서 모든 것을 '화해'시키는 하나님의 구속적 계획의 대리인으로 보았다.[531] 그렇다면 '화해의 직무'는 제사장직에서만 오는 것이 아니라 다른 직무 속에서도 찾아지는 것임을 뜻한다. 곧 왕적 사역을 통한 '정의와 공의' 없이는 제사장적 섬김을 통한 '화해'를 말할 수 없고, 또 예언자적 증언과 그 대안 공동체(an alternative community)를 제시함 없이 이 땅에 제사장적 화해란 무기력한 평화 외에 아무것도 아닐 것이다. 이는 구티에레즈가 '평화'를 '정의의 실현'과 분리할 수 없는 것으로 봄과 같다.[532]

그런 차원에서 베드로 역시 삼중직을 각각 따로 쓰지 않고 '한 부름'으로 이해했다. 그는 베드로전서 2장 9절에서 '왕 같은 제사장'과 '예언자적 선포'를 분리함 없이 한 구절에 담았다.(그러나 너희는 택하신 족속이요 '왕 같은 *제사장*'들이요 거룩한 나라요 그의 소유가 된 백성이니 이는 너희를 어두운 데서 불러내어 그의 기이한 빛에 들어가게 하신 이의 아름다운 덕을 '선포'하게 하려 하심이라) 같은 이유로 이브 콩가르는 평신도가 가지는 그리스도의 삼중직을 소개할 때 자주 두 직책을 이어서 표현하고 있음을 볼 수 있다. 그는 그리스도의 왕적 제사장(royal priesthood)이 유대 제사장처럼 아론의 후손이 아닌 멜기세덱의

---

531) Howard A. Snyder, *"The Church in God's Plan," Perspectives on the World Christian Movement*, 홍기영, "선교적 교회론의 관점에서 본 선교", 한국선교신학회 엮음, 『선교적 교회론과 한국교회』, 207쪽에서 재인용.

532) Gustavo Gutierrez. 『해방신학』, 198.

계열에 속한 신비를 주목하고 있는데[533] 실제로 멜기세덱 역시 세속의 '왕'이면서 동시에 하나님 앞의 '제사장'이었음과 같다. 고대에 종종 나타났던 신정체제-왕이면서 제사장도 되고, 통치와 섬김이 하나인-가 오늘의 왕 같은 제사장의 그림자를 가지는 것으로 보인다.

이처럼 삼중직이 '봉사'와 '화해'라는 공동의 목표 아래서 서로 유기적으로 공명을 울릴 때 교회는 진정한 그리스도의 삼중직을 경험하게 될 것이며, 이로써 그리스도의 몸인 교회는 만물 안에서 만물을 충만하게 통로가 될 것이다.(엡 1:23) 우리는 이 섬김의 내용을 더 구체화하기 위하여 '화해'와 '포용'의 과제를 살필 필요가 있다.

18 '해방'을 넘어 '화해'로: 디아코니아의 전망

테오도어 슈트롬(Theodor Strohm)은 디아코니아의 성서적 기초로 들어가는 통로를 이중적으로 보고 있다. 하나는 '신구약의 소식'으로부터 제기되는 디아코니아이며, 또 하나는 오늘날 디아코니아가 '실천되는 상황'과 그 태도에서 성서에 질문하는 방식이다.[534] 이는 해방신학의 해석학적 나선과 같은 공통점을 지닌다. 이런 접근이 가능한 것은 해방신학처럼 디아코니아학도 실천적 행동신학이라 할 수 있기 때문이다. 따라서 두 신학은 서로를 보완 비판하면서 배울 수 있고 영감을 줄 수 있을 것이다. 이 신학적 차이는 출애굽 전승

---

533) Yves M. J. Conger, *Lay People in the Church: A Study for a Theology of Laity*, (London: Chapman, 1985), 62.
534) Theodor Strohm, "디아코니의 성서, 신학적 기초와 입문-문제의 지평-", 이범성 역, 『디아코니아학』, 17.

의 이해에서도 차이가 난다. 해방신학에서 출애굽 전승은 주로 압제하는 힘으로부터 '투쟁의 결과로서 해방'이라면, 슈트롬에게 있어서 출애굽 전승은 억눌린 자에게 주시는 '하나님의 화해의 사건'으로 조명이 된다.[535] 해방신학은 악의 현실을 보고 저항하고 벗어남이 강조라면, 디아코니아에 있어서는 화해의 자기 정체성을 확보하는 데 있는 것이다.

또 '세상 심판의 이야기'(마 25:31~46)에서 해방신학은 구원과 해방, 다시 말해서 '인간이 해방되는 관계'-약자의 우선적 선택-에 관심을 가진다면, 슈트롬은 거기서 '그리스도의 디아코니아적 현존'을 주목한다. 이 그리스도의 현존은 이중적인데, 먼저는 종들 안에 있는 '디아코니아적 그리스도의 현존'-섬기는 자의 현존-이며, 다음은 세상 고난의 심연 속에서 '약자 안에 계시는 그리스도의 현존'-약자의 현존-이다. 그는 이 두 현존이 만나는 곳에서 세상의 운동-신성한 인류애-이 일어난다고 본다.[536] 이처럼 해방신학은 '역사'나 '인간의 해방'이 구원의 내용이라면, 디아코니아에서는 그리스도의 현존인 '디아코니아 공동체'가 일어난 것이 구원의 내용이다. 이는 해방하는 인간의 행위를 '배제'를 피할 수 없는 투쟁보다는 '공존'을 이끄는 디아코니아 행위에서 찾는 것이라 할 수 있다.

이는 몰트만의 화해와 해방의 이해와도 일치한다. 그는 화해를 해방적인 운동을 가져오는 과격하며 편파적이고 혁명적인 성격이 있다면서도, 화해의 최종적인 이미지는 게토와 같이 계층적으로 분할된 도시나 나라처럼 서로 나누어진 상태가 아니라 모든 사람들의

---

535) 위의 책, 20-21.
536) 위의 책, 22-23.

상호 간에 새로운 사귐-새 창조로서-이라 본다.[537] 그에게 화해란 하나님의 화해에 기초한 것으로서 관계의 변화가 본질인 것이다.

더하여 슈트롬은 울리히 바흐(Ulrich Bach)의 입장을 빌어 '치유'가 디아코니아에 부여된 과제가 아님을 상기시키는데[538] 이는 해방신학이 '개발과 발전'을 해방의 과제로 보지 않은 것과 닮았다. 장애의 치유가 모든 이에게 공통적인 것이 아니라면 그 치유는 그렇지 못한 이의 소외를 더욱 크게 할 것이며, 또 개발도 같은 소외의 문제를 가질 것이다. 이런 점에서 두 신학은 발전과 치유에 따른 소외의 문제를 각자의 입장에서 보완하는 데 도움을 줄 수 있을 것이다. 끝으로 슈트롬은 디아코니아가 돕는 행위를 넘어 '예방, 구조, 정치적 차원'을 이야기하고 또 사회적 차원을 담기 위하여 '인식-판단-행동'을 제시하는데[539] 이는 해방신학의 성찰에서 기인한 것으로 보인다. 이는 해방신학이 자선과 같은 '구제'보다는 가난의 '구조 변혁'을 추구하기 때문이며 인식-판단-행동은 해방신학의 '관찰'-사회분석적 매개-, '판단'-해석학적 매개-, '행동'-사목실천적 매개-와 같은 구조이기 때문이다.[540] 그렇듯 두 신학은 서로를 보완하고 수정하며 협력할 수 있을 것이다.

우리는 여기서 울리히 바흐(Ulrich Bach)를 통해서 디아코니아가 주는 해방신학의 전망을 조금 더 시도해 볼 수 있다. 그는 어떤 행동이 앞서기 전에 복음이 주는 전망 곧 우리는 누구이며, 어떻게 우

---

537) Jurgen Moltmann, 『해방의 언어』, 48-67.
538) Theodor Strohm, "디아코니의 성서, 신학적 기초와 입문-문제의 지평-", 이범성 역, 『디아코니아학』, 24-25.
539) 위의 책, 29.
540) Leonardo Boff, 『구원과 해방』, 17-28.

리가 인생을 만들어나갈 것인가를 묻는 삶의 양식이 중요하다고 말하고 있다. 그때 그 전망은 우리는 정상이고 다른 사람들은 문제 있어서 우리에게 보살핌을 요구한다는 식의 두 그룹의 대치를 경계하게 한다.[541]

이런 디아코니아적 시각은 해방신학이 행동을 먼저하고 신학적 성찰을 뒤따르게 하는 것과는 대조된다. 뿐만 아니라 '우리'라는 범주를 가난한 자들로 한정하는 계급이론의 시각과도 차별되는 것이다. 디아코니아에서는 둘 다 해방의 대상이며 모두가 함께 책임의 대상으로 봄으로써 투쟁과 해방의 범위를 보다 넓게 설정하도록 돕는다. 따라서 그는 교회 안에 있는 바알 신앙을 고발하고 있는데[542] 이는 사회의 억압하는 힘을 바알로 보고 거기로부터 투쟁하려는 해방신학의 관점과 대조된다. 가난하고 약자의 자리에 있더라도 누구든지 바알의 신앙일 수 있음을 고발하는 것이기 때문이다. 그렇다면 여기서 투쟁은 바깥의 구조화된 폭력만이 아니라 자기-교회-안에 있는 우상의 힘과 그 추구를 포함하는 것임을 디아코니아는 보여주는 것이다.

또한 울리히 바흐는 바알에게서 떠나 십자가에 달린 이에게 향하는 신앙을 이야기하는데 이때 십자가는 장애와도 같은 차원을 포함한다. 곧 디아코니아는 마음을 높은 데 두기보다 아래에 두는 신학인 것이다.[543] 이는 해방신학이 유토피아를 지향하게 하는 것과 대조된다. 곧 해방신학이 빈곤과 같은 차원을 악으로 봄으로써, 자기

---

541) 위의 책, 341.
542) 위의 책, 341-47.
543) 위의 책, 348-53.

현실을 부정하고 오직 변혁의 대상으로만 여기는 것과 대비되는 것이다. 반면 디아코니아 전망은 시선이 십자가에 있고 혹 변혁할 수 없는 죽음의 무게 앞에서도 그들과 함께 하는 공동체로 존재하는데 가치를 둔다. 여기서 우리는 두 신학의 서로 다른 전망에 대해 양자 선택적 접근하기보다 두 긴장 속에서 상호 비판적으로 접근하기를 기대할 수 있다.

끝으로 생각할 것은 해방신학이 해방을 추구하기 위하여 도구 또는 목표로 삼는 정의에 대한 새로운 이해이다. 구티에레즈에 의하면 '일치'와 '투쟁'은 서로 상반되는 두 행위가 아니다. 오히려 진정 일치를 가로막는 것은 계층의 양극화와 사회 분열을 가져오는 왜곡된 구조에 대해 대항-투쟁-하지 않고 방관하는 일에 있다. 이 같은 은폐는 지배 계급에 영합하는 행위이며 여기에 일치의 걸림돌이 있다.[544] 그렇다면 역설적으로 이 같은 투쟁에서 진정한 화해요 일치가 오는 것이라 해야 한다. 다만 이때 생각할 것은 '그 정의를 어떻게 인식하느냐'이다.

지금까지 정의를 세우는 일은 종종 '심판'-응보-이 그 중심이 있었다. 곧 정의와 공의가 하나님의 나라의 내용(마 6:33)이라면 그때 하나님의 나라는 충돌하고 부숨을 통해서 오는 나라가 된다. 이 같은 하나님의 나라를 판넨베르그(W. Pannenber)의 표현으로 말하면 "인간에 의한 인간의 지배를 종식시키는 하늘나라, 인간을 편들어 기존 세력을 적대하는 하늘나라"[545]이다. 그러나 오늘날 정의에 대

---

544) Gustavo Gutierrez. 『해방신학』, 313.
545) W. Pannenber, *"Die politische Dimensin des Evangeliums"*, in *Die Politik und das Heil* (Mainz: Matthias-Grunewald, 1968), 19. Gustavo Gutierrez. 『해방신

한 새로운 담론으로써 '회복적 정의'[546]가 있다. 기존의 정의는 가해와 가해자에 대한 징계가 중심-응보적 정의-이었다면, 회복적 정의는 피해자 중심(victim-centered)의 관점을 지향한다.[547] 전자의 정의에는 자연스럽게 이분화, 분리, 적대적 개념이 두드러진다면, 후자인 회복적 정의에는 주변과 공동체 모두를 문제 행동의 피해와 영향을 받는 직접적인 이해 관계자로 포함시키는 보다 공동체적 차원을 가진다. 이처럼 같은 정의를 사용하지만 그 접근에 있어서 차이를 가진다.

그렇다면 우리는 여기서 해방신학적인 투쟁으로써의 오는 정의의 차원과 디아코니아적인 회복적 정의로써 오는 화해적 정의를 서로 상충되는 것으로 보아, 양자 선택적 접근하기보다 두 긴장 속에서 상호 비판과 조화의 차원에서 접근하기를 기대해 볼 수 있을 것이다.

학』, 269쪽에서 재인용.
546) '회복적 정의'는 정의를 이루기 위한 하나의 패러다임이자 방식으로써, 어떤 잘못(범죄)에 연관이 있는 가능한 모든 사람들이 잘못을 바로잡고 피해가 최대한 치유되도록 함께 피해와 필요를 확인하고 책임과 의무를 규명해가는 일련의 모든 과정을 의미한다. 이 회복적 정의는 회복적 절차를 강조하는데, 회복적 절차란 범죄로 영향을 받은 피해자와 가해자, 그리고 (만약 적절하다면) 연관된 사람들과 공동체가 함께 모여 전문 진행자의 도움을 받아 범죄로 야기된 문제들의 해결책을 적극적으로 만들어 가는 과정이다. 이재영, 『회복적 정의』 -세상을 치유하다-, (경기도: 피스빌딩, 2020), 77-78.
547) 위의 책, 79.

⑲ '투쟁'을 넘어 '포용'으로: 장애인신학의 전망

해방신학에 장애인신학은 어떤 전망을 줄 수 있을까? 이범성의 "장애인 평화를 만드는 사람들"은 거기에 많은 영감을 제시하고 있다. 우선 발견하게 되는 것은 차별성에 앞서 공통점이다. 먼저 이계윤의 말을 빌려 장애인신학을 다음과 같이 정의하고 있다. "장애인신학은 삶의 조건인 장애와 함께, 하나님을 만나고 하나님의 뜻을 발견하고, 개인적으로 장애를 극복하고 사회적으로 장애 차별의 현실을 개혁할 것을 요구한다."[548]

놀랍게도 이 세 단계의 구분은 해방신학의 방법론과 구조가 같다. 삶의 조건인 장애의 자리는 해방신학에서 '관찰의 단계'이며, 그 장애를 통해 하나님을 만나고 뜻을 발견하는 것은 '판단의 단계'이며, 이 장애를 개인적으로나 사회적으로 극복하고 개혁할 것의 요구는 '행동의 단계'이다.[549] 이처럼 두 신학이 같은 방법론을 가진다는 것은 두 신학 작업이 서로 공유될 때 새로운 시너지를 일으킬 수 있음을 보여주는 것이라 할 수 있다. 다만 그 성찰이 보다 순도 있게 되려면 서로 공통적인 관점보다는 서로 충돌되고 대비되는 비판적 접근이 나을 것이다. 그렇게 차이와 간격을 통해서 서로 수정하고 보완할 때 서로를 새롭게 갱신할 수 있을 것이기 때문이다. 그런 차원에서 보다 차별되는 관점에서 두 신학의 자리를 보다 더 조망해 보길 기대한다.

먼저 해방신학은 사회에 두 계급이 있음을 관찰하고 예언자적 성

---

[548] 비교, 이계윤, "장애인신학의 정의와 이해", 예장총회사회봉사부 장애인신학 준비위원회 편, 『장애인신학』 (서울: 한국장로교출판사, 2015), 20.
[549] Leonardo Boff, 『구원과 해방』, 17-28.

찰과 참여를 통해 계급사회를 없애는 것을 해방의 목표로 삼는다. 이때 중요한 수단은 '계급투쟁'(Class Struggle)이다. 반면 "장애인 평화를 만드는 사람들"은 그런 계급투쟁에서 간과한 면을 보여주고 있다. 곧 두 계급이 아닌 같은 계층의 동일 사회 안에도 '다름'(difference) 혹은 '낯섦'(unfamiliar)에 대한 왜곡된 인식이 소외로 이어질 수 있음을 경고하기 때문이다. 곧 오늘의 장애인들이 겪는 소외는 그들의 신체 손상에 따른 결과에 그치지 않고 장애인에 대한 사회적 편견의 문제라는 것이다.

장애인의 사회학은 **손상의 사회적 결과**에 관심을 갖는다.[550] **장애는 사회적 가치절하과정의 결과**이며, 그것은 장애인이 사회에서 자기 몫을 취하는 참여의 기회에 부정적인 영향을 미친다.[551] 장애에 대한 사회의 부정적 이해는 **"정상"과 "낯섦"(Fremdheit)**이라는 판단에서부터 비롯된다.[552]

그렇다면 해방신학이 '총체적 해방'이라는 신학 지평을 분명히 가지려면 투쟁이라는 지평도 경제적 정치적 이해에만 머물 수 없다.

---

550) WCC와 EDAN이 2016년에 발표한 장애인신학선언인 "모두를 위한 모두의 교회"도 장애를 손상과 구분하고 있다. 장애는 현재의 사회적 모델로부터, 손상은 과거의 의학적 모델로부터 사용된 개념이다. WCC/EDAN, The Gift of Being: Called to be a Church of All and for All No. 2, 2016. 이범성, "장애인 평화를 만드는 사람들", 제9회 한일NCC장애인합동교류회 편, 2쪽에서 재인용.
551) Reinhard Markowetz, "Lebenslage von Menschen mit Behinderungen", J. Eurich(Hg), *Inklusive Kirche*, (Kohlhammer, 2011), 28 이하. 이범성, "장애인 평화를 만드는 사람들" 재인용.
552) 비교, Markus Dederich, "Behinderung im Wandel der Zeit, Eurich", *Inklusive Kirche*, 11.

물론 이미 해방신학이 '죄로부터의 해방'인 초월성을 담보하고, 나아가 '인간 해방'까지도 품고 있지만 거기서 말하는 '인간 해방'이 장애인같은 '사회적 인식'의 결과로서 소외된 계층을 충분히 품고 있는지도 검토되어야 할 것이다. 왜냐면 소외를 죄로 보는 해방신학이 장애인의 사회적 소외를 외면한 채 단지 계급해방에 그친다면 이는 또 다른 사회적 속박을 허용하는 것이 되어 결국 제거되어야 할 소외의 문제는 그대로 남게 될 것이기 때문이다.

나아가 장애인신학은 해방신학이 가지는 '인간 해방' 이해의 구체화를 요청하고 있다. 앞에서 본 것처럼 해방이란 두 계급의 사회에 하나의 계급사회 곧 통합사회를 뜻하는 것이 될 것이다. 그러나 유엔장애인인권선언에서는 '통합'(Integration)을 넘어선 '포용'(Inclusion)을 제시하고 있다. 통합사회가 가질 수 있는 한계를 지적하고 있는 것이다. 그러면서 그 포용을 다음과 같이 말하고 있다. "포용은 장애인의 법적 권리, 사회적 동등권 그리고 모든 사회생활에서의 참여권이 ~ 공적 공간들에서 보장됨으로써 실현된다."[553] 그렇다면 진정한 '인간 해방'은 지극히 약자라도 '인식'이나 '물리'적 장애물에 의해 차단되지 않고 언제 어느 곳에서나 동일한 권리로 소통하고 참여할 수 있는 사회를 뜻할 것이다. 만일 그렇지 않다면 그것은 '해방'이 아니라 '허용' 정도가 될 것이다. 장애인신학은 이런 차원에서 계급투쟁이라는 좁은 의미의 해방 이해를 확대시키기를 요청하고 있다.

거기에 이범성은 한 걸음 더 나아가 포용이 가지는 일방성을 보

---

553) *UN-Konvent kurz und knapp*, 26. 이범성, "장애인 평화를 만드는 사람들" 10쪽에서 재인용.

고 서로가 서로에 대한 상호적 관계를 살린 '포옹'(Hug)을 다시 제시하고 있다.[554] 그는 이 포옹 개념을 통해서 온 인류 가운데 익숙하게 길들여져 있는 배제 사회로서의 갑과 을의 관계, 가해자와 피해자의 도식을 깨뜨리기를 요청하는 것이다. 또 이 문서는 해방신학에서 말하는 계급투쟁이 간과한 화해의 측면이 해방의 한 차원이 될 수 있음을 보여주고 있다. 곧 투쟁이 '악의 상황'과 '폭력의 구조'에 대한 저항을 넘어서 '사람을 상대화'하는 것이 될 때 악은 가해자를 통해서든 피해자를 통해서든 두 번 승리를 얻는 결과를 가져올 수 있음을 지적하기 때문이다.[555] 이처럼 장애인신학은 해방신학이 간과한 새로운 하나님의 나라의 성격을 보여주고 있다.

끝으로 이 문서는 포옹이 서로 동시적으로 하는 행동으로서 더 이상 수혜의 대상자로서가 아니라 자신도 행위를 주는 주체가 됨을 말하고 있는데, 이는 그 행위 하는 자가 사회적 약자라는 점에서 해방신학이 추구하는 해방의 주체로서 가난한 자요, 소외된 자들이 주체가 되는 해방 행위와도 연결이 된다. 그러한 점에서 해방신학과 디아코니아학 그리고 장애인신학은 서로에게 영감을 주며 또 한계를 지적함으로써 우리에게 새 과제를 준다고 말할 수 있다.

---

554) 위의 책, 4.
555) 위의 책, 12.

• UNIT 8 •

보냄의 양식

⑳ 지역교회(Local Church)의 주체로서 평신도: 모이는 교회

❶ '선교적 교회'(Missional Church) 전망

여기서 선교적 교회(missional church)를 보려는 것은 이 선교적 교회론(missional ecclesiology)이 새로운 교회 구조를 이야기하기 때문만은 아니다. 이 전망은 지금까지 다루었던 교회의 보냄 구조를 지향함으로 교회가 세상에 가질 공적 구조의 구체적인 담론을 담고 있기 때문이며, 나아가 그 중심에 하나님의 백성 공동체가 자리하고 있기 때문이다. 곧 선교적 교회는 영적 소비자들을 끌어모으고 사적인 필요를 채우는 것을 추구하기보다 지역 사회에 대한 섬김의 봉사를 제공하는 공적 기능으로서 존재하는 것을 추구한다.[556]

이는 선교적 교회론의 동향과 발전을 논했던 크레이그 벤 겔더(Craig Van Gelder)와 드와이트 샤일리(Dwight J. Zscheile)의 선교적 교회의 이해에도 잘 나타난다. 그들은 크게 선교적 교회의 특징을 네 가지로 정리하는데 다음과 같다. 첫째, 하나님은 '교회를 세상으로

---

556) Craig Van Gelder and Dwight J. Zscheile, 『선교적 교회론의 동향과 발전』, 300.

보내시는' 곧 선교하시는 하나님이시다. 둘째, 하나님의 선교는 '세상에서 이루어지는 하나님의 통치'와 상관있다. 이런 이해의 장점은 세상을 그 나라의 현현의 무대로 봄으로서 평신도들이 가지는 삶의 무대를 높게 고양하게 한다. 셋째, 선교적 교회는 기독교세계 이후의 포스트모던(postmodern)하고 세계화된(globalized) 상황에 참여하기 위해 보내심을 받은 '성육신적 사역'(an incarnational ministry)이다. 이는 끌어들이는 사역(an attractional ministry)이 아니라는 점에서 선교적 회중의 방향 설정을 돕는다. 넷째, 선교적 교회는 선교에 참여하는 '모든 성도에게 초점'을 맞춘다.[557]

그런 차원에서 '평신도 중심 교회의 선교적 구조'에서 선교적 교회가 제시하는 전망은 피할 수 없다. 게다가 오늘의 사회가 더 이상 전통적인 교회관으로는 대응할 수 없는 전혀 새로운 사회 환경이 되고 있기 때문이다. 따라서 먼저는 오늘의 사회가 가지는 그 변화들을 고찰하면서 이에 대응하는 선교적 교회의 특성이 주는 전망을 다루고자 한다.

오늘날 '압축적 근대화'로 표현되는 우리 사회의 급격한 변화는 전통적인 사회 공동체의 붕괴를 초래하였다. 이런 변화는 한 부모, 독신, 기러기가족, 무자녀부부, 동거가족 등 이른바 '비정형 가족'의 등장과 증가로 나타났다. 점차 가족이 공동체로 기능할 수 없는 상황이 야기되고 있는 것이다.[558] 뿐만 아니라 우리 사회의 어떠한 제도나 기관도 올바른 가치관과 삶의 규범을 제시해 주지 못하고 있다. 곧 전통적 규범은 쓸모없게 되면서도 새로운 시대적 가치와 규

---

557) 위의 책, 28.
558) 정재영, 『함께 살아나는 마을과 교회』(서울: SFC, 2018), 31-34.

범이 형성되지 못하고 있는 일명 프랑스의 사회학자 에밀 뒤르켐(E.Durkheim)이 말한 '아노미'(anomie) 상태가 된 것이다.[559] 문제는 이러한 변화에 교회 역시 충분한 구심점이 되지 못하고 있다는 사실이다. 여전히 많은 교회들은 전통적 규율의 사고와 구조를 벗어나지 못하고 있기 때문이다.

이런 현실은 목회의 패러다임에도 전환을 요구하고 있다. 풀뿌리 민주주의를 경험한 세대는 '아래로부터'(bottom up)의 운동 곧 목회자와 성도들이 함께 자기들이 처한 특수한 상황을 근거로 대안을 마련해가는 것을 요청하기에 이른 것이다.[560] 한마디로 오늘의 사회는 '새로운 공동체'를 필요로 하고 있다. 대인 결속력을 상실했다고 여기는 사람들에게 공동체를 제공하지만 통제적인 규율이 있는 전통적 틀보다는 세속의 맥락에서 자발적 결사체와 같은 형태의 열린 공동체의 필요성이다. 이 새로운 공동체를 필요로 하는 상황이 현대 교회와 시민사회가 만나는 지점을 제공하는 것이다.[561]

이 과제가 교회를 선교적 교회로서 자기이해를 가지게 하는데 이로써 교회가 하나의 '사회 자본'[562](social capital)으로서 기능하려는 것이라 할 수 있다. 이러한 선교적 교회는 더 이상 한 개인의 리더십만으로 이루어지는 기독교 운동을 지향하지 않는다. 교회가 선교

---

[559] 위의 책, 37.
[560] 위의 책, 46, 56.
[561] 위의 책, 57-58.
[562] 사회자본이란 사회적 가치요 자산, 곧 조직 구성원들 상호 간의 이익을 증진시키기 위한 조정과 합의를 이끌어내는 기본 동력인 신뢰, 규범, 가치관 등을 예로 들 수 있다. 물질적 자본은 아니지만 신뢰를 바탕으로 한 친밀한 인간관계는 협력을 촉진시켜 사회의 효율성을 향상시킬 수 있다는 점에서 하나의 자본이다. 위의 책 60.

적 교회 곧 '파송된 교회'[563]로서 새 공동체를 성원하려면 시민사회의 주축이면서 선교적 교회의 핵심 주역이 될 온 회중이 그 중심이 되어야 하기 때문이다. 이는 몰트만이 지적하는 것처럼 하나님의 백성들은 하나님과 더불어 그들 자신이 역사의 주체가 되고 또 자신이 책임져야 하는 과제를 다른 사람에게 전가되어서는 안 되는 것이기 때문이다.[564]

여기서 선교적 교회의 본질적인 전망을 말하려면 그 뿌리를 대략 살피는 것이 필요하다. '선교적 교회'라는 용어는 1998년 『선교적 교회: 북미에 교회를 파송하기 위한 신학적 비전』(Missional Church: A Theological Vision for Sending of the Church in North America)이라는 책 이후 널리 사용되었다.[565] 이 책은 영국의 선교학자 레슬리 뉴비긴이 서구 문화의 급진적인 세속화에 따른 교회의 선교신학적 반성과 성찰에 대한 문제 제기로부터 시작된 것으로서, 북미선교신학자들 중심으로 조직된 "복음과 우리 문화 네트워크"(The Gospel and Our Culture Network)의 신학적 연구의 결과물이다. '선교'(mission)라는 단어에 '적'(al)이라는 말을 붙인 것은 교회가 본질적으로 '선교적 본성'을 가지고 있다는 사실을 환기시키려는 의

---

563) 위의 책, 52쪽 참조. 선교적 교회는 파송된 교회로 이해되기도 한다.
564) Jurgen. Moltmann, *Diakonie im Horizont des Reiches Gottes*, 정종훈 역, 『하나님 나라의 지평 안에 있는 사회선교』(서울: 대한기독교서회, 2017), 51.
565) Darrell L. Guder, ed. al., Missional Church: A Theological Vision for Sending of the Church in North America(Grand Rapids: Wm. B. Eerdmans, 1998). 여섯 명의 선교학자들은 로이스 베렛, 이너그레이스 디터리히, 대럴 구더, 조지 헌스버거, 엘런 록스버러, 크레이크 반 겔더이다. Darrell L Guder, 『증인으로의 부르심』, 17쪽에서 재인용.

도였다.[566]

여기서 프로젝트 코디네이터로서 책의 편집을 맡았던 대럴 구더 (Darrell L. Guder)가 이해한 선교적 교회란 대략 다음과 같다. 먼저는 마치 선교가 교회의 하나의 기능으로 이해된다든지 혹은 '교회와 선교'라는 이분법을 극복하는 것이 중요하며, 또 교회 중심의 선교에서 벗어나 보내심에 입각한 '삼위일체적인 선교 이해'를 받아들이고, 따라서 하나님의 선교(Missio[567] Dei)를 중심으로 받아들이는 것이며, 이로써 교회 중심보다는 '하나님 나라와 그 통치'에 선교의 초점이 맞추는 데 있다. 다만 그 도구(instrument)로써 지역교회는 소외되지 않는다. 따라서 교회는 선교를 소유하는 것이 아니라 본질적으로 선교적이다. 이런 이해를 위해서 성경을 읽을 때 '선교적 해석학'을 매개로 삼는 것으로 본다.[568]

이처럼 선교적 교회를 이해할 때 주의할 점은 선교를 교회성장을 위한 하나의 전략으로 보는 것이다. 앞서 소개한 『선교적 교회』의 여섯 명의 연구자 중 한 사람인 밴 갤더는 이런 시각은 미국 문화가 가지는 실용주의를 반영하는 것으로 보았다. 곧 교회갱신운동(1960-70년대), 교회성장운동(1970-80년대), 교회효율성운동(1980-

---

566) 위의 책, 18-19.
567) 바르트는 '미시오'(missio)라는 용어는 고대 교회에서 삼위일체 교회를 표현하는 말 곧 신적 자기 파송, 성부께서 성자와 성령을 세상으로 보냄을 표현하는 말이었다고 강조하였다. 바르트가 1932년 브란덴부르크선교대회(Brandenburg Mission Conference)에서 한 이 말은 *Classic Texts in Mission and World Christianity*, ed. Norman E. Thomas (Maryknoll, NT: Orbis Books, 1995), 106에 영어로 표기되어 있다. 위의 책, 65쪽에서 재인용.
568) Craig Van Gelder and Dwight J. Zscheile, 『선교적 교회론의 동향과 발전』, 32-35.

90년대), 교회건강운동(1990-2000년대), 이머징교회운동(1990-2000년대)에 이어지는 선교 전략이 아니라는 것이다. 이처럼 선교적 교회는 전통 교회가 취해온 인간적 활동의 우선성을 넘어 하나님의 활동(Missio Dei)의 우선성에 초점을 맞추도록 돕는다. 이는 '교회가 무엇이냐(is)'의 문제가 '교회가 무엇을 행하느냐(does)'의 문제보다 우선한다.[569] 다만 하나의 선택의 문제가 아니라 선교적 교회의 핵심 전제는 '교회가 어떤 모습으로 존재하느냐'가 '교회가 무엇을 행하느냐'에 깊은 영향을 끼쳐야 한다는 것이다. 밴 겔더는 이 우선순위가 바뀌는 것을 새 포도주-하나님의 활동-를 낡은 부대-교회의 선교-에 붓는 것으로 본다.[570]

이러한 선교적 교회의 지향은 '선교적 회중'(The Congregation in Mission)에 대한 리더십의 갱신을 요구한다. 세상을 교회의 선교를 위한 표적으로 보고 회중의 건강성에 따라 교회의 성장을 추구하는 일련의 프로그램 지향적이고 전략지향적인 접근과는 매우 다른 방식이다. 곧 세상에서 이루어지는 삼위일체 하나님의 선교라는 관점에서 하나님의 다가오는 통치와 성령의 활동을 분별(discernment)하는 것이 중요하다. 이는 교회의 계획보다는 미래를 향하여 열려있고 통제할 수 없는 선교적 갱신에 참여하는 일이다. 이런 접근 방식에는 결과가 미리 정해져 있지 않다.[571] 다만 모든 것을 이끌려 가는 것만이 아니라 '분별'과 '선교적 상상력'(missional imagination)[572]으로

---

569) 위의 책, 36-37.
570) 위의 책, 129-30.
571) 위의 책, 301-04.
572) 샤일리는 이를 교회와 세상에서 색다르게 삶을 이해하고 경험하는 방식이라 소개하고 있다. 위의 책, 274.

참여하는 것이 중요하다. 이를 위해서 회중들은 지역사회에서 하나님의 말씀을 듣는 능력, 성령의 음성을 듣는 능력, 사랑의 마음으로 이웃의 의견에 귀를 기울이는 능력을 발전시키는 것이 필요하다.[573]

이처럼 선교적 교회는 선교적 회중이 중요하다. 그들은 '비판적 의식화' 다른 말로 세상 속에 있으되 세상에 물들지 않는 시대의 징표를 분별하고(마 16:3) 거기서 영적예배를 드리는 자들이다.(롬 12:1,2) 이런 선교적 회중을 교회는 양산하고 배출해야 한다. 이를 위해 교회는 다음과 같은 과제를 가진다고 할 수 있다.

선교적 회중의 참여(participation)와 그들의 리더십을 고양할 수 있는 교회의 기본 구조에는 소그룹이 있다. 하워드 스나이더(Howard A Snyder)는 오늘날 사회에 상실된 공동체성은 전통적인 교회예배나 제도적 교회 프로그램으로는 한계가 있으며, 소그룹이 회중의 은사 발견과 사용에 있어서 최대한의 희망을 제공한다고 주장하고 있다. 특히 소그룹이 가지는 개방성과 그 만남이 주는 인격성을 높게 평가하며 직업적으로 훈련 받은 자가 아니라도 리더십에 참여할 수 있는 구조라는 것이다.[574]

그는 조지 웨버(George W. Webber)를 소그룹의 중요성을 간파한 선구자로 평가하는데 웨버는 소그룹을 교회 구조의 방법론이 아니라 교회의 기본 구조로 이해하고 있다. 왜냐면 현대 기술 사회는 과거 전통적 사회가 제공했던 인격적 만남의 공간을 제공하지 못하고

---

573) 위의 책, 305.
574) Howard A Snyder. *The Problem of Wineskins*, 이강천 역, 『새 포도주는 새 부대에』 (서울: 생명의말씀사, 2006), 154-58.

있기 때문이다. 그는 소그룹을 이중적 초점이라 규정하는데 '보충적'이며 '규범적'이다. 보충적이라는 것은 공동예배를 대신하지 않는다는 점에서 그러하며, 규범적이라는 것은 공동 예배와 같은 무게로 교회의 기본 구조가 된다는 점에서 그러하다. 그 이유는 사도행전 2장 46절에 의하면 초기 기독교인들은 "성전에 모이기를 힘쓰고 집에서 떡을 떼는" 그런 공동체였기 때문이라는 것이다.[575]

종교사회학자 로버트 우스노우(Robert Wuthnow)는 교회의 소그룹이 '시민 결사체'로의 기능할 가능성에 주목을 한다. 통계적으로도 소그룹을 경험한 45퍼센트는 사회나 정치 문제에 더 관심을 갖게 되었다는 것이다. 곧 교회 소그룹의 회원들은 다른 위원회로 연결될 가능성이 높고, 경제 영역에서조차 구별된 방식으로 종교적인 헌신을 구체화하게 된다는 것이다. 소그룹을 경험한 이들은 돈에 대한 태도, 물질의 소유에 대한 가치관, 일의 의미를 포함한 넓은 범위의 태도 및 가치관에 중대한 영향을 미쳤다는 것이다. 이들은 자기 이익의 측면이 아니라 성경적 가치와 관련하여 내려진 윤리적인 결정을 하게 된다. 이처럼 소그룹은 신앙과 삶의 다른 영역을 연결시키고, 신앙을 실천하는 데 도움을 준다.[576]

존 스토트(John, R. W. Stott) 역시 한 백성이 가지는 친교에 대한 욕구는 주일예배나 군중이 모인 공간에서 해결되기 어려움을 지적하고 있다. 군중이 될 때 고독을 치유하기보다 영속시킬 위험이 더 크다는 것이다. 따라서 대규모의 회중을 넘어 소그룹의 과제가 필

---

575) 위의 책, 159-61.
576) Robert Wuthnow, *Christianity and Civil Society*, 정재영, 이승훈 역, 『기독교와 시민사회』 (서울: CLC, 2014), 72-74.

요하다고 본다. 이는 초대교회에서 가정교회가 그 역동성을 확인시켜 주었고 역사적으로도 영국의 종교개혁의 근원이 소그룹의 작은 헬라어 신약성경 공부 모임에서 출발했다는 것인데, 이처럼 작고 소박한 모임에서 운동이 태동하고 확산되었다는 것이다.[577]

그렇다면 소그룹에서 '선교적 회중'을 일으키고 그들의 리더십을 고양시키기 위한 구체적인 과제는 어떤 것이 있을까?『크리스천 코칭』의 저자 게리 콜린스(Gary R. Collins)는 코칭은 교회를 제외한 모든 곳에서 인기를 얻고 있다고 지적하면서, 코칭이 교회의 변화를 이끌도록 도움을 주고 회중이 성경신학의 핵심을 저버리지 않으면서도 현대 사회 곧 21세기에 적합한 방식으로 계속해서 지상명령에 참여하도록 도울 수 있다고 말하고 있다.[578]

코칭[579]은 한 개인이나 그룹을 현재 있는 지점에서 그들이 바라는 더 유능하고 만족스러운 지점까지 나아가도록 인도하는 기술이자 행위로써, 상담이 문제(problems) 해결에 관심을 둔다면 코칭은 가능성(possibilities)에 초점을 맞춘다고 할 수 있다. 코칭은 역행적으로(reactive) 과거를 돌아보는 것이 아니라 주도적으로(proactive) 앞을 바라보고 치유에 관한 것이라기보다는 성장에 관련된다. 상담자와 내담자의 관계보다 덜 형식이며 대등한 두 사람 사이의 파트너에 가

---

[577] John, R. W. Stott.『목회자와 평신도』, 129-31.
[578] Gary R. Collins, *Christian Coaching*, 정동섭 역,『크리스천 코칭』(서울: 한국기독교학생회출판부, 2004), 8-20
[579] 1500년대 코치라는 단어는 사람들이 현재 있는 곳에서 목적지까지 데려다주는 마차를 가리키는 말이었다가 1880년대에 와서 코치는 케임브리지에 있는 캠 강에서 대학생들에게 노 젓는 것을 지도하는 사람들 가리키는 말로 운동 용어가 되었다. 이후 코치는 운동선수를 도와 어떤 한 곳에서 다른 곳으로 갈 수 있도록 해주는 사람들로 알려지게 되었다. 참고, 위의 책, 19.

깝다. 따라서 거의 충고를 하지 않으며 어떻게 행동할 것을 지시하기보다 대신 사람들에게 자신의 목표와 방향을 세우며, 비전을 명료화하고, 스스로 비전선언서(vision statement)나 사명선언서(mission statement)와 행동 계획을 작성해 보라고 격려한다.

다만 우리가 코칭에서 기대할 것은 성경적이고 신학적인 코칭이기에 가치관을 굳이 드러내지 않으려 해도 서로 영향을 주고받게 된다.[580] 그럼에도 불구하고 코칭은 수평적이기에 상대의 가치관을 변화시키려 하기보다는 오히려 그 자신의 가치관을 명료화하도록 도와주며, 이로써 가치관대로 살고 목표를 향해 전진하도록 도와준다.[581] 이런 이유로 코칭은 회중의 주체성이나 리더십을 저해하지 않는 장점이 있고, 따라서 평신도 중심 구조를 구축하는 데 유익하다고 할 수 있다.

코칭의 주체가 굳이 목회자일 필요가 없다. 다만 처음 시작 단계에서 잠정적으로는 그런 역할이 필요할 뿐이다. 또한 일대일이든지 소그룹이든지 코칭을 통해 세워진 자는 자신도 다시 코칭에 참여하게 된다는 점에서 이러한 코칭은 선교적 회중의 리더십에 부합한다. 트루블러드 박사 역시 성도를 구비시키는 일을 위해 기존의 목회적 지위 대신 대안적 관계로서 코치의 역할을 제안하고 있는데[582] 목회 사역은 대치할 차원이 아니라 고유한 기능이 있기에 기독교 코치로서의 역할을 목회와 함께 병행의 차원에서 접목해 볼 수 있을 것이다.

---

580) 위의 책, 19-29.
581) 위의 책, 131.
582) John, R. W. Stott.『목회자와 평신도』, 94-95.

다만 선교적 회중의 리더십을 위하여 '일반 코칭'은 교회에 적합하지 않을 수 있다는 점에서 우리는 여기서 '성경적 코칭'을 소그룹에 적용해 보고자 한다.

② '선교적 회중'(The Congregation in Mission) 위한 '성경적 코칭'

게리 콜린스는 성경은 자기 발전을 위한 제안으로 가득해 있으며 성경의 어떤 부분은 코칭 안내서인 것 같다고 말한다.[583] 그러나 그는 실제적인 성경 코칭을 보여주지는 않는다. 따라서 필자는 소그룹에서 도전할 수 있는 성경적 코칭의 의의와 그 실례를 간략하게나마 제시해 보고자 한다.

선교적 회중에게 요구되는 것은 성경적 가치로 세워진 자기 정체성이다. 곧 자신과 자신이 속한 공동체가 이 땅에 파송된 목적을 아는 일이며 그것을 성취하도록 자신을 준비하는 일이다. 삼위 하나님은 그 자신의 보내심을 이어갈 수 있도록 회중들에게 보냄이라는 소명을 주셨기 때문이다. 이는 바르트가 교의학 Ⅳ 3-2에서 '인간의 소명'에 이어 '성령과 그리스도교 공동체의 파송'을 연이어 다룸과도 같다.[584]

다만 이때 소명에 대한 비전은 성경에 근거하고 있으며 그 비전이 더 이상 개인의 성취를 위해 있는 것이 아님을 제시하려는 것이 성경적 비전 코칭의 목표라 할 수 있다. 곧 선교적 회중으로 하여금 보냄의 비전을 발견하고 그 보냄에 부합하는 삶을 살도록 도우려는

---

583) Gary R. Collins, 『크리스천 코칭』, 366.
584) Karl Barth. 『교회 교의학』 Ⅳ/3-2. 220.

것이다. 이처럼 파송의 이유와 목적을 성경에서 찾도록 돕는 데 있다. 뿐만 아니라 회중이 가져야 할 리더십과 비전에 이르는 구체적인 원리까지도 성경 안에서 찾을 수 있도록 돕는데 있다. 이는 성경은 신앙의 선조들이 무엇으로 말미암아 비전을 얻었으며 또 어떻게 그 보냄의 비전에 참여하고 수행하였는지를 잘 보여주고 있기 때문이다. 이로써 성경적 코칭은 선교적 회중으로 하여금 소명 앞에 바르게 응답하게 하도록 도울 수 있다.

이사야 43장 21절은 창조 곧 부름과 파송의 목적을 제시하고 있다. "이 백성은 내가 나를 위하여 지었나니 나를 찬송하게 하려 함이니라." 그것은 한마디로 '하나님의 영광을 위하여'이다. 주님의 기도 역시 선교적 회중이 가질 비전을 잘 보여준다. '아버지의 이름'과 '그 나라의 확장'과 '그의 공의'[585]가 이 땅에서 이루어짐이다.(마 6:9,10,33) 이처럼 주님의 기도는 하나님 나라의 도래라는 비전을 위하여 선교적 회중이 이 땅에 세워지고 파송되었음을 분명하게 보여준다. 이처럼 말씀이 이끄는 비전이란 개인의 꿈을 가리키는 말이 아니라 선교적 회중이 가지는 공동체적 비전으로써 그 나라의 도래−아버지의 뜻이 이루어지는 통치−에 있다.

이와 같이 성경적 코칭의 목적은 개인의 이상을 돕는 것을 넘어 말씀이 지시하는 곳−하나님의 비전−을 가리키는 데 있다. 그런 차원에서 선교적 회중의 비전은 품는 것이 아니라 발견되어야 하는 과제를 가지며, 인생이 주도적으로 선포하는 것이 아니라, 말씀의 조

---

585) 마태복음 6장의 주님의 기도는 '아버지의 이름'(9)과 그 나라의 임재(10)와 그의 뜻(10)을 구하고 있다. 다만 '그의 뜻'은 이어지는 33절에 의하면 '공의'임을 알 수 있다. 따라서 '그의 뜻'을 '그의 공의'라고 인용하였다.

명 앞에 드러남으로써 응답하는 행위라 할 수 있다. 나아가 성경적 코칭은 발견한 비전에 이르는 구체적인 과정이나 원리까지도 말씀에서 찾아지도록 도울 수 있다. 그런 차원에서 진정한 회중의 리더십 고양은 오히려 계시의 우선성의 자리에서 찾아지는 것이며, 거기에서 진정한 하나님의 백성이 부름 받고 세워지며 보내어지는 것이 발생되는 것이다.

성경적 비전 코칭을 위한 준비는 자신이 속한 공동체를 규정하고 그 공동체가 가야 할 방향을 제시하고 있는 성경 본문을 발견하는 일이다. 이런 본문은 목회자가 제시할 수도 있고 처음부터 소그룹의 구성원들이 각자 찾아서 발표하고 함께 단계적으로 작업해 볼 수도 있다. 다만 중요한 것은 본문이 스스로 회중에게 드러내어 보일 수 있도록 회중은 말씀 앞에 가난한 영혼이 되어야 한다는 점이다. 회중이 말씀을 찾아 읽는 것이 아니라 말씀이 회중을 읽는 '렉시오 디비나'(lectio divna)[586]의 성경 읽기가 여기서 중요한 차원이 될 것이

---

[586] 렉시오 디비나'란 문자적으로 '거룩한 독서'(divine reading)란 뜻으로, 천천히 텍스트와 함께하는 것을 강조하는 독서의 한 과정을 말한다. 이 독서는 하나님과의 만남을 위한 존재론적 읽기이다. 그 예는 예수님의 나사렛 회당에서의 이사야 61장의 읽기이다. 여기서 주님은 회중에게 구약의 말씀을 '오늘의 말씀'으로 현재화하도록 초청하셨다. "이 글이 오늘 너희 귀에 응하였느니라." 이처럼 렉시오 디비나는 오늘 여기 이곳에 하나님의 말씀을 경험하는 것에 있다. 이 거룩한 독서는 귀고 2세에 의해 정형화되었다. 네 단계로 '독서-묵상-기도-관조'이다. 읽기(lectio): 천천히 주의 깊게 읽는 것이다. 묵상하기(meditátio): 일반적인 말씀 묵상과 같다. 기도하기(orátio): 말씀을 읽기 전 깨닫기를 구하는 기도이다. 관조하기(contemplátio): 성경을 통해 하나님 앞에서 인식하기이다. 다른 호칭들은 몸부림(tentátio), 행동(operátio)도 사용된다. 명재민, "위기시대 극복을 위한 기도와 영성"(21세기 우리시대의 목회와 공적신학 Ⅳ), 아신신학연구소 제48차 겨울세미나 2019. 20,21. 또 다음을 참고하라. James C. Wihoit and Evan B. Howard. Discovering Lectio Divins, 홍병룡 역, 『렉시

다. 또는 공동체가 함께 하는 성서 해석으로 아나뱁티스트 성서 읽기도 가능할 것이다. 그 장점은 성서에 대한 실천적 순종에 중심을 둔 성경 읽기[587]이기 때문이다. 다음은 성경적 비전 코칭을 위한 구체적인 예시를 표로 작성해 보았다.

창 17장 선교적 회중을 위한 성경적 비전 코칭 (표6)

2절	내가 내 언약을 나와 너 사이에 두어 너를 크게 번성하게 하리라 하시니
4절	보라 내 언약이 너와 함께 있으니 너는 여러 민족의 아버지가 될지라
5절	이제 후로는 네 이름을 아브람이라 하지 아니하고 아브라함이라 하리니 이는 내가 너를 여러 민족의 아버지가 되게 함이니라.

성경적 비전 코칭을 돕는 다섯 가지 질문(원리)

1. 비전을 한 마디로 표현할 수 있는가?: 구체화하기			
형성	크게 번성하게 하리라 ⇒	여러 민족의 아버지 ⇒	아브라함
구조	비전의 생성	명시화	상징과 이미지화

2. 비전에 합당한 입술의 열매가 있는가?: 바르게 고백하기	
말씀 ⇒ *합당한* **고백** ⇒ 성취	"사람은 입의 열매로 말미암아~" 잠 12:14
비전에 맞는 입술의 열매	좋은 비전과 좋은 고백은 둘이 아니다.

3. 비전은 자주 고백되는가? : 자주 고백하기	
비전의 열쇠	너를 크게 번성하게 하리라	아브람 ⇒ 아브라함
	'약속'에서	'비전명'으로 인하여 고백–약속–이 자주 선포

(위 표의 마지막 셀 병합 구조: "비전의 열쇠"가 두 행을 묶음)

오 디비나』, (서울: 아바서원 2016), 24-25.
587) Stuart, Murray, 『아나뱁티스트 성서해석학』 9.

하나님의 관심	아브람	⇒	아브라함	아포리즘 만들기
	과거(×)		미래(○)	과거를 말하기보다 미래를 현재 선포하라.

4. 비전은 미래를 지향하는가!: 희망하기

5. 비전의 큰 그림을 가지는가?: 어디로서부터 와서 어디를 향하는지 알기

Where	Where?	How?	Execution	Reproduction	Enlargement
비전 코칭 5단계	예배 성경	비전선언서, 사명선언서	비전을 이룸 (visionary)	다른 이의 비전을 도움 (Coaching)	하나님 나라의 확장(사26:15)

마지막 다섯 번째 그림은 비전이 어디서 와서 어디를 행하게 되는지를 다섯 단계로 보여주는데, 이를 쉽게 기억하게 하기 위하여 각 첫 머리 글자(이니셜)를 모아 'Where'로 표기해 보았다.

㉑ 시민사회(Civil Society)의 주체로서 평신도: 흩어지는 교회

교회를 평신도 중심 구조로서 보려는 가장 근원적인 목적은 교회가 자신을 삼위 하나님의 연속적인 보냄으로 이해하려는 자기이해 때문이다. 이때 보냄으로서의 교회의 가장 구체적인 자리는 세상이며 그것도 세상 속에 있는 기독시민으로서의 자리라 할 수 있다. 그렇다면 기독시민과 그 사회는 어떻게 이해될 수 있는가?

1 기독시민(Christian Citizen)의 전망

'시민사회'란 말 그대로 시민들의 활동 공간을 뜻하지만, 문제는 그 '시민'을 무엇으로 이해하느냐에 따라 시민사회의 성격이나 내용도 달라진다. 본래 '시민'은 고대 도시 국가에서 관직과 공공 생활에 대한 참여(participation)를 통해 정치 결정권을 행사하였던 성인 남성들을 의미하였다. 그러나 오늘에는 특정한 계층을 가리키기보다 가치와 행위를 뜻하는 말로 자주 사용된다. 곧 시민이란 공공의 문제에 관심을 가질 뿐 아니라, 이를 해결하기 위하여 자유롭게 토론하고 참여할 수 있는 '시민성'을 가진 존재를 뜻한다. 또한 종종 국가 영역과 대비되어 사용되고 있다.[588] 그럼 이제 시민사회의 담론을 살필 필요가 있다.

헤겔(Georg Wilhelm Friedrich Hegel)에게 있어서 시민사회는 욕망의 체계이고 이기적 개인주의에 의해 규정되기 때문에 사사로운 이해관계의 권리 주장들이 서로 충돌하는 전쟁터와 같은 곳이다. 마르크스(Marx, K. 1818~83) 역시 시민사회란 시장 영역이고 경제 관계가 중심인 공간이다. 하지만 헤겔과 달리 마르크스에게 국가는 시민사회의 이러한 문제를 해결할 능력이 없고, 갈등을 해결하고 공공성을 실현할 수 있는 방법은 시민사회 내부의 문제로 여겨졌다. 헤겔이 국가 우위에, 마르크스가 시민사회를 국가보다 높게 고양한 것과 달리, 그람시의 '시민 사회론'은 국가/시민사회/경제라는 3분 모델로 구분하면서 시민사회를 국가와 함께 상부구조 영역

---

588) 이승훈 "시민사회 사상의 역사와 딜레마", 조성돈, 정재영 편집, 『시민사회 속의 기독교회』, NGO를 통한 선교와 교회, (서울: 예영커뮤니케이션, 2008), 42-45.

에 속하는 것으로 보았다. 곧 국가는 정치적 강제력으로 지배한다면 시민사회는 지배계급의 헤게모니(hegemony)로 자신들의 지배를 공고히 하는데 이러한 구조에 대해 노동자 계급은 대항 헤게모니(counter-hegemony)로서의 시민사회를 구축하여야 한다는 것이다. 현대 시민사회 담론에 큰 영향을 끼친 하버마스(Jurgen Habermas)는 시민사회를 시장사회의 영역으로 파악하지만 동시에 국가와 시민사회를 매개하는 '공론 영역'(public sphere)이라는 새로운 개념을 도입하였다. 이 공론 영역은 이성적 토론과 합의의 공간이기에 많은 학자들에 의해 '시민사회'로 재이해되고 있다. 최근 민주주의 사회에서 '공론 영역'은 '시민사회'를 유지하고 지켜가는 핵심 영역이며 종종 이 둘은 같은 것으로 이해되고 있다.[589]

다만 여기서 생각될 것은 시민사회가 가지는 공론 영역이 민주주의의 핵심적인 공간이며 정의와 평화로운 사회건설의 기초가 되지만, 욕망이 가득한 시장의 일부이기도 한 시민사회에 공공성의 담보를 가지는 것은 그리 쉽지 않다는 데 있다. 여기서 교회는 흩어지는 교회로서의 기독시민을 시민사회의 핵심 자원으로 배출할 과제를 가지게 된다고 할 수 있다. 이에 대해 이범성은 일반적으로 '시민사회는 도덕적 지침, 건전한 종교적 지도, 기독교 용어로 말하면 하나님의 나라의 이상을 필요로 한다'고 진단하고 있다. 왜냐면 하나님의 나라의 이상은 개인이 가지는 자유의 욕망이나 집단 이기주의를 넘어서 사회적 약자에 대한 최우선의 관심을 약속하는 미래의 비전을 제시하기 때문이다. 비록 공공선을 추구하는 시민사회라 할지

---

589) 위의 책, 55-59.

라도 사회 속에 내포된 죄악성과 유한성 그리고 시대적 제약이 주는 한계성 때문에 온전한 인간사회의 청사진을 교회 공동체로부터 제공 받아야 한다는 것이다.[590]

종교사회학자 정재영 역시 교회 공동체가 가지는 지역사회 속의 하나의 사회 자본으로서의 기능에 주목하고 있다. 교회는 현실적으로 사회 단위의 가장 기초에까지 영향을 미칠 수 있는 사회조직이라는 것이다. 오늘날 '제3 섹터'로 불리는 비영리·비정부 영역이 국가와 시장에 대한 대안의 패러다임으로 주목되기 시작하였고, 교회 역시 시민사회의 중요한 일부가 될 수 있다는 것이다. 그는 앞 주제 '선교적 교회'와 '선교적 회중'에서 다룬 교회의 소그룹이 교회와 시민사회의 접촉점이 될 수 있다고 보고 있다.[591] 구체적인 형태는 '자원봉사'나 'NGO(non-governmental organization) 활동' 또는 '지역사회 공동체 형성'(community building)인 마을 만들기 형태로 교회가 참여할 수 있을 것이다.[592]

다만 여기서 접근하는 교회란 흩어지는 교회이기에 모이는 교회 주도 형태보다는 기독시민으로서 시민사회 현장 가운데 있는 구조가 적합할 것이다. 그렇다면 NGO의 참여에 있어서도 교회의 하부조직으로 구성된 NGO-포섭형-나 개별 교회에 의존해 있는 NGO-의존형-만이 아니라 직접적인 관계를 유지하지 않고 있는 기독교 NGO-독립형-라도 적극적으로 협력할 필요가 있으며[593] 동

---

590) 이범성, 시민사회와 하나님의 나라, 위의 책, 72-73.
591) 정재영, 시민사회 참여를 통한 교회 공공성의 회복, 위의 책, 99-100.
592) 위의 책, 109.
593) 이혁배, "기독교 NGO 유형과 과제", 위의 책, 146-47.

시에 기독교와 전혀 상관없는 NGO라 할지라도 시민사회의 공공선에 대한 추구가 분명하다면 얼마든지 협력할 수 있을 것이다. 이처럼 초국적인 문제들의 해결을 위해 시민사회 영역의 NGO들의 참여가 중요하게 되었고, 특히 코피아난 전 UN 사무총장이 "전 지구적 차원에서의 평화, 개발, 인권 등을 추구하는데 NGO들과의 협력 관계 구축은 필수 불가결한 것"이라고 천명한 이후 전 지구적 시민사회의 형성에 NGO들이 주요 행위자로 등장하게 되었기에[594] 교회는 이들의 자원과 함께 연대하는 노력이 절실하다고 할 수 있다.

이처럼 교회가 흩어지는 교회가 되려 할 때 놓치지 말아야 할 것은 기독시민의 양성에 있다고 할 수 있다. 조성돈은 교회가 가질 기독교 시민교육의 가능성을 전망하고 있다. 이때 교육은 주는 자와 수용하는 자의 관계가 아니라 사람과 사람 사이에 일어나는 상호작용(Interaction)의 관계이다. 또 그것은 한 개인이 가지는 '체험'(Erlebnis)이 아니라 공동체에 참여하는 '경험'(Erfahrung)으로써이다. 여기서 말하는 '체험'이란 감각기관을 통해 얻게 되는 것들이라면 '경험'은 이 체험에 의미를 부여하고 자기화하는 것인데 그런 차원에서 경험은 교육의 과정이라는 것이다.[595]

이 '경험 중심의 교육'은 참여적 교육을 지향한다는 장점이 있다. 곧 교육에 의해 기독시민이 신앙에 준한 해석과 준거의 틀을 가지게 되면, 그 틀에 의해 발견되고 해석된 세상에 대해 책임을 가지게 된

---

594) 정재영.『한국교회, 10년의 미래』: 한국교회가 주목해야 할 10가지 어젠다, (서울: SFC출판부, 2012), 224.
595) 조성돈, "기독교 시민교육의 가능성으로의 교회와 NGO",『시민사회 속의 기독교회』, NGO를 통한 선교와 교회, 117-19.

다는 점에서 그렇다.[596] 이 같은 참여적 교육은 해방신학의 해석학적 나선과도 닮았는데, 교육이 주는 새로운 비평적 인식은 우리 삶의 주변에 있는 문제에 대해 변화를 추구하며 행동하게 함으로써 그 참여를 통해 새로운 경험에 직면하게 되고 그 경험은 다시 새로운 틀을 세우게 되며 그 새로운 틀은 또 새로운 문제들과 경험에 이르게 하기 때문이다.

그러나 독일의 학자 랑에(E. Lange)는 우리 가운데 '침묵의 문화'가 존재한다고 지적한다. 부당한 상황에서 아무런 문제의식을 느끼지 못하고 또 그렇기 때문에 저항하지 않는, 즉 언어를 잃어버린 침묵의 문화가 있다는 것이다. 따라서 그는 교회가 '자유의 언어학교'가 되어야 한다고 주장한다. 사람들에게 문제를 문제로 인식할 수 있는 능력을 돌려주고 그 해결을 위해서 나설 수 있도록 해주는 것이다. 곧 랑에에게 있어서 교육이란 낯선 지식의 섭취가 아니라 자신의 삶의 상황과 그 모순을 인식하고 행동과 성찰 가운데 문제의 해결을 도모하는 것에 있다.[597] 이는 브라질 교육학자 파울로 프레이리의 비판적 의식화와 같은 개념이라 할 수 있다. 단순히 성도가 세상 속에 있다고 해서 기독시민 되는 것이 아니라 신학적이고 성경해석학적 준거로서 자신이 처한 상황에 대해 피하지 않고 옳고 그름을 분별하고 거기에 바른 소리와 행동을 가질 수 있는 것이 중요한 것이다.

레슬리 뉴비긴은 '정의'와 '평화'라는 거대한 문제와 연관된 교회의 주요 역할은 격식을 차린 선언문에 있지 않고 시민으로서 세상에

---

596) 위의 책, 122-23.
597) 위의 책, 122-23.

서의 의무를 수향할 때 그리스도인으로서 책임감 있게 행동하는 사람들을 계속 양육하고 지원하는 일로 보았다.[598] 교회는 오늘날 이런 책임성을 가진 기독시민을 세상에 파송해야 하는 것이다. 교회의 선교적 과제는 하나님의 나라를 피안만이 아니라 이 땅에 맛보는 교회의 임무로까지 이해해야 하기 때문이다. 이는 뉴비긴이 교회가 가지는 세상에 대한 증언을 말씀과 행위, 복음 전파와 활동으로써 이 둘을 서로 대립적으로 보지 않고 공동체의 총체적인 삶에서 찾고 있음에도 잘 나타난다. 그는 선교가 가지는 총체적인 차원을 다음과 같이 표현하고 있다.

> **때때로 말씀 한마디**가 관습의 두터운 층을 뚫고 새로운 장을 열어 보이기도 한다. 때때로 **하나의 행위**가 전통적인 타당성 구조를 송두리째 뒤흔들어 놓기도 한다. 그것들은 서로 강화시키며 또 해석한다. 말씀이 행위를 설명하고 행위는 말씀에 타당성을 부여한다. ~ 그것은 언제나 **성령께서 하시는 일**이며 그렇기 때문에 항상 신비로운 것이다. 그것들은 어떤 프로그램에 의해 만들어질 수 없으며 또한 계산적으로 이루어질 수도 없다. 그러나 깨어서 믿음을 지키는 **공동체가 살아있는 곳**에는 어김없이 이런 일들이 일어난다.[599]

이처럼 기독시민으로 총체적인 증언이 필요한 이유는 뉴비긴에 의하면 세상에 정의와 평화를 위한 행동이 복음 전도의 주된 임무에서 이차적이고 주변적인 것이 아니기 때문인데, 이는 예수님이 세

---

598) Lesslis Newbigin, 『다원주의 사회에서의 복음』, 228.
599) 위의 책, 224-25.

상을 지배하는 세력들을 대항하실 때에 그분의 행동은 그분의 사역에서 주변적인 것이 아니었음에도 잘 나타난다.[600]

그렇다면 오늘날 교회는 세상과 그 문화에 대항하는 대조사회(a contrast society)로서 신앙 공동체의 출현이나 기독교인의 배출에 그칠 것이 아니라, 세상과 사회 가운데서의 그들 가운데 공적 책임을 다할 기독시민의 양성을 요구 받고 있다고 할 수 있다. 왜냐면 이 일은 선교 전략의 일환이 아니라 거기까지가 본래적인 교회의 사명에 참여하는 일이 되기 때문이다.

이제 우리는 오늘날 평신도가 공적 사회에서 가질 과제는 구체적으로 무엇일까? 질문할 수 있다. 이는 타이센이 말한 '제3의 종교개혁'에서 그 실마리를 찾아볼 수 있다.[601] 타이센에 의하면 1차 종교개혁은 유대 민족주의로부터 모든 민족에게로 구원이 확장되는 '구원의 보편성'에 대한 것이었고, 2차 종교개혁은 성직자와 평신도의 위계로부터 '보편적 성직'에 대한 것이었다. 전자가 민족주의에 대한 차원이라면, 후자는 계층에 대한 차원이다. 이처럼 그는 오늘의 언어와 과제로서 종교개혁을 재해석한 셈이다. 그에 의하면 이 민족주의 위험이나 계층의 갈등은 오늘에도 과제가 된다.

이를 다시 해석하면 전자의 종교개혁은 오늘의 구원 이해가 세상과 교회로 이원화된 협소함에 반하여 '이 땅에 임하는 하나님의 나라에 대한 참여에 자극'을 주는 것이라 할 수 있고, 후자의 종교개혁은 '소명의 확장'인데 성도가 공적광장에서 가지는 지위와 역할조차

---

600) 위의 책, 225.
601) Gerd Teissen, Pauls und Luther - *scheiternde Reformatoren und ihr Vermaechtnis*, Vortrag in der ESG Heidelberg. 이범성 역.

거룩한 부름이 된다는 자극을 주는 것이라 할 수 있다. 그렇다면 오늘의 평신도가 이 땅에서 기독시민으로서 가질 모든 응답들은 아직까지 미완된, 혹은 미결된 제1, 2 두 종교개혁의 과제에 대한 응답이 될 수 있을 것이고, 그것에 대한 투신이 제3의 종교개혁이 될 수 있을 것이다. 이처럼 기독시민의 과제는 '복음의 보편'과 '부름의 보편성'에 응답성을 가진다.

더욱이 오늘날 사회가 가지는 탈현대성이라는 자기이해는 평신도 각자가 가진 고유한 은사를 높게 고양한다. 왜냐면 현대사회에 이르기까지 유지되었던 절대 진리와 보편법칙 같은 거대담론이 이제는 더 이상 주류로 인정되지 않기 때문이다. 역사의 진보라는 가정은 부인되고 거대서사는 더 이상 존재하지 않으며, 존재하는 것은 어떤 자연적 중심도 갖지 않는 무한한 수의 서로 다른 역사들과 지식의 형식들뿐이다. 이제 주요한 것은 다양하지만 동등한 중요성을 가진 가치와 성향들이다. 이처럼 탈현대 사회는 고유한 집단보다 개인이 중요해졌다.[602]

그렇다면 교회는 전통적인 모이는 교회로서의 정체성만으로는 탈 현대성에 충분히 응답할 수 없게 된다. 설령 모이는 교회가 비록한 백성 중심의 공동체로 자기이해를 새롭게 하고, 동시에 지역사회에서 선한 영향력을 끼치는 교회로 탈바꿈 했다 해서 진정한 의미에서의 큰 변화는 아닌 것이다. 탈 현대성에 요구되는 교회는 바로 흩어지는 교회까지 바르게 응답하는 데 있다. 다만 여기서 말하는 흩어지는 교회란 기존 교회의 사회적 응답을 뜻하는 것이 아니라,

---

[602] 정재영, 『교회 안 나가는 그리스도인』, 144-45.

하나님의 한 백성을 개인과 소그룹으로서 그들이 머물고 있는 개별 사회로 파송하는 구조를 뜻한다. 교회는 본질이 보냄을 위해 부름 받은 공동체이기 때문이다. 우리 밖에도 양이 있다.(요 10:16. *또 이 우리에 들지 아니한 다른 양들이 내게 있어 내가 인도하여야 할 터이니~*.)

다만 이는 모이는 교회로서의 공공성이 포기될 수 있다는 것을 말하려는 것은 결코 아니다. 왜냐하면 오늘날 후기 현대사회의 특징은 가족의 해체라는 전통가족의 붕괴 가운데 있어서 공동체성이 상실되고 이로 인해 어려움에 처했을 때 도움을 요청할 수 있는 공동체적 풍토가 취약해지고 있기 때문이다. 모이는 교회는 보내는 교회와 별도로 앞서 봄과 같이 사회적 자본으로써의 역할이 여전히 요구된다.

그럼에도 불구하고 우리는 보냄 구조의 중요성을 보여주는 담론을 주목할 수 있다. 벨라의 제자인 로버트 우스노우는 미국이 겪고 있는 심대한 가치의 위기가 오히려 사람들에게 초월성을 추구하도록 자극했으며 이는 그들이 비록 교회 같은 특정의 거룩한 장소에서 초월을 경험하는 '거주의 영성'(spirituality of dwelling)을 떠났지만, 대신 개인적으로 새로운 영적 수단의 탐구요 거룩한 순간을 찾는 '추구의 영성'(spirituality of seeking)을 구하게 하였다는 것이다.[603] 교회가 거주의 영성만으로 시대에 응답하는 시대는 지나간 것이다. 저들이 추구하는 영성의 자리가 세상 한복판이라면 교회가 진정 저들 가운데 보내지려면 기독시민의 정체성을 가진 하나님의 백성을 일으키고 그들과 함께하도록 함이 마땅한 것이다. 그때 하나님의 한

---

603) 위의 책, 150.

백성은 보냄의 최전선에서 사역의 주체가 될 것이다.

이때 교역자는 그 사역을 보조하고 지원하는 역할이 되어야 한다. 그렇다면 기독시민의 정체성은 교회의 또 다른 자기이해이다. 교회의 이 같은 자기이해에 있어서는 교회가 굳이 성장지향적일 필요가 없다. '사회를 교회화'하는 것이 아니라 교회적 신앙을 '사회적 영성화'하는 것이 필요하다는 점에서 교회가 적은 수로 유지되더라도 의식 있는 공동체가 중요할 뿐이다. 곧 작은 교회란 크기 여부가 아니라 작은 교회의 의미와 가치를 추구하는 교회를 뜻한다.[604]

❷ 정의 · 평화 · 창조질서 보전(JPIC)의 전망

밴 갤더는 『선교적 교회』 이후 선교적 교회를 다루는 많은 책에서 창조에 관해 거의 신학적 관심을 가지지 못했음을 지적하였다. 마치 하나님과 세상의 관계에 심각한 모순이 존재한 것처럼 대했다는 것이다. 피조세계는 하나님의 현존이 존재하지 않는 것이거나 단순히 선교 활동의 대상으로 여겨졌으며 하나님이 부여하시는 가치나 동인(agent)과 상관없는 것처럼, 특히 성령께서 교회 밖의 피조세계에 현재 진행형으로 역사하고 있다는 사실에 관심이 없는 것처럼 대했다는 것이다.[605] 그러나 피조세계는 우리 자신의 일부이며 우리 역시 자연 세계의 일부로서 함께 생명의 공존을 나눌 하나님의 창조물들이다.

그럼에도 우리는 선교적 교회 담론이 시작되기 훨씬 전부터 '정

---

604) 위의 책, 156-57.
605) Craig Van Gelder and Dwight J. Zscheile, 『선교적 교회론의 동향과 발전』, 212-13.

의, 평화, 창조질서 보전'의 담론이 세계교회협의회(WCC)의 주요 안건으로 대두되었음을 상기할 필요가 있다. 본회퍼가 1934년 파노마에서 열린 에큐메니칼 총회에서 세상이 경청할 평화의 길에 대한 담론을 요청하였고[606] 이는 세계개혁교회연맹(WARC) 총회(1982)의 평화와 정의를 위한 계약의 제창을 필두로 뱅쿠버 총회(1983년)로 하여금 "회원교회들로 하여금 정의, 평화, 창조질서 보전의 문제에 상호 헌신할 공동체적 삶의 방안을 찾도록"하는 결정을 이끌었다.[607] 그리고 추후 워크숍들을 통해 이 담론이 세계교회협의회의 주된 프로그램이 될 것을 요청하기에 이르렀고, 최종적으로 1990년 서울세계대회(World Convocation on Justice, Peace, and the Integrity of Creation)로 인도된 것이다.[608]

서울대회에서는 '정의와 평화와 창조세계 보전(Justice, Peace and Integrity of Creation)을 위한 10개의 확언'을 선언하였는데 다음과 같다. 첫째, 하나님께서는 모든 권력에 대하여 책임을 물으신다. 둘째, 하나님은 '가난한 사람들' 편에 서 계신다. 셋째, '모든 인종들과 사람들은' 동등한 가치를 지닌다. 넷째, '남성과 여성'은 하나님의 형상으로 지음을 받았다. 다섯째, '진리'는 자유로운 사람들의 공동체의 초석이다. 여섯째, '예수 그리스도의 평화'를 확언한다. 일곱째,

---

[606] 한국기독교사회문제연구원 편, 『정의 평화 창조질서의 보전세계대회 자료집』 (서울: 민중사, 1990), 22.
[607] 위의 책, 54.
[608] D. Preman Niles, *Between the Flood and the Rainhow, ed.* (Geneva: WCC, 1992) 168-76. Kinnamon, Michael and Antonios Kireopoulos. *The Ecumenical Movement: An Anthology of Key Texts and Voices 2nd.* 이형기 외 5인 역, 『에큐메니칼 운동』 (서울: 한들출판사, 2013), 512쪽에서 재인용.

'창조세계'는 하나님의 사랑을 받는다. 여덟째, '땅'은 주님의 것이다. 아홉째, '젊은 세대'의 존엄성과 헌신이 중요하다. 열째, '인권'은 하나님으로부터 주어진 것이다.[609] 이상의 확언 가운데 정의 문제는 앞서 '구원과 정의'라는 주제로 다루었기에, 여기서는 창조보전 중심으로 평화문제를 더하여 전망함으로써 기독시민의 길을 살펴보고자 한다.

보프는 오늘날 생태계 위기에 대해 그리스도교가 가지는 책임을 분명히 하면서 특히 창세기 1장 26~28절의 본문에 대한 오해를 그 원인으로 보고 있다. 본래 '하나님의 형상'으로서의 창조나 '정복하고 다스림'의 파송은 창조의 유산을 관리하고 돌아보는 창조사업의 연장인 것과 또 그 참여의 절정은 안식일의 휴식 곧 노동이 아니라 쉼, 투쟁이 아니라 무상성과 즐거운 휴식에서 인간의 사명이 완성될 수 있는 것임에도 불구하고, 그리스도교를 지배했던 "정복하고 지배하라"는 의미를 근대문명의 맥락에서 찾았다는 것이다. 곧 데카르트(Rene Descartes)는 그의 '과학 이론'에서 '자연의 스승이자 소유자'가 되는 것을 인간의 소명으로 보았고, 베이컨(Francis Bacon)은 "아는 것은 힘-권력-이다"라고 말함으로써 지식의 의미를 왜곡했다는 것이다. 그에 따르면 자연에 대한 권력은 '자연을 인간에게 봉사하게 하고 인간의 노예로 만드는 것'을 의미할 뿐이었다는 것이다.[610] 그런 이유로 보프는 인간과 자연과의 통합적인 전통을 세웠던 아시시의 프란시스코(Francis of Assisi)나 파스

---

609) 위의 책, 521.
610) Leonardo, Boff. *ECOLOGIA MUNDLAIIZACA ESPIRITUALIDADE*, 김항섭 역, 『생태신학』 (서울: 가톨릭출판사, 2013), 60-69.

칼(Blaise Pascal) 등의 사상을 높게 평가한다. 이들에 따르면 지식은 사물을 소유하고 지배하는 행위가 아니라 사물과 함께하는 사랑과 친교라는 것이다.[611]

미로슬라브 볼프 역시 성경적 전통을 향해 제기된, 곧 현재의 생태위기에 중요한 기여를 했다는 혐의로 인하여 '일의 신학'에 있어서 일과 자연의 관계가 피할 수 없는 논의임을 분명히 하였다. 그는 보프와 같이 창세기 1장 26~28절은 자연에 대한 '로쿠스 클라시쿠스'(locus classicus, 표준 전거)의 역할을 해왔다고 보았다. 이 본문은 자연을 정복하고 다스림을 진술하기에 '도미니움 테라에'(dominium terrae, 땅의 지배)라는 개념이 자연을 정복하고자 분투하는 현대의 노력을 정당화하는 데 중요한 역할을 했다는 것이다.[612]

곧 마르크스는 인간을 이성으로 보았던 수 세기 간의 전통과 결별하고, 사람을 그가 하는 행위들의 연속으로 본 헤겔이나, 행위자라는 것은 단지 행위에 덧붙여진 허구일 뿐이며 행위만이 전부라고 주장했던 니체와 유사하게, 인간을 그들이 하는 행위와 일을 통해서 규정했다는 것이다. 그러나 여기에는 그가 그토록 경계했던 소외가 있을 따름이다. 왜냐하면 볼프가 지적하는 것처럼 '인간의 자기규정은 일이 아니라 하나님의 관계에서 오는 것'이기 때문이다.[613] 그에 의하면 자연은 인간을 위해 사용되는 것과 상관없이 독립적 가치를 가지며, 따라서 '도미니움 테라에'를 실행할 때 인간은 "하나님이 그분의 세상을 다스리는 방식으로 땅을 다스릴" 책임이

---

611) 위의 책, 61.
612) Volf, Miroslav. 『일과 성령』, 225-26.
613) 위의 책, 21

있는 하나님의 청지기로 역할을 수행해야 할 뿐이라는 것이다. 곧 돌봄이 '도미니움 테라에'의 본질적 성격이라는 것이다.[614]

몰트만 역시 자연과 인간 육체를 단지 노동의 관심사에서 바라보는 유용성 측면과 도구적(instrumental) 측면의 접근을 경고한다. 자연과 인간은 하나님의 창조의 유산으로서 창조의 완성인 안식일의 축제를 지향하도록 지어졌다는 것이다. 그는 '안식일을 창조의 면류관'으로 봄으로써 사람 중심의 창조 이해를 벗어나도록 돕는다. 곧 하늘과 땅, 춤추는 별들과 물결치는 바다, 초원의 삼림, 동물들과 식물들 그리고 인간을 창조하시되 그 마지막에 안식일을 두신 이유라는 것이다.[615]

이처럼 안식일이 창조의 면류관이며 완성-마침-인 이유는 하워드 스나이더가 지적하는 것처럼 창조의 마침을 제육일에 선언하지 않고 칠일에 비로소 선언함과 같다.(창 2:2)[616] 안식이 오기 전에는 창조의 마침이 아닌 것이다. 게다가 칠일 가운데 오직 이날에만 '복'이 선언된다. 인생들이 그렇게 원하는 복이 육일의 분주한 수고 가운데 발견되는 것이 아니라 마침과 쉼이라는 안식 앞에서 찾아진다는 사실이다. 그렇다면 오늘의 교회는 살아있고 쉼이 있는 예배를 통해서 그 복과 안식을 하나님의 백성들과 세상 앞에 매개하는 역할을 감당해야 할 의무가 있다. 그럴 때 예배는 무거운 것이 아니라 화해요 축제며 회복의 시간이다.

이를 엄밀히 말하면 세상에서 교회는 두 예배로서 섬겨야 하는

---

614) 위의 책, 229-32.
615) Jurgen. Moltmann,『세계 속에 있는 하나님』, 165.
616) Howard A. Snyder,『하나님의 나라, 교회 그리고 세상』, 86.

것인데, 이는 정교회 신학자 이온 브리아(Ion Bria)에 의하면 먼저는 예배의 집중 곧 '예배 안에서의 예배'(the Liturgy within the Liturgy)이며, 다음은 '예배 후의 예배'(the Liturgy after the Liturgy)이다. 전자는 '성만찬적 예배'(the Eucharistic Liturgy)이든 또는 '말씀의 예전'(Liturgy of the Word)이든 모이는 백성의 예배로써 쉼과 교제가 있는 예배이라면, 후자는 예배에 의해 갱신된 백성들이 세상에서 증인이 되도록 보내어지는 것으로서 예배의 기쁨을 발산하고 변혁하는 힘에 의존하여 증인과 인간의 해방에 개입하는 모든 활동을 뜻한다고 할 수 있다.[617] 이는 실상 흩어지는 교회를 강조한 것이 되지만, 동시에 하나님의 백성들은 안식일의 축제에 참여함이 없이는 제육일을 위한 보냄도 보장될 수 없음을 뜻하는 것이기도 하다.

그렇다면 **인간은 노동하고 땀 흘리는 과제를 부여받기 전에, 겸손히 자연세계와 더불어 창조의 면류관인 안식의 축제에 참여하도록 세워진 존재**라 할 수 있다. 또 그럴 때 비로소 하나님의 백성들은 세상 가운데 진정한 하나님의 형상으로 보내어질 것이며, 그 왕적 사역-돌봄-을 통해 하나님 나라의 통치를 나타내게 될 것이다. 왜냐면 거기에는 '정복하고 다스림'의 의미가 새롭게 회복될 것이기 때문이다. 그것은 온 땅과 인간을 지으신 하나님의 창조를 기념하고 그 창조를 보전하고 이어가는 것으로 어떤 발전과 개발의 의미보다 안식의 축제와 교제로서의 참여를 뜻하는 것이다.

다만 미로슬라브 볼프는 '**일**'과 '**안식**'에 있어서 한쪽에 치우침보다는 다소 균형을 유지함을 볼 수 있다. 곧 안식일이 사람을 위해

---

617) Kinnamon, Michael and Antonios Kireopoulos. 『에큐메니칼 운동』 671-72.

있는 것만이 아니라 육일 역시 사람을 위해 존재한다는 것으로, 일은 죄의 결과가 아니라 선한 창조로서 세계의 일부이며 다만 죄로 인해 손상된 일의 모습이 나타났을 뿐이라는 것이다.(창 3:17)[618] 그렇다면 우리는 여기서 본래 선한 일로서의 '정복과 다스림'의 과제가 죄의 결과들로 인해 폭력이라는 왜곡된 형태로 남은 것은 아닌지를 다시 물을 수 있을 것이다. 그렇다면 우리는 이 '다스림'의 의미를 좀 더 분명하게 이해함으로 교회가 세상에 가지는 보냄의 지위와 역할을 보다 분명하게 할 필요가 있다.

신학자이자 철학자인 미하엘 벨커(Michael Welker)는 창세기 1장의 '하나님의 형상'과 '다스리고 정복하라'라는 두 의미를 조망하였는데, 그는 일차적으로 저 두 평행 구절에서 폭력 사용을 암시하는 것을 완전히 제거하려는 노력에 문제가 있었음을 시인하면서, 다만 새로운 신학적 토론에서 창세기 2장이 '돌보는 경작'(15절)을 통한 '창조의 보전'을 인간의 본질적인 특성과 과제로 제시하고 있음을 상기시킨다. 그럼에도 불구하고 이러한 접근인 '~이긴 하지만 – 그러나' 방식의 논증은 문제점이 있으며, 나아가 창세기 2장 역시 '가부장적'이라는 것이다.[619] 만일 그렇다면 이 역시 위계와 폭력성을 전제하는 것이며, 이 같은 1, 2장의 '로쿠스 클라시쿠스'(*locus classicus*, 표준 전거)는 세상에 공격적인 인간의 주권을 용인하는 것이며 이로써 인류나 생태계에 대한 폭력과 지배의 정당성을 주는 것

---

618) Volf, Miroslav and McAnnally-Linz, Ryan. *Public Faith in Action*, 김명희 역, 『행동하는 기독교』(서울: IVF, 2017), 96.
619) Michael Welker, *Schöpfung und Wirklichkeit*, 김재진 역, 『창조와 현실』(서울: 대한기독교서회, 2020), 144-47.

이 된다.

그러나 1장 26절, 또는 28절의 '**다스리라**'(라다 רדה)라는 말이 오늘날의 지배적이고 폭력적인 의미로 받으려면, 그 당시에도 이 용어가 같은 의미를 가졌다는 전제일 때만 가능하다. 곧 명령 안에 주어진 본래적인 의미가 시간이 지남에 따라 점차 세속화될 수 있음을 간과한 것이다. 더 중요한 사실은 우리는 이 '다스림'을 하나님의 나라' 개념에도 아무 거부감 없이 그대로 사용하고 있다는 사실이다. 그 이유는 하나님의 나라를 다스림 곧 '통치'라는 개념으로 볼 때[620] 그 나라를 공간적인 좁은 시야에서 탈피하여 '그의 공의'가 이루어지는 나라로 이해할 수 있기 때문이다.(렘 23:5,6) 그런 이유로 다윗과 솔로몬의 통치는 '공의'와 '정의'(삼하 8:15, 23:3, 대하 9:8)를 구현하는 하나님의 나라의 예표로 귀결되는 것과 같다.

이처럼 중요한 것은 다스림이 가지는 의미를 넘어 그 다스림의 '주체가 누구냐! 그는 자신을 어떻게 인식하느냐'에 더 본질적이라 할 수 있다. 현대 사회에서 '통치'란 하나의 지배요, 폭력성의 은폐일 수 있지만, 그 주체가 '하나님과 그의 나라'일 때 거기서 기대될 수 있는 것은 '공의'(삼상 12:7, 마 6:33)와 '돌봄'인 것처럼 '하나님의 형상'으로서의 아담과 하와가 참여할 정복함이나 다스림은 가부장적이요, 폭력적인 용인이 아니라 도리어 하나님 나라의 선취와도 같을 것이기 때문이다. 다만 그럼에도 벨커는 그 용어가 주는 폭력성 때문에 소위 '주권위임'이라는 문제에만 집중함으로서 이 문제를

---

620) 이범성, "하나님 나라 목회의 선교", 『하나님 나라를 목회하라: 하나님 나라 목회의 이론과 실제』, 271. 통치에 대한 보다 자세한 담론은 다음을 참조하라. 은준관, 『신학적 교회론』 87-92, 은준관, 『실천적 교회론』 42.

빠르게 해소하려 하고 있다.[621] 그러나 통치-지배-가 폭력이 되는 것은 그 참여가 '하나님의 형상으로'이냐 아니냐에 달린 것이다.

여기서 좀 더 생각될 것은 '하나님의 형상'에 대한 보다 바른 이해이다. 디아코니아 신학자 조현호에 의하면 '하나님의 형상'이란 세 차원을 가지는데 먼저는 고대 근동에서 왕을 지칭하는 말로써 인간은 '최고의 존재'로서 존귀함과 존엄성을 가진다는 것이다. 둘째는 남녀가 동일한 형상이라는 것이며, 셋째는 피조물에 대한 통치의 '권한'과 동시에 '책임을 가진다'는 것이다.[622] 이를 한마디로 정리하면 '하나님의 형상으로서 남녀는 피조물에 대해 통치와 돌봄의 역할을 가진다'는 것이다.

이런 이해에도 불구하고 오늘날 인간과 세계의 관계가 위계가 된 데는 적어도 두 가지 차원의 오해에서 비롯되었다고 할 수 있다. 먼저는 최고의 지존이기만 하나님의 형상으로서 인간은 다른 피조물에 대해 지배를 정당화하는 근거가 되었다는 점이다. 여기에서는 세상이 단지 인간의 욕구를 충족시키는 대상적 존재가 될 뿐이다. 인간 문명의 개발과 발전이라는 미명 하에 자연의 파괴와 생명의 수탈이 정당화될 수밖에 없는 것이다. 다음은 앞에서 본 것처럼 '통치 이해'의 세속화이다. 고대는 물론이요(삼상 8:10~18) 주님의 당대(마 20:25) 그리고 오늘에 이르기까지 왕적 통치는 군림하고 통제하는 힘으로 이해되었기 때문이다. 따라서 잘못 이해된 '로쿠스 클라시쿠

---

621) Michael Welker, 『창조와 현실』, 148.
622) 조현호, "위르겐 몰트만의 정치신학에 나타난 디아코니아 사상"(Diakonia Thought in Jurgen Moltmann's Political Theology), (실천신학대학원대학교, 2016). 31.

스'를 바로 잡지 못하면 그 어떤 피조세계를 위한 프로그램도 그 유효성을 지속할 수 없을 것이다. 결론적으로 사람에게 부여된 왕적 형상이란 세계에 대하여 차별되는 지위를 담보하는 것에 있지 않고 돌봄을 뜻하는 지위로서 분리가 아니라 세상-자연-과의 일치를 가지는 것에 있다.

이로써 생각될 것은 앞서 '보냄 공동체'에서 본 것처럼 **하나님의 형상의 바른 이미지는 하나님의 보내심의 연속으로 보아야 한다는 것**이며, 또 그러기 위해서는 '하나님의 형상'이면서 '종의 형상'을 입으신 주님의 보내심을 교회는 인식하고 그 같은 종의 형상 없이는 하나님의 형상에도 이를 수 없음을 상기해야 한다는 것이다. 그럴 때 이 피조세계는 다스림의 땅일 뿐만 아니라 돌봄과 공존의 세계가 될 것이다.

이는 본회퍼가 『성도의 교제』에서 "하나님의 사랑은 '지배함으로써 봉사'한다"라고 말함에서도 잘 나타난다.[623] 이때 이 지배에 대한 교회의 순종은 폭력에 근거하지 않고 하나님의 사랑에서 나는 행위가 된다. 이처럼 교회 공동체 안에서의 지배나 통치나 다스림은 세속적 개념과 전혀 다르며 이는 본회퍼의 표현에 의하면 '놀라운 것'[624]이다. 물론 벨커 역시 에리히 쳉어(Erich Zenger)의 입장을 빌려 주권위임을 '하나님의 형상'에서 '창조주 하나님의 왕권'의 위임으로까지 확장시킴으로써 그 성격이 권력지향이 아니라 "돌봄을 위한 통치"로서 창조를 보전하는 일과 공동체를 돌봄으로써 약자를 책임

---

623) Dietrich Bonhoeffer, 『성도의 교제』, 69.
624) 위의 책, 69.

지는 것임을 보여주고 있다.[625] 이상으로 볼 때 '정복과 다스림'은 본래적 의미를 간과한 채 현대적 의미로만 접근할 수 없으며 더 본질적인 문제는 그 일의 주체가 '보냄을 인식하는' 하나님의 형상으로서 이냐! 아니냐!가 더 근원적이라 할 수 있다는 것이다.

나아가 우리는 세상에 보내는 기독시민으로서 남자와 여자의 관계성을 보다 분명하게 이해할 필요 역시 있다. 자연에 대해 가지는 폭력적인 지배만 문제는 되는 것이 아니라, 가부장적 질서도 같은 위험을 가지기 때문이다. 그런 이유로 JPIC을 위한 10개의 확언 가운데 네 번째가 "남성과 여성은 하나님의 형상으로 지음을 받았다"라고 진술함과 같다. 따라서 새로운 신학적 토론에서 말하는 곧 2장의 제사장 문서에 확연해 보이는 남녀차별 문제, "구체적으로 말하면(in concreto) 먼저는 남자, 그 다음은 여자가 지음 받은 것"[626]에 대한 부분도 좀 더 살필 필요가 있다.

곧 2장에 가부장적이라 해석될 두 요인을 보려는 것인데 먼저는 **'남과 여의 창조 순서'**의 문제이다. 과연 1장과 달리 2장에 등장하는 '순서'는 우열에 대한 목적을 가지는가 아니면 다른 목적을 가지는가!를 확인하는 일이다. 왜냐면 이 순서가 지향하는 본래적인 목적은 실상 둘이 **한몸**이라는 기원을 보여주려는 의도로 봐야 하기 때문이다. 곧 2장은 누가 먼저냐에 조금도 관심이 없고 다만 둘의 기원은 본래 한몸이었다는 것을 말하고 있을 뿐이라는 것이다. 따라서 2장에는 자연스럽게 한몸임을 나타내는 많은 로쿠스 클라시쿠스가 뒤따르고 있다. "~이는 *내 뼈 중의 뼈요 살 중의 살이라*"(23절

---

625) Michael Welker, 『창조와 현실』, 162-65.
626) 위의 책, 147.

상), "~남자가 부모를 떠나 그의 아내와 합하여 둘이 한몸을 이룰지로다"(24절), "~두 사람이 벌거벗었으나 *부끄러워하지 아니하니라.*" (25절) 게다가 그 순서를 강조하는 것처럼 보이는 23절의 하반절까지도 마찬가지이다. "이것을 '남자'(איש 이쉬)에게서 취하였은즉 '여자'(אשה, 잇샤)라 부르리라 하니라."(23절 하) 여기서의 실제적인 강조는 '남자'에 뒤따르는 '여자' 곧 먼저와 나중을 말하려는데 있지 않고 그 반대인데 '여자'라는 말이 '남자'라는 말에서 파생된 기원을 밝힘으로써 둘이 본래 한몸임을 말하려는 있다는 사실이다. 이처럼 2장에 등장하는 모든 순서는 오늘날 세속화된 의미로써의 순서가 아닌 동질성의 확보로써만 사용되고 있다는 점이다.

다음은 하와에게 부여된 '**돕는 배필**'(18)을 가부장적 근거의 틀로 볼 수 있는가의 문제이다. 왜냐면 이 '돕는 배필'로서의 소개는 그를 남자 아담에 대해 아래에서 섬기는 자로 규정하는 표현이 결코 아니기 때문이다. 여기서 '돕는'이라는 말의 '에제르'(עזר)는 구약 전체에 단 21번만 사용되었는데 사람이 사람을 돕는 도움에 사용되지 않고 대부분 '하나님의 도움'(출 18:4, 신 33:7,26; 시 20:2, 115:9-11, 121:1, 124:8, 호 13:9)이나 군대의 큰 도움(겔 12:14)을 뜻하는데 한정되어 사용되고 있다는 사실이다. 그렇다면 하와를 가리켜 '돕는 배필'이라 한 것은 하나님의 도움의 위임으로써 아담에게 파송된 것을 뜻한다. 그런 차원에서 하와는 최초의 사도직으로 세워진 자라 할 수 있다.[627] 이 도움을 존재론적이거나 남에게 귀속되는 사사로운 것으로 이해될 수 없는 것이다.

---

[627] 명재영, "구약성서의 선교 패러다임으로서의 현존", (서울: 장로회신학대학교 대학원, 2011), 46.

결론적으로 모든 기독시민은 예배 안의 예배만이 아니라 예배 후의 예배를 위하여 하나님의 형상(*imago Dei*)으로서 하나님의 새 창조와 돌봄을 위하여 세상에 보내어진 자이다. 다만 그 보냄의 과제는 정의와 창조질서의 돌봄만이 아니라 평화의 과제도 담보하고 있다. 특히 한반도를 분단으로 가지고 있는 우리 한국교회에 이 평화로서의 보냄은 기독시민이 피할 수 없는 과제이다. 다만 지면상 이 과제는 말미의 제언을 통해서 통일과 평화의 과제를 보고자 한다.

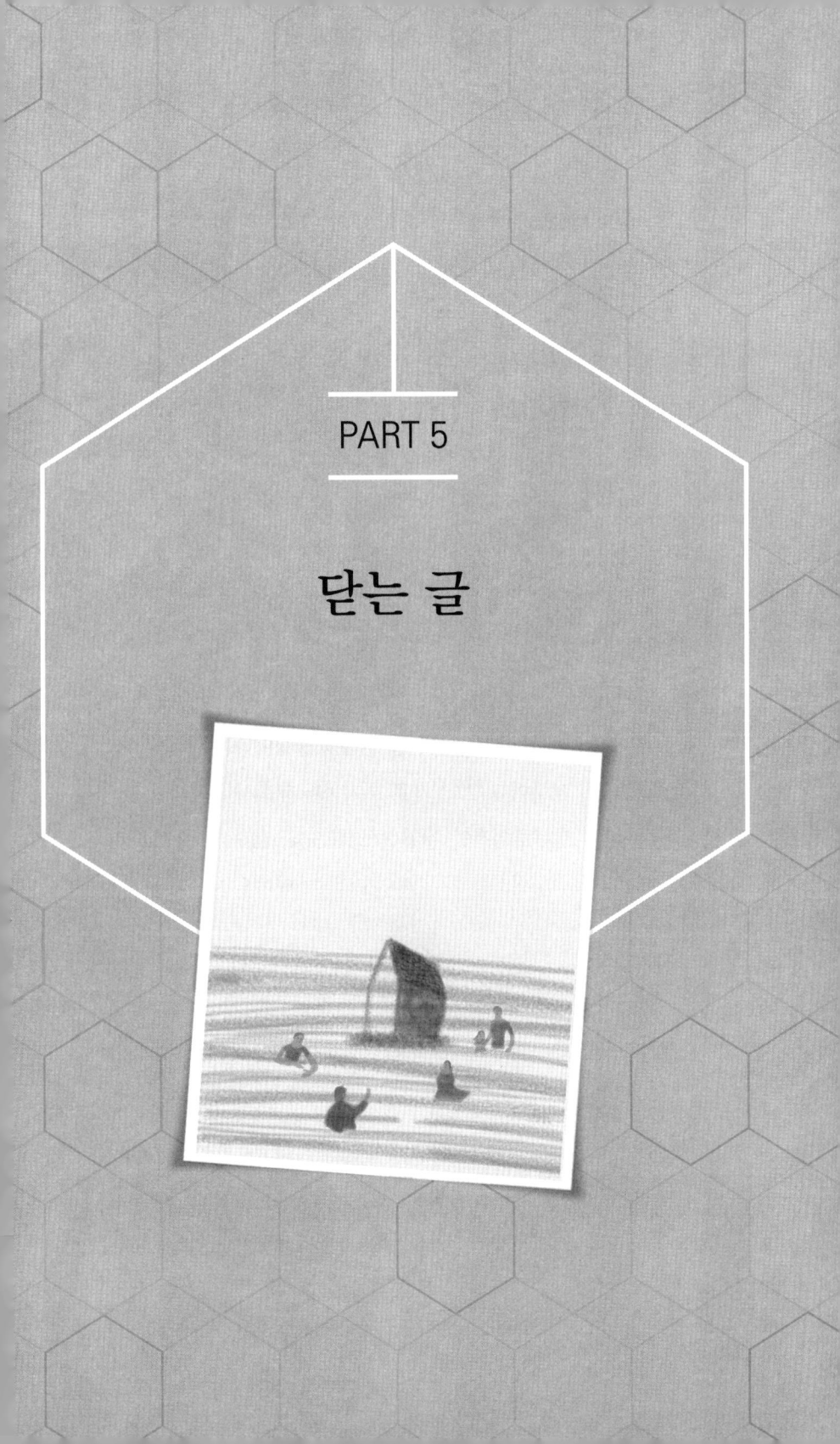

PART 5

닫는 글

근대화와 더불어 시작된 시대정신의 변화는 정말 교회에게 위기를 주었는가? 그러나 진정한 교회의 위기는 저 근대성이 주는 시대성(時代性)의 변화에만 있지 않고 교회 자신에게서 찾아진다고 할 수 있을 것이다. 왜냐면 전통 교회들은 기독교세계(christendom)의 이상향에 젖어 있어서 자신이 누구인지를 그동안 진지하게 묻지 않아 왔고, 더욱이 자기 시대의 호소에는 귀를 기울일 생각조차 하지 못함으로써 자신을 점차 공적사회로부터 고립되게 하였기 때문이다. 교회들은 그렇게 세상과 분리하고, 옛 신조와 그 전통을 사수하고 반복하는 일에만 매진해 왔던 것이다.

다만 한국교회의 사사화(私事化)는 서구교회와 조금 다른데 초기 선교사들이 '성경 중심적' 보수주의 신학과 신앙을 전한 경향[628]과 그로 인한 강요된 정교분리라는 선교 원칙을 내세운 것이나[629], 당시 일제 식민지 등의 상황으로 인한 민족적 불행이라는 현실의 여러 정황과 겹치기 때문이다.[630] 실제로 초기 한국교회사에 나타난 많은 부흥운동에는 세대주의적인 전천년설(Premillenialism)에 입각한 부흥사경회가 많았던 역사를 가지고 있고[631] 그 영향은 지금도 적잖이

---

628) 김경집, 눈먼 종교를 위한 인문학, (서울: 시공사, 2013), 335.
629) 이범성, 『일제하 한국 개신교회의 정치적 성과』, 195. 선교사들은 1901년 9월에 모인 장로회공의회를 통해 교회와 비정치화 중립을 천명하는 '교회와 정부 사이의 교제할 몇 가지 조건'을 발표하였다. 같은 책, 138-41.
630) 위의 책, 145.
631) 보수교단이었던 대한예수교 장로회 합동교단에서 권사로 섬기시다가 지금은 고인이 된 필자의 외할머니는 울산에서 대구 부흥회에 참석하기 위하여 며칠을 걸어오셨다는 일화나 처녀 때 요한계시록 전체를 암송하였다는 일화나 40일 금식기도를 두 번씩이나 가지신 일화 등을 보면 당대 종말론적인 부흥회가 얼마나 강했는지를 잘 보여준다.

이어지고 있다. 이에 대해 한국일은 서구교회는 크리스텐돔의 시대가 지나고 계몽주의와 근대화의 영향이 사사화의 직접적 영향이라면, 반면 한국교회는 거대 토착종교 안에서 소수자로서 가질 수밖에 없었던 교회중심주의가 지금의 사사화의 배경이 되었음을 지적하고 있다.[632]

이로써 부름이 신학교 가는 것과 동일한 것이 되고-소명의 축소-, 회심이 사회와의 단절의 과제가 되고-신앙 게토화-, 구원 참여가 탈역사, 탈정치, 탈문화를 뜻하는 것이 되며-구원의 피안-, 온 백성이 아니라 목회자 개인이 교회를 상징하고-교회론 축소-, 증언과 봉사가 주의 현존과 그 나라의 선취보다는 개교회 성장의 수단이 되고-증언의 축소-, 그리스도가 아닌 조직의 권위가 우선하게 되고-교회의 교권화-, 이데올로기가 말씀을 대치하며-말씀의 이념화-, 바알의 복이 하나님의 이름으로 선포되게-은총의 세속화- 되었다.

이 같은 이원화된 신앙의 위기와 사사화의 현실 앞에서, 교회는 진정 무엇부터 회복되어야 하는가? 복음의 본래적인 공공성(publicness)이 살아나려면 어떤 과제부터 시작되어야 하는가? 본 주제는 끊임없는 이런 질문 가운데 응답해야 했다. 따라서 교회 자신이 누구인가?부터 시작해야 했으며, 이로써 요한복음 17장을 통해서 교회 이해의 여덟 유형을 확보하였다. 이 유형에는 하나님의 백성들이 그 중심에 있으며, 이로써 성도들의 자기이해와 조금도 분리되지 않는다.

---

[632] 한국일, 『선교적 교회의 이론과 실제』, 339-45.

이러한 접근은 하나님의 백성들을 단지 교회의 사사화를 극복하기 위한 대항마가 아니라, 교회 자신에 대한 근원적 이해로 본 것이며, 그리스도의 몸으로서 일부[633]가 아니라 전부로 본 것이다. 또 이는 교회 사사화의 직접적인 피해자는 일명 성직자가 아니라 성도들 자신이라는 것이기도 한데, 그들은 왕 같은 제사장의 부름인 세상에서의 사도직을 상실한 현실 가운데 있는 당사자들이기 때문이다. 따라서 그들의 왕적 섬김의 회복에 교회의 사사화 극복이 달려 있으며, 이로써 필자는 교회의 진정한 과제를 한 백성의 부름을 고양시키는 차원과 거기서 발생되는 세움과 보냄에 있다고 보았다.

이는 바르트의 교의학에 나타나는 교회의 삼차원적 이해를 평신도 중심으로 구조화한 것으로써, 하나님의 백성들이 세상에서 그리스도의 디아코니아적 현존이요, 하나님 나라의 선취를 가질 수 있는 구조에 대한 것이다. 이 평신도 중심 구조는 '한 백성의 부름' 안에 긴장과 조화로써 발생되는 '유기적인 세움'과 '역동적인 파송'을 가능하게 하는 구조다. 이를 위하여 한 백성들에게 어떤 선언적 지위-만인제사장-를 부여하는 수준을 넘어, 그들이 실제로 몸담고 있는 세상에서 왕적 사역-증인과 디아코니아-을 가능하게 할 수 있는 구체적이고 현실적인 교회 구조를 확보하고자 한 것이다.

이로써 이 주제가 지향한 평신도 중심 교회의 구조는 세상을 단지 선교전략적 객체로 대상화 삼으려 했던 지난 선교 이해를 극복하고, 삼위 하나님의 사귐 안에 있는 한 백성의 교제 안으로 세상을

---

[633] 핸드릭 크래머는 평신도신학을 교회론의 일부가 되어야 한다고 주장하였는데, 엄밀히 말하면 성도 곧 하나님의 백성은 교회 자체이기에 교회론의 일부는 상당히 양보적인 시각이라 할 수 있다. Hendrik Kreamer, 『평신도신학』, 131

초청하는–함께 하는–교회의 구조를 지향하고자 했으며, 이를 위하여 한 백성을 교회 내적 섬김을 넘어 세상 한복판에서 증인과 봉사로서 살아가게 하는 데 교회의 신학적 구조를 소개하고자 하였다.

22 요약: 돌아보며

1. '부름'의 전망에서는 부름에 소외되지 않는 하나님의 '한 백성들'을 확인했다. 먼저는 시대적 상황의 부름, 곧 근대성(modernity)이 크리스텐돔의 향수에 빠져 있던 전통 교회에 공공성의 상실이라는 위기를 가져다주었지만, 동시에 교회로 하여금 보냄으로써의 자기 정체성을 일깨우도록 자극했고, 이로써 세상과 인간 이성에 자율성을 줌으로써, 전통 교회에서 항상 주변부에 위치했던 평신도들을 교회와 공공성의 주체로써 고양되게 했음을 살폈다.

다만 진정 하나님의 백성들을 고양시키고 부름의 중심이 되게 하는 일은 바깥의 자극만으로는 될 수 없고 신학적이고 성경적인 준거가 따라야 하기에, 교회유형론의 개괄적인 담론들과 함께 그동안 부분적으로만 시도되었던 요한복음 17장 전체를 통해 세상에 상응하는 교회의 여덟 유형들을 확보해 보았다. 이 작업은 리차드 니버(Richard Niebuhr)[634]나 애버리 댈러스(Avery Dulles), 래너드 스윗(Leonard Sweet)이 특정 구절에서 교회를 이해한 것과 차별성을 가진다. 이는 크리스토퍼 라이트(Christopher Wright)가 선교적 해석학

---

[634] Richard Niebuhr, 『그리스도와 문화』, 255. 그는 오직 '문화의 변혁자 그리스도'의 유형에만 요한복음 17장을 의지했다.

에 있어서 마치 일부만 선교적 본문인 것처럼 대하는 시도에 대해 비판한 것에서 자유롭지 못하며[635] 게다가 앞선 유형들에서는 세상의 관계성에서 교회가 무엇이냐(what)를 묻되, 교회 자신이 '누구인가?'(who)를 소홀히 했다면, 이 연구에서는 그 '교회'가 평신도 자신의 이해임을 분명히 했다. 본 연구는 요한복음 17장 전체의 전거로부터 교회의 여덟 유형을 확보한 첫 연구이다.

나아가 '에큐메니칼 선교 이해'가 가지는 평신도 이해의 확장을 살폈고, 더불어 회심과 구원이 초대교회에서는 사회적이고 운동성을 가졌음에도 콘스탄틴 이후 점차 의식-제도-화(儀式化) 되어 버린 과정을 역사적으로 살폈다. 이어서 지금까지 시도되지 못했던 출애굽의 구원이 가지는 시간의 세 차원-과거, 현재, 미래-을 확보함을 통해서 구원이 가지는 범주에 과거적이고-일명 원죄- 미래적인 구원-새 하늘과 새 땅-만이 아니라 현실 사회를 포괄하는 공적인 차원이 있음을 확인하고자 했다. 나아가 사회적 정의와 인간 해방이 구원 역사와 분리될 수 없는 단일성을 가짐을 여러 신학적 담론과 함께 성경적 전거로 확인하였다. 이는 성도가 가지는 사회적 차원이 하나님의 나라와 멀지 않음을 분명하게 밝히고자 한 것이다.(막 12:33,34)

2. 세움의 전망에서는 어원적 고찰을 통해 평신도 이해를 보았는데, 특히 구약에서는 제사장 그룹에 속한 약속들-분깃, 기업, 소유-[636] 이 실제는 온 백성에게 공유되어 있을 뿐만 아니라 만민까지

---

[635] Christopher Wright, 『하나님의 선교』, 24.
[636] '**분깃**'(חֵלֶק, 헬레크), '**기업**'(נַחֲלָה 나할라), '**소유**'(סְגֻלָּה 세굴라)

확장됨을 봄으로써, 성직의 보편성이 신약 이후에 발생된 것이 아니라 전 성경에 이미 본래적으로 주어져 있는 것임을 확인하고자 했다.

반면 주변인과 소자의 지위 역시 하나님 백성의 자기이해의 핵심이 되며, 이 같은 소자로서의 공동체성을 더욱 깊게 성원하는 것은 가난한 자로서의 인식인데, 이는 신구약에 걸쳐서 소자의 구체적인 자리는 가난한 자의 현실이었으며, 이 '가난한 자'가 아니고는 하나님의 나라가 약속되지 않았기 때문이다. 이로써 소자의 중심에 있는 평신도가 가질 응답과 확장성을 고양시키고자 하였다. 하나님의 나라는 주류에 편승하기보다 저들의 탄원과 겨자씨 같은 심히 작은 것에서 오기 때문이다.

이를 위하여 구티에레즈가 이해한 복음적 가난의 협소한 이해-영성적,투신적 가난-에 확장을 요청했는데, 이는 구약의 '아나우'(עָנָו)나 신약의 '프토코스'(πτωχός)에게 '하나님의 나라'가 주어지는 것은 그들의 겸양 때문이 아니라 그들의 현실이 그 나라를 침노했기 때문이며, 따라서 청빈-물질-으로써의 가난이 교회의 피할 수 없는 과제임을 밝히고, 이로써 '가난한 교회'로서의 자기이해가 교회의 본질임을 나타내고자 했다.

나아가 현 '평신도신학'의 방향이 교역자의 역할 축소에 다소 초점이 있었다면, 여기서는 두 직분의 긴장과 조화의 측면이 오히려 한 백성의 왕 같은 지위를 강화하는 것임을 보았다. 이를 위하여 바울의 교회론은 '은사 공동체'(고전 12장)에 머물지 않고, 그 다양성을 포용할 수 있는 '사랑 공동체'(13장)를 요청하였고, 나아가 이 모든 것을 담아내는 질서로써 '덕 공동체'(14장)를 요청했음을 살폈다. 이는 지금까지 평신도신학의 교회론에 있어 '은사 공동체'만으로서의 강한 귀결에 대해 문제 제기를 가지면서도, 다시 성직주의로 회귀하지 않은 긴장을 가진 것이다.

또한 '사도적 계승'이나 성만찬의 제의적 성격 역시 교회의 단절의 과제가 아니라, 오히려 성도의 왕 같은 제사장을 돕는 구조임을 확인했다. 이는 제사장 그룹이나 사도들의 지위가 온 백성이 세상에서 가질 왕 같은 제사장의 본의 역할을 하기 때문이다. 따라서 한 백성의 왕 같은 제사장은 과거와 단절된 새로운 직분이 아니라, 오히려 강하게 '연속된' 직분임을 증명하고자 했다. 함께 오해된 여성 리더십의 문제를 바로잡고자 하였다.

3. 보냄의 전망에서는 바르트의 교회의 삼차원적 이해인 부름–세움–보냄을 '평신도 중심의 교회구조'로써 구체화하였다. 특징적인 것은 이 세 구조를 위계나 획일적인 단계로 보지 않았다는 데 있다. 곧 먼저 불가시적 구조라 할 수 있는 '한 백성으로서의 교회'–부름–는 그리스도의 몸을 뜻하기에 다른 두 구조에 선재하는 핵심 구조이며, 따라서 이어지는 '세움'과 '보냄'의 교회는 다음의 단계라기보다는 '한 백성의 교회'가 삼위의 보냄에 참여할 때 가지는 '가시적 두 양태'임을 나타내었다.

이로써 평신도 중심의 교회는 '모이는 교회'–목회적 리더십–가 '보내는 교회'–성도의 리더십–에 대해 위계가 되지 않는 이 둘에 앞서는 '한몸의 교회'–한 부름–를 확보하고 있다. 이 구조에는 그리스도의 몸(Body of Christ)의 교제와 일치가 세움과 보냄이라는 자기이해에 우선하며, 그럴 때 비로소 '바르게' 모이고 '바르게' 흩어지는 교회가 가능하기 때문이다. '모이고', '흩어지는' 교회라는 두 구조뿐일 때에는 은폐된 가부장적 위계가 있음을 밝힘으로써, 이원화된 구조의 한계를 극복하고자 하였다.

또한 성도의 구비를 위하여 '의식화'의 필요성을 제기하고, 이를 위하여 평신도 중심의 성경 번역을 요청하였는데, 이는 현재의 번역이 종교성에 치우진 경향이 있어서 신앙의 왜소화—내면화, 영성화—의 문제를 가짐을 밝힌 것이다. 나아가 그리스도의 삼중직이 그리스도를 통해서는 어떻게 성공하고 이스라엘에는 실패할 수밖에 없었는지를 밝힘으로써 평신도 중심 구조의 교회에서는 그 간격이 어떻게 극복될 수 있는지를 새롭게 제시하였다.

끝으로 모이는 교회와 흩어지는 교회의 두 기능을 '선교적 교회'(Missional church)와 '기독시민'으로서 전망하였으며, 이를 위하여 선교적 회중의 리더십을 도울 양식으로 소그룹의 구체적인 제언들과 '성경적 비전 코칭'의 모델 제시를 하였고, 기독시민의 과제를 위하여 창조질서 보전(JPIC)의 여러 담론들을 조망하고, 나아가 잘못 이해된 성경적 전거를 새롭게 조망함으로써 기독시민이 가질 응답성을 사회를 넘어 온 생태적 차원을 품어야 함을 보았는데, 이로써 하나님 나라의 새로운 통치와 현실 곧 하나님의 화해가 오늘 우리의 과제임을 확인하고자 하였다.

이상으로 평신도 중심 교회의 신학적 구조는 교회 내적 변혁의 구조를 넘어온 피조세계가 갈망하는 왕 같은 제사장의 출현(롬 8:19)을 가능하게 하는 교회의 구조이길 희망하면서, 이를 구체화할 다음의 네 가지를 제언하고자 한다.

㉓ 제언: 부름-세움-보냄의 전망에서

1 부름: '한 백성의 쉼과 교제로의 양식'을 위한 제언

교회의 두 운동성 곧 모이고 흩어지는 교회로서의 균형은 결국 한 백성의 친교인 그리스도의 몸을 회복하는 것부터 시작될 수 있다. 그렇다면 '한 백성의 교제'를 보다 분명히 보여줄 수 있는 교회의 양식들이 요청된다. 곧 '쉼과 축제로서의 주일-예배-'을[637] 어떻게 구체화할 수 있을까? 또한 이를 뒷받침할 성경적 전거를 확보하는 과제 역시 요구된다.(예로써 신 14:26; 16:10,11; 26:10,11; 느 8:9~12 등) 나아가 그 형태는 '창조질서 보전에 참여하는 예배'[638]도 가능할 것이다. 곧 쉼과 교제의 범주를 넓혀 자연과 더불어 또는 돌봄으로 참여하는 예배를 생각할 수 있다.

특히 주님의 '개방된 식탁 공동체'가 보여줌과 같이[639], 쉼과 교제는 식탁 공동체를 통해 담보될 수 있을 것인데, 그렇다면 성만찬의 보다 구체적인 양식의 확장-다양성-이 요청된다고 할 수 있다. 성만찬이 어떻게 하면 한 백성의 교제를 북돋우게(encourage) 함으로써 세상에서도 왕 같은 제사장이 되어 같은 식사 공동체를 이어가게 할

---

[637] Miroslav. Volf, 『행동하는 기독교』, 98.
[638] 녹색교회는 창조보전과 회복을 지향하는 교회인데 이 교회의 생명자연생태위원회에서는 1) 놀며 배우는 자연학교, 2) 신나는 겨울 놀이학교, 3) 사람과 자연을 살리는 생태자연도서관, 4) 로컬 푸드 착한 살림, 5) 주말 농장, 6) 노아 공방, 7) 황토 사랑방 카페, 8) 생태문화축제 등을 시도하고 있다. 이로써 하나님이 주신 자연 속에서의 조화를 추구하는 교회와 예배가 자연스럽게 형성되고 있다는 사실이다. 조성돈, 정재영 외 2인, 『세상을 사는 그리스도인』: 그리스도인의 사회적 책임과 건강한 교회를 세우는 12주 신앙 공동체 훈련, (서울: 일상과 초월, 2013), 67-68.
[639] 문혜정, 『섬김, 마음을 여는 선교』, 55

수 있느냐이다. 이는 앞서 회심의 성경적 전거에서도 본 것처럼 구원의 기쁨에는 이웃을 불러 함께 먹고 마시는 잔치로 이어짐과 같다. 이는 초대교회 역시 떡을 떼는 식탁 공동체이면서 그 행위에는 세상과의 화해-구원-로 확장되었기 때문이다.

> 날마다 마음을 같이하여 성전에 모이기를 힘쓰고 집에서 **떡을 떼며** 기쁨과 순전한 마음으로 **음식을 먹고** 하나님을 찬미하며 또 온 백성에게 칭송을 받으니 주께서 **구원 받는 사람을 날마다 더하게** 하시니라. (행 2:46,47)

곧 오늘의 교회는 공예배 내의 엄숙한 제의 그 이상으로써의 성만찬이 요구되는 것이다. 톰 라이트는 예수님의 식사에는 '희생제사'와 '잔치'와 '감사'가 모두 들어 있으며 잔치를 그 유일한 희생제사 참여하는 방식으로 보고 있다.[640] 그는 성찬[641]이 '과거의 기념'에 참여하는 것을 넘어 '미래적 성격'에 주목하는데, 광야교회가 파송한 열두 정탐꾼이 가져온 포도송이가 그들의 희망의 미래를 제시하듯

---

640) Wright, Nicholas Thomas. The Meal Jesus Gave Us, 『성찬이란 무엇인가』, (서울: IVF, 2011), 72-74.
641) 톰 라이트는 성찬의 네 명칭을 정리하는데 첫째, '떡을 떼기', 둘째, '나눔'(the sharing)으로써 헬라어로 '코이노니아'(koinonia)이며 '친교'(communion)로 번역되기도 한다. 셋째, '감사의 식사'(the thank-you meal)로써 '감사합니다'는 헬라어로 '유카리스토'(*eucharisto*)이며 이 '유카리스토'가 대중적으로 흔히 사용된다. 넷째, '주님의 식사'(the Lord's Meal), 혹은 '주의 만찬'(the Lord's Supper)이며, 다섯째는 집례자가 마지막에 '자 이제 끝났으니 세상으로 가십시오'라는 했던 말로써 라틴어로 '이테 미사 에스트(ite missa est)이다. 이상 이 표현들을 볼 때 성찬은 하나의 잔치와 상관됨을 볼 수 있다. 위의 책, 54-56.

이, 주님의 식사에 있는 먹고 마심이 그런 방향성을 가진다는 것이다.[642] 반면 박종환은 성찬의 기억(아남네시스, Anamnesis)이 가지는 '현재적 성격'을 말하는데 "과거의 사건을 하나님 앞에서 재현함으로써 그 사건이 지금 여기에서 효력을 발하게 하는 것"에 주목하고 있다.[643] 이처럼 성찬은 주님의 희생에 대한 기념-과거-이면서 현재와 미래를 담보하는 희망적인 축제의 성격을 가진다.

그렇다면 초대교회가 '집에서 떡을 떼었고'(행 2:16), 정교회 세계 총대 주교 바르톨로메오스가 피조세계는 '창조주와의 만남과 친교의 장'이라 함과 같이[644], 나아가 톰 라이트가 '창조세계와 성례전적 삶'을 통해서 피조물을 신앙생활과 연결시키는 위험보다 그렇지 않는 것이 더 위험하다고 경고하고 있음과 같이[645], 오늘의 교회는 성도들이 '세상 안에서 왕 같은 제사장으로서 성찬에 참여할 구조'는 어디까지 가능할지를 물어야 하고, 또 교회 내의 성찬이라 할지라도 공 예배에 한정된 성찬만이 아닌 예배 후의 식탁 공동체에서 주님의 만찬이 가능할지를 물어야 할 것이다. 이상과 같이 예배나 성찬에서 잔치적인 성격을 담보하게 될 때, 이는 예배 후의 예배로써 세상에서의 교제 공동체를 가능하게 하는 보다 도전적이고 역동적인 한 백성의 보냄을 기대하게 할 것이다.

---

[642] 위의 책, 75-81.
[643] 박종환, 『예배 미학: 인간의 몸, 하나님의 아름다움』, 100.
[644] Bartholomew, *Encountering the Mystery: Understanding Orthodox Christianity Today*, 박노양 역, 『신비와의 만남』, (서울: 정교회출판사, 2019), 133.
[645] 위의 책, 102. 참고로 톰 라이트는 성찬의 집례는 연합의 상징적 존재여야 하기에 교회라면 성직자 서임을 받은 사람이어야 하며, 나아가 성찬의 참여에 어린이들도 받아야 할 권리가 있다고 강력하게 요청하고 있다. Wright, Nicholas Thomas. 『성찬이란 무엇인가』, 108.

2 세움: '이상적인 소그룹 양식'과 '신학적 의식화'를 위한 제언

오늘날 대부분의 교회가 가지는 대예배 지향구조에는 한 백성의 진정한 교제(Koinonia)나 세움을 위한 의식화 구조가 기대되기 힘들다. 그동안 회중구조인 소그룹이 시도되긴 했지만 주로 셀 확장을 통한 교회성장에 지향점이 있었다. 그러나 소그룹의 핵심가치가 외형적 팽창만일 수 없다. 따라서 이제는 '회중의 리더십 증식'(leadership multiplication)과 '공동체성의 회복'의 관점에서 '소그룹 지향적인 목회 구조'가 요청된다. 구체적인 양식과 내용이 평신도 중심의 교회에 요구되는 것이다.

소그룹은 회중의 상상력을 자극하고 자신들 안에 부어져 있는 은사의 역동성을 발견하게 하는 구조이며, 어느 누구도 소외됨 없이 회중 모두가 주체로서 참여할 수 있다는 점에서 평신도 중심 교회의 구조로서 핵심 위치를 가질 수 있다. 다만 어떤 소그룹인가? 그 안에서 무엇이 기대될 수 있는가는 피할 수 없는 물음이다. 소그룹 사역자 백은실은 소그룹을 소중한 생명의 산실이요, 생명이 자라나는 따뜻한 요람이며, 기다림으로 열리는 보고이고, 치유와 회복이 일어나는 종합병원이라 정의하고 있음과 같이, 소그룹은 서로 후견인이 되며 소속감을 증대시킬 수 있는 구조다. 이로써 상호 책임의식과 모험과 경험과 상승작용이 일어나며, 여러 도전을 회중 스스로 극복하는 과정들을 통해 섬김의 리더십이 고양될 수 있는 구조인 것이다.[646] 따라서 평신도 중심 구조를 돕는 소그룹의 기본양식 몇 가지를 제언해 보고자 하는데, 곧 텍스트(text) 중심과 콘텍스트

---

646) 백은실,『샬롬 소그룹』, (서울: 두란노, 2012), 16-23.

(context) 중심, 그리고 공동체적 성경 읽기 소그룹이다.

이 세 양식은 강조점이 다를 뿐 모두가 말씀 중심의 소그룹인데 하나님의 말씀을 공동으로 듣고-보고- 이야기하고 해석하는 데 있다. 이 특징은 말씀을 개인의 삶과 사회적인 상황과 관련하여 구체적으로 해석을 가진다는 데 있으며, 이로써 자기 상황을 보다 도전적으로 변화시키는 데 있다.[647] 곧 삶 나눔 위주의 소그룹은 지속성을 기대하기 힘들지만, 말씀 중심의 소그룹은 삼위의 부름, 세움, 보냄을 조화롭게 경험할 수 있어서 회중의 사도직-보냄-이 담보된다. 첫 양식은 본문(text) 중심의 '귀납적 성경 읽기'인데, 여기에는 '성경발견학습법'(Discover Bible Method)이라는 네 단계로 구성된 점진적 질문법이 중요하다. 도입질문(Opening Share Question, ice-breaking), 관찰질문(factual observation question), 해석질문(interpretation question), 적용질문(low-key application question)으로 구성된다.[648] 여기에는 '예, 아니오'의 '폐쇄적인 질문'이나 빠른 답을 요구하는 '직선적인 질문'을 피하고 인격적이며 열린 질문을 유도함으로써 본래적인 메시지를 찾아가게 하는 장점이 있다.[649]

다음 양식은 '상황'(context) 곧 '아래로부터-또는 가난한 사람의 눈으로- 성경 읽기'[650]인데, 이 특징은 밑에서 바라보는 신학이며,

---

[647] 이제민, 『교회는 누구인가』, 271.
[648] Deb Fennema, *Coffee Break Evangelism Manual with Director's Handbook*, 전지현 역, 『커피 브레이크 성경공부 안내서』 (서울: 도서출판 커피브레이크, 2008), 77-79.
[649] 백은실, 『샬롬 소그룹』, 94-97.
[650] 가난한 자의 눈으로-아래로부터- 성경 읽기는 다음의 특징을 가진다. 첫째, 설명보다는 실행의 순간을 우선시한다. 과거의 초점에서 현실이 삶에서의 문제로 방향 전환을 가진다. 둘째, 텍스트 자체가 가지고 있는 변혁적 에너지를

약자의 입장에서 성서 뒤집어 읽기[651]와 교리의 예수가 아닌 현장의 예수를 발견하게 하고[652], 인문학적 또는 사회학적 성서 읽기라는 성격을 가진다. 해석자가 일방적인 답을 들려주는 것이 아니라 모두가 함께 각자의 상황에서 읽음으로써 다양한 시각의 해석을 기대할 수 있다. 전통적인 획일화된 시각에서 벗어나게끔 하는 장점을 가진다.

끝으로 '공동체가 함께하는 성경 읽기'인데, 이는 아나뱁티스트의 성서해석학이기도 하다. 고립된 개인주의적 성경 읽기를 거절하고 모든 성도가 성서를 읽고 해석하는 권리를 우선하며, 반면 정통적 권위 앞에 개인적인 해석의 권리가 박탈당하는 것 역시 경계함으로써 '오직 성서'(sola scriptura)의 권위 앞에 교회마저도 순종해야 한다는 견지이다. 반면 종교개혁자들의 '오직 성서'를 내세워, 정치적 권

발견하고 회복하려 한다. 개인과 사회의 변화와 변혁에 성경 읽기의 목적이 있다. 셋째, 성서적 메시지의 사회적 상황을 강조한다. 곧 본문의 사회적 상황으로부터 읽기를 출발시킴으로써 문자를 넘어서는 오늘 우리의 사회적 상황에서 살아있는 읽기를 하고자 하는 것이다. 홍인식의 『해방신학 이야기』, 269-70.

[651] 한 예를 보여주는데 우물가에서 주님을 만난 사마리아 여인은 부정한 여인이 아니며 고난의 환경 속에서도 늘 진리에 목말라하던 여인이라는 것이다. 왜냐면 전통적인 해석은 그 여인이 당면한 사회적 구조에서 받게 될 피해자의 입장을 전혀 고려하지 않은 채 그를 정죄해 왔기 때문이다. 위의 책, 109-17.

[652] 평신도신학을 대중화시킨 폴 스티븐스는 욥과 달리 그 친구들에 대한 하나님의 책망을 다음과 같은 사유로 본다. 욥은 하나님에 대해 말할 때 '아래로부터' 곧 자신의 탄식에서 출발한 기도의 언어로 하나님을 이야기했다면, 그 친구들은 '위로부터' 곧 전적으로 예측 가능하며 시대적으로 적절한 방식을 따라 '하나님에 대해서' 정형화해서 말했기 때문이라는 것이다. 결론적으로 저들은 하나님을 딱딱한 교리에 한정해 사유의 대상으로 만들어 버렸지만, 이것은 하나님에 대한 바른 이해가 될 수 없다는 것이다. R. Paul Stevens, *Work Matters: lessons from scripture*, 『일의 신학』, (서울: CPU, 2014), 147.

위가 성서 해석을 억제하는 것 역시 경계한다. 이 특징은 신학적 전문성과 학문성에 의지되거나 특정 계층의 해석에 자유한다는 데 있다. 이로써 계급적 교회의 모형을 공동체적 모형으로 대체하게 하고, 개인 해석의 권리를 공동체 안에서 교제하는 가운데 사용함으로써 균형을 맞추게 한다.[653] 비슷하게 밴 갤더와 샤일리도 선교적 상상(missional imagination)의 중요성을 제시하면서, 이를 위해 '공동체 안에서 성경 읽는 방법'[654]을 제시하였는데, 이 장점은 전문가 중심의 성경 해석 방식을 방지함으로써 상상력을 자극하고 서로 경청하는 태도를 고양시키는 데 있다.[655] 또한 여기서 타이센이 제시한 것처럼 '디아코니적 성경 읽기'[656]를 시도할 수 있다.

이상으로 평신도 중심 구조에서 기대하는 소그룹은 이 세 양식 가운데 하나가 아니다. 이 세 양식은 서로 잘 보완될 수 있으며, 이미 한 양식에서 다른 양식의 장점을 포용하고 있다고도 할 수도 있다. 곧 첫 양식인 본문 중심의 성경 읽기는 선교적 회중의 선교적

---

[653] Stuart, Murray, 『아나뱁티스트 성서해석학』, 223-26.
[654] 공동체 안에서 성경 읽는 방법은 먼저 짧은 성경 구절을 큰 소리로 읽는 것으로 시작되며, 성경이 읽혀지는 동안 사람들은 그들의 상상이 본문과 연결되는(was caught) 곳에 귀를 기울인다. 그런 뒤에 참여자끼리 둘씩 짝을 지어 자신이 들은 바를 서로 나누는 데 있으며, 단위가 클 경우 경청하는데 더 비중을 둔다. Craig Van Gelder and Dwight J. Zscheile, 『선교적 교회론의 동향과 발전』, 280
[655] 위의 책, 280-81.
[656] 디아코니적 성경 읽기란 성서 본문의 빛에서 현재의 돕는 행위의 동기와 형식을 심사하고, 거꾸로 현재의 물음의 빛 안에서 성서를 해석하는 것이다. 타이센은 선한 사마리아의 비유에서 이 두 관점을 시도하였다. Gerd, Teissen. "성서, 디아코니적으로 읽기: 돕는 행위에 대한 정당성의 위기와 선한 사마리아인", 이범성 역, 『디아코니아학』, 98-129.

상상력의 원천이 되는데, 이 양식 역시 각자가 처한 상황을 떠나서 본문을 읽을 수 없기에, 거기에는 아래로부터의 성경 읽기가 함께 이루어지며, 또 서로 함께 읽는다는 점에서 공동체적이다. 따라서 각 양식의 장점과 특색을 살리면서 상황에 따라 서로 다른 읽기를 도전할 수 있을 것이다. 이로써, 공동체적 성경 읽기 소그룹이 평신도 중심 구조에 핵심적인 틀이 되기를 전망-제언-해 본다.

다음 과제로써 성도의 진정한 의식화를 돕는 것은 '현장의 예수'만이 아니라 '교리의 예수'에 있기도 하다. 곧 하나님의 말씀을 아래로 읽는 것만으로는 지난 2000년간 신학적 유산으로부터 괴리되는 문제가 있다. 미로슬라브 볼프가 지적하는 것처럼 행동하는 믿음이 바른 회귀를 가지려면 바른 상승의 자리 또한 중요하다 한 것과 같다. 그런 연유로 '평신도에 의한 신학'만이 아니라 '평신도를 위한 신학'의 자리가 요구된다. 폴 스티븐스(R. Paul Stevens)는 평신도 양성에 관한 저서들이 출간되지 않았음을 지적하면서, 신학교육은 모든 사람에게 열려있어야 하며, 평신도들을 위한 말씀 묵상이나 구체적 실천을 위한 영성 개발이 이루어져야 한다고 주장하였음과 같다.[657]

이 같은 요청 앞에 한국교회는 지난날 목회자 양성을 위한 신학에만 주력하였다면, 이제는 공정광장에 기독시민으로 보내어져야 할 평신도를 위한 신학을 나눔에 주력해야 한다. 그 구체적인 방안이 절실하다. 그렇지 않을 때 한 백성의 섬김은 교회 내에 머물게 될 가능성이 크기 때문이다. 보다 적극적이고 구체적인 평신도신학의 자리에 대한 신학계와 한국교회의 응답이 요구되는 것이다.

---

[657] R. Paul Stevens and Phil Collins. *The Equipping Pastor*, 최기숙 역, 『평신도를 세우는 목회자』, (서울: 미션월드, 1997), 227-29.

김동건은 시대의 보편적 가치와 다원성이 주는 위기 앞에서 신학자와 목회자만으로 해결할 수 없으며, 다양한 전공을 가진 평신도의 신학적 참여가 필수적이라고 주장하면서 앞으로 기독교의 미래는 창의적이고, 열정적이며, 전문성을 가진 평신도신학자의 참여에 달려 있다고 보았다. 이를 위해 100만 평신도신학자 양성의 필요성을 요청하고 있다.[658] 이처럼 평신도에 의한 신학의 출발점은 평신도를 위한 신학자와 목회자의 훈련이라는 과제가 요구된다. 먼저는 이들의 훈련을 도울 서적[659]이 필요하고 나아가 신학 세미나를 공유할 수 있는 신학교나 신학연구소의 신학 커리큘럼이 요구된다.

3 보냄: '평화통일'과 '창조질서 보전'을 위한 제언

현대신학의 담론에서 '구원역사'와 '인간역사'는 상호 밀접한 관계를 가진다. 앞서 본 것처럼 구티에레스가 강조한 '역사의 단일성'이 오늘의 흐름이다. 사회적 실재와 하나님의 나라가 같은 것은 아니지만, 그렇다 하여 종말론적 성취가 역사적 구체성을 떠나 있는 것으로만 여겨질 수 없으며, 이로써 이웃과 땅 아래를 향한 정의, 평화, 창조보전을 위한 노력은 하나님 나라를 위한 노력과 먼 것이 아

---

658) 김동건, 『김동건의 신학이야기』, (서울: 대한기독교서회, 2014), 315-17.
659) 김동건은 일찍이 목회자와 평신도신학훈련을 위한 도서를 집필하여 왔다. 『현대인을 위한 신학강의: 12개의 주제』, 『신학이 있는 묵상』 1,2,3,4,5편, 국민일보에 52주 연재되었던 평신도 조직신학 교재 『김동건의 신학이야기: 모든 사람』 등이 있다. 최근에는 2019년 세종도서 학술우수도서로 선정된 『그리스도론의 역사』, 영미에서 출간하고 국내에서 번역한 『그리스도론의 미래』 등이 있다. 그 외 평신도 훈련 교재로는 조성돈 외 4인 『세상을 사는 그리스도인』의 그리스도인의 사회적 책임과 건강한 교회를 세우기 위한 '12주 신앙공동체훈련' 교재가 있다.

닌 것이다.(막 12:33,34) 곧 현세적 진보와 그 나라의 도래를 혼동하는 위험만큼이나 창조세계를 위한 평화와 돌봄의 참여를 하나님의 나라와 상관없는 것으로 여김도 마찬가지로 치명적이다. 왜냐면 하나님의 나라는 우리를 떠나서 저 바깥으로부터만 임하는 어떤 실체만은 아니기 때문이다.(눅 17:20,21) 따라서 하나님 나라의 시민(빌 3:20)은 역사적 과제 앞에 응답할 기독시민이기도 해야 한다. 따라서 여기서는 기독시민으로서 응답해야 할 두 과제를 제언하고자 한다.

먼저 우리가 처한 한국적 상황에서 유일한 분단국가라는 민족적 과제를 외면할 수 없다. 통일의 문제나 탈북민 등 한민족 사회의 가장 큰 숙원 사업 앞에 교회는 어떤 준비를 해야 할까? 이범성은 '정치적, 경제적, 사회적' 세 과제를 제시한다. 먼저 정치적 과제란 한국교회의 민족통일 논의는 흑백논리로 일관된 정치문제였고, 이를 극복하려는 1988년 NCCK(The National Council of Churches in Korea)의 '민족의 통일과 평화에 대한 한국기독교 선언'도 한국교회 민족통일에 대한 정치적 참여의 일환이었다는 것이다. 곧 정교분리가 크리스텐돔의 세계에서는 중요한 과제일 수 있지만, 보편적 세계에서는 신앙의 공적차원 중 하나인 정치적 현안-과제-을 외면해서는 안 되기 때문이다. 또 경제적 과제란 남북 빈부격차 문제로 인해 정치성에서 경제성으로 확장된 것으로, 기독교회와 민간차원의 경제원조와 각종 봉사활동에 대한 차원이며, 사회적 과제란 독일이나 예멘의 민족통일에서 얻은 교훈으로서, 통일의 핵심과제는 정치나 경제적 요인만이 아니라 사회적 갈등과 괴리의 극복이 절실한 것임을 인식한 데 따른 것이다.[660] 따라서 통일의 과제는 적어도 이 세 차원이 요구되며, 한국교회는 이상의 과제를 너무 늦지 않도록 지금부터라도 조금씩 준비해야 할 것이다.

그렇다면 과연 구체적인 응답을 오늘 교회는 어떻게 가질 수 있을까? 앞서 회심의 과제에서 살핀 것처럼 '신앙의 인간'은 '사회적, 문화적, 정치적 인간'이며 '자연적 인간'이기도 하다. 그 간격을 허용하지 않는 것이 바른 신앙의 자리요 한 백성의 자리라면, 이는 당연하게 민족적 분단의 과제 앞에 한 백성은 정치적이요 그렇게 경제적이며 사회적 인간이 되어 민족적 화해와 통일의 과제에 헌신해야 하는 것이다. 이데올로기의 차이를 앞세워 분단의 현실에 눈 감아서 안 되며, 통일 비용에 대한 경제적 부담 때문에 민족적 염원에 침묵할 수 없으며, 점점 벌어지는 사회적 동질성에 대해 심각성을 인지하지 못한 채 그렇게 우리만의 자유를 말할 수 없는 것이다.

그런 차원에서 기독시민으로서 섬길 영역에 민족의 분단에 대한 과제를 포함해야 하며, 그 구체적인 준비와 대비를 갖추어야 한다. 또한 문화나 언어의 장벽을 다스릴 학술적 차원의 시민모임이 필요하고, 탈북자의 지원과 연대 그들로부터의 배움 그리고 북한 동포의 건강과 북한의 생태환경 보전과 회복을 위한 교류도 준비해야 한다. 함께 남북 갈등에 앞서 만연해 있는 우리 사회의 이데올로기적 분열부터 해소하는 노력도 요구된다. 민족 분단이라는 과제 앞에서 정치성향에 따른 대립 구도의 시민단체가 아니라, 하나님 나라와 그리스도의 현존을 추구함으로써 양극화와 분열과 대결 구도를 치

---

660) 이범성 외. 『통일 사회통합 하나님 나라』 (서울: 대한기독교서회, 2010), 42.

유하고 회복할 순수한 기독 시민단체의 발현이 중요한 것이다. 교회는 이 과제를 언제까지 미룰 수 없으며 민족적 과제를 인식하는 기독시민의 양성과 시민단체의 연대와 지원을 앞장서야 할 것이다.

다음은 오늘날 기후변화에 따른 환경문제를 간과할 수 없다. 곧 기독시민이 핵심적으로 참여할 과제는 창조질서 보전(JPIC)의 과제이다. 이는 '구원'과 '역사'가 단일성을 가지는 것처럼, '구원'과 '창조' 역시 현대신학의 담론에서 같은 위치를 가진다. 구티에레즈가 창조를 '구원의 시작'으로, 구원을 '재창조'이자 '창조의 완성'으로 이해한 것처럼[661] 몰트만은 창조를 '원 창조'(creatio originalis) - '계속되는 창조'(creatio continua) - '새 창조'(nova creatio)라는 삼중적 이해를 가지는데, 이 창조이해 역시 삼위 하나님의 구원역사와 맞물려 있기에 창조세계와 구원역사는 여기서도 긴밀한 상호성을 가진다. 특히 '계속되는 창조'는 창조세계에 대한 '보전과 유지'라는 활동을 담지하는데[662] 그렇다면 하나님의 백성이요 기독시민으로 가지는 이 창조세계에 대한 돌봄의 참여는 하나님의 구원-신앙의 여정-에 대한 참여와 분리될 수 없는 당위성을 가진다고 할 수 있다.

다만 여기서 생각될 것은 단순한 자연보호 이상의 심각성과 긴급성이 생태 환경 문제에 숨겨져 있음을 인지하고 참여함이며, 기후변화에 따른 기후 난민의 문제와 문명의 이기를 누리는 이들의 책임성 부각뿐만 아니라 원자력 발전으로 인한 핵 위기와 온난화 등의 당면한 과제들과 해법들에 대한 다양한 접근과 대안이 기독교적 관점에서 제시되어야 한다는 점이다. 또한 개발로 인한 생태의 파

---

[661] Gustavo Gutierrez. 『해방신학』, 171-80.
[662] 김동건, 『그리스도론의 미래』, 105-07.

괴와 함께 책임성에 대한 교육으로 이웃의 삶에 대한 관심과 주의를 요청할 수 있을 것이다.[663] 아담인 우리는 자신의 기원이 땅에서 나옴을 알고(창 2:7; 3:19,23) 땅과 자신을 분리하여 대상화하려는 태도들로부터 자신을 지켜야 할 과제가 있는 것이다.

이상으로 부름-세움-보냄에 대한 제언을 교회 앞에 제시해 보았다. 어떤 부분은 개념적 모호성을 가질 수 있고 어떤 부분은 구체성이 충분하지 않을 수 있을 것이다. 다만 그럼에도 작은 내디딤과 그 시작에 일말의 도전이 된다면 그 나머지에 대한 것은 '내일이' 맡아줄 것(마 6:34)이라 확신하며 글을 마친다. 한국교회의 회복을 갈망하며….

---

[663] EKD, 「디아코니아 신학과 실천-개신교 백서」 홍주민 역, p. 12. 이동규, "기독교대한감리회 사회신경(1997년)에 대한 디아코니아 신학적 이해"(Theological Understanding of Diakonia in the Korea Methodist Church Social Creed), (실천신학대학원대학교, 2017), 80쪽에서 재인용.

참고문헌

1. 한국서적

고재식.『해방신학의 재조명』, 서울: 사계절출판사, 1986.
김경집,『눈먼 종교를 위한 인문학』, 서울: 시공사, 2013.
김동건.『그리스도론의 역사』, 서울: 대한기독교서회, 2018.
_____.『그리스도론의 미래』, 서울: 대한기독교서회. 2020.
_____.『김동건의 신학이야기』, 서울: 대한기독교서회, 2014.
_____.『신학이 있는 묵상 4』, 서울: 대한기독교서회, 2011.
_____.『현대신학의 흐름』, 서울: 대한기독교서회. 2008.
_____.『예수, 선포와 독특성』, 서울: 대한기독교서회. 2018.
김옥순.『디아코니아 입문』, 서울: 한들출판사, 2010.
김선영,『믿음과 사랑의 신학자 루터』, 서울: 대한기독교서회, 2014.
김용성,『하나님 이성의 법정에 서다』서울: 한들출판사, 2010.
김은수.『현대선교의 흐름과 주제』, 서울: 대한기독교서회, 2004.
김종만,『틱낫한과 하나님: 불교와 그리스도교의 만남』, 서울: 열린서원: 2020.
김치영.『하나님의 어린양』, 대구: 만인사, 2010.
김향주 편저.『교회사적으로 엮어낸 신앙고백집』, 서울: 엘맨출판사, 2019.
김춘호.『라틴아메리카 해방신학』, 경북: 분도출판사, 1990.
문혜정,『섬김, 마음을 여는 선교』, 서울: 앵커출판&미디어, 2021.
박근원.『오늘의 교역론』, 서울: 대한기독교서회, 2004.
박원호,『우리가 하나님의 나라를 몰랐다』, 서울: 두란노, 2015.
박종환,『예배 미학: 인간의 몸, 하나님의 아름다움』, 서울: 동연, 2014.
_____, "하나님 나라와 예배",『하나님 나라를 목회하라: 하나님 나라 목회의 이론과 실제』, 서울: 드림북, 2019.
백용기. "평신도신학으로서 디아코니아".『신학사상』164집 201 봄호.
백은실,『샬롬 소그룹』, 서울: 두란노, 2012.
안병무.『사회학적 성서 해석』, 서울: 한국신학연구소, 1983.
은준관.『신학적 교회론』, 서울: 한들출판사, 2013.
은준관.『실천적 교회론』, 서울: 한들출판사, 2013.
윤철호. "공적신학의 주요 초점과 과제"『한국조직신학논총 제 46집』
_____,『한국교회와 하나님 나라를 위한 공적신학』, 서울: 새물결플러스, 2019.
이동희.『역사를 바꾼 종교개혁가들』, 서울: 지식의 숲, 2013.
이범성.『에큐메니칼 선교신학 1』, 서울: 드림앤비전, 2016.

_____.『에큐메니칼 선교신학 2』, 서울: 드림앤비전, 2016.
_____.『일제하 한국 개신교회의 정치적 성과』, 서울: 부크크, 2020.
_____. "장애인 평화를 만드는 사람들". 제9회 한일NCC장애인합동교류회, 2018.
_____. "디아코니아학의 도움으로 해방신학 유효하게 만들기"(Making Liberation Theology Effective" with the help of Diakonik).『신학사상』190 (2020/가을). 경기도: 한신대학교 신학사상연구소, 2020.
_____ 외.『통일 사회통합 하나님 나라』, 서울: 대한기독교서회, 2010.
_____ 외. "하나님 나라 목회의 선교",『하나님 나라를 목회하라: 하나님 나라 목회의 이론과 실제』, 서울: 드림북, 2019.
이재영,『회복적 정의』-세상을 치유하다-, 경기도: 피스빌딩, 2020.
이제민,『교회는 누구인가』-사목적 교회를 위하여-, -교회의 사목을 위하여-. 경북: 분도, 2001.
이형기 외.『공적신학과 공적교회』, 서울: 킹덤북스, 2010.
정영섭. "한국 평신도 교회의 등장과 그 성경적 고찰".『신학사상』186집, 2019 가을
정재영.『함께 살아나는 마을과 교회』, 서울: SFC, 2018.
_____.『교회 안 나가는 그리스도인: 가나안 성도를 어떻게 이해할 것인가?』, 서울: 한국기독학생회출판부, 2015.
_____.『한국교회, 10년의 미래』-한국교회가 주목해야 할 10가지 어젠다-, 서울: SFC출판부, 2012.
조성돈, 정재영 편집,『시민사회 속의 기독교회』, NGO를 통한 선교와 교회, 서울: 예영커뮤니케이션, 2008.
_____ 외 3인,『세상을 사는 그리스도인』-그리스도인의 사회적 책임과 건강한 교회를 세우는 12주 신앙공동체 훈련-, 서울: 일상과 초월, 2013.
주원준.『구약성경과 신들』, 경기도: 한남성서연구소, 2018.
서한석. "애버리 델레스(Avery Dulles)의 에큐메니컬 교회론의 방법론에 대한 비판적 고찰".『신학사상』180집 2018/봄. 경기도: 한신대학교 신학사상연구소, 2018.
최경환.『공공신학으로 가는 길』, 서울: 도서출판 100, 2019.
최대진, "한국의 문화신학 형성, 토착화 신학, 민중 신학", 아신신학연구소 엮음,『신학과 상황』, 대구: 아신출판사, 2013.
한강희. "세계교회협의회의 '책임사회' 개념화에 있어서 평신도의 재발견: 제2차 세계교회협의회 에반스턴 총회(1954년)에서 논의된 평신도 담론의 에큐메니

칼 선교신학적 이해", 『신학사상』 (177집 2017 여름)
한국일. 『선교적 교회의 이론과 실제』, 서울: 장로회신학대학교 출판부, 2019.
_____. 『세계를 품는 선교』, 서울: 장로회신학대학교 출판부, 2004.
_____. 『세계를 품는 교회』, 서울: 장로회신학대학교 출판부, 2010.
_____. "선교와 회심". 『선교와 신학』 (2002/제9집) 서울: 미션아카데미, 2002
한백병. 『하나님 나라 현재로서의 디아코니아』(Diakonia as the Present of the Kingdom of God). 서울: 드림앤비전, 2020.
홍인식. 『해방신학 이야기』, 서울: 신앙과 지성사, 2017.
대한예수교장로회총회 사회봉사부 장애인신학준비위원회 편. 『장애인신학』, 서울: 한국장로교출판사, 2015.
정의 평화를 위한 기독인 연대 엮음. 『평신도 성전을 헐다』 2001~2008 평신도 아카데미 강의 모음집. 서울: 한울, 2009.
한국기독교사회문제연구원 편, 『정의 평화 창조질서의 보전세계대회 자료집』, 서울: 민중사: 1990.
한국기독교역사연구소, 『한국기독교의 역사 Ⅰ』, 서울: 기독교문사, 1989.
한국선교신학회 엮음. 『선교적 교회론과 한국교회』, 서울: 대한기독교서회, 2015.

2. 번역/외국서적

Allen, Diogenes. Philosophy for Understanding Theology. 정재현 역, 『신학을 이해하기 위한 철학』, 서울: 대한기독교서회, 2001.
Barth, Karl. Die Kirchliche Dogmatik. 신준호 역, 『교회 교의학』 Ⅰ/2. 서울: 대한기독교서회, 2010.
----------. Die Kirchliche Dogmatik. 김재진 역, 『교회 교의학』 Ⅳ/1. 서울: 대한기독교서회, 2012.
----------. Die Kirchliche Dogmatik. 황정욱 역, 『교회 교의학』 Ⅳ/3-2. 서울: 대한기독교서회, 2005.
----------. Dogmatik im Grundriß. 신준호 역, 『교의학 개요』, 서울: 복 있는 사람, 2015.
----------. Einfuhrung in die evangelische Theologie. 신준호 역, 『개신교신학 입문』, 서울: 복 있는 사람, 2014.
Bartholomew, Encountering the Mystery: Understanding Orthodox Christianity

Today, 박노양 역, 『신비와의 만남: 현대세계와 정교회 신앙』, 서울: 정교회출판사, 2019.

Brecht, Marten. Mission: Zinzendorf und die Herrnhuter Brudergemeine. 선교: 진젠도르프와 헤론후트 형제단공동체. 『선교와 신학』 제12집. 서울: 미션아카데미. 2003.

Boerma, Conrad. Rich Man, Poor Man – and The Bible. 김철영 역, 『성경에 본 빈곤한 자와 부한 자』, 서울: 기독교문사, 2004.

Bosch, David J. Witness to the World: The Christian Mission in Theological Perspective. Eugene: Wipf and Stock Publishers, 2006.

Boff, Leonardo. Church: Charism & power. 김쾌상 역, 『교회 카리스마와 권력』, 서울: 일월서각, 1994.

------------. Salvation and Liberation: In Search of a Balance between Faith and Politice. 정한교 역, 『구원과 해방』, 경북: 분도출판사, 1986.

------------. Liberating Grace. 김정수 역, 『해방하는 은총』, 서울: 한국신학연구소, 1993.

------------. Testigos de Dios en el Corazon del Mundo. 성염 역, 『세상 한가운데서 하느님을 증언하는 사람들』, 경북: 분도출판사, 1990.

------------. ECOLOGIA MUNDLAIIZACA ESPIRITUALIDADE. 김항섭 역, 『생태신학』, 서울: 가톨릭출판사, 2013.

------------. Trinity and Society. 이세형 역, 『삼위일체와 사회』, 서울: 대한기독교서회, 2018.

Bonhoeffer, Dietrich. Akt und Sein. 김재진, 정지련 역, 『행위와 존재』, 서울: 대한기독교서회, 2014.

----------. Ethik. 손규태, 이신건, 오성현 역, 『윤리학』, 서울: 대한기독교서회, 2014.

----------. Sanctorum Communio. 유성석, 이신건 역, 『성도의 교제』, 서울: 대한기독교서회, 2010.

----------. Schopfung und fall. 강성영 역, 『창조와 타락』, 서울: 대한기독교서회, 2010.

----------. Widerstand und Ergebung. 김순현 역, 『옥중서신-저항과 복종』, 서울: 복 있는 사람, 2016.

Bultmann, Rudolf. History and Eschatology, 서남동 역, 『역사와 종말론』, 서울: 대한기독교서회, 1968.

Calvin, John. Institution of the Christian Religion. 김종흡 외 4인 역,『기독교강요』 상권. 서울: 생명의말씀사, 1988.

----------. Institution of the Christian Religion. 김종흡 외 4인 역,『기독교강요』 하권. 서울: 생명의말씀사, 1986.

Cobb, Jr. John B. Jesus' Abba: The God Who Has Not Failed. 박만 역,『예수의 아바 하나님』, 경기도: 한국기독교연구소, 2018.

Collins, Gary R. Christian Coaching. 정동섭 역,『크리스천 코칭』, 서울: 한국기독교학생회출판부, 2004.

Conger, Yves M. J. Lay People in the Church: A Study for a Theology of Laity. London: Chapman, 1985.

Doohan, Leonard. Lay Centered Church, 심광섭 역,『평신도 중심의 교회』, 서울: 평신도신학연구소, 1984.

Dorr, Donel. Option for the Poor: A Hundred Years of Vatican Social Teaching.『가난한 이를 위한 선택-교황청 사회문헌연구』, 경북: 분도출판사, 1987.

Dulles, Avery. Models of the Church, 김기철 역,『교회의 모델』서울: 한국기독교연구소, 2003

Dunn, James D. G. Jesus Remembered. Christianity in the Making vol.『예수와 기독교의 기원』하권. 서울: 새물결플러스, 2012.

Durand, Ricardo. Utopia de la Liberacion ¿teologia de los pobres?. 한국외국어대학교, 중남미문제연구소 역,『해방신학의 이상』, 서울: 고려원, 1989.

Eicher, Peter. Theologie der Befreiung im Gesprach. 손규태 역,『해방신학을 말한다』, 서울: 한국신학연구소, 1988.

Ellacuira, Ignacio. Freedom made Flesh: The Mission of Christ and Church, 고재식 역,『해방과 선교신학』, 서울: 한국신학연구소, 1985.

Elias, John. 한국교육연구네트워크 역,『프레이리와 교육』, 서울: 살림터, 2014.

Fennema, Deb. Coffee Break Evangelism Manual with Director's Handbook. 전지현 역,『커피 브레이크 성경공부 안내서』, 서울: 도서출판 커피브레이크, 2008.

Foxe John. Foxe's Book of Martyre. 홍병룡 역,『순교자 열전』, 서울: 포이에마, 2010.

Freire, Paulo. Pedagogy of the oppressed: 50TH Anniversary edition. 남경태, 허진 역,『페다고지』, 서울: 그린비, 2019.

----------. and Betto Frei, Essa Escola Chamada Vida. 김종민 역, 『인생이 학교다』, 경북: 분도출판사, 1988.

G Long, Thomas. The Witness of Preaching, 이우제, 황의무 역, 『증언하는 설교』, 서울: 기독교문서선교회, 2006.

Glasser Arthur F, Announcing the Kingdom, 임윤택 역, 『성경에 나타난 하나님의 선교』 (서울: 생명의말씀사, 2006.

----------------, Evangelical Missions, James M. Phillips and Robert T. Coote. Toward the Twenty-first Century in Christian Mission, USA: Eerdmans, 1993.

Guder, Darrell L. Called to Witness, 허성식 역, 『증인으로의 부르심』, 서울: 새물결플러스, 2016.

Gutierrez, Gustavo. A Theology of Liberation. 성염 역, 『해방신학』, 서울: 분도, 2017.

----------------. The Power of the Poor in History. New York: Orbis Books, 1983.

----------------. We Drink from Our Wells: The Spiritual Journey of a People, Orbis Books, Maryknoll: NY, 1984.

Hauerwas, Stanley. Community of Character. 문시영 역, 『교회됨』, 서울: 북코리아, 2010.

----------------. and Willimon William, Resident Aliens. 김기철 역, 『하나님의 나그네 된 백성』, 서울: 복 있는 사람, 2018.

Jay, Eric G. The Church: Its Changing Image Through Twenty Centuries(Ⅰ, Ⅱ). 주재용 역, 『교회론의 변천사』, 서울: 대한기독교서회, 2002.

Julio, Lois. Teologia de la liberracion Opcion por las pobres. 김수복 역, 『해방신학의 구조와 논리』, 서울: 한국신학연구소, 1990.

Kim, Dongkun. The Future of Christology: Jesus Christ for a Global Age. London: Lexington Books, 2019.

Kinnamon, Michael and Antonios Kireopoulos. The Ecumenical Movement: An Anthology of Key Texts and Voices 2nd. 이형기 외 5인 역, 『에큐메니칼 운동』, 서울: 한들출판사, 2013.

Kreamer, Hendrik. A Theology of the Laity. 유동식 역, 『평신도신학』, 서울: 대한기독교서회, 1998.

Kreider, Alan. The Change of Conversion and the Origin of Christendom. 박삼종, 신광은, 이성하, 전남식 역, 『회심의 변질』, 충남: 대장간, 2012.

Kung, Hans. Was ist Kirche?. 이홍근 역. 『교회란 무엇인가』, 경북: 분도출판사, 1994.

----------, Die Kirche. 정지련 역, 『교회』, 서울: 한들출판사, 2007.

Lowy, Michael. The War of God. 김향섭 역, 『신들의 전쟁』, 서울: 그린비, 2012.

Luther, Martin. Luther, Martin's Three Treatises. 지원용 역, 『루터의 종교개혁 3대 논문』, 서울: 컨콜디아사, 2017.

Mardones, Jose Maria. Matar a nuestros dioses: Un Dios Para un creyente adulto. 홍인식 역, 『우리 안에 가짜 하나님 죽이기』, 서울: 신앙과지성사, 2018.

Moltmann, Jurgen. Der Geist des Lebens. 김균진 역, 『생명의 영』, 서울: 대한기독교서회, 1992.

--------------. Diakonie im Horizont des Reiches Gottes. 정종훈 역, 『하나님 나라의 지평 안에 있는 사회선교』, 서울: 대한기독교서회, 2017.

--------------. Die Sprache Der Befreiung. 전경윤 역, 『해방의 언어』, 서울: 대한기독교서회, 1974.

--------------. Die Quelle des Lebens. 이신건 역, 『생명의 샘』, 서울: 대한기독교서회, 2000.

--------------. Gott im Projekt der modermen Welt. 곽미숙 역, 『세계 속에 있는 하나님』, 서울: 동연, 2009.

--------------. Kirche in der kraft des Geistes. 박봉랑 외 4인 역. 『성령의 능력 안에 있는 교회』, 서울: 한국신학연구소, 1994.

--------------. Theologie der Hoffnung. 이신건 역, 『희망의 신학』, 서울: 대한기독교서회, 2013.

--------------. Trinität und Reich Gottes. 김균진 역, 『삼위일체와 하나님의 나라』, 서울: 대한기독교서회, 2017.

Mudge, Lewis. The Sense of a people. 박문재 역, 『하나님의 백성』, 서울: 대한기독교서회, 1995.

Murray, Stuart. The naked Anabaptist – The Bare Essentials of a Radical Faith. 강현아 역, 『이것이 아나뱁티스트다』, 대전: 대장간, 2014.

------------. Biblical Interpretation in the Anabaptist Tradition. 문선주 역, 『아나뱁티스트 성서해석학』, 서울: 대장간, 2013.

Nouwen, Henri J M. Spiritual Direction; Wisdom for Long Walk of Faith. 윤종석 역, 『영성 수업』, 서울: 두란노, 2007.

Newbigin, Lesslis. The Gospel in a Pluralist Society. 허성식 역, 『다원주의 사회에서의 복음』, 서울: IVP, 2005.

_____. The Open Secret. 홍병룡 역. 『오픈 시크릿』, 서울: 복 있는 사람, 2012.

_____. Trinitarian Doctrin for Today's Mission, 최형근 역, 『삼위 일체적 선교』, (서울: 바울, 2015.

Nievuhr, H Riechard. Christ & Culture. 김재준 역, 『그리스도와 문화』, 서울: 대한기독교서회, 2007.

Nunez, C. Emilio A. Liberation Theology. 나용화 역, 『해방신학 평가』, 서울: 기독교문서선교회, 1990.

Rahner, Karl. 정대식 역, 『영성신학논총』, 서울: 가톨릭출판사, 1983.

Richardson, Cyril C. Early Christian Fathers, 김선영 역, 『초기 기독교 교부들』, 서울: 두란노 아카데미, 2011.

Sandel, Michael J, Justice: What's the right thing to do?. 김명철 역, 『정의란 무엇인가?』, 서울: 와이즈베리, 2014.

Snyder, Howard A. Kingdom Church and World, Biblical Themes for Today. 박민희 역, 『하나님의 나라, 교회 그리고 세상』, 서울: 드림북, 2007.

_____. Liberating the Church. 권영석 역, 『참으로 해방된 교회』, 서울: 한국기독학생출판부, 2005.

_____. The Decoding the Church. 최형근 역, 『교회 DNA』, 서울: 한국기도학생출판부, 2018.

_____. The Problem of Wineskins, 이강천 역, 『새포도주는 새 부대에』, 서울: 생명의말씀사, 2006.

Sobrino, Jon. Jesus the Liberator: A Historical-Theological Reading of Jesus of Nazareth. 김근수 역, 『해방자 예수』, 서울: 메디치미디어, 2017.

Stark, Rodney, Reformation Myths. 손현선 역, 『우리는 종교개혁을 오해했다』, 파주: 헤르몬: 2017.

Stevens, R. Paul. The Abolition of the Laity. 홍병룡 역, 『21세기를 위한 평신도신학』, 서울: IVP, 2006.

_____. Work Matters: lessons from scripture, 주성현 역, 『일의 신학』, 서울: CPU, 2014.

--------------- and Phil Collins. The Equipping Pastor, 최기숙 역,『평신도를 세우는 목회자』, 서울: 미션월드, 1997.

Stott, John. One People, 정지영,『목회자와 평신도』, 서울: 아바서원, 2017.

---------. and Wright Christopher, as Christian Mission in the Modern World. 김명희 역,『선교란 무엇인가』, 서울: 한국기독학생회출판부, 2018.

Sundermeier, Theo. 채수일 역.『선교신학의 유형과 과제』, 서울: 대한기독교서회, 2001.

Sung, JungMo. Desire, Market and Religion. 홍인식 역,『시장, 종교, 욕망』, 파주: 서해문집, 2014.

Sweet, Leonard. Aqua Church. 김영래 역.『모던시대의 교회는 가라』, 서울: 좋은 씨앗, 2004.

The Cape Town Commitment: Study Edition. 최형근 역,『케이프타운 서약』, 서울: IVP, 2018.

The NIV Study Bible: 10th Anniversary Edition, Michigan: Zondervan Publishing House, 1995.

The Oxford Study Bible: Revised English Bible with the Apocrypha. New York: Oxford University Press, 1992.

Teissen, Gerd. Pauls und Luther - scheiternde Reformatoren und ihr Vermaechtnis, Vortrag in der ESG Heidelberg. 이범성 역.

Van Engen, Charles. Mission on the Way. 박영환 역.『미래의 선교신학』, 서울: 바울, 2006.

------------------. God's Missionary People: Rethinking the Purpose of the Local Church. 임윤택 역,『하나님의 선교적 교회』, 서울: CLC, 2014.

Van Gelder, Craig. and Dwight J, Zscheile. The Missional Church in Perspective: Mapping Trends and Shaping the Conversation. 최동규 역,『선교적 교회론의 동향과 발전』, 서울: 기독교문서선교회, 2015.

Vicedom, Georg F. The Mission of God: An Introduction to a Theology of Mission. London: Concordia Publishing House, 1965.

Volker, Herrmann. and Horstmann Martin. Studienbuch Diakonik. 이범성 역,『디아코니아학』, 서울: 기독교서회, 2016.

Volf, Miroslav. A Public Faith. 김명윤 역,『광장에 선 기독교』, 서울: IVF, 2017.

-----------. After Our Likeness: The church as the Image of the Trinity. 황은영 역,『삼위일체와 교회』: 하나님의 형상으로서 교회에 대한 가톨릭·동방정

교회·개신교적 이해를 찾아서. 서울: 새물결플러스, 2012.

----------. Work in the Spirit. 백지윤 역, 『일과 성령』, 서울: IVF, 2019.

---------- and McAnnally-Linz, Ryan. Public Faith in Action. 김명희 역, 『행동하는 기독교』, 서울: IVF, 2017.

Welker, Michael. Schopfung und Wirklichkeit, 김재진 역, 『창조와 현실』 서울: 대한기독교서회, 2020.

Wichern, Johann Hinrich. Saemtliche Werke, Bd. 1, LVH. 1962. 이범성 역

James C. Wihoit and Evan B. Howard. Discovering Lectio Divins, 홍병룡 역, 『렉시오 디비나』, 서울: 아바서원 2016.

World Council of Churches. You Are The Light of The World. 김동선 역. 『통전적 선교를 위한 신학과 실천』, 서울: 대한기독교서회, 2007.

World Council of Churches, 이형기 역, 『BEM 문서: 세례, 성만찬, 직제』, 서울: 한국장로교출판사, 1993.

Wuthnow, Robert. Christianity and Civil Society. 정재영, 이승훈 역, 『기독교와 시민사회』, 서울: CLC, 2014.

Wright, Christopher. J. H. The Mission of God. 정옥배, 한화룡 역. 『하나님의 선교』, 서울: IVF, 2010.

Wright, Nicholas Thomas. The New Testament and The People of God. 박문재 역, 『신약성서와 하나님의 백성』, 파주: CH북스, 2003.

----------------------. The Meal Jesus Gave Us, 『성찬이란 무엇인가』, 서울: IVF, 2011.

Ziegler, Jean. L'empire De La Honte, 양영란 역, 『탐욕의 시대: 누가 세계를 더 가난하게 만드는가?』, 서울: 갈라파고스, 2008.

3. 논문, 에세이(미간행 논문)

김동진, "루터의 디아코니아 신학의 발견과 한국 루터회의 디아코니아 실천의 회복" (The discovery of Diakonia Theology by Martin Luther and the recovery of Diakonia Practice of Lutheran Church in Kore), 실천신학대학원, 2015.

명재민, "위기시대 극복을 위한 기도와 영성"(21세기 우리시대의 목회와 공적신학 Ⅳ), 아신신학연구소 제48차 겨울세미나, 2019.

명재영. "구약성서의 선교 패러다임으로서의 현존". 장로회신학대학교 대학원, 2011.

박정호, "불트만 신학에서 현재하는 그리스도와 인간의 결단의 연관성 연구", 계명대학교대학원, 2020.

이동규, "기독교대한감리회 사회신경(1997년)에 대한 디아코니아 신학적 이해"(Theological Understanding of Diakonia in the Korea Methodist Church Social Creed), 실천신학대학원대학교, 2017.

정현진, "E. S. 피오렌자, M. W. 두베, 한국여성신학의 성서해석: 프락시스, 대안적 공동체 비교연구", 성공회대학교 신학대학원, 2021.

조현호, "위르겐 몰트만의 정치신학에 나타난 디아코니아 사상"(Diakonia Thought in Jurgen Moltmann's Political Theology), 실천신학대학원대학교, 2016.

최형근. 한국교회 갱신을 위한 모색으로서 아나뱁티스트 운동에 대한 고찰, 2013.

한백병. "하나님 나라 현재로서의 디아코니아에 관한 연구"(A Study on Diakonia as the Present of the Kingdom of God). 실천신학대학원대학교, 2019.

Michael Welker, 이범성 역, "문명전환에 응답하는 신학": Covid-19 유행 상황에서 생각하는 '하나님의 영'과 '인간의 영', 제13차 국제실천신학신포지움: 코로나19-문명의 전환과 한국교회, 실천신학대학원대학교.

국문초록

　오늘날 평신도에 대한 많은 연구가 '평신도신학'(A Theology of The Laity)에서 시도되긴 하였지만 공적신학의 직접적인 응답으로서는 아니었으며, 또한 공적신학에서도 평신도가 그 담론의 중심성을 차지하지는 못했다. 따라서 이 연구의 주된 관점은 공적사회에서 하나님의 한 백성이 가질 지위와 역할에 대한 연구가 될 것이다. 다만 이때 '한 백성'이 가질 공적 응답은 교회와 분리되어 그들 개인적 직업소명이나 은사로서 행하는 데 있지 않고, 교회의 새 구조로서 곧 교회가 가질 '평신도 중심 구조'로서 접근할 것이다. 이를 통해서 지금까지 자기 소명의 지위에 있어서 속(俗)화되어 버렸고, 그렇게 비성직의 영역으로 추락한 하나님의 한 백성을 공적 사회 참여와 변혁의 주체로 보려는 것이다. 하나님의 한 백성은 전통 교회가 잃어버리고도 잃어버린 줄 깨닫지 못한 하나님 나라의 핵심 구성원들이요 세상에 증언과 봉사를 위해 보내어진 거룩하고 구별된 왕 같은 제사장들이기 때문이다.

　지금까지 평신도신학의 관심이 '성직'과 '세속직'에 대한 이원론을 깨뜨리는 '만인제사장'(Universal priesthood)에 집중되었다면, 여기 연구는 '만인을 위한 제사장'의 구조로서 한 백성이 공적광장에 가질 '보냄을 가능하게 하는 구조'에 집중될 것이다. 전자는 '새 교회론'이 중심이라면, 후자는 '새 교회론의 구조'를 평신도 중심에서 찾는 데 있다. 이는 '모이는 교회'로서의 교역자 역할을 부정하지 않으면서 '흩어지는 교회'로서의 '한 백성'의 사역을 드높게 확보하는 일에 있으며, 이를 위해 '모이고' '흩어지는 교회'보다 앞서는 '한 거룩한 백성의 교회'를 확보하고자 한다.

이를 위하여 바르트의 교회의 삼차원적 구조를 재구성할 것인데, 첫 구조는 불가시적 형태로서 '한 부름'을 확보하는 '한 백성으로서의 교회'-부름-와 거기에 있는 '코이노니아'(κοινωνια)이며, 다음은 한 백성의 교회가 가지는 가시적 두 형태인데, 먼저는 '모이는 교회'-세움-로서의 '예배'(λειτουργια)와 디다케(διδαχή)이며, 다음은 '흩어지는 교회'-보냄-로서의 '선교'(μαρτυρια)와 '디아코니아'(διακονια)이다. 이는 교회의 고유한 '증인'과 '봉사'를 약화시키지 않으면서도 동시에 세상에서의 종교적 전체주의로의 회귀도 가지지 않는 '선교적 구조'(missional structures)에 대한 것이다. 곧 교회의 디아코니아로서 목회자의 역할과 세상의 디아코니아로서 평신도의 역할을 조화시키려는 것인데, 이 입장은 그동안의 평신도신학의 담론에서 선언적 의미에 그치고 경세적이고 실천적인 구조를 제시하는 데까지는 이르지 못했다. 따라서 이 연구는 단순히 교역자나 평신도가 차별이 없는 한 부름이라는 축소지향적인 결론을 피하고, 두 직분과 역할이 주는 긴장과 조화를 피하지 않으면서, 동시에 '한 백성'이 세상에서 가질 예언자적이며 왕 같은 제사장적인 소명 구조를 찾는 것이 될 것이다.

Abstract

Although much of research on the laity has been conducted in 'A Theology of the Laity', it was not a direct response to today's strongly requested public theology, nor did laity occupy the center of the discourse in public theology. Thus, this dissertation focuses on the study of the status and the role of a people of God in a public society. In this study, the public response of 'One People' is separated from the church and it is dealt with not as carrying out a personal calling or God's gift but as a 'laity-centered structure' that the church will soon have as a new structure of the church. Through it, this research attempts to see a God's people who has been secularized in the status of his or her calling so far and has fallen into the secular realm as the agent of public social participation and reformation. A God's people is a key member of the kingdom of God whom the traditional church lost and did not realize it did and he or she is a holy and distinguished royal priest sent to the world for testimony and service.

Whereas 'A Theology of the Laity' has so far concentrated on Universal Priesthood which breaks dualism about 'clergy' and 'secular', this study focuses on the 'structure that enables a people to send to the public square' as 'a structure of priests for everyone.' The former is centered on 'new church theory,' while the latter is centered on finding 'the structure of new church theory' in the laity. This is aimed at securing the ministry of 'one people' as a 'scattering church' without denying the role of the clergy as a 'gathering church', and to secure 'a holy people's church' ahead of 'gathering' and 'scattering church.'

To this end, the dissertation looks at the types of churches which respond to the world centered on John 17, focusing on laity and reconstructs Bart's church's three-dimensional structure. The first dimension is 'church as a call' which secures 'a people' and 'koinonia' in there. The second is about two visible forms that a church of a people has: 'worship' and 'didache' as a 'gathering church'. The third is 'missionary work' and 'diakonia.' It is about a 'missionary structure' that does not weaken the church's unique 'witnesses' and 'services' nor did return to religious totalitarianism in the world. That is, it seeks to reconcile the role of the pastor as the diakonia of the church with the role of laity as the diakonia of the world, which has had only a declarative meaning in the discourse of 'A Theology of the Laity' and has not reached the point of presenting a practical structure. This study attempts to avoid the narrow conclusion that the clergy and laity were equally called without discrimination, but at the same time to avoid the tension and harmony of the two positions and roles, and to find the prophetic and royal calling structure of 'a people' in the world.

평신도 중심 교회

지은이: 명재영 / 삽화: 고정호 / 발행처: Dream & Vision
1판 1쇄 인쇄: 2021년 11월 15일 / 1판 1쇄 발행: 2021년 11월 20일
주 소: 서울특별시 광진구 구의동 593-4
전 화: (02) 3437-1750 / 전 송: (02) 3437-2694
등 록: 2008년 3월 19일 제25100-2008-000009호

* 이 책의 내용을 저작권자의 허락 없이 무단 전재 및 복사를 금합니다.